Einheitliche Anwendung des UN-Kaufrechts in italienischer und deutscher Rechtsprechung und Lehre

Beiträge zum UN-Kaufrecht

Herausgegeben von Ulrich Magnus

Band 4

PETER LANG

Frankfurt am Main · Berlin · Bern · Bruxelles · New York · Oxford · Wien

Christopher Niemann

Einheitliche Anwendung des UN-Kaufrechts in italienischer und deutscher Rechtsprechung und Lehre

Eine Untersuchung zur einheitlichen Auslegung unbestimmter Rechtsbegriffe und interner Lückenfüllung im CISG

PETER LANG
Europäischer Verlag der Wissenschaften

Bibliografische Information Der Deutschen Nationalbibliothek
Die Deutsche Nationalbibliothek verzeichnet diese Publikation in der Deutschen Nationalbibliografie; detaillierte bibliografische Daten sind im Internet über <http://dnb.ddb.de> abrufbar.

Zugl.: Bochum, Univ., Diss., 2006

D 294
ISSN 1613-995X
ISBN 3-631-55093-6

www.peterlang.de

Meinen Eltern

Vorwort

Diese Arbeit lag im Jahr 2005 der Juristischen Fakultät der Ruhr-Universität Bochum als Dissertation vor. Literatur und Rechtsprechung haben im Wesentlichen bis zu ihrer Fertigstellung im November 2004 Berücksichtigung gefunden.

Ganz herzlich möchte ich meinem Doktorvater Herrn Prof. Dr. Peter Kindler für seine – im wahrsten Sinne des Wortes – doktorväterliche Unterstützung danken. Dank gilt auch meinem Zweitkorrektor Herrn Prof. Dr. Christoph Krampe für die zügige Erstellung des Zweitgutachtens sowie Herrn Prof. Dr. Ulrich Magnus für die Aufnahme der Arbeit in diese Schriftenreihe. Letztlich soll auch Frau Prof.ssa Elena Bargelli von der Universität Pisa für ihre Unterstützung bei den Literaturrecherchen gedankt sein.

Mein ganz besonderer Dank gilt meinen Eltern, die mich nicht nur während der Zeit der Entstehung dieser Arbeit in jeder Hinsicht unterstützt haben. Insbesondere mein Vater hat sich um diese Arbeit verdient gemacht, indem er das äußerst mühsame Korrekturlesen auf sich genommen hat. Nicht ohne Grund ist diese Arbeit also meinen Eltern gewidmet.

Für ihre freundliche und freundschaftliche Unterstützung möchte ich insbesondere Frau Benedicta Gräfin von Carmer, Herrn Dr. Hendrik Otto, Herrn Dr. Alexander Jänecke sowie Frau Juli Freiin von dem Bussche danken.

München, im August 2006

Christopher Niemann

Inhaltsverzeichnis

Abkürzungsverzeichnis

Abkürzungen der deutschen Rechtssprache entsprechen dem Gesamtverzeichnis in *Kirchner*, Abkürzungsverzeichnis der Rechtssprache, 5. Auflage 2003. Regelmäßig gebrauchte, abweichende und sonstige Abkürzungen sind im Folgenden aufgeführt.

a.A.	anderer Ansicht
a.a.O.	am angegeben Ort
Abl. EG	Amtsblatt der Europäischen Gemeinschaften
AG	Amtsgericht
Anm.	Anmerkung
Art(t).	Artikel
BB	Der Betriebs-Berater
BGB	Bürgerliches Gesetzbuch
BGBl.	Bundesgesetzblatt
BGH	Bundesgerichtshof
bzgl.	bezüglich
Cass. Sez. Un.	Corte di Cassazione (Sezioni Unite)
CIF	cost, insurance, freight (Kosten, Versicherung, Fracht) (Incoterm)
CISG	Convention on Contracts for the International Sale of Goods/Übereinkommen der Vereinten Nationen über Verträge über den internationalen Warenkauf
Cod. civ.	Codice civile
Cod. proc. civ.	Codice di procedura civile
Contr. e impr.	Contratto e impresa
Corr. giur.	Il Corriere giuridico
CR	Computer und Recht
ders.	derselbe
Dir. comm. int.	Diritto del commercio internazionale
Disp. prel. Cod. civ.	Disposizioni preliminari al Codice civile
EAG	Einheitliches Gesetz über den Abschluss von internationalen Kaufverträgen über bewegliche Sachen vom 17.7.1973, BGBl. I, S. 868
E.D.	Eastern District
Einl.	Einleitung
EKG	Einheitliches Gesetz über den internationalen Kauf beweglicher Sachen vom 17.7.1973, BGBl. I, S. 856
ELF	The European Legal Forum
EVÜ	Europäisches Übereinkommen über das auf vertragliche Schuldverhältnisse anzuwendende Recht
EWiR	Entscheidungen zum Wirtschaftsrecht
F.A.Z.	Frankfurter Allgemeine Zeitung

Fn.	Fußnote
Foro it.	Il Foro italiano
Foro pad.	Il Foro padano
Forum International	Forum des Internationalen Rechts (deutschsprachige Ausgabe) -The International Legal Forum, Zeitschrift des europäischen Anwaltsverzeichnisses
FS	Festschrift
Gazz. Uff.	Gazzetta Ufficiale
ggf.	gegebenenfalls
Giur. comm.	Giurisprudenza commerciale
Giur. it.	Giurisprudenza italiana
Giust. civ.	Giustizia civile
h.L.	herrschende Lehre
h.M.	herrschende Meinung
Hrsg.	Herausgeber
ICC	International Chamber of Commerce
i.d.R.	in der Regel
i.d.S.	in diesem Sinn
IHR	Internationales Handelsrecht – Zeitschrift für das Recht des internationalen Warenkaufs und -vertriebs
IPR	Internationales Privatrecht
i.S.d	im Sinne der (des)
i.S.v.	im Sinne von
i.S.e.	im Sinne eines (einer)
i.Ü.	im Übrigen
JBl.	Juristische Blätter
JDI	Journal du Droit International
J. L. & Com	Journal of Law and Commerce
KG	Kammergericht
LEX	Legislazione italiana
LG	Landgericht
m.E.	meines Erachtens
m.w.N.	mit weiteren Nachweisen
Münch Kom	Münchner Kommentar
NIPR	Nederlands Internationaal Privaatrecht
NJW	Neue Juristische Wochenschrift
NJW-RR	Neue Juristische Wochenschrift-Rechtsprechungsreport Zivilrecht
OG	Obergericht (Schweiz)
OGH	Oberster Gerichtshof (Österreich)
OLG	Oberlandesgericht
OR	Obligationenrecht
RabelsZ	Rabels Zeitschrift für ausländisches und internationales Privatrecht

Rb	Arrondissementsrechtbank (niederländisches Landgericht)
RDIPP	Rivista di diritto internazionale privato e processuale
RdW	Österreichisches Recht der Wirtschaft
Rev. der. com. oblig.	Revista del derecho comercial y de las obligaciones
Rev. int. dr. comp.	Revue internationale de droit comparé
Riv. arb.	Rivista dell' arbitrato
Riv. dir. civ.	Rivista di diritto civile
Riv. dir. comm.	Rivista di diritto commerciale
Riv. dir. priv.	Rivista di diritto privato
Riv. trim. dir. proc. civ.	Rivista trimestrale di diritto e procedura civile
RIW	Recht der Internationalen Wirtschaft, Betriebs-Berater International
Rn.	Randnummer
SJZ	Schweizerische Juristen-Zeitung
Sez.	Sezione
sog.	so genannte (r)
str.	streitig
SZIER	Schweizerische Zeitung für Internationales und Europäisches Recht
TranspR	Transportrecht
Trib.	Tribunale
u.a.	unter anderem
UNCITRAL	Internationales Institut für die Vereinheitlichung des Privatrechts
Unidroit	Institut International pour l'Unification du Droit Privé
UNILEX	International Case Law, (www.unilex.info)
WM	Wertpapiermitteilungen
WVK	Wiener Übereinkommens über das Recht der Verträge vom 23. 5. 1969
z.B.	Zum Beispiel
ZfRV	Zeitschrift für Rechtsvergleichung
ZEuP	Zeitschrift für Europäisches Privatrecht
ZRP	Zeitschrift für Rechtspolitik
z.T.	zum Teil
ZVglRWiss	Zeitschrift für vergleichende Rechtswissenschaften

Einleitung und Überblick zum Thema

A. Einleitung: Auslegungsprobleme und UN-Kaufrecht

Der Traum vieler Juristen von einem „Weltkaufrecht“[1] ist in Form des UN-Kaufrechts[2] wenigstens zum Teil Wirklichkeit geworden, nachdem die historisch gewachsenen nationalen Zivilrechtskodifikationen den grenzüberschreitenden Warenverkehr lange Jahre stark behindert hatten. Das einheitliche Kaufgesetz wurde mittlerweile von 69 Staaten in Kraft gesetzt[3], so dass mindestens ⅔ des Welthandels mit Waren vom Übereinkommen erfasst werden können[4]. Seit kurzem ist der Text in Deutschland endlich auch in der Gesetzessammlung *Schönfelder* zu finden[5].

Jedoch bringt das Einheitsrecht auch Probleme mit sich. Nachdem schon die im Zuge der Kodifikationsbewegung erreichte nationale Rechtseinheit und die Geltung eines einheitlichen Zivilgesetzbuches wie das des BGB[6], des italienischen Codice civile[7] oder des französischen Code Civil[8] erhebliche Kraftanstrengungen gekostet hatte, stellte die Schaffung – und nunmehr die Erhaltung – eines über die Staatengrenzen hinaus geltenden Einheitsrechts eine weitere historische Herausforderung dar. In den 20'er Jahren des letzten Jahrhunderts hatte man begonnen, sich der Herausforderung der Schaffung eines internationalen Einheitskaufrechts zu stellen. Diese Aufgabe wurde letztlich in Form des modernen UN-Kaufrechts der 80'er Jahre des letzten Jahrhunderts bewältigt. Nach langwierigen rechtsvergleichenden Vorarbeiten, die wesentlich auf *Ernst Rabel* und *Vittorio Scialoja* zurückzuführen sind[9], und nach dem Scheitern der einheitlichen Haager Kaufgesetze EAG und EKG, ist mit dem CISG ein Gesetz gelungen, das im Wesentlichen alle Rechtskreise berücksichtigt und Akzeptanz gefunden hat. Der „Erfolg“[10] ist nicht nur ersichtlich an der erwähnten Zahl der beigetretenen Staaten, sondern auch an dem Umfang der

---

1 So etwa *Pünder*, JA 1991, S. 270 ff.

2 Auch bezeichnet als: CISG, CIS, UNCITRAL-Kaufrecht, UN-Kaufrecht, UN-WKG, UN-Üb., Wiener Kaufrecht, UNKG, UNKR, VNKÜ, UNKÜ, KaufÜ, UN-Kaufabk. Unterhaltsam dazu *Flessner/Kadner*, ZEuP 1995, S. 347 ff.

3 Stand Mai 2006; der aktuelle Stand kann abgerufen werden unter www.unilex.info.

4 *Schlechtriem,Schwenzer/Schlechtriem*, Einl. I.

5 Nr. 50 C im Ergänzungsband des *Schönfelder*.

6 Ausführlich zur Entstehungsgeschichte des BGB, *Schmoeckel,Rückert,Zimmermann/Zimmermann*, Vor § 1.

7 Zur Entstehungsgeschichte vgl. *Luther*, Einführung in die italienische Zivilgesetzgebung S. VI ff.

8 Aus Anlass des 200. Jubiläums des Code civil vgl. jüngst *Stolleis*, F.A.Z. vom 20.3.2004, S. 37.

9 Vgl. hierzu unten 1.Kapitel:B; S. 33 ff.

10 *Schlechtriem,Schwenzer*, Vorwort, S. V.

hierzu ergangenen Rechtsprechung[11] und dem Vorbildcharakter, der dem UN-Kaufrecht etwa beim Entwurf der Europäischen Richtlinie zur Vereinheitlichung des Kaufrechts zugekommen ist[12].
Die aktuelle Herausforderung besteht in der Bewahrung der formal erzielten, internationalen Rechtsvereinheitlichung. Die nachfolgende Untersuchung befasst sich mit einem zentralen methodischen Problem des Einheitsrechts – der einheitlichen Anwendung des UN-Kaufrechts. Hier soll in rechtsvergleichender Betrachtung die Auslegungspraxis zum CISG in der Rechtsprechung und Lehre Italiens und Deutschlands Gegenstand der Betrachtung sein. Die auf dem Papier bestehende Einheit ist durch die einheitliche Anwendung in der Praxis zu bewahren; die vereinheitlichten Normen müssen in den Vertragsstaaten in eine internationale Rechtspraxis umgesetzt werden. Die unterschiedliche Auslegung desselben Gesetzes in den verschiedenen Staaten, in denen das UN-Kaufrecht geltendes Recht ist, wirkt der formalen Einheit desselben entgegen[13].
Fraglich ist z.B., was unter einer „*angemessenen Frist*" im Sinne des Art. 39 I CISG zu verstehen ist und was unter einer „*wesentlichen Vertragsverletzung*" i.S.d. Art. 25 CISG. Um dem Vereinheitlichungsgedanken des CISG zu entsprechen, dürfen Rechtsbegriffe je nach beteiligtem Staat nicht von unterschiedlicher Bedeutung sein. Die Einrichtung eines international zuständigen Gerichtshofs, der für alle Staaten verbindlich Recht sprechen könnte, ist nicht in Sicht[14].
Jüngst hat sich zur Förderung der einheitlichen Auslegung des UN-Kaufrechts auf Initiative der *Pace University New York* ein wissenschaftliches Gremium gebildet. Der *CISG Advisory Council* ist ein privater Zusammenschluss von Wissenschaftlern vieler Staaten, die nicht als Vertreter ihres Landes oder Rechtskreises auftreten. Er hat sich zur Aufgabe gestellt, Antworten zu ungelösten Fragen des UN-Kaufrechts zu entwickeln und nunmehr seine ersten zwei Gutachten veröffentlicht[15]. Diese Bemühungen zeigen jedoch, dass es (zurzeit) Aufgabe der Wissenschaft ist, den in den verschiedenen Ländern ver-

---

[11] Bei www.unilex.info waren im Mai 2006 bereits 694 aufgearbeitete Urteile veröffentlicht.

[12] Ausführlich zum Zusammenhang zwischen der Kaufrechtsrichtlinie 1999/44/EG des Europäischen Parlaments und des Rates vom 25.5.1999 und dem CISG, *Grundmann, Bianca/Grundmann*, Einl. Rn. 1 ff.; *Schlechtriem*, IHR 2001, S. 12 ff.

[13] Vgl. jüngst *Bacher*, FS Schlechtriem, S. 155 ff. (161); vgl. für Italien etwa *Rizzi*, Riv. dir. priv. 1997, S. 237 ff. (238), der auch von einer Herausforderung spricht: „(...) *L'omogenità delle interpretazioni di una disciplina di diritto uniforme, più che la sua formulazione, costituisce una vera sfida, e, se conseguita, la misura del suo successo.* (...)"

[14] *Diedrich*, S. 108 f.

[15] Hierzu *Herber*, IHR 2003, S. 201 f.; *Mistelis*, IHR 2003, S. 243 f. Die Gutachten sind in englischer Sprache in der IHR 2003, S. 244 ff. (zur elektronischen Datenübermittlung) und IHR 2004, S. 163 ff. (zur Untersuchung und Rüge i.S.d. Artt. 38 und 39) zu finden.

tretenen Meinungsstand zur Auslegung aufzuzeigen und zu vergleichen, um ihre Ergebnisse letztlich der Praxis zur Verfügung zu stellen[16]. Obwohl die Bedeutung der Vergleichung der Auslegungsergebnisse durch die Lehre immer wieder betont wird[17], finden sich dazu nur wenige Beiträge[18].
Gegenstand der Untersuchung soll die Fragestellung sein, inwieweit ein Einklang in Rechtsprechung und Lehre im Vertragsstaat Italien im Vergleich zu den in Deutschland von Rechtsprechung und Lehre vertretenen Auffassungen besteht. Untersucht werden soll dies an einer Auswahl lebhaft diskutierter unbestimmter Rechtsbegriffe des UN-Kaufrechts.

B. Gang der Untersuchung

Das CISG ist in Deutschland seit dem 1. Januar 1991 und in Italien bereits seit dem 1. Januar 1988 in Kraft. Mithin findet das UN-Kaufrecht weit mehr als 10 Jahre Anwendung. Zu untersuchen ist die Frage, inwieweit Rechtsprechung und Lehre im Begriff sind, einen aufeinander abgestimmten Meinungsstand zu entwickeln, bzw. inwieweit sich ein Meinungsstand bereits gefestigt hat. Dabei sind mit Deutschland und Italien zwei Länder Gegenstand der Untersuchung, deren Juristen maßgeblich bei der Entwicklung und Ausformung des einheitlichen Kaufrechts beteiligt waren[19].
Im 1. Kapitel dieser Arbeit wird zunächst die Problematik der Auslegung von Einheitsrecht unter Darstellung des rechtshistorischen Hintergrunds erörtert[20]. Zentrale Norm der Auslegung ist Art. 7 CISG. Die Abhandlung befasst sich daher im 2. Kapitel mit der Frage, welche Aussagen diese Norm zur Auslegung und Lückenfüllung des UN-Kaufrechts trifft[21]. Des Weiteren soll in Form einer methodischen Vorüberlegung auf die Frage eingegangen werden, unter welchen Voraussetzungen eine Rechtsvergleichung der Ergebnisse der Rechtsprechung und Lehre zur Auslegung des CISG sinnvoll sein kann[22]. Schwerpunkt der Arbeit ist die Darstellung und Wertung des in Deutschland und Italien vertretenen Meinungsstandes zu den Auslegungsproblemen und Grundbegriffen des UN-Kaufrechts im 3. Kapitel[23]. Dabei wird anhand einer Auswahl von unbestimmten Rechtsbegriffen und Auslegungsproblemen dar-

---

16 *Herber*, IHR 2003, S. 201 f. (202).
17 Vgl. etwa *Diedrich*, S. 74 ff.; *Bariatti*, S. 163; *Schlechtriem,Schwenzer/Ferrari*, Art. 7, Rn. 40.
18 Am umfassendsten wohl *de Lukowicz*, Divergenzen in der Rechtsprechung zum CISG. Auf dem Weg zu einer einheitlichen Auslegung? Frankfurt am Main 2001.
19 *Kindler*, Hauptfragen des CISG, S. 201; vgl. noch unten S. 33 ff.
20 Vgl. unten S. 25 ff.
21 Vgl. unten S. 40 ff.
22 Vgl. unten S. 65 ff., 2.Kapitel:D.
23 Vgl. unten S. 69 ff.

gestellt, welche Auslegungsergebnisse zu verschiedenen Fragen des UN-Kaufrechts durch die Rechtsprechung und Literatur beider Länder vertreten werden und inwieweit Übereinstimmungen oder Divergenzen bestehen. Abschließend werden im 4. Kapitel die Ergebnisse in einer Schlussbetrachtung zusammengefasst und bewertet[24].

C. Problembereiche des UN-Kaufrechts

Das UN-Kaufrecht verfügt über ein breites Spektrum an unbestimmten Rechtsbegriffen und Auslegungsfragen. Ziel der Untersuchung ist es, durch eine Auswahl von Auslegungsfragen einen Überblick über den bestehenden Meinungsstand zu geben. Die im Rahmen der vorliegenden Arbeit getroffene Auswahl der Auslegungsprobleme ist von mehreren Faktoren bestimmt. Zum einen gibt es eine Vielzahl von Problemen, zu denen sich in Deutschland und Italien noch nicht ein vergleichenswerter Meinungsstand entwickelt hat. Einer der Gründe dafür ist, dass die betreffende Auslegungsfrage in der Praxis eine untergeordnete Rolle spielt. Eine Bearbeitung dieser Auslegungsfragen ist daher zurzeit nicht sinnvoll. Zum anderen gibt es Auslegungsfragen, deren Behandlung sich deswegen anbietet, weil sie in der Rechtsprechung und Literatur Deutschlands wie Italiens umfassend besprochen und diskutiert werden. Dies geschieht zumeist, weil bestimmte Normen in der Praxis eine besonders wichtige Rolle spielen und sich dort bereits „Entscheidungsinseln" gebildet haben[25]. Hierzu gehören etwa die Fragen der Fristlänge zur Untersuchung der gelieferten Ware (Art. 38 I CISG)[26] und der Rüge von Mängeln an der gelieferten Ware (Art. 39 I CISG)[27]. Ebenso ist die Auslegung des Begriffs der „wesentlichen Vertragsverletzung" in Art. 25 CISG von zentraler Bedeutung. Er wird im Zusammenhang mit seinem wichtigsten Anwendungsfall – der Vertragsaufhebung durch den Käufer wegen wesentlicher Vertragsverletzung – recht umfangreich besprochen[28]. Von ihm leiten sich für die Vertragspartner u.U. einschneidende Konsequenzen – wie die der Vertragsaufhebung (vgl. Art. 49 I lit. a) CISG) – ab. Aber auch die nicht vom CISG beantwortete Frage nach der Zinshöhe in Art. 78 CISG ist hierzu zu zählen, da sie regelmäßig durch die angerufenen Gerichte beantwortet werden muss[29]. Des Weiteren gibt es Auslegungsprobleme, die sich erst aus dem national geprägten Vorverständnis des Anwenders ergeben. Hierzu zu zählen ist die Frage, ob auch im Rahmen der Anwendung des UN-Kaufrechts das Schweigen auf ein kaufmän-

---

[24] Vgl. unten S. 241 ff.
[25] *Achilles*, Vorwort, S. VII.
[26] Vgl. unten 3.Kapitel:D.II, S. 154 ff.
[27] Vgl. unten 3.Kapitel:D.III, S. 159 ff.
[28] Vgl. unten 3.Kapitel:E.I, S. 176 ff.
[29] Vgl. unten 3.Kapitel:F, S. 227 ff.

nisches Bestätigungsschreiben vertragskonstitutive Wirkung haben kann[30]. Da es sich um eine Problemstellung handelt, die der deutschen Rechtsordnung entstammt und der italienischen fremd ist, wird sie naturgemäß in der deutschen Literatur ausführlicher besprochen, als in der italienischen. Umgekehrt lässt sich anführen, dass die italienische Literatur sich recht umfassend mit der Frage beschäftigt hat, ob der Vertragstyp des „*appalto*“ noch vom Anwendungsbereich des CISG erfasst ist[31] – eine Frage die sich dem deutschen Juristen nicht gerade aufdrängt.

---

[30] Vgl. unten 3.Kapitel:B.II, S. 118 ff.

[31] Vgl. unten 3.Kapitel:A.IV.7, S. 98 ff.

1.Kapitel: Einheitliches Kaufrecht – Bedürfnis, Regelungstechnik, Rechtsnatur

Will man sich mit den Problemen beschäftigen, die das UN-Kaufrecht aufwirft, so muss man zunächst dessen Hintergründe beleuchten. Hierzu gehört die Frage, warum man sich überhaupt um die Entwicklung eines international gültigen Kaufrechts bemüht hat. Des Weiteren soll untersucht werden, auf welchen Besonderheiten das UN-Kaufrecht in Bezug auf die Regelungstechnik beruht und welchen Regeln seine Auslegung zu folgen hat. Letztlich soll die Entstehungsgeschichte des UN-Kaufrechts und der für die Auslegung maßgeblichen Art. 7 CISG dargestellt werden.

A. Das Bedürfnis nach einer einheitlichen Regelung

Das Wiener UN-Kaufrecht ist das Ergebnis langjähriger Bemühungen, ein international gültiges einheitliches Kaufrecht zu schaffen. Als Motivation für die Schaffung eines einheitlichen Rechts werden Unsicherheiten und Behinderungen für den Handel genannt, die sich aus den Unterschieden zwischen den Rechtssystemen beim grenzüberschreitenden Warenverkehr ergeben. Wegen des internationalen Verbundes von Transport- und Kommunikationswegen und dem damit verbundenen grenzüberschreitenden Warenverkehr wird das einheitliche Kaufrecht mittlerweile von manchen als Notwendigkeit bezeichnet[32].

Zum einen werden durch Einheitsrecht die beim grenzüberschreitenden Kaufvertrag auftretenden schwierigen und unübersichtlichen kollisionsrechtlichen Fragen aus dem Weg geräumt. Die Fragen des anwendbaren Rechts und Fragen aus fremden Rechtsordnungen erübrigen sich im Rahmen des Anwendungsbereichs des UN-Kaufrechts und werden den Beteiligten und den Richtern „erspart“ [33]. Sie werden übersichtlich in einem einzigen Gesetz geregelt. Zum anderen wird dadurch auch die Rechtssicherheit gefördert. Da die schwer überschaubaren Fragen des Internationalen Privatrechts und des ausländischen materiellen Rechts einem übersichtlichen einheitlichen Recht weichen, wird der Rechtsanwender nicht den damit verbundenen Unsicherheiten – wie etwa der schwer einzuschätzenden Auswirkung auf den Prozess – ausgesetzt[34]. Das UN-Kaufrecht ist so ausgestaltet, dass es – soweit keine anders lautende

---

[32] Vgl. *Diedrich*, S. 23.

[33] *Kropholler*, S. 11; *Reinhart*, Einl., Rn. 4.; *Sono*, *UNCITRAL*, International Lawyer, 1984, S. 7 ff. (11); *von Caemmerer*, Gesammelte Schriften, Bd. I, S. 28; *Riese*, RabelsZ 1957, S. 16 ff. (24 f.).

[34] *Pünder*, JA 1991, S. 270 ff. (270); *Kropholler*, RabelsZ 1974, S. 372 ff. (372 f.); *Zweigert,Kötz*, S. 24; im Italienischen, *Ferrari*, Applicabilità ed applicazioni, S. 1 f.

Rechtswahl erfolgt ist – automatisch zur Anwendung kommt. Dadurch entfällt die Anwendung des Internationalen Privatrechts[35]. Die Suche nach dem materiellrechtlich günstigeren Recht – dem *„forum shopping"* – verliert für die Vertragsparteien seinen Reiz, sobald eine anerkannte international gültige Regelung besteht[36]. Auch stellt sich die unter Umständen den Vertragsschluss gefährdende Frage nach dem im Streitfall anwendbaren Recht nicht mehr[37]. Letztlich hat der grenzüberschreitende Kauf durch das UN-Kaufrecht eine auf die Besonderheiten des internationalen Warenkaufs zugeschnittene Regelung erfahren[38].

I. Regelungstechnik und CISG

Der Feststellung des Bedürfnisses nach einem international einheitlichen Recht für grenzüberschreitenden Warenverkehr schließt sich die Frage an, wie diesem Bedürfnis durch das UN-Kaufrecht entsprochen wurde. Hier muss weiter unterschieden werden: Zum einen stellt sich die Frage, auf welche Weise das Einheitsrecht Gültigkeit in den verschiedenen Staaten erlangt und zum anderen, wie das materielle Kaufrecht ausgestaltet ist.

II. Konstruktionsmöglichkeiten eines international einheitlichen Kaufrechts

Auch das materielle Einheitskaufrecht muss in den verschiedenen nationalen Rechtsordnungen Gültigkeit erlangen. Fraglich ist, welche Möglichkeiten sich dem internationalen Gesetzgeber bieten, diese Aufgabe zu bewältigen.
Grundsätzlich werden hierzu zwei Rechtssetzungstechniken vorgeschlagen. Zum einen gibt es den Weg der „kollisionsrechtlichen" Lösung: Danach sind die einzelnen nationalen Vorschriften des Internationalen Privatrechts derart anzugleichen, dass die nationalen Rechtsordnungen einheitlich auf dasselbe materielle Recht eines bestimmten Landes verweisen[39]. Die zweite Möglichkeit ist die Regelung des Einheitsrechts in einem eigenen Gesetz, das in den jeweiligen Staaten durch Übernahme in Kraft gesetzt wird. Dem letzten Weg folgt das CISG: Durch ein einheitliches, international gültiges Gesetz werden die betreffenden internationalen Sachverhalte geregelt. Dieses Recht findet gegenüber dem nationalen Recht der Vertragsstaaten vorrangig Anwendung. Die schwierige Anwendung fremden nationalen Rechts ist somit ausgeschlos-

35 Vgl. Artt. 1 und 6 CISG; *Pünder*, JA 1991, S. 270 ff. (270).
36 *Diedrich*, S. 23; *de Lukowicz*, S. 14 f.
37 *Pünder*, JA 1991, S. 270; *Piltz*, UN-Kaufrecht, Rn. 20.
38 *Kropholler*, S. 11; *Keinath*, S. 11.
39 *Keinath*, S. 14; *Reinhart*, Einl., Rn. 1 f.

sen[40]. Auch erfahren grenzüberschreitende Vertragsbezeichnungen eine ihrem Bedürfnis entsprechend ausgerichtete und damit gerechtere Regelung[41]. Die in Art. 7 CISG geregelte vorrangige Anwendung des Einheitsrechts findet jedoch ihre Grenzen, sobald keine „allgemeinen Grundsätze, die dem Übereinkommen zugrunde liegen“ ermittelbar sind. Als *ultima ratio* ist dann gemäß Absatz 2 das nach dem Internationalen Privatrecht des Forumstaates anzuwendende Recht berufen.
Letztendlich bedient sich das CISG also einer Mischform zwischen beiden Lösungsmöglichkeiten. Die ultima ratio-Lösung des Art. 7 II CISG war gegenüber Art. 17 EKG – der als ein Vorgänger des Art. 7 CISG bezeichnet werden kann[42] – eine Neuerung. Art. 17 EKG sah noch vor, dass alle Fragen aus dem Gesetz heraus nach den Grundsätzen des EKG beantwortet werden mussten. Die Anwendung des Internationalen Privatrechts war somit im Rahmen des EKG ausgeschlossen[43].

III. Völkerrechtliche Rechtsnatur und Umsetzung des CISG

Das Wiener Kaufrechtsübereinkommen ist in Deutschland, Italien und den anderen Staaten, die das Übereinkommen ratifiziert haben, geltendes, nationales Recht. Das UN-Kaufrecht beinhaltet materielles Recht zum internationalen Warenkauf (Artt. 1 - 88 CISG). Darin sind die Regelungen des Teil 1 zum Anwendungsbereich und allgemeinen Bestimmungen (Artt. 1 - 13 CISG), die Regelungen zum Abschluss des Vertrages in Teil 2 (Artt. 14 - 24 CISG) und in Teil 3 (Artt. 25 - 88 CISG) die Regelungen über den Warenkauf mit Vorschriften zu den Rechten und Pflichten der Vertragsparteien enthalten[44]. Des Weiteren enthält das CISG in Teil 4 das völkerrechtliche Vertragsrecht (Art. 89 - 101 CISG): Durch sie wird die Art und Weise der Annahme durch die Vertragsstaaten, das Inkrafttreten, die Kündigung, das Verhältnis zu anderen Übereinkommen und der zeitliche wie räumliche Geltungsbereich des Übereinkommens geregelt[45]. Das UN-Kaufrecht ist als multinationales Übereinkommen ausgestaltet[46]. Im Gegensatz hierzu bedient sich die *UNCITRAL*-

---

40 *Keinath*, S. 15; *Reinhart*, Einl., Rn. 4.
41 *Kropholler*, S. 11; *ders.* RabelsZ 1974, S. 372 ff. (373).
42 Näher zur Entstehungsgeschichte des Art. 7 CISG unten S. 37 ff.
43 *Dölle/Wahl*, Art. 17, Rn. 19 f; a.A. *Kropholler*, RabelsZ 1974, S. 372 ff. (S. 382 und 385 f.), der schon im Rahmen des EKG das IPR zur Anwendung kommen lassen wollte, sobald eine einheitliche autonome Lösung nicht erreicht werden konnte. Zur ausführlicheren Darstellung des historischen Hintergrundes des CISG und Art. 7, vgl. unten S. 33 ff.
44 Allgemein zum Aufbau der Konvention vgl. etwa *Enderlein,Maskow,Stargardt*, Einl., Anm. 2.4.
45 *Schlechtriem,Schwenzer/Ferrari*, Vorb. zu Artt. 89-101, Rn. 2 ff.
46 Zum Begriff, vgl. *Kropholler*, IPR, § 9, IV 1.

Organisation zur internationalen Rechtsvereinheitlichung aber auch so genannter Modellgesetze[47]. Ein solches stellt lediglich eine Empfehlung an die einzelnen Staaten dar, ihr nationales Recht nach dem Modellgesetz auszurichten und den jeweiligen Bedürfnissen zuzuschneiden und anzupassen. Modellgesetze finden sich mit dem *UNCITRAL Model Law on International Commercial Arbitration* vom 21. Juni 1985[48] etwa im Bereich der Schiedsgerichtsbarkeit und mit dem *UNCITRAL Model Law on Cross-Border Insolvency* vom 15. Dezember 1997[49] im Bereich des Insolvenzrechts.

Völkerrechtlich kann das CISG wegen seines rechtssetzenden Charakters als „*law-making treaty*" oder „*traité lois*" bezeichnet werden[50]. Dabei handelt es sich im Gegensatz zu einem „*contractual treaty*" oder „*traité-contrat*" um einen völkerrechtlichen Vertrag, der nicht bloß rechtsgeschäftlich ist, sondern die Festlegung genereller Normen zum Gegenstand hat[51].
An dieser Stelle ist noch zu differenzieren: Eine weitere Unterteilung kann völkerrechtlich dahingehend gemacht werden, dass es sich beim CISG um ein „*self-executing treaty*" handelt, dessen Inhalt grundsätzlich aus sich heraus mit Abschluss des Staatsvertrages Geltung in den beigetretenen Staaten erlangen kann[52].

„*Non self-executing treaties*" zeichnen sich im Gegensatz dazu dadurch aus, dass ihr Inhalt lediglich für den vertragsschließenden Staat verbindlich ist. Er verpflichtet sich dabei nur völkerrechtlich, die Grundsätze des Vertrages in nationale Rechtssätze umzusetzen[53].

Die materiellrechtlichen Regelungen des CISG gelten z.B. in Deutschland als unmittelbares nationales Recht seit der Ratifikation des Zustimmungsgesetzes[54]. Eines weiteren Ausführungsgesetzes zur Umsetzung des Sachrechts in nationales Recht in Erfüllung völkerrechtsvertraglicher Pflichten bedurfte es nicht[55]. In Italien hat das italienische Parlament mit Gesetz Nr. 765 vom 11.

---

47 *Zweigert/Kötz* (S. 24) halten die Form des Modellgesetztes für zukunftsfähiger.
48 Ausführlich hierzu *Lionnet*, S. 104 ff.
49 Ausführlich *Duursma-Kepplinger, Duursma, Chalupsky*, S. 7 ff.
50 *Schlechtriem/Volken*, Fachtagung, S. 81 ff. (82).
51 Vgl. *Verdross, Simma*, § 537; *Schlechtriem/Volken*, Fachtagung, S. 81 ff. (82).
52 *Schlechtriem/Volken*, Fachtagung, S. 81 ff. (83); *Sarcevic, Volken/Volken*, S. 21; zum Begriff, vgl. *Verdross, Simma*, § 864; *Schlechtriem/Volken*, Fachtagung, S. 81 ff. (83).
53 *Schlechtriem/Volken*, Fachtagung, S. 81 ff. (83).
54 Vgl. hierzu *Diedrich*, S. 135; *Herber, Czerwenka*, Einf., Rn. 3. Das CISG ist in Deutschland am 1.1.1991 in Kraft getreten, *Staudinger/Magnus*, S. 27. Grundsätzlich zum Staatsrechtlichen Hintergrund in Deutschland vgl. etwa *von Münch/Rojahn*, Art. 59, Rn. 14, 23 ff., 32 ff.
55 *Herber, Czerwenka*, Einl., Rn. 3; *Schlechtriem/Volken*, Fachtagung, S. 81 ff. (84).

Dezember 1985 den italienischen Staatspräsidenten ermächtigt das Kaufrechtsübereinkommen zu ratifizieren[56].

Im Gegensatz zum CISG wurden dem Haager Kaufrechtsübereinkommen von 1964 noch die materiellen Regeln in einem Annex angefügt. Das Haager Übereinkommen beschränkte sich also darauf, aufgrund eines „*traité contrat*", die Vertragsstaaten dazu zu verpflichten, den materiellen Inhalt des Anhangs in nationales Recht umzuwandeln[57]. Da es weder im Völkerrecht noch im UN-Kaufrecht Bestimmungen über einen international einheitlichen Weg bei der Umsetzung des Einheitskaufrechts gibt, wird zum Teil befürchtet, dass dieser Umstand eine Quelle für Unterschiede bei der Auslegung des Einheitsrechts in der nationalen Rechtsanwendung darstellt[58]. Soweit in Staaten Einheitsrecht angewandt wird, das aus verfassungsrechtlichen Gründen mit der Ratifizierung des Übereinkommens unmittelbar im Originaltext Teil der nationalen Rechtsordnung geworden ist, wird vermutet, dass bei der Rechtsanwendung eher das Bewusstsein vorhanden sein wird, dass es sich bei den Rechtsätzen des CISG um ein multilaterales Übereinkommen handelt. Der Grund hierfür wird darin gesehen, dass der Rechtsanwender stets Bezug auf das Übereinkommen selbst nehmen müsse. Bedürfe es nach der Verfassung eines Staates eines nationalen Transformationsgesetzes, würde dieses Gesetz und nicht das dahinter liegende multilaterale Übereinkommen bei der Rechtsanwendung herangezogen werden. Hier bestehe die Gefahr, dass dabei das Bewusstsein dafür versperrt bliebe, dass es sich um ein multilaterales Übereinkommen handelt. Jedoch sei es gerade das internationale Übereinkommen in seinem Originaltext, das Gewähr für die Einheitlichkeit der Rechtsanwendung biete[59].

---

[56] Gesetz Nr. 765 vom 11.12.1985 Supplemento Ordinario alla Gazz. Uff. Nr. 303 vom 27.12.1985, abgedruckt bei LEX 1986 I, S. 286 ff. Das CISG trat in Italien zum 1.1.1988 und damit 3 Jahre früher als in Deutschland in Kraft, *Asam*, S. 3 ff. (4); *Bonell*, Riv. dir. civ. II 1986, S. 221 ff. (222), Fn. 3; *ders.*, Dir. comm. int. 1987, S. 415 ff. (415 f.). Für die Jahre 1988 bis 1991 konnte das CISG im deutsch-italienischen Rechtsverkehr über Art. 1 I lit. b) CISG Anwendung finden, *Kindler*, Handelsrecht, § 7, Rn. 60. Zu Art. 1 I lit. b) CISG, vgl. noch unten 3.Kapitel:A.II.2, S. 73 ff.

[57] *Diedrich*, S. 133; *Czerwenka*, S. 124; *Botzenhardt*, S. 46; *Schlechtriem/Volken*, Fachtagung, S. 81 ff. (84); *Herber*, RIW, 1976, S. 125 ff. (126).

[58] *Matscher,Siehr,Delbrück/Matscher*, S. 20 ff.

[59] *Czerwenka*, S.124; *Diedrich*, S.135 f.; *Schlechtriem/Volken*, Fachtagung, S. 81 ff. (86); *Enderlein,Maskow,Strohbach*, Einl., 2.1; *Kropholler*, S.101 f.

IV. Das materielle UN-Kaufrecht

Das materielle Kaufrecht zeichnet sich insbesondere durch Zweierlei aus: Zum einen regelt es nur teilweise das materielle Recht, vgl. den Wortlaut des Art. 4 CISG[60]. Das CISG ist also keinesfalls mit den großen Zivilgesetzbüchern des europäischen Kontinents vergleichbar, da es nicht alle Fragen behandelt, die im Zusammenhang mit einem Kaufvertrag aufkommen können[61]. Ist eine Regelung im Einheitsrecht nicht vorhanden, findet das über das IPR gültige nationale Recht Anwendung, vgl. Art. 7 II CISG[62]. Zum anderen weist die im CISG gewählte Rechtssprache Eigenheiten auf. Es verwendet nach Möglichkeit eigene Rechtsbegriffe, die keinem anderen Zivilgesetzbuch entnommen wurden. Dabei wird eine Vielzahl unbestimmter Rechtsbegriffe gebraucht, die offen lassen, welche Sachverhalte genau der Normadressat darunter zu subsumieren hat[63].

Die Verwendung einer möglichst eigenen Rechtssprache soll verhindern, dass ein national vorgeprägtes Verständnis von Rechtsbegriffen bei der Auslegung des Einheitsrechts eine Rolle spielt. Wie bereits dargelegt, stellt die Schaffung von Einheitsrecht lediglich eine formale Einheit dar, die es zu bewahren gilt[64]. Um eine einheitliche Auslegung und Anwendung zu fördern, muss Einheitsrecht „autonom" ausgelegt werden. Darunter ist die eigenständige Auslegung der Begriffe des CISG aus sich selbst heraus zu verstehen. Ein Rückgriff auf das nationale Recht des Anwenders oder auf bestimmte nationale Begriffe oder Verständnisse ist nicht zulässig[65]. Zwar sind viele Rechtsordnungen im Wege abwägender Rechtsvergleichung in die Entwicklung der Regelungen des Einheitskaufrechts eingeflossen. Daher stellt das CISG letztlich eine Mischung zwischen den beiden großen Rechtssystemen des *civil law* und des *common law* dar[66]. Jedoch besteht bei der Verwendung von Begriffen, die bereits in einer nationalen Rechtsordnung Anwendung finden, die Gefahr, dass die Gerichte ihr nationales Vorverständnis auch bei der Anwendung des Einheitsrechts einbringen. Das würde national geprägte Auslegungsergebnisse

---

60 Art. 4 S. 1 CISG lautet in deutscher Übersetzung: „*Dieses Übereinkommen regelt ausschließlich den Abschluss des Kaufvertrages und die aus ihm erwachsenden Rechte und Pflichten des Verkäufers und des Käufers*".

61 Statt aller *Schlechtriem,Schwenzer/Ferrari*, Art. 4, Rn. 3.

62 Statt aller *Schlechtriem,Schwenzer/Ferrari*, Art. 7, Rn. 42, 57 f.

63 Z.B. sieht Art. 78 CISG vor, dass unter bestimmten Voraussetzungen ein Anspruch auf Zinsen besteht. Über die Höhe der Zinsen schweigt die Vorschrift. Vgl. hierzu unten 3.Kapitel:F, S. 227 ff.

64 Vgl. bereits oben die Ausführung in der Einleitung auf S. 19 ff.

65 Zur autonomen Auslegung vgl. noch ausführlich unten S. 40 ff.; *Staudinger/Magnus*, Art. 7, Rn. 12; *Diedrich*, S. 76 f.

66 *Diedrich*, S. 137; *Garro*, International Lawyer, 1989, S. 443 ff. (453); *Schlechtriem, Schwenzer/Schlechtriem*, Einl., III.; *Riese*, RabelsZ 1957, S. 16 ff. (18f.).

fördern, die der Bedeutung des einheitsrechtlichen Tatbestandes nicht entsprächen. Im Rahmen der Entwicklung des Einheitskaufrechts wurde daher versucht, Begriffe zu finden, die im juristischen Sinn untechnisch sind. Hierzu werden im UN-Kaufrecht verwendete Begriffe wie „Aufhebung des Vertrages", „liefern" und „übergeben" gezählt[67]. Der Grundsatz der autonomen Auslegung ist im CISG in Art. 7 I niedergelegt und hat in der Formulierung Niederschlag gefunden, dass das UN-Kaufrecht unter Berücksichtigung seines „internationalen Charakters" auszulegen ist[68].
Ferner stellt sich die Frage, warum der Gesetzestext des CISG so zahlreich mit unbestimmten Rechtsbegriffen ausgestattet ist. Unbestimmte Rechtsbegriffe lassen sich unterschiedlich auslegen, lassen den Normadressaten also im Unklaren, was genau unter einem Tatbestandsmerkmal zu verstehen ist. Die Gefahr, dass ein in mehreren Staaten geltendes einheitliches Recht unterschiedlich ausgelegt wird, scheint daher durch die Verwendung unbestimmter Rechtsbegriffe begünstigt. Sie scheinen der auf dem Papier erreichten Einheit entgegenzuwirken[69]. Man könnte es daher für zweckmäßiger erachten, gerade international einheitliche Normen möglichst ausführlich zu fassen, um so bei der Rechtsanwendung durch die beigetretenen Staaten möglichst wenige Fragen unbeantwortet zu lassen. Das Ziel, eine einheitliche Auslegung des Einheitsrechts zu erreichen, ließe sich zumindest durch eine gewisse „Festigkeit"[70] fördern. Aufgrund ihrer Eindeutigkeit wird eine Regelung jedoch schwerfällig und ist – etwa bei der Anwendung auf neue, unvorhergesehene Sachverhalte – nur schwer anpassungsfähig[71]. Zudem bewirkt ganz generell das Bemühen, eine Norm umfassend auszugestalten, das Anwachsen ihres Umfanges mit der Folge, dass diese dem Adressaten stets ein hohes Maß an „Verständniskapazität" abverlangt[72].
Hinter der Verwendung unbestimmter Rechtsbegriffe steht also die Erkenntnis, dass kein Gesetz so treffend alle Sachverhalte erfassen kann, dass sich die Hilfe ständiger Akkommodation durch Rechtsprechung und Lehre im Einzelfall erübrigen könnte. Ferner kommt ein Gesetz schon deshalb nicht ohne Auslegung aus, weil – abgesehen von Zahlen und Eigennamen – die meisten Ausdrücke nicht eindeutig sind[73]. Schon früh wurde daher erwogen, das Problem

---

[67] *Enderlein, Maskow, Stargardt*, Einl., Anm. 2.6.; zu diesem Problem schon *Rabel*, RabelsZ 1935, S. 1 ff. (54); *Bayer*, RabelsZ 1955, S. 603 ff. (628 f.).

[68] *Diedrich*, S. 139 ff.; *Schlechtriem,Schwenzer/Ferrari*, Art. 7, Rn. 9. Dazu ausführlich unten 2.Kapitel: S. 40 ff.

[69] *Schlechtriem,Schwenzer/Schlechtriem*, Einl. II.; vgl. schon *Riese*, RabelsZ 1961, S. 604 ff. (614); *Rabel*, a.a.O., S. 54.

[70] Dem Begriffspaar Festigkeit im Gegensatz zu Flexibilität bedient sich in diesem Zusammenhang *Kropholler*, S. 244.

[71] *Kropholler*, S. 244 f.; *Schlechtriem,Schwenzer/Schlechtriem*, Einl. II.

[72] So *Noll*, S. 268; zur Gradwanderung zwischen Generalklausel und Tatbestandskasuistik im Einheitsrecht vgl. auch *Mänhardt,Posch*, S. 144 ff.

[73] *Larenz*, S. 343.

der unweigerlich auftretenden unterschiedlichen Rechtsprechung durch einen supranationalen Gerichtshofs zu lösen[74]. Eine einheitliche Auslegungsinstanz, wie etwa im Rahmen der Europäischen Gemeinschaft der Gerichtshof der Europäischen Gemeinschaften, besteht für das UN-Kaufrecht nicht.
Im Ergebnis lässt sich also festhalten, dass die Aufnahme von Generalklauseln und unbestimmten Rechtsbegriffen für eine erfolgreiche Umsetzung des Einheitsrechts in einer sich verändernden Wirklichkeit für unverzichtbar gehalten werden muss. Das Problem unterschiedlicher Auslegung muss daher auf anderem Wege als durch Verzicht auf unbestimmte Rechtsbegriffe im Gesetzestext bewältigt werden[75]. Das UN-Kaufrecht in seiner vorliegenden Form hält daher gelungen die Balance zwischen klarer Festlegung und erforderlicher Flexibilität[76].

---

[74] Vgl. nur *Riese*, RabelsZ 1961, S. 604 ff. (607 und 614 ff.).
[75] *Kropholler*, S. 244 f.
[76] *Grundmann,Medicus,Rolland/Magnus*, S. 81.

B. Die Entstehungsgeschichte des CISG[77] - von den Vorarbeiten Rabels bis zum Wiener Kaufrechtsübereinkommen

I. Die Entstehungsgeschichte des UN-Kaufrechts

Die Entscheidung, ein international einheitliches Kaufrecht zu schaffen, ist auf einen Beschluss des Römischen Instituts für Privatrechtsvergleichung (UNIDROIT)[78] vom 29. April 1930 auf Vorschlag *Ernst Rabels* zurückzuführen. Dieser hatte bei *Vittorio Scialoja*, dem Präsidenten von UNIDROIT, angeregt, die Arbeit des Instituts an der Vereinheitlichung des Kaufrechts aufzunehmen. Das UN-Kaufrecht kann mithin als Kind deutsch-italienischer Rechtsbeziehungen bezeichnet werden[79]. Daraufhin wurde ein Ausschuss von Experten gegründet, um die ersten Grundlagen für ein Weltkaufrecht zu schaffen[80]. Diesem Ausschuss gehörten Vertreter aus Frankreich, Deutschland, England und Skandinavien an[81]. Ein erster Entwurf eines international einheitlichen Kaufrechts wurde 1935 erarbeitet, der 1939 in überarbeiteter Form fertig gestellt wurde[82].

Erst nach dem zweiten Weltkrieg im Jahr 1950 trat der UNIDROIT- Ausschuss wieder zusammen. Inzwischen hatte die Haager Konferenz für Internationales Privatrecht[83] Arbeiten an der Kaufrechtsvereinheitlichung aufgenommen. Die Entwürfe der UNIDROIT und der Haager Konferenz mündeten in die Ergebnisse der Konferenz von Den Haag im Jahr 1964. Auf ihr kam es erstmals zum Abschluss der Arbeiten zum Kaufrecht, so dass das Einheitliche Gesetz über den internationalen Kauf beweglicher Sachen (EKG)[84] sowie das

---

[77] Ausführliche Darstellungen zur Entstehungsgeschichte finden sich etwa zum EKG in *Dölle/Dölle*, Einl., S. XXXI ff.; *Riese*, RabelsZ 1957, S. 16 ff; *ders.*, RabelsZ 1965, S. 1 ff.; *von Caemmerer*, RabelsZ 1965, S. 101 ff. Für umfassende Darstellungen zur Entstehungsgeschichte bis zum CISG vgl. *Staudinger/Magnus*, Einl., Rn. 19 ff.; *Kranz*, S. 3 ff.; *Diedrich*, S.117 ff.; im Italienischen etwa *Ferrari*, Applicabilità ed applicazioni, S. 1 ff

[78] International Institute for the Unification of Private Law - Institut international pour l'unification du droit privé; zum Aufgabenbereich und zur Geschichte des Instituts, vgl. *Kropholler*, S. 57 f.

[79] So auch *Kindler*, Hauptfragen des CISG, S. 201.

[80] *Staudinger/Magnus*, Einl., Rn. 20; *Keinath*, S. 16; *Diedrich*, S. 117; *Herber*, RIW, 1980, S. 601 ff. (601); *Schlechtriem/Schlechtriem*, Fachtagung, S. 27 ff. (28); *Riese*, RabelsZ 1957, S. 16 ff. (18).

[81] Vgl. die Aufzählung bei *Staudinger/Magnus*, Einl., Rn. 20.

[82] *Staudinger/Magnus*, Einl., Rn. 20; vgl. hierzu ausführlich *Rabel*, RabelsZ 1935, S. 1 ff., 339 ff.

[83] *Hague Conference on Private International Law – Conférence de La Haye de Droit International Privé* ; vgl. *Kropholler*, S. 59 ff.

[84] Haager Übereinkommen vom 1. Juli 1964 zur Einführung eines Einheitlichen Gesetzes über den internationalen Kauf beweglicher Sachen vom 1. Juli 1964, abgedruckt im

Einheitliche Gesetz über den Abschluss von internationalen Kaufverträgen über bewegliche Sachen (EAG)[85] zusammen mit zwei Einführungskonventionen verabschiedet werden konnten[86].
Das Haager Kaufrechtsübereinkommen fand in der darauf folgenden Zeit wenig Akzeptanz und wurde letztlich nur von neun Staaten ratifiziert. Das Scheitern des Haager Kaufrechts wird auf politische Gründe und inhaltliche Vorbehalte zurückgeführt. Weder die ehemaligen sozialistischen Länder noch die Entwicklungsländer wurden an der Ausarbeitung hinreichend beteiligt. Auch bestanden starke inhaltliche Vorbehalte. Kritikpunkt war dabei die Dominanz der westeuropäischen Länder und der starke Einfluss des civil law-Rechtskreises bei der Ausgestaltung des Haager Kaufrechts[87].
Da das Haager Kaufrecht in der Praxis kaum Anklang gefunden hatte, wurde 1966 eine UN-Kommission für internationales Handelsrecht (*UNCITRAL*)[88] gegründet, die noch vor Inkrafttreten des Haager Kaufrechts mit der Arbeit an einer Kaufrechtsvereinheitlichung begann[89]. 1969 wurde eine Arbeitsgruppe (*Working Group on the International Sale of Goods*) mit Staatenvertretern aus allen Regionen der Welt eingesetzt[90]. Diese erarbeitete auf Grundlage des EKG einen neuen Entwurf für ein internationales Kaufrecht mit wesentlichen inhaltlichen Änderungen. 1976 kam es zur Verabschiedung des „Genfer Entwurfs" durch die Working Group und zur Vorlage des Entwurfs vor die *UNCITRAL*[91]. Dieser Entwurf enthielt, wie das Haager Kaufrechtsübereinkommen und das EKG, nur Regelungen über internationale Warenkaufverträge, ohne den Abschluss des Vertrages mitzuregeln, war aber mit 67 Artikeln wesentlich knapper gehalten als das EKG[92].
Nach einer weiteren Überarbeitung des Genfer Entwurfs wurde 1977 der „Wiener Entwurf[93]" durch die *UNCITRAL* mit geringfügigen Änderungen ver-

---

BGBl. 1973 I, S. 856 ff.

[85] Haager Übereinkommen vom 1. Juli 1964 zur Einführung eines Einheitlichen Gesetzes über den Abschluss von internationalen Kaufverträgen über bewegliche Sachen, abgedruckt im BGBl. 1973 II, S. 885 ff.

[86] Statt aller vgl. *Staudinger/Magnus*, Einl., Rn. 22.

[87] *Kropholler*, IPR, S. 468 f.; *Staudinger/Magnus*, Einl., Rn. 24; *Keinath*, S. 18 ff.; *Huber*, RabelsZ 1979, S. 413 ff. (414 f.); *Pünder* JA 1991, S. 270 ff. (271).

[88] *United Nations Commission on International Trade Law* – näher zur Geschichte und zum Aufgabenbereich der *UNCITRAL* in *Kropholler*, S. 46 ff.; *Sarcevic, Volken/Sono*, S. 3 ff.; *Sono*, International Lawyer, 1984, S. 7 ff. (8 ff.).

[89] Statt aller vgl. *Staudinger/Magnus*, Einl., Rn. 24.

[90] Vgl. auch *UNCITRAL* Yearbook I (1968-1970), S. 177 ff.; *Honnold*, Documentary History, S. 3 und 15.

[91] *UNCITRAL* Yearbook VII (1976), S. 89 ff.

[92] *Diedrich*, S. 124; *Kranz*, S. 22; vgl. *Magnus*, ZRP, 1978, S. 129 ff.

[93] Abgedruckt in *UNCITRAL* Yearbook VIII (1977), S. 15 ff.; zum Wiener Entwurf vgl. *Magnus*, ZRP, 1978, S. 129 ff.

abschiedet[94]. In Auseinandersetzung mit dem Haager EAG stellte die Arbeitsgruppe ebenfalls im Jahr 1977 einen Entwurf für ein Kaufvertragsabschlussgesetz fertig. Beide Entwürfe wurden auf einer Sitzung des *UNCITRAL* in New York im Jahr 1977 zusammengeführt und einstimmig angenommen[95]. Die Regelungen des materiellen Kaufrechts entsprachen dabei weiterhin dem Genfer Entwurf von 1976[96]. Der New Yorker Entwurf wurde zusammen mit einem erläuternden Kommentar des Sekretariats des *UNCITRAL*[97] den UN-Mitgliedstaaten und anderen Verbänden zur Stellungnahme zugeschickt. Sie dienten der diplomatischen Abschlusskonferenz als Beratungsgrundlage[98].
Vom 10. März bis 11. April 1980 tagte die Abschlusskonferenz in Wien. Vertreten waren 62 Staaten aus allen Regionen der Welt.
Die Verhandlungen verliefen sachorientiert, und Kompromisse wurden ohne die – etwa auf Konferenzen der Welthandelsorganisation übliche – politische Blockbildung gefunden[99]. Die Konvention fand in der Schlussabstimmung die Zustimmung von 42 Staaten während 10 sich ihrer Stimme enthielten[100]. Das Übereinkommen wurde in sechs gleichberechtigte Sprachen[101] übersetzt. Die deutschsprachigen Länder[102] erarbeiteten 1982 in Bonn eine gemeinsame Übersetzung[103]. Das CISG erfuhr in der darauf folgenden Zeit große Akzeptanz und wurde sogleich von 6 Staaten unterzeichnet[104]. Bis zum 30. September 1981 hatten es bereits 21 Staaten unterzeichnet. Das Übereinkommen ist gemäß Art. 99 I CISG am 1. Januar 1988 völkerrechtlich in Kraft getreten, nachdem es elf Staaten ratifiziert hatten[105].
In der Bundesrepublik Deutschland wurde das Zustimmungsgesetz zum Wiener Kaufrechtsübereinkommen am 5. Juli 1989 ausgefertigt und veröffentlicht[106]. Am 21. Dezember 1989 wurden zeitgleich mit der Hinterlegung der

---

94 *Diedrich*, S. 124 f.; *Kranz*, S. 24 f.
95 *Staudinger/Magnus*, Einl., Rn. 24; *Diedrich*, S. 125; der New Yorker Entwurf ist abgedruckt im *UNCITRAL* Yearbook IX (1978), S. 14ff. und RabelsZ 1979, S. 528 ff. Zum New Yorker Entwurf: *Huber*, RabelsZ 1979, S. 413 ff. (416 ff.).
96 *Huber*, RabelsZ 1979, S. 413 ff. (416 f.).
97 Der Sekretariatskommentar ist abgedruckt in *Honnold*, Documentary History, S. 404 ff. und den *Official Records*, S. 14 ff.
98 *Diedrich*, S. 126.
99 So *Herber*, RIW 1980, S. 601 ff. (602); *Garro*, Int. Lawyer, 1989, S. 443 ff. (451 f.); zu den drei hierbei eingesetzten Komitees vgl. *Honnold*, Documentary History, S. 765.
100 *Herber*, RIW 1980, S. 601 ff. (602).
101 Vgl. die Abschlussklausel am Ende des CISG: Arabisch, Chinesisch, Englisch, Französisch, Russisch und Spanisch. Die Texte sind abgedruckt bei *Bianca, Bonell*, S. 681 ff.
102 Bundesrepublik Deutschland, Deutsche Demokratische Republik, Schweiz sowie Österreich.
103 *Sarcevic, Volken/Volken*, S. 41.
104 *Herber*, RIW 1980, S. 601 ff. (602).
105 *Czerwenka*, S. 123; *Diedrich*, S. 128.
106 BGBl. II, 1989, S. 586 ff.

Ratifikationsurkunde die Haager Kaufrechtsübereinkommen gemäß Art. 99 II und IV CISG zum 1. Januar 1991 gekündigt. Seit dem 1. Januar 1991 ist das CISG damit nationales Recht der Bundesrepublik Deutschland[107].
In Italien wurde der italienische Staatspräsident durch das Parlament mit Gesetz vom 11. Dezember 1985 ermächtigt, die Wiener Konvention zu ratifizieren. Die Hinterlegung der Ratifikationsurkunde nebst Kündigung der Haager Abkommen erfolgte für Italien am 11. Dezember 1986, so dass es am 1. Januar 1988 in Kraft getreten ist, Art. 99 I i.V.m. Art. 99 III CISG[108]. Mittlerweile gilt das Gesetz in 63 Staaten der Welt[109].

---

[107] *Herber, Czerwenka*, Art. 99, Rn. 1; *Staudinger/Magnus*, Art. 99, Rn. 2. In der DDR war das CISG aufgrund Gesetz vom 23. 2. 1989 (Gesetzblatt DDR, 1989, S. 65 ff.) bereits seit dem 1. März 1990 nationales Recht geworden, vgl. *Magnus* a.a.O. und Einl. Rn. 11 ff.

[108] Gesetz Nr. 765/1985 vom 11.12.1985 Supplemento Ordinario alla Gazz. Uff. Nr. 303 vom 27.12.1985, abgedruckt bei LEX 1986 I, S. 286 ff.; dazu auch *Asam*, S. 3 ff. (4 f.).

[109] Stand November 2004. Der aktuelle Stand kann abgerufen werden bei www.unilex.info.

II. Die Entstehungsgeschichte des Art. 7 CISG

Eine Regelung entsprechend dem späteren Art. 7 I CISG enthielt das EKG nicht. Den Entwürfen der *UNCITRAL* für ein verbessertes einheitliches Warenkaufrecht lagen aber bereits die Regelungen der Artt. 2 und 17 EKG zugrunde[110]:

Art. 2 EKG:
„Soweit dieses Gesetz nicht etwas anderes bestimmt, sind bei seiner Anwendung die Regeln des internationalen Privatrechts ausgeschlossen."
Art. 17 EKG:
„Fragen, die ein in diesem Gesetz geregeltes Rechtsgebiet betreffen, aber durch dieses Gesetz nicht ausdrücklich entschieden werden, sind nach den allgemeinen Grundsätzen zu entscheiden, die diesem Gesetz zugrunde liegen."

Art. 2 EKG sah den generellen Ausschluss von internationalem Privatrecht vor. Damit wurde klargestellt, dass grundsätzlich nur das Einheitsrecht im Rahmen des Regelungsbereichs des EKG anzuwenden war[111]. Art. 17 EKG regelte, dass das international einheitliche Recht aus sich heraus zu interpretieren war. Damit waren Auslegung und Rechtsfortbildung aus dem EKG selbst – also autonom und von nationalem Recht der Vertragsstaaten unabhängig – nach den Grundsätzen herzuleiten, die dem Willen des Gesetzgebers zugrunde lagen[112].
Die Frage der Auslegung war somit im EKG nicht ausdrücklich geregelt. Der Regelung des Art. 17 EKG stand bei den Sitzungen des *UNCITRAL* der Vorbehalt gegenüber, dass unklar war, was unter den „allgemeinen Grundsätzen des Gesetzes" im Einzelnen zu verstehen war. Eine solche Bestimmung wurde für zu allgemein und daher wenig nützlich gehalten. Eine Regelung ohne den Verweis in die nationalen Gesetze für Begriffe, die die Konvention nicht selbst hinreichend regelte, wurde sogar für nicht möglich gehalten[113]. Daher wurde vorgeschlagen, nicht geregelte Fragen nach dem Recht des – durch das jeweilige IPR – berufenen Forums zu lösen. Dieser Vorschlag fand letztlich keine Zustimmung und wurde somit nicht Gegenstand des Art. 7 CISG[114]. Eine dem Art. 7 I CISG entsprechende ausdrückliche Auslegungsregelung fand erst mit Art. 13 des Genfer-Entwurfs 1976 Einzug in das Übereinkommen und ist auf die schon zuvor getroffene Entscheidung zurückzuführen, dass ein Verweis auf das Erfordernis der Rücksichtnahme der Regeln des internationa-

---

[110] *Diedrich*, S. 129 ff.
[111] *Dölle/Herber*, Art. 2, Rn. 1.
[112] *Bianca,Bonell/Bonell*, Art. 7, 1.2.; *Dölle/Wahl*, Art. 17, Rn. 5 und 20.
[113] *Dölle/Wahl*, Art. 17, Rn. 20; *Bianca,Bonell/Bonell*, Art. 7, Anm. 1.3.; *UNCITRAL* Yearbook I (1968-1970), S. 170; *UNCITRAL* Yearbook II (1971), S. 49.
[114] *UNCITRAL* Yearbook I (1968-1970), S. 181 ff.; *Bianca,Bonell/Bonell*, Art. 7, Anm. 1.3.

len Handels in das Übereinkommen mit aufgenommen werden sollte[115]. Die Aufnahme des guten Glaubens in die Entwürfe des Übereinkommens erfolgte noch später. Erst 1978 wurde vorgeschlagen, einen neuen Absatz in die Regelung des jetzigen Art. 7 I CISG einzufügen, der den Grundsatz des guten Glaubens im Handelsverkehr vorsah[116]. Auch dieser Begriff wurde vielfach für zu vage gehalten[117]. Er berge die Gefahr in sich, dass sich die Auslegung der Gerichte leicht an dem Gutglaubensbegriff der jeweiligen nationalen Rechtsordnung orientieren könnte. Auch sehe die Konvention selbst keine Konsequenzen für einen Verstoß vor, so dass zur Lösung das nationale Recht heranzuziehen wäre. Als Argument für die Aufnahme wurde angeführt, dass es sich beim guten Glauben um ein in allen Rechtsordnungen vorhandenes Prinzip handele, und daher eine ausdrückliche Normierung keine nachteiligen Folgen mit sich bringen würde[118]. Trotz der Bedenken wurde aufgrund mehrheitlichen Beschlusses der Begriff des guten Glaubens in den New Yorker Entwurf und somit später in das CISG mit aufgenommen[119].

Die Regelung des jetzigen Art. 7 II CISG enthält neben dem Verweis auf die „allgemeinen Grundsätze des Übereinkommens" eine *ultima ratio*-Regelung über die Lückenfüllung durch internationales Privatrecht und wurde auf der Abschlusskonferenz 1980 in Wien hinzugefügt[120]. Einen Verweis auf das Internationale Privatrecht zur Lückenfüllung hatte es zuvor in keinem Entwurf gegeben. Nachdem verschiedentlich vorgeschlagen worden war, bei der Füllung von Lücken des Übereinkommens auf nationales Recht zurückzugreifen[121], wurde das ursprünglich durch Deutschland vorgeschlagene Konzept der Lückenfüllung durch internationales Privatrecht[122] aufgegriffen. Im Ergeb-

---

[115] *Schlechtriem,Schwenzer/Ferrari*, Art. 7, Rn. 1; *UNCITRAL* Yearbook VII (1976), S. 90; zum ersten Entwurf vgl. *UNCITRAL* Yearbook II (1971), S. 62.
"*In interpreting and applying the provisions of this Law, regard shall be had to its international character and to the need to promote uniformity (in its interpretation and application)*".

[116] *UNCITRAL* Yearbook IX (1978), S. 66 f.; *Bianca,Bonell/Bonell*, Art. 7, Anm. 1.5.

[117] Vgl. etwa *Schlechtriem*, Einheitliches UN-Kaufrecht, S. 25.

[118] *Bianca,Bonell/Bonell*, Art. 7, Anm. 1.5; *UNCITRAL* Yearbook IX (1978), S. 38 und 132 f.

[119] *Bianca,Bonell/Bonell*, Art. 7, Anm. 1.5.; *UNCITRAL* Yearbook IX (1978), S. 15. So beinhaltete Art. 6 des New Yorker-Entwurfs letztlich sowohl eine Regelung der Auslegung sowie eine Berücksichtigung des Guten Glaubens:
„*In the interpretation and application of the provisions of this Convention, regard is to be had to its international character and to the need to promote uniformity and the observanz of good faith in international trade.*"

[120] *Schlechtriem,Schwenzer/Ferrari*, Art. 7, Rn. 3; *Frigge*, S. 39.

[121] So schlug Bulgarien vor, stets das Recht des Verkäufers anzuwenden, während die Tschechoslowakei vorschlug, das anwendbare Recht über das IPR zu bestimmen. Italien schlug vor, die nationalen Rechte beider Vertragsparteien zur Geltung kommen zu lassen; vgl. *Official Records*, S. 255; ausführlich *Frigge*, S. 33 ff.

[122] Deutschland hatte bereits in seinem Entwurf von 1956 eine Regelung unter Einbezie-

nis[123] wurde der Rückgriff auf das internationale Privatrecht in Form einer Auffangklausel mit aufgenommen. Ein Rückgriff auf das Internationale Privatrecht erfolgt hiernach erst, wenn allgemeine Grundsätze des Übereinkommens nicht ermittelbar sind.

hung des IPR vorgeschlagen, *Dölle/Wahl*, Art. 17, Rn. 9; *Riese*, RabelsZ 1965, S. 1 ff. (30 f.).

[123] Zur Diskussion vgl. die *Official Records*, S. 256 f.

2.Kapitel: Die Auslegung unbestimmter Rechtsbegriffe und die interne Lückenfüllung des UN-Kaufrechts nach Art. 7 CISG

Das UN-Kaufrecht wurde – wie dargelegt – aus dem Bedürfnis nach einem über die Ländergrenzen hinaus geltenden Recht ins Leben gerufen[124]. Voraussetzung für die erfolgreiche Umsetzung eines einheitlichen Gesetzes ist die einheitliche Geltung des Gesetzes in möglichst vielen Nationen. Mit der Inkraftsetzung ist die Einheit jedoch erst auf dem Papier erreicht. Die Anwendung des Gesetzes wirft vielerlei Fragen auf. Daher muss neben die einheitliche Geltung auch die einheitliche Auslegung des Gesetzes treten[125].
Das UN-Kaufrecht verwendet eine ganze Reihe von unbestimmten Rechtsbegriffen. Wenden die verschiedenen Gerichte der verschiedenen Instanzen und Länder das Gesetz an, gibt es unweigerlich verschiedene Auslegungsergebnisse, die sich mit Fortschreiten der Auslegungspraxis in den unterschiedlichen Ländern immer weiter voneinander entfernen könnten. Nach Ablauf einer gewissen Zeit wäre so die auf dem Papier erreichte Einheit wieder zunichte gemacht. Die Tendenz zur unterschiedlichen Auslegung kann vor allem seine Gründe darin haben, dass sich diejenigen Auslegungsmöglichkeiten in den unterschiedlichen Ländern durchsetzen werden, die der unvereinheitlichten nationalen Rechtsordnung des entscheidenden Gerichts am nächsten kommen[126]. Einem solchen „*homeward-trend*" – oder sogar „*Lokalpatriotismus*"[127]– der Auslegung muss im Interesse des Einheitsrechts entgegengewirkt werden[128].

Voraussetzung für eine einheitliche Auslegung ist zunächst also die Aufstellung einheitlicher Regeln zur Auslegung. Art. 7 I CISG bestimmt selbst, an welchen Kriterien sich die Auslegung des CISG zu orientieren hat. Von den einheitlichen Grundsätzen der Auslegung ist die Frage nach den Methoden der Auslegung des Einheitskaufrechts zu unterscheiden. Welche Auslegungsmethoden auf das CISG anzuwenden sind, ist nicht geregelt. Hier darf jedoch nicht einfach den eigenen Rechtstraditionen gefolgt werden. Vielmehr muss autonom ermittelt werden, welche Methoden anzuwenden sind und in welchem Verhältnis sie zueinander stehen[129]. Neben die Auslegung des Konventi-

---

[124] Oben 1.Kapitel:A, S. 25 f.
[125] Grundlegend dazu die bereits zitierte Monographie von *Diedrich*; für Italien vgl. etwa *Rizzi*, , Riv. dir. priv. 1997, S. 237 ff. (239 f.).
[126] Vgl. z.B. zum streitigen Verhältnis zwischen Artt. 14 und 55 CISG, *Schlechtriem/Rehbinder*, Fachtagung, S. 149 ff. (158); *Luig*, S. 56; *Witz*, S. 227 f. Zu diesem Problem vgl. ausführlich noch unten 3.Kapitel:B.I.1, S. 103 ff.
[127] Vgl. *Rizzi*, Riv. dir. priv. 1997, S. 237 ff. (238 f.), der in diesem Zusammenhang vom „*municipalismo*" spricht.
[128] Vgl. zum ganzen schon *Rabel*, RabelsZ 1935, S. 1 ff. (54); *Diedrich*, S. 44.
[129] *Schmitt*, S. 30; *Schlechtriem,Schwenzer/Ferrari*, Art. 7, Rn. 28; ausführlich *Diedrich*, S.

onstextes i.S.d. Art. 7 I CISG tritt die Lückenfüllung i.S.d. Art. 7 II CISG. Absatz 2 verweist auf die Rechtsquellen, die bei der Lückenfüllung heranzuziehen sind. Gegenstände die im Übereinkommen geregelt sind, aber nicht ausdrücklich entschieden wurden, sind zunächst nach den „allgemeinen Grundsätzen" zu entscheiden, „die diesem Übereinkommen zugrunde liegen". Lassen sich solche Grundsätze nicht finden, ist „nach dem Recht zu entscheiden, das nach den Regeln des internationalen Privatrechts anzuwenden ist"[130].

A. Art. 7 I CISG: Die Grundsätze der Auslegung im UN-Kaufrecht

Die Vorschrift des Art. 7 I CISG nennt drei Auslegungskriterien, die im Folgenden genauer dargestellt werden sollen: Bei der Auslegung des UN-Kaufrechts sind der internationale Charakter des UN-Kaufrechts, der Vereinheitlichungszweck sowie die Förderung des guten Glaubens im internationalen Handelsverkehr zu berücksichtigen[131].

I. Internationaler Charakter des CISG und autonome Auslegung

Nach Art. 7 I CISG ist bei der Auslegung des CISG sein „internationaler Charakter" zu berücksichtigen. Lehre und Rechtsprechung deuten diese Formulierung einheitlich als Hinweis auf den Hintergrund, vor dem das CISG entstanden ist. Das UN-Kaufrecht ist Ergebnis internationaler Vereinheitlichungsbestrebungen und verfügt daher nicht über den Hintergrund einer in sich schlüssigen Rechtsordnung, aus der sich etwa ein gesetzgeberischer Wille ableiten ließe oder die auf dem Gebrauch einer einheitlichen Rechtssprache fußt. Die Begriffe des CISG sind vielmehr „autonom" auszulegen. Das bedeutet, dass sie aus sich selbst heraus zu interpretieren sind und ein Rückgriff auf nationale Gesetze, deren Begriffe und Verständnis unzulässig ist. Eine solche Auslegung würde zwingend dem Vereinheitlichungsgedanken zuwider laufen[132]. Dieses Prinzip gilt heute allgemein für die Auslegung von internationalen

---

59 ff.

[130] Statt aller *Schlechtriem,Schwenzer/Ferrari*, Art. 7, Rn. 41; vgl. ausführlicher unten 2.Kapitel:C, S. 59 ff.

[131] *Schlechtriem,Schwenzer/Ferrari*, Art. 7, Rn. 5.

[132] Ausführlich *Diedrich*, S. 34 ff.; *Schlechtriem,Schwenzer/Ferrari*, Art. 7, Rn. 9; *Staudinger/Magnus*, Art.7, Rn. 12; vgl. *BGH* vom 3.4.1996, NJW 1996, S. 2364 ff. (2365); *BGH* vom 24.3.1999, JZ 1999, S. 791 ff. (793); *Honnold*, Rn. 87; *ders.*, Documentary History, S. 407 f.; für Italien: *Ferrari*, Commentario, Art. 7, Anm. 2; *Lanciotti*, S. 280 ff.; *Bianca/Bonell*, Art. 7, Anm. 2.; *Bonell*, Riv. dir. civ. 1986 II, S. 221 ff. (223 ff.); *Rizzi*, Riv. dir. priv. 1997, S. 237 ff. (248).

Einheitsrechtskonventionen[133]. Die im Wiener Kaufrecht verwandten Rechtsbegriffe entstammen nicht einer bestimmten nationalen Rechtsordnung. Sie sollen aber möglichst viele der entsprechenden Rechtsbegriffe der einzelnen Rechtsordnungen erfassen. So wird eine eigenständige Interpretation dieser Sammelbegriffe gefördert, da sich so die Neigung des nationalen Juristen, auf ein bestimmtes Verständnis von einem Begriff zurückzugreifen, vermeiden lässt[134]. Auch wenn ein Rechtsbegriff einer Rechtsordnung entnommen wird, kommt diesem jedoch grundsätzlich innerhalb des CISG eine eigenständige, autonome Bedeutung zu. Schrittweise entwickelt sich so ein neuer Begriffsapparat[135].

Eine Ausnahme zur autonomen Auslegung ist nur dort zu machen, wo sich aus dem Übereinkommen oder den *travaux préparatoires* ergibt, dass ein bestimmter Ausdruck gezielt aus einer nationalen Rechtsordnung übernommen wurde, um Rechtsinstitute dieser Ordnung zu übernehmen. Grundsätzlich sind jedoch auch solche Begriffe, die in ihrer Übersetzung mit dem nationalen Zivilrecht wortgleich sind, autonom zu verstehen[136]. Nach welchen Kriterien zu bestimmen ist, welche Begriffe nicht autonom, sondern nach der *lex fori* zu beurteilen sind, ist fraglich. Das CISG legt nicht fest, um welche Begriffe es sich handelt, so dass sie im Einzelnen umstritten sind. Die Klärung, welche Begriffe nicht autonom auszulegen sind, wurde der Lehre überlassen[137]. Aber auch die Koexistenz der verschiedenen, gleichermaßen verbindlichen Versionen des CISG nebeneinander kann problematisch sein, da alle Übersetzungen nur selten vollständig deckungsgleich sein werden[138]. Bei Divergenzen zwischen den einzelnen Textversionen ist dann durch Auslegung nach dem wahren Sinn der Regelung entsprechend dem Willen der Vertragsparteien zu suchen[139].

---

[133] *Schlechtriem,Schwenzer/Ferrari*, Art. 7, Rn. 10; *Schlechtriem*, Internationales UN-Kaufrecht, Rn. 43; *Ferrari*, Commentario, Art. 7, Anm. 3; mit Beispielen *G. Schmid*, S. 58 ff.

[134] Statt aller *Schlechtriem*, Internationales UN-Kaufrecht, Rn. 43. So auch schon *Bayer*, RabelsZ 1955, S. 603 ff. (626 f.); für Italien *Bariatti*, S. 141.

[135] *Diedrich*, S. 74; *Bayer*, RabelsZ 1955, S. 603 ff. (627). Zum Problem der Entwicklung eines solchen Begriffsapparats im Einheitsrecht vgl. auch *Mänhardt,Posch*, S. 144 ff.

[136] *Schmid*, S. 64; mit Beispielen *Ferrari*, ZEuP 1998, S. 162 ff. (165 f.); *Schlechtriem,Schwenzer/Ferrari*, Art. 7, Rn. 10; *Staudinger/Magnus*, Art. 7, Rn. 13.

[137] *Schlechtriem,Schwenzer/Ferrari*, Art. 7, Rn. 11 ff.; *Staudinger/Magnus*, Art. 7, Rn. 13. Z.B. wird darüber gestritten, ob der Begriff des „IPR“ in Art. 1 I lit. b) CISG autonom auszufüllen ist oder einen Verweis auf das IPR des einschlägigen Landes darstellt, vgl. hierzu noch unten, 3.Kapitel:A.II.2, S. 73 f.

[138] *Schlechtriem,Schwenzer/Ferrari*, Art. 7, Rn. 14; *Honnold*, Rn. 87; *Ferrari*, Commentario, Art. 7, Anm. 2.

[139] *Diedrich*, S. 66.

II. Vereinheitlichung der Anwendung des CISG

Gemäß Art. 7 I CISG ist die einheitliche Anwendung des Übereinkommens zu fördern. Dieses Gebot ist mit dem Gebot der Beachtung des internationalen Charakters des CISG verbunden. Beide zielen auf die Verwirklichung des Einheitsrechts ab. Dies ist nicht schon durch die bloße Schaffung eines einheitlichen Gesetzestextes vollendet[140]. Problematisch ist, wie sich eine einheitliche Anwendung verwirklichen lässt. Zur Problemlösung ist die Einsetzung einer supranationalen Gerichtsinstanz vorgeschlagen worden[141]. Ein supranationaler Gerichtshof, der mit seiner für alle Mitgliedstaaten verbindlichen Rechtsprechung einen wichtigen Beitrag zur einheitlichen Anwendung leisten könnte, existiert jedoch nicht. Die Einrichtung einer solchen Instanz steht nicht bevor und erscheint auch in Zukunft nicht realistisch[142]. Auch die Einrichtung einer beratenden Kommission, bestehend aus Vertretern der Vertragsstaaten, wurde vorgeschlagen. Aufgabe einer solchen Kommission wäre es, die zur Auslegung des CISG wesentlichen Entscheidungen zu sammeln und auszuwerten, um unverbindliche Empfehlungen zur richtigen Interpretation auszusprechen. Auch eine solche Kommission konnte bisher nicht ins Leben gerufen werden[143]. Begrüßenswert ist insofern die Arbeit des jüngst ins Leben gerufenen *CISG Advisory Council* – einem privaten, von der *Pace University New York* ins Leben gerufenen Zusammenschluss von Wissenschaftlern vieler Staaten und Rechtsordnungen[144]. Er hat im August 2003 sein erstes Gutachten zu Fragen der elektronischen Datenermittlung verabschiedet und veröffentlicht[145].

In der Praxis sind die Gerichte und Rechtsanwender jedoch weiterhin dazu aufgerufen, einen anderen Weg zu finden, auf dem eine international einheitliche Anwendung des UN-Kaufrechts herzustellen ist.

---

[140] *Schlechtriem,Schwenzer/Ferrari*, Art. 7, Rn. 15; *Staudinger/ Magnus*, Art. 7, Rn. 20; vgl. auch *G. Schmid*, S. 57 f. m.w.N., die sich gegen die Annahme ausspricht, dass der eine Grundsatz zwingend Voraussetzung für den anderen ist.

[141] *De Lukowicz*, S. 138; *Bonell*, Riv. dir. civ. 1986 II S. 221 ff. (226). Zur einheitlichen Auslegung durch den Europäischen Gerichtshof *Mansel*, JZ 1991, S. 529 ff. (532).

[142] Zu den Problemen der Einrichtung eines solchen Gerichts vgl. ausführlich *de Lukowicz*, S. 138 ff.; *de Ly*, S. 346 ff.; für Italien *Ferrari*, Commentario, Art. 7, Anm. 3.

[143] *De Lukowicz*, S. 143 ; *Bonell*, Riv. dir. civ. 1986 II S. 221 ff. (226); *Bianca, Bonell/ Bonell*, Art. 7, Anm. 3.1.2.

[144] Hierzu *Herber*, IHR 2003, S. 201 f.; *Mistelis*, IHR 2003, S. 243 f.; *de Ly*, S. 349 f.

[145] Hierzu *Herber*, IHR 2003, S. 201 f. Das Gutachten ist in der IHR 2003, S. 244 ff. zu finden.

Sie sind jedenfalls dazu verpflichtet, das Wiener Kaufrecht konventionskonform auszulegen und sich um eine Auslegung des UN-Kaufrechts zu bemühen, die im gesamten Anwendungsgebiet konsensfähig ist[146].

1. Berücksichtigung der internationalen Rechtsprechung

Eine Vereinheitlichung kann nur dadurch verwirklicht werden, dass die Gerichte und Rechtsanwender bei ihrer Auslegung auf in- und ausländische Urteile zurückgreifen. Voraussetzung hierfür ist jedoch die Kenntnis der Rechtsprechung aus allen Mitgliederstaaten zu der entsprechenden Auslegungsfrage, um so eine gemeinsame einheitliche Linie bei der Interpretation des CISG herauszubilden und fortzusetzen[147]. Die Kenntnisnahmemöglichkeit von Rechtsprechung zum CISG ist vor allem durch Online-Datenbanken erleichtert worden. Durch sie kann nunmehr weltweit die zum CISG vorhandene Rechtsprechung aus verschiedensten Ländern abgerufen werden[148]. Durch die Vielzahl der zwischenzeitlich bekannt gewordenen Urteile wird jedoch zum Teil befürchtet, dass die Menge an Informationen vom Rechtsanwender nicht bewältigt werden kann. Auch der Umstand, dass die Urteile in verschiedensten Sprachen abgefasst sind und Unterschiede zwischen den nationalen Urteilstechniken bestehen, wird als ein wesentliches Hindernis gesehen[149]. Zutreffend ist, dass sich selbst bei Kenntnis des entscheidenden Gerichts von der vorhandenen Rechtsprechung keine vollkommen einheitliche Rechtsprechung herausbilden wird[150]. Als Beispiel sei etwa auf die Unstimmigkeiten innerhalb der deutschen Rechtsprechung hingewiesen, zu denen es immer wieder kommt.

---

146 *Schlechtriem,Schwenzer/Ferrari*, Art. 7, Rn. 16.; *de Lukowicz*, S. 23 f.; *Bariatti*, S. 69 f.

147 *Schlechtriem,Schwenzer/Ferrari*, Art. 7, Rn. 16 ff. m.w.N.; für Italien *ders.*, Commentario, Art. 7, Anm. 3; *Bianca/Bonell*, Art. 7, Anm. 3.

148 Die Daten sind für jedermann z.B. unter www.unilex.info im Internet abrufbar. Bei *UNILEX* handelt es sich wohl um die übersichtlichste Datenbank. Zu *UNILEX*, vgl. z.B. *Liguori*, ZEuP 1996, S. 600 ff.; *Herber*, RIW 1995, S. 502 ff. Einen umfassenden Überblick bietet *Taschner*, IHR 2001, S. 133 f. Eine weitere nützliche Datenbank stellt die der UNCITRAL mit seinem Informationssystem CLOUT (www.uncitral.org) dar. Näher hierzu *de Lukowicz* S. 148 ff. Vgl. aber auch die aufbereiteten Urteile unter www.cisg-online.ch., der von Professor *Schlechtriem* in Freiburg aufgebauten und von Professor *Schwenzer* in Basel weitergeführten CISG-Datenbank. Unter der Internetadresse www.cisg.law.pace.edu findet sich dieDatenbank der *Pace Universität New York.* Vgl. daneben auch die Datenbanken der Universitäten Saarbrücken mit Nachweisen zur französischen Rechtsprechung (http://witz.jura.uni-sb.de/CISG) und Madrid mit vorwiegend spanischsprachigen Entscheidungen (www.uc3m.es/uc3m/dpto/PR/dppr03/cisg).
Italienische Rechtsprechung findet sich insbesondere auf der Internetseite des römischen *Centro di studi e ricerche di diritto comparato e straniero*: soi.cnr.it/~crds/crds/index.html.

149 *G. Schmid*, S. 187 ff. m.w.N.

150 So auch *Ferrari*, IHR 2001, S. 56 ff. (59); *G. Schmid*, S. 30 m.w.N. Kritisch *Schlechtriem,Schwenzer/Ferrari*, Art. 7, Rn. 22.

Solche Kontroversen bestehen trotz hinreichender Kenntnisnahmemöglichkeit von Urteilen anderer Gerichte, ohne dass weitere Hindernisse – wie das unterschiedlicher Sprachen – überwunden werden müssten. Derartige Divergenzen stehen jedoch der Rechtvereinheitlichung nicht unbedingt entgegen. Vielmehr ist hier zwischen einem andauernden Zerfall der einheitlichen Rechtsanwendung und der vorübergehenden Ungleichheiten, die bei der Fortentwicklung des Einheitsrechts in Kauf zu nehmen ist, zu unterscheiden[151]. Das Ziel der einheitlichen Anwendung des Einheitsrechts wird daher wohl kaum vollends zu erreichen sein. Für den Erfolg des Einheitsrechts ist dies auch nicht erforderlich. Vielmehr ist für seinen Erfolg hinreichend, nach dem Ziel der Einheitlichkeit zu streben. Hilfreich sind daher die Aufarbeitung der Rechtsprechung in Form von Übersetzungen, Zusammenfassungen[152] und Ausätzen[153]. Eine Kenntnis der Sprachen aller Vertragsstaaten durch den Rechtsanwender ist in Anbetracht der Anzahl der beigetretenen Staaten illusorisch. Ebenso die Erwartung, dass die Rechtssprechung anderer Länder umfangreich z.B. in die deutsche Sprache übersetzt wird[154]. Kenntnisse der englischen Sprache sind i.d.R. jedoch Voraussetzung dafür, sich zumindest die in Form von Zusammenfassungen vorhandenen Informationen über die internationale Rechtsprechung zum CISG zunutze zu machen.

Welches Gewicht den Auslegungsergebnissen vorhandener Rechtsprechung zuzukommen hat, ist nicht geklärt[155]. Es wurde die Ansicht vertreten, dass den Urteilen Bindungswirkung zukommt. Dies wird zumindest von einem Teil des Schrifttums angenommen, soweit sich bereits eine einheitliche Linie der Rechtsprechung herausgebildet hat[156]. Die herrschende Ansicht geht jedoch

---

[151] *G. Schmid*, S. 30 f. m.w.N.

[152] Hier scheint sich die Aufbereitung der Rechtsprechung in Zusammenfassungen, sog. *abstracts* immer mehr durchzusetzen, so auch *G. Schmid*, S. 188. Die auf der Datenbank von UNCITRAL gesammelten Urteile sind z.B. mit Zusammenfassungen in den sechs offiziellen Sprachen der Vereinten Nationen versehen. Bei *UNILEX* werden die wesentlichen Inhalte und einschlägigen Vorschriften in englischer Sprache dargestellt. Zu den Internetadressen vgl. Fn. 148. Eine übersichtliche systematische Darstellung der internationalen Rechtsprechung auf Englisch in gedruckter Form liegt jüngst in Form des Draft UNCITRAL-Digest von *Ferrari*, *Flechtner* und *Brand* vor.

[153] Für eine Übersicht in deutscher Sprache zur internationalen Rechtsprechung mit der Suche nach Divergenzen vgl. *de Lukowicz*. Für Italien sei hier insbesondere auf die jährlichen Rechtsprechungsübersichten von *Bonell* hingewiesen. *Bonell*, Rassegna giurisprudenziale in tema di vendita internazionale, Dir. comm. int., 1992, S. 631ff.; 1993, S. 651ff.; 1994, S. 843ff.; 1995, S. 227 ff., S. 441ff.; 1996, S. 619 ff.; gemeinsam mit *Mari* a.a.O.,1997, S. 719 ff.; 1998, S. 1077 ff. und zuletzt gemeinsam mit *Donini*, a.a.O. 2002, S. 411 ff. Vgl. weitere Nachweise bei *de Lukowicz*, S. 148 (Fn. 773).

[154] So auch *G. Schmid*, S. 188 m.w.N..

[155] Hierzu jüngst ausführlich *G. Schmid*, S. 67 ff.

[156] *Bianca, Bonell/Bonell*, Art. 7, Anm. 3.1.3.; *Bianca/Bonell*, Art. 7, Anm. 3.; *Alpa,Zatti*, Art. 7, Anm. IV., Rn. 1.

davon aus, dass einem Urteil keine Bindungswirkung zukommt, sondern es lediglich nach seiner Bedeutung und Überzeugungskraft zu beurteilen ist, „*persuasive value*"[157]. Andere wollen das präjudizielle Gewicht von obersten Gerichten stärker bewerten, als das von Instanzgerichten[158].Tatsächlich finden aber Urteile verschiedenster Gerichte Berücksichtigung. In der Datenbank von *UNILEX* sind z.B. von 182 aufbereiteten Urteilen deutscher Gerichte 14 von Amtsgerichten, 69 von Landgerichten, 84 von Oberlandesgerichten und 15 vom Bundesgerichtshof[159].
Im Ergebnis ist festzuhalten, dass der nationale Rechtsanwender dazu berufen ist, dem Bedürfnis nach Einheitlichkeit der Anwendung des UN-Kaufrechts durch den Rückgriff auf ausländische Rechtsprechung Rechnung zu tragen[160].

2. Berücksichtigung der internationalen Literatur

Ähnlich der Rechtsprechung sind aber auch die ausländischen Lehrmeinungen bei der Auslegung des CISG von Interesse, um den internationalen Entscheidungseinklang zu fördern[161]. Allerdings ist ungeklärt, welche Rolle die von der Literatur entwickelten Meinungsstände, Lösungsansätze und Weiterentwicklungen in Bezug auf das Gebot der Vereinheitlichung der Anwendung des UN-Kaufrechts spielen kann. Die Relevanz der Rechtsprechung zum Einheitskaufrechts ist unbestritten[162]. Von den meisten Stimmen im Schrifttum wird vor allem die Heranziehung der aus- und inländischen Rechtsprechung bei der Auslegung des CISG betont[163]. Jedoch gibt es auch Stimmen, die anführen, dass auch das Schrifttum bei der Auslegung des CISG eine Rolle spielen kann[164]. Zum Teil wird sogar vertreten, dass den in der Literatur vertretenen Ansichten eine Wirkung zukommen könne, die mit einer „*persuasive authority*" vergleichbar ist[165]. *Magnus* und *Witz* haben etwa vorgeschlagen, dass bei

---

[157] *Enderlein,Maskow,Stargardt*, Art. 7, Anm. 4; *Magnus*, RabelsZ 1989, S. 116 ff. (123); *Schlechtriem,Schwenzer/Ferrari*, Art. 7, Rn. 24; *Staudinger/Magnus*, Art. 7, Rn. 21 jeweils m.w.N.; *Alpa,Zatti,* Art. 7, Anm. IV., Rn. 1; *Ferrari*, Riv. dir. civ 1998 II, S. 81 ff. (95 ff.); Tribunale di Padova - Sez. Este, Urteil vom 25.2.2004, *UNILEX*, i.Ü. unveröffentlicht. Zum Problem einer divergierenden gefestigten Rechtsprechung in verschiedenen Ländern vgl. *Bacher*, FS Schlechtriem, S. 155 ff. (161 f.). Zum Begriff vgl. *G. Schmid*, S. 80 ff.

[158] *Witz, Salger,Lorenz/Witz*, Art. 7, Rn. 11.

[159] Der aktuelle Stand kann abgerufen werden unter www.unilex.info.

[160] *G. Schmid*, S. 56.

[161] *Frigge*, S. 68; *Staudinger/Magnus*, Art. 7, Rn. 21; *Bianca/Bonell*, Art. 7, Anm. 3.

[162] Vgl. jüngst *G. Schmid*, S. 56 m.w.N.

[163] *Witz,Salger,Lorenz/Witz*, Art. 7, Rn. 9; *Achilles*, Art. 7, Rn. 5; *Ferrari*, Riv. dir. civ. 1998 II, S. 81 ff. (90f.).

[164] *Witz,Salger,Lorenz/Witz*, Art. 7, Rn. 10; *Diedrich*, RIW 1993, S. 441 ff. (447 f.); *Kropholler*, S. 280; *G. Schmid*, S. 161 ff.

[165] *G. Schmid*, S. 164 f.

unentschiedenen Fragen auf das Schrifttum abzustellen sei[166]. *Karollus* und *Piltz* empfehlen, im Zweifel der herrschenden Ansicht im Schrifttum zu folgen[167].

Soweit man das Ziel der Vereinheitlichung der Rechtsanwendung vor Augen hat, muss zweifellos der Rechtsanwendung durch die Gerichte die größere Beachtung bei der Auslegung des CISG zukommen. Eine einheitliche internationale Literatur ist nicht zwingende Voraussetzung für einen einheitlichen Rechtsprechungskanon, sondern hat seine Bedeutung vor allem in der inhaltlichen Auseinandersetzung mit dem Einheitsrecht[168]. Die in der Literatur vorgeschlagenen Ansätze können dennoch Einfluss auf die Einheitlichkeit der Rechtsanwendung nehmen. Soweit ein einheitlicher Meinungsstand im Schrifttum vorliegt, ohne dass Präjudizien entgegenstehen oder der betreffende Meinungsstand der internationalen Rechtsprechung widerspricht, wird durch sie jedenfalls „ein einheitliches Verständnis artikuliert"[169]. Sofern sich eine herrschende Ansicht bereits etabliert hat, wird von ihr eine erhebliche Überzeugungskraft ausgehen. Die meisten Gerichte werden bei der Entscheidung eines Problems auf bereits von der Lehre entwickelte Ansätze und Auffassungen zurückgreifen[170]. Auch ermöglicht ein Blick auf den internationalen Meinungsstand zu erkennen, ob eine bestimmte Auslegung international konsensfähig ist[171]. Insoweit hat der Meinungsstand im Schrifttum zumindest mittelbaren Einfluss auf die Einheitlichkeit der Rechtsanwendung.

Daher ist für die einheitliche Anwendung auch von Interesse und Relevanz, ob und inwieweit der in der Literatur anderer Länder vorhandene Meinungsstand mit dem der Rechtsprechung oder der Literatur anderer Länder übereinstimmt und ob von der Literatur – womöglich am nationalen Recht orientierte[172] – Tendenzen ausgehen, die letztlich in der Rechtsprechung zu Divergenzen führen können. Soweit weder Literatur noch Rechtsprechung in einer Landessprache zu Problembereichen des UN-Kaufrechts verfügbar sind, besteht ferner die Gefahr, dass die Gerichte einen andernorts in Rechtsprechung und Literatur bereits gefestigten Meinungsstand nicht ihrer Rechtsprechung zugrunde legen und es in der Folge im internationalen Vergleich zu divergierenden Entscheidungen kommt. Letztlich ist auch zu beachten, dass die Literatur eines bestimmten Landes über Auslegungsprobleme Aufschluss geben kann, die sich erst aus der Sichtweise des nationalen Juristen ergeben, der grundsätzlich in den Bahnen seiner nationalen Rechtsordnung denkt[173].

---

[166] *Staudinger/Magnus*, Art. 7, Rn. 20; *Witz,Salger,Lorenz/Witz*, Art. 7, Rn. 10.
[167] *Karollus*, S. 12; *Piltz*, Internationales Kaufrecht, § 2, Rn. 169.
[168] *G. Schmid*, S. 57.
[169] *Witz,Salger,Lorenz/Witz*, Art. 7, Rn. 10.
[170] *Bianca/Bonell*, Art. 7, Anm. 3; *Ferrari*, Commentario, Art. 7, Anm. 3.
[171] *G. Schmid*, S. 162.
[172] Vgl. oben S. 40.
[173] Vgl. schon oben S. 22.

Es besteht daher ein Interesse an möglichst einheitlicher Verbreitung der in der Literatur vertretenen Meinungsstände[174]. Um Einheitlichkeit der Anwendung des UN-Kaufrechts herzustellen und zu wahren, wäre es daher wünschenswert, dass die vorhandenen Meinungsstände in Literatur und Rechtsprechung laufend aktualisiert, zusammengefasst und auf Gemeinsamkeiten und Unterschiede vergleichend untersucht werden. In Anbetracht der Vielzahl der Mitgliedstaaten und der verschiedenen Sprachen ist dies ein schwieriges Unterfangen[175].
Die Entwicklung allgemeingültiger Kriterien zur Gewichtung der in der Literatur vertretenen Ansichten scheint im Einzelnen nicht möglich[176]. Aufgabe der Literatur kann hier nur sein, einen internationalen Dialog zu führen und andere Meinungen aufzugreifen. Vielerorts wird sich eine herrschende Ansicht mit entsprechend hoher Überzeugungskraft herausbilden. I.Ü. muss es im Ermessen des Richters stehen, sich von den Vorschlägen der Literatur überzeugen zu lassen[177]. Hieraus kann jedoch keine allgemeine Pflicht der Gerichte abgeleitet werden, umfassend in- und ausländische Lehrmeinungen bei der Entscheidungsfindung einfließen zu lassen[178]. Vielmehr kann nur die Wissenschaft dazu berufen sein, den internationalen Meinungsstand zusammenzufassen, darzustellen und dem Rechtsanwender zur Verfügung zu stellen. Auch hier wurde bereits im Rahmen der Online-Datenbanken ein Beitrag geleistet. Die Datenbank von *UNILEX* und der *Pace University School of Law* enthalten bereits umfangreiche Nachweise zum weltweit vorhandenen Schrifttum[179]. Allerdings ist eine inhaltliche Auswertung bisher nicht erfolgt. Die vorliegende Arbeit soll gerade hierzu einen Beitrag leisten.

---

[174] *G. Schmid*, S. 163.
[175] So auch *Ferrari*, Commentario, Art. 7, Anm. 3.
[176] *G. Schmid*, S. 165.
[177] *G. Schmid*, S. 164 f.
[178] So im Ergebnis wohl auch *G. Schmid*, a.a.O.
[179] Vgl. die Nachweise in Fn. 148.

III. Die Förderung des guten Glaubens

Nach Art. 7 I CISG ist bei der Auslegung des UN-Kaufrechts der gute Glaube[180] im internationalen Handel zu berücksichtigen. In Ermangelung einer umfassenden Definition bleibt unklar, was darunter zu fassen ist. Der Gutglaubensgrundsatz für den internationalen Handel bedarf noch der Ausfüllung[181]. Die Kodifizierung der Förderung des guten Glaubens im internationalen Handel war daher auch umstritten: Einerseits wurde die Meinung vertreten, es sei unklar, was genau unter dem Begriff zu verstehen ist. Andererseits wurde auch vertreten, dass der Gutglaubensschutz jeder Rechtsordnung immanent sei, so dass es keiner Normierung bedürfe[182].

Letztlich wird die Frage nicht einheitlich beurteilt, ob der Grundsatz von Treu und Glauben lediglich ein Grundsatz zur Auslegung des Konventionstextes, oder ob er auch direkt auf die Parteibeziehungen anzuwenden ist. Während einige Stimmen betonen, dass die Ableitung von Verhaltenspflichten der Vertragsparteien den auf der diplomatischen Konferenz gefundenen Kompromiss überdehnen[183], ist die Ansicht wohl herrschend, nach der sich aus dem Gutglaubensgrundsatz auch für die Vertragsparteien Verhaltenspflichten ergeben können[184]. In neueren Stellungnahmen hierzu werden jedoch Versuche unternommen, die Bedeutung und den Anwendungsbereich dieses Grundsatzes aus Art. 7 I CISG nicht zu überdehnen[185].

Im Rahmen der Ausfüllung des Auslegungskriteriums des guten Glaubens wird verbreitet die Ansicht vertreten, dass der Gutglaubensgrundsatz das Verbot missbräuchlicher Rechtsausübung und das Verbot widersprüchlichen Ver-

---

180 Im Englischen „*good faith*", im Französischen „*bonne foi*", im Italienischen „*buona fede*".

181 *Staudinger/Magnus*, Art. 7, Rn. 25.

182 *UNCITRAL* Yearbook IX (1978), S. 35, Nr. 44.

183 *Schlechtriem/Lüderitz*, Fachtagung, S. 179 ff. (193); *Winship*, International Lawyer 1983, S. 1 ff (10); *Farnsworth*, Tulane Journal of International and Comparative Law 1995, S. 47 ff. (54 ff.).

184 *Staudinger/Magnus*, Art. 7, Rn. 10, 29; *Kock*, S. 30 ff.; *Huber*, RabelsZ 1979, S. 413 ff. (430); von *Caemmerer,Schlechtriem/Herber*, Art. 7, Rn. 15; *Bianca,Bonell*, Art. 7, Anm. 2.4.1; *Ferrari*, Commentario, Art. 7, Anm. 5; *Bonell*, Riv. dir. civ. 1986 II, S. 221 ff. (238).

185 *Schlechtriem,Schwenzer/Ferrari*, Art. 7, Rn. 26 will eine Auslegung des Parteiverhaltens nur über Art. 7 II CISG zulassen, soweit im Übereinkommen geregelte, aber nicht ausdrücklich entschiedene Fragen betroffen sind, vgl. für Italien *ders.*, Commentario, Art. 7, Anm. 5.; *Alpa,Zatti*, Art. 7, Anm. VI.; *Bianca/Bonell*, Art. 7, Anm. 6; *Witz,Salger,Lorenz/Witz*, Art. 7, Rn. 12 betont, dass der Gute Glaube keinen unmittelbaren Einfluss auf den Inhalt des Vertrages hat, jedoch auf die Vertragspflichten ausstrahlen kann. Auch *Sagliaschi*, RDIPP 2003, S. 144 ff. geht davon aus, dass zunächst die Vorschriften des CISG im Hinblick auf Treu und Glauben untersucht werden müssen. Eine Übersicht zum Meinungsstand findet sich etwa bei *Keinath*, S. 197 ff.

haltens erfasst[186]. Auch wird vertreten, der Grundsatz des guten Glaubens aus Art. 7 I CISG lasse die Herausbildung ergänzender Kooperations- und Rücksichtnahmepflichten zu[187]. Es ist auch vorgeschlagen worden, dass hierdurch die Standards ordentlicher Kaufleute im internationalen Handel miteinbezogen werden sollen[188], oder dass Billigkeitsvorstellungen, die in allen Vertragsstaaten Anerkennung finden, Gegenstand des CISG sein können. Allerdings wird dies nur selten der Fall sein, da eine international übereinstimmende Billigkeitsvorstellung nicht stets zu finden sein wird[189].
Der Begriff des guten Glaubens darf m.E. wegen der Unterschiedlichkeiten der betroffenen Rechtskreise nicht national verstanden, sondern muss autonom ausgelegt werden: Der Grundsatz von Treu und Glauben ist soweit wie möglich aus dem Wertekontext des CISG selbst zu extrahieren[190].

Insgesamt scheint der Begriff des guten Glaubens im internationalen Handel weiterhin vage und der Weg zur Herausbildung eines einheitlichen Begriffes schwierig[191]. Versuche, diesen Begriff auszufüllen, sind bisher kaum gemacht worden. Die Rechtsprechung hat sich in einer Reihe von Fällen mit der Ausfüllung dieses Begriffs auseinandergesetzt. Gegenstand der Entscheidungen waren Fallgestaltungen, in denen der Grundsatz von Treu und Glauben aus Art. 7 I CISG herangezogen wurde, um einzelne Bestimmungen des CISG auszulegen[192].

---

[186] *Staudinger/Magnus*, Art. 7, Rn. 25; *Herber,Czerwenka*, Art. 7, Rn. 6; *Schlechtriem/Honnold*, Fachtagung, S. 115 ff. (144); *Piltz*, Internationales Kaufrecht, § 2, Rn. 170; *Ferrari*, Commentario, Art. 7, Anm. 6.

[187] *Karollus*, S. 12; *Schlechtriem,Schwenzer/Ferrari*, Art. 7, Rn. 54 leitet so z.B. eine generelle Informationspflicht ab. Weitergehend *Kock*, S. 30 ff. Sie will aufgrund Art. 7 I CISG eine umfassende Vertragsergänzung und -auslegung vornehmen.

[188] *Reinhart*, Art. 7, Rn. 5; *Enderlein,Maskow,Strohbach*, Art. 7, Anm. 5.

[189] *Witz, Salger,Lorenz/Witz*, Art. 7, Rn. 13 f.

[190] So auch *Witz,Salger,Lorenz/Witz*, Art.7, Rn. 13 f.

[191] So auch *Ferrari*, Commentario, Art. 7, Anm. 5.

[192] In der deutschen Rechtsprechung vgl. etwa die Urteile des OLG Hamburg vom 28.2.1997, For. Int. 1997, S. 168 ff. (170) (Entbehrlichkeit einer Vertragsaufhebungserklärung bei vorheriger ernsthafter und endgültiger Erfüllungsverweigerung); BGH vom 31.10.2001, IHR 2002, S. 14 ff. (16) (Keine Erkundigungsobliegenheit bzgl. nicht übersandter AGBs der anderen Vertragspartei); OLG Karlsruhe vom 25.6.1997, RIW 1998, S. 235 ff. (237) (Zur unzulässigen Rechtsausübung); OLG Köln vom 8.1.1997 (27 U 58/95), *UNILEX*, i.Ü. unveröffentlicht (rechtsmissbräuchliches Berufen auf ein Zurückbehaltungsrecht). In der italienischen Rechtsprechung vgl. das Urteil des Tribunale di Busto Arsizio, Urteil vom 13.12.2001, RDIPP 2003, S.151 ff. (157) (sofortige Aufhebungserklärung wegen Mangelhaftigkeit der Kaufsache bei Nachbesserungsmöglichkeit verstößt gegen Treu und Glauben). In Italien ist das Urteil des Tribunale di Busto Arsizio, Urteil vom 13.12.2001, RDIPP 2003, S.151 ff. auf Kritik gestoßen. *Sagliaschi* (RDIPP 2003, S. 144 ff.) wirft dem Gericht vor, nicht hinreichend zu differenzieren, ob Parteiverhalten oder die Vorschriften des CSIG unter dem Gesichtspunkt

B. Auslegungsmethoden

Von den Kriterien, an denen sich die Auslegung des CISG zu orientieren hat, ist die Methodik der Auslegung zu unterscheiden. Im Gegensatz zu den Auslegungskriterien schreibt das CISG selbst nicht vor, welchen Methoden die Auslegung des CISG zu folgen hat. Art. 7 II CISG stellt lediglich klar, dass nationale Auslegungsmethoden nicht einfach übernommen werden dürfen[193]. Eine weitere Gefahr für die Einheitlichkeit der Auslegung ergibt sich also aus dem Umstand, dass die Gerichte durch Anwendung ihrer unterschiedlichen Auslegungstechniken zu unterschiedlichen Ergebnissen kommen könnten[194].

I. Nationale Auslegungsmethoden

Die Auslegungsmethoden der unterschiedlichen Rechtsysteme sind ähnlich, decken sich aber nicht vollständig. Wesentliche Unterschiede gibt es vor allem zwischen den *civil-law*-Ländern und den *common-law*-Ländern. Die Auslegungsmethoden in Deutschland und Italien ähneln sich stark, während sich etwa die englische Rechtstradition von ihnen deutlich unterscheidet[195].
Methoden, denen die Auslegung des deutschen Rechts zu folgen hat, sind gesetzlich nicht festgelegt. Für die Ermittlung des Sinnes einer Regelung haben sich jedoch allgemein anerkannte Kriterien herausgebildet. Entscheidend für das Auslegungsergebnis ist die teleologische Auslegung, die sich am Gesetzeszweck der untersuchten Norm orientiert. Auslegungskriterien sind der

---

des guten Glaubens geprüft wurden, vgl. noch ausführlich unten 3.Kapitel:E.I.2.b(2)(e), S. 198 ff.

193 *Botzenhardt*, S. 106; *Magnus*, RabelsZ 1989, S. 116 ff. (123); für Italien *Ferrari*, Commentario, Art. 7, Anm. 2; *Bariatti*, S. 160; *Alpa,Zatti*, Art. 7, Anm. III., Rn. 2.

194 Grundlegend zur Problematik der Bestimmung des Auslegungskanons *Esser*, Grundsatz und Norm, S. 121 ff.

195 Die Auslegungsmethoden der *common-law-Länder* sind dogmatisch grundsätzlich anders. Eine Auslegung hat sich möglichst eng an der natürlichen und gewöhnlichen Bedeutung des Gesetzeswortlautes zu orientieren. Eine irgendwie geartete weitere Auslegung ist nicht zulässig, auch wenn die Auslegung nach dem Wortlaut zu einem vom historischen Gesetzgeber ungewollten Ergebnis führt. Eine Korrektur dieser Ergebnisse steht lediglich dem Parlament zu (*literal rule*). Eine Ausnahme ist nur zulässig, wenn die literal rule zu absurden und widersprüchlichen Ergebnissen führt (*golden rule*). Daneben gibt es noch die sog. *mischief rule*, nach der begrenzt auch Aspekte der Gesetzgebungsgeschichte mit einfließen dürfen. Dabei geht es um die Gewinnung von Erkenntnissen über die Frage, welcher Missstand durch ein Gesetz behoben werden sollte. Hierzu wird die Situation vor und nach Erlass des Gesetzes miteinander verglichen. Der ausnahmsweise zulässige Rückgriff auf den gesetzgeberischen Willen soll dazu dienen diesen möglichst effektiv zur Geltung zu bringen. Zum ganzen ausführlich *Diedrich*, S. 83 ff. m.w.N.

sprachlich-grammatikalische Wortsinn und der Bedeutungszusammenhang des Gesetzes. Auch die historische Betrachtung wird zur Ermittlung des Regelungszwecks eines Gesetzes herangezogen. Als Unterfall der systematischen Auslegung von Gesetzen kommt die verfassungskonforme Auslegung in Betracht[196]. Eine bestimmte Reihenfolge dieser leitenden Gesichtspunkte gibt es nicht. Jedoch ist stets von dem Wortlaut der Norm auszugehen[197].
Im Gegensatz zum deutschen Recht sind die Methoden zur Auslegung des italienischen Rechts durch Art. 12 Disposizioni preliminari al Codice civile gesetzlich festgelegt[198]. Inhaltlich ist die Regelung der deutschen Auslegung von Gesetzen sehr ähnlich. Nach Art. 12 I Disp. prel. Cod. civ. ist der grammatikalische und der teleologische Wortsinn bei der Auslegung entscheidend. Ist ein Wille des Gesetzgebers oder der gesetzgeberische Zweck ermittelbar, so wird auch dieser zur Auslegung herangezogen[199]. Aber auch logisch-systematische Argumente und der historische Wille des Gesetzgebers können mit einfließen, wie Argumente die einer verfassungskonformen Auslegung entstammen[200]. Eine Rangfolge der einzelnen Interpretationsmethoden lässt sich nicht feststellen[201]. Führt die Auslegung nicht zur Lösung des Problems, ist nach einer Analogie zu anderen Normen zu suchen, die entsprechende Sachgebiete oder ähnliche Fälle regeln (*analogia legis*)[202]. Bleibt auch das ohne Erfolg, ist auf die allgemeinen Grundsätze der staatlichen Rechtsordnung abzustellen (*analogia juris*)[203]. Bei den allgemeinen Grundsätzen i.S.d. Art. 12 II Disp. prel. Cod. civ. handelt es sich um einen Verweis auf Grundsätze, die aus der italienischen Rechtsordnung abgeleitet werden können, ohne dass dadurch eine bestimmte Reihenfolge oder eine abschließende Anzahl dieser Prinzipien bestimmbar wäre. Sie dienen dem Auffinden von Lösungen, die mit der Rechtslage am ehesten übereinstimmen[204].

---

196 Vgl. hierzu *Palandt/Heinrichs*, Einl. Rn. 51 ff.; *Larenz*, S. 320 ff.

197 *Larenz*, S. 343 ff.

198 Die Norm und ihre Übersetzung sind abgedruckt bei *Bauer, Eccher, König, Kreuzer, Zanon*.

199 *Alpa*, I principi generali, S. 137; *Cian/Trabucchi*, Art. 12 disp. prel. Cod. civ., Anm. VII Rn. 1 ff.

200 Vgl. hierzu die Ausführungen über die einzelnen Kriterien in *Cian/Trabucchi*, Art. 12 disp. prel. Cod. civ., Anm. II ff.

201 *Cian/Trabucchi*, Art. 12 Disp. prel. Cod. civ., Anm. VII, Rn 1 ff.

202 Dazu ausführlicher *Giuliani*, S. 377 ff. (428 ff.).

203 Dazu ausführlicher *Giuliani*, a.a.O. S. 432 ff.

204 *Alpa*, a.a.O., S. 134 ff.; *Giuliani*, a.a.O. S.432 ff.

II. Auslegungsmethoden im UN-Kaufrecht

Die Auslegungsmethode des UN-Kaufrechts ist gesetzlich weitgehend offen gelassen. Eine international einheitliche Interpretationsmethode hat sich noch nicht herausgebildet. Sie darf sich jedenfalls nicht an rein nationalen Kriterien orientieren. Auch die Auslegungsmethoden sind autonom zu bestimmen[205].
Insgesamt lässt sich festhalten, dass der deutsche und der italienische Jurist grundsätzlich ohne Unterschied weniger Schwierigkeiten haben wird, die für das UN-Kaufrecht weitgehend anerkannten Methoden umzusetzen, als der englische Rechtsanwender.
In welcher Reihenfolge und in welcher Gewichtung die Auslegungsmethoden konkret anzuwenden sind, hat sich noch nicht herausgebildet[206]. Jedoch sind wohl alle Auslegungsmethoden gegenüber der wörtlichen als nachrangig anzusehen, da ein eindeutiger Wortlaut keinen Raum für weitergehende Interpretationen zulassen dürfte[207].
Im italienischen Schrifttum finden sich keine ausführlichen Darstellungen zu den einzelnen Auslegungskriterien. Bezug genommen wird auf die Relevanz der Rechtsprechung und Literatur anderer Länder und der „*lavori preparatori*“[208].
Führt die Auslegung des Wortlauts zu keinem eindeutigen Ergebnis, so ist auf die Systematik des CISG abzustellen.

---

[205] *Schlechtriem,Schwenzer/Ferrari*, Art. 7, Rn. 29; ausführlich hierzu *Botzenhardt*, S. 106 ff. Die traditionell grundlegenden Unterschiede zwischen *common-law* und *civil-law* haben im englischen Rechtskreis daher zu einer starken Annäherung an letztere geführt. Zur Auslegung von internationalem Einheitsrecht werden nunmehr Methoden angewandt, die an kontinental-europäische Methoden stark angelehnt sind. Die Heranziehung von Materialien zur Entstehungsgeschichte und anderer authentischer Textfassungen wird mittlerweile als zulässig angesehen. Ausführlich hierzu *Schlechtriem/Honnold*, Fachtagung, S. 115 ff.; *Diedrich*, S. 93 ff.; *Ferrari*, Commentario, Art. 7, Anm. 4.; *Alpa,Zatti*, Art. 7, Anm. V. jeweils m.w.N.

[206] *Trommler*, S. 17; *Magnus/Staudinger*, Art. 7, Rn. 30; *de Lukowicz*, S. 24.

[207] *Schmid*, S.64; *Herber/Czerwenka*, Art. 7, Rn. 8.

[208] *Alpa,Zatti*, Art. 7, Anm. VI und V; *Ferrari*, Commentario, Art. 7, Anm. 4. Vgl. im Gegensatz dazu etwa die ausführliche Darstellung der Auslegungskriterien bei *Schlechtriem,Schwenzer/Ferrari*, Art. 7, Rn. 28 ff.

1. *Auslegung nach dem Wortlaut*

Der Auslegung nach dem Wortlaut gebührt – als direkter Ausfluss der autonomen Auslegung – der Vorrang. Von einer klaren Formulierung des Gesetzestextes wird sich ein Abweichen nur schwerlich begründen lassen[209]. Herangezogen werden dürfen hierbei lediglich die sechs gleichrangig nebeneinander existierenden Originalversionen[210]. Dabei müssen alle Texte miteinander verglichen werden. In Zweifelsfällen wird wohl der englischen Fassung – und in geringerem Maß auch der französischen – ein besonderes Gewicht beizumessen sein, da die Vorentwürfe des CISG in der englischen Sprache abgefasst wurden[211]. Die deutsche sowie die italienische Übersetzung können lediglich als Interpretationshilfe genutzt werden[212].

2. *Systematische Auslegung*

Bei der systematischen Auslegung ist auf den Normenzusammenhang innerhalb des CISG abzustellen. Nationale Rechtsnormen haben dabei außer Betracht zu bleiben. Die einzelnen Vorschriften des CISG sind so auszulegen, dass Widersprüche mit anderen Regelungen und Wertentscheidungen des CISG vermieden werden[213].

Nach dieser Methode sollte vorgegangen werden, soweit der Wortlaut der Konvention nicht eindeutig ist und mehrere Interpretationsmöglichkeiten zulässt. Hierzu sind die Norm, ihr Aufbau sowie ihr Standort innerhalb des Gesetzes heranzuziehen[214].

Abzulehnen ist die Heranziehung von anderem internationalen Einheitsrecht zur Auslegung des CISG. Jedes internationale Abkommen stellt ein eigenständiges Regelwerk in einem eigenständigen Regelungsbereich dar und kann daher nicht Maßstab für das CISG sein[215].

---

209 *Schmid*, S. 64; so auch der BGH zum Haager Kaufrecht: BGH, WM 1991, 2109, *Karollus*, S. 13.

210 *G. Schmid*, S. 24; *Karollus*, S. 13; *Witz,Salger,Lorenz/Witz*, Art.7, Rn. 20. Die verbindlichen Originalversionen sind gemäß der Abschlussklausel am Ende des CISG Arabisch, Chinesisch, Englisch, Französisch, Russisch und Spanisch. Die Texte sind abgedruckt bei *Bianca,Bonell*, S. 681 ff.

211 *Staudinger/Magnus*, Art. 7, Rn. 17 und 33; *Diedrich*, RIW 1993, S. 441 ff. (445).

212 Vgl. *Schlechtriem,Schwenzer/Ferrari*, Art 7, Rn. 33; *Witz,Salger,Lorenz/Witz*, Art. 7, Rn. 20.

213 *Staudinger/Magnus*, Art. 7, Rn. 34; *Botzenhardt*, S. 130; *Trommler*, S. 20.

214 *Botzenhardt*, S. 130.

215 *Trommler*, S. 21; *Botzenhardt*, S. 130 f.; *Kropholler*, S. 273; a.A. *Schlechtriem, Schwenzer/Ferrari*, Art. 7, Rn. 38, der u.U. auch andere Einheitskonventionen zur Vermeidung von Wertungswidersprüchen anwenden will.

3. Anwendbarkeit der Auslegungsregeln des WVK auf das CISG

In Betracht gezogen wird auch die Anwendung der Auslegungsregeln des Wiener Übereinkommens über das Recht der Verträge vom 23. 5. 1969 (WVK) auf das CISG[216]. Das CISG ist ein völkerrechtliches Übereinkommen und fällt damit in den Anwendungsbereich des WVK (Art. 1 WVK). Art. 33 WVK regelt die Auslegung mehrsprachiger völkerrechtlicher Verträge. Es entspricht jedoch ganz herrschender Meinung, dass die Auslegungsregeln der Artt. 31 - 35 WVK nicht auf die materiellrechtlichen Regelungen des CISG anzuwenden sind[217]. Als Argument wird angeführt, dass das CISG in Artt. 1- 88 insbesondere die Rechte und Pflichten von Käufer und Verkäufer regelt. Dem hingegen regelt das WVK die Auslegung von Verträgen zwischen Staaten. Eine Anwendung der Auslegungsgrundsätze auf das materielle Kaufrecht wird daher grundsätzlich abgelehnt[218].

Bezüglich der völkerrechtlichen Regelungen des CISG in Artt. 89 ff. CISG soll jedoch das WVK zur Auslegung der Verpflichtungen der Vertragsstaaten unproblematisch Anwendung finden[219]. Eine indirekte Anwendung der Artt. 31 - 35 WVK auf das CISG komme nur in Betracht, wenn es um die Auslegung sprachlicher Differenzen zwischen den verbindlichen Textfassungen gehe[220]. Dieser von der herrschenden Meinung vertretenen Auffassung ist m.E. zu folgen, weil nur auf diesem Weg der Autonomie des CISG Rechnung getragen wird.

4. Historische Auslegung

Als weitere Auslegungsmethode ist die historische zu betrachten. Dabei muss der Zweck des Übereinkommens und der Wille der Abschlusskonferenz ermittelt werden. Auf den Willen des einzelnen Staatenvertreters kommt es dabei nicht an, sondern stets auf den der Mehrheit der Delegierten[221]. Hierzu stehen die umfangreichen Materialen zu den Vorbereitungen der Konferenz („*travaux*

---

[216] Der Text des Übereinkommens ist abgedruckt im Bundesgesetzblatt, Teil II, 1985, S. 926 ff.; die nicht offizielle italienische Übersetzung ist abgedruckt bei LEX 1986 I, S. 286 ff.

[217] Für die h.M. vgl. *Staudinger/Magnus*, Art. 7, Rn. 16; *Witz,Salger,Lorenz/Witz*, Art. 7, Rn. 19, *G. Schmid*, S. 43 f.; *de Lukowicz*, S. 25 f. ; a.A. *Happ*, RIW 1997, S. 376 ff.

[218] A.A. *Happ*, RIW 1997, S. 376 ff.; *Schlechtriem,Schwenzer/Ferrari*, Art. 7, Rn. 33; für Italien, *Rizzi*, Riv. dir. priv. 1997, S. 237 ff. (240).

[219] *Honnold*, Rn. 103; *de Lukowicz*, S. 26; *Witz,Salger,Lorenz/Witz*, Art. 7, Rn. 16, 19; *Sarcevic, Volken/Volken*, S. 38.

[220] *De Lukowicz*, S. 26; *Schlechtriem,Schwenzer/Ferrari*, Art. 7, Rn. 35 (der so zu einem besonderen Gewicht der englischen Fassung gelangt); gegen eine Anwendung: *Honnold*, Rn. 103; *Botzenhardt*, S. 113; offen gelassen bei *Trommler*, S. 23 f.

[221] *Magnus*, RabelsZ, 1989, S. 124; *de Lukowicz*, S. 29; *Schmid*, S. 64; *Diedrich* S. 112, *Karollus*, S. 14.

préparatoires"), zum Konferenzverlauf und die Konferenzdokumente in den *Official Records*, den *UNCITRAL-Yearbooks* (I – X), bzw. – die wesentlichen zusammengefasst – in *Honnolds Documentary History* zur Verfügung. Auch kommt eine Berücksichtigung der Rechtsprechung und Literatur zum Haager Kaufrecht bei der Auslegung des CISG in Betracht[222]. Viele Vorschriften des UN-Kaufrechts gehen auf Vorschriften des Haager Kaufübereinkommens zurück[223]. Der Umgang mit der historischen Auslegungsmethode im Einheitsrecht hat sich mittlerweile in den *common law*-Staaten dem der *civil law*-Staaten angepasst[224].
Die Bedeutung einzelner Regelungen kann sich aber im Laufe der Zeit ändern. Soweit eine Anpassung wegen der allgemeinen Formulierungen des CISG geboten erscheint, etwa weil sich Anschauungen und Bedürfnisse ändern, würde demzufolge eine strikt historische Interpretation zu mangelnder Flexibilität führen[225].

5. Teleologische Auslegung

Des Weiteren kommt in Betracht, die Auslegung an dem Zweck der Gesamtkonvention, bzw. der einzelnen Regelung zu orientieren. Hierbei besteht jedoch die Gefahr, dass die Auslegung zu stark ergebnisorientiert ausfällt und vom Einfluss des Vorverständnisses des Auslegenden geprägt ist. Misst man ihr ein zu starkes Gewicht bei, ist die Einheitlichkeit der Auslegung gefährdet[226].

6. Rechtsvergleichende Auslegung

Auch das Mittel der Rechtsvergleichung ist für die Auslegung des UN-Kaufrechts in Betracht zu ziehen. Zu beachten ist dabei allerdings, dass das CISG schon auf fundierten rechtsvergleichenden Vorarbeiten beruht. Da das Einheitsrecht einen eigenen Normen- und Begriffsapparat verwendet, der aus sich heraus interpretiert werden muss, verbietet sich grundsätzlich, bei der Auslegung einer Norm des CISG andere Zivilrechtskodifikationen im Wege der Rechtsvergleichung heranzuziehen[227]. Eine seltene Ausnahme kann dort gemacht werden, wo in das Wiener Kaufrecht ein Begriff aus dem unvereinheitlichten Recht übernommen wurde und diesem gerade die Bedeutung bei-

---

[222] *Herber/Czerwenka*, Art. 7, Rn. 8; *Staudinger/Magnus*, Art.7, Rn. 35.
[223] *Schlechtriem,Schwenzer/Ferrari*, Art. 7, Rn. 36.
[224] Vgl. bereits oben S. 53. Den Grundsatz der *plain-meaning* oder *literal rule* – der Auslegung allein nach dem Wortlaut – hat man verlassen. Nunmehr wird auch von den *common law* - Staaten der historische Hintergrund einer Vorschrift des CISG bei der Auslegung mit einbezogen, *Honnold*, Rn. 90; *de Lukowicz*, S. 28.
[225] *De Lukowicz*, S. 29; *Kropholler*, S.274; *Höß*, S. 29.
[226] *Trommler*, S. 22; *Magnus*, RabelsZ, 1989, S. 125; *Staudinger/Magnus*, Art.7, Rn. 36.
[227] *Diedrich*, S. 74; *Botzenhardt*, S. 135; *Schlechtriem,Schwenzer/Ferrari*, Art. 7, Rn. 40.

gemessen werden sollte, die ihm in seinem Heimatland zukommt[228]. Möglich ist die rechtsvergleichende Auslegung unbestimmter Rechtsbegriffe des Einheitsrechts auch anhand der Ermittlung der nationalrechtlichen Anschauungen, die bei der Bildung des betreffenden Begriffs des Einheitsrechts eine Rolle gespielt haben[229]. Probleme bereitet hier jedoch die praktische Umsetzung eines umfassenden Rechtsvergleichs, weil eine solche Auslegung den Vergleich der Rechtsordnungen aller Vertragsstaaten des CISG voraussetzt. Ein Vergleich der nationalen Regelungen mit denen des CISG wird daher für die Auslegung des UN-Kaufrechts als nur von begrenztem Nutzen angesehen[230].

Das Einheitsrecht ist jedoch einer eigenen Interpretationsmethode zugänglich. Hierfür ist zwischen der „echten" und der „unechten" Rechtsvergleichung zu unterscheiden[231]. Während es bei der herkömmlichen „echten" Rechtsvergleichung um den Vergleich nationaler unvereinheitlichter Rechtordnungen miteinander geht[232], handelt es sich bei der „unechten" Rechtsvergleichung um den Vergleich der Auslegungsergebnisse der Rechtsprechung und Literatur der verschiedenen Länder zum Einheitsrecht[233]. Die unechte Rechtsvergleichung ist zur Förderung der einheitlichen Anwendung des CISG nicht nur möglich, sondern unerlässlich[234]. Nur mit Hilfe eines Vergleichs der Auslegungspraxis zum Einheitsrecht in anderen Vertragsstaaten kann eine einheitliche Anwendung und Entwicklung auf der Grundlage des einheitlich geltenden Gesetzestextes verwirklicht werden[235]. Die vorliegende Arbeit stellt mithin im Kern eine „unechte" Rechtsvergleichung dar.

Den Auslegungsergebnissen der Rechtsprechung kommt nach herrschender Ansicht die Wirkung einer *„persuasive authority"* zu[236]. Aber auch der in der Literatur vertretene Meinungsstand sollte in die unechte Rechtsvergleichung einbezogen werden. Hierdurch lässt sich ermitteln, ob bestimmte Entwicklungen in Literatur und Rechtsprechung bei der Auslegung des Einheitsrechts auch in einzelnen Ländern Niederschlag und Zustimmung gefunden haben.

---

228 Vgl. o. S. 42; *Botzenhardt*, S. 137 ; *Diedrich*, S. 74.

229 *Diedrich*, S. 75; *Kropholler*, S. 279.

230 *Staudinger/Magnus*, Art. 7, Rn. 37; *Herber/Czerwenka*, Art. 7, Rn. 9; *Schlechtriem, Schwenzer/Ferrari*, Art. 7, Rn. 40; *Magnus*, RabelsZ 1989, S. 116 ff. (125).

231 Gegen die Verwendung dieses Begriffs, *G. Schmid*, S. 28 f.

232 *Zweigert,Kötz*, S. 4.

233 *Diedrich*, RIW 1995, S. 353 ff. (356). Gegen die Verwendung dieses Begriffs, *G. Schmid*, S. 28 f.

234 *Schlechtriem,Schwenzer/Ferrari*, Art. 7, Rn. 40; *Kropholler*, S. 280 f.; *ders.*, Europäisches Zivilprozessrecht, Einl. Rn. 48.

235 Vgl. oben 2.Kapitel:A.II, S. 43 ff.; *Diedrich*, S. 75; *Kropholler*, S. 280 f.; *Magnus*, RabelsZ 1989, S. 116 ff. (124).

236 Vgl. hierzu schon oben 2.Kapitel:A.II.1, S. 44; *Diedrich*, RIW 1995, S. 353 ff. (356); ausführlich *G. Schmid*, S. 67 ff.

Die in der Lehre vertretenen Meinungen können als Indikator für die zukünftige Anwendungspraxis im jeweiligen Vertragsstaat dienen. In Bereichen, die noch nicht Gegenstand richterlicher Entscheidungen waren, kann der in der Literatur vorhandene Meinungsstand andererseits dazu dienen, internationalisierungsfähige Lösungen zu entwickeln[237]. Auch können aus der Untersuchung der Literatur einzelner Länder weitere Erkenntnisse gewonnen werden. Beispielsweise hilft der Vergleich des inländischen mit dem ausländischen Meinungsstand zu erkennen, ob im In- oder Ausland national geprägte Ansichten vertreten werden. Hier kann sich auch ein echter Rechtsvergleich anschließen. Bestimmte, in einem Land vorherrschende Auslegungstendenzen, können sich unter Umständen aus den Besonderheiten des unvereinheitlichten Rechts ergeben.

[237] Vgl. hierzu schon oben 2.Kapitel:A.II.2, S. 46; *G. Schmid*, S. 161 ff.

C. Das Prinzip der „internen“ Lückenfüllung aus Art. 7 II CISG

Neben die Auslegung im Sinne des Art. 7 I CISG tritt die Ausfüllung von Lücken des UN-Kaufrechts (Art. 7 II CISG). Lässt sich eine Antwort nicht durch die Auslegung des Konventionstextes i.S.d. Art. 7 I CISG finden, liegt eine Regelungslücke vor[238].In einem solchen Fall muss jedoch weiter unterschieden werden: Es gibt Lücken, die in den Regelungsbereich des CISG fallen, aber auch solche die außerhalb seines Regelungsbereiches liegen.

Fragen, die ohne ausdrückliche Normierung den Regelungsbereich des CISG betreffen, sind zunächst nach den „allgemeinen Grundsätzen“ des CISG zu entscheiden. Soweit solche Grundsätze nicht auffindbar sind, ist die Frage durch einen Rückgriff auf das nach dem IPR berufene nationale Recht zu beantworten[239]. In einem solchen Fall wird verbreitet von einer „internen“ Lücke gesprochen, weil sie im Regelungsbereich des Übereinkommens liegt[240]. Die Grenze zwischen der Auslegung des UN-Kaufrechts i.S.d. Art. 7 I CISG und der Füllung interner Lücken i.S.d. Art. 7 II CISG wird nicht immer scharf zu ziehen sein[241]. Soweit die Lücke eine Frage betrifft, die nicht im Regelungsbereich des UN-Kaufrechts liegt, handelt es sich hingegen um eine „externe Lücke“, die von vorneherein durch das vom IPR berufene nationale Recht zu schließen ist[242].

Daraus ergibt sich folgende Prüfungsfolge[243]: Zunächst ist festzustellen, ob eine Frage in den Regelungsbereich des UN-Kaufrechts fällt. Über den Regelungsbereich geben insbesondere Artt. 4 und 5 CISG Aufschluss. Danach sind insbesondere die Gültigkeit des Vertrages, einzelner Vertragsbestimmungen oder Gebräuche und die Wirkungen, die der Vertrag auf das Eigentum an der verkauften Sache haben kann, nicht vom Regelungsbereich des UN-Kaufrechts erfasst (vgl. Art. 4 Satz 2 CISG). Der Ausschluss der Anwendung des Übereinkommens „insbesondere“ auf bestimmte Rechtsfragen lässt erkennen, dass der Katalog in Art. 4 Satz 2 CISG nicht abschließend ist[244].

---

238 *Karollus*, S. 16.

239 *Karollus*, S. 16 f.; *Staudinger/Magnus*, Art. 7, Rn. 38 und 58; *Schlechtriem, Schwenzer/Ferrari*, Art. 7, Rn. 41; *ders.*, Commentario, Anm. 7; *Alpa, Zatti*, Art. 7, Anm. VII, Rn. 1; *Bonell*, Riv. dir. civ. 1986 II, S. 221 ff. (230 ff.).

240 Dem Begriffspaar „interne“ und „externe“ Lücke bedient sich etwa *Frigge*; *Schlechtriem,Schwenzer/Ferrari*, Art. 7, Rn. 42 f.; *ders.*, Commentario, Art. 7, Anm. 7; *Karollus*, S. 16 ff. *Frigge* geht dabei jedoch entgegen allen anderen davon aus, dass eine externe Lücke auch innerhalb des Regelungsbereichs des CISG vorliegt, soweit sich keine allgemeinen Grundsätze ermitteln lassen, vgl. dort S. 71.

241 *Staudinger/Magnus*, Art. 7, Rn. 9; *de Ly*, S. 340.

242 *Schlechtriem,Schwenzer/Ferrari*, Art. 7, Rn. 43; *Staudinger/Magnus*, Art. 7, Rn. 58; *Alpa,Zatti*, Art. 7, Anm. VII, Rn. 2.

243 So etwa vorgeschlagen bei *Karollus*, S. 16 ff.; *Magnus*, RabelsZ 1989, S. 116 ff. (120); *Staudinger/Magnus*, Art. 7, Rn. 38, 40 ff., 58 ff.

244 Statt aller *Schlechtriem,Schwenzer/Ferrari*, Art. 4, Rn. 8.

Art. 5 CISG schließt die Anwendung des CISG auf die Haftung des Verkäufers für Personenschäden aus. Art. 4 Satz 1 CISG bestimmt, welche Bereiche vom CISG erfasst sind. Demnach regelt das UN-Kaufrecht ausschließlich den Abschluss des Kaufvertrages und die aus ihm erwachsenden Rechte und Pflichten der Vertragsparteien. Schwierigkeiten bereitet daher die Ermittlung, ob mangels ausdrücklicher Erwähnung bewusst eine Frage geregelt oder nicht geregelt werden sollte[245]. Auch hier müssen entsprechend dem Gebot der Einheitlichkeit, abweichende Abgrenzungsergebnisse vermieden werden[246].
Liegt nach dem Ergebnis der Feststellungen ein Gegenstand vor, der nicht in den Regelungsbereich des CISG fällt, stellt sich die Problematik der Auslegung und einheitsrechtsinternen Lückenfüllung nicht. Vielmehr findet das nach dem IPR berufene nationale Recht Anwendung[247]. Handelt es sich um einen vom CISG erfassten Regelungsgegenstand, ist des Weiteren zu prüfen, ob sich zur Beantwortung der Frage im CISG allgemeinen Grundsätze finden lassen. Lässt sich zur Beantwortung der Frage kein allgemeiner Grundsatz ermitteln, ist subsidiär auf das vom IPR berufene nationale Recht zurückzugreifen.

I. Auslegung und interne Lückenfüllung

Eine Abgrenzung zwischen Auslegung des Konventionstextes und interner Lückenfüllung ist kaum zu erreichen[248]. Auf eine trennscharfe Abgrenzung von Lückenfüllung und Auslegung kommt es aber auch nicht an. Es genügt im konkreten Einzelfall, dass der Konventionstext keine klare Lösung für die Beantwortung einer Frage vorgibt[249].
Die besondere Schwierigkeit bei der Abgrenzung zwischen der Auslegung und der internen Lückenfüllung beruht darauf, dass erst durch die Auslegung des einheitsrechtlichen Tatbestandes die Grenzen desselben bestimmt werden[250]. Im Gegenzug soll eine Ausfüllung der übereinkommensinternen Lücke erst erfolgen, wenn die Auslegung ergeben hat, dass eine bestimmte Aussage nicht mehr von der Norm geregelt wird[251]. Damit bestimmt das Ergebnis der Ausle-

---

[245] *Schlechtriem,Schwenzer/Ferrari*, Art. 4, Rn. 5. Zu den einzelnen Bereichen vgl. *Ferrari* a.a.O., Rn. 8 ff. und 12 ff.

[246] *G. Schmid*, S. 174.

[247] *Schlechtriem,Schwenzer/Ferrari*, Art. 7, Rn. 57; *Staudinger/Magnus*, Art. 7, Rn. 58 ff.; a.A. *Stoll*, FS Ferid, S. 495 ff. (498), der „Randfragen" des Einheitskaufrechts dem Sachrecht des Forumstaates unterstellen will oder bei „Restfragen" stets das Recht anwenden will, auf dessen Anwendung der Schuldner vertraut hat, *ders.*, IPRax 1993, S. 75 ff. (77 f.).

[248] *Staudinger/Magnus*, Art. 7, Rn. 9; *G. Schmid*, S. 24.

[249] *Staudinger/Magnus*, Art. 7, Rn. 39.

[250] *Soergel/Lüderitz,Fenge*, Art. 7, Rn. 10; *Kropholler*, S. 292; *Esser*, Grundsatz und Norm, S. 253 ff.

[251] *Witz,Salger,Lorenz/Witz*, Art. 7, Rn. 29.

gung nicht nur den Inhalt des ausgelegten Tatbestandes, sondern auch die Voraussetzung dafür, ob und inwieweit weitere Aspekte aus einem „allgemeinen Grundsatz" des UN-Kaufrechts Einfluss auf den Tatbestand der interpretierten Norm erhalten. Das Ergebnis der Auslegung ist zudem stark vom Rechtsanwender beeinflusst. Je nach dem, ob er dem Einheitsrecht aufgeschlossen oder skeptisch gegenübersteht, wird er wenige oder viele Lücken finden[252].

Daher scheint es sich im Rahmen des Art. 7 CISG nicht nur um einen Fall der Normenkonkurrenz zu handeln, bei dem die Beantwortung offener Fragen zunächst durch Auslegung nach Absatz 1 und subsidiär durch Lückenfüllung nach Absatz 2 zu erfolgen hat[253]: Vielmehr scheint der Vorrang der Auslegung die Lückenfüllung nicht gänzlich zu verdrängen. Ansonsten könnte eine Lückenfüllung erst dort beginnen, wo die Auslegung endet. Tatsächlich wird jedoch davon ausgegangen, dass neben dem dargestellten Zusammenhang noch eine Wechselwirkung zwischen beiden Absätzen besteht. Von manchen wird daher zum einen darauf hingewiesen, dass bei der Auslegung ein Rückgriff auf nationale Verständnisse zu vermeiden sei und zum anderen bei der Lückenfüllung die internationale Einheitlichkeit und das Gutglaubensgebot Berücksichtigung finden müsse[254].

Gegenstand der vorliegenden Arbeit sind Anwendungsprobleme, die sich im Geltungsbereich der Konvention bewegen. Folglich handelt es sich primär um Auslegungsfragen i.S.d. Art. 7 I CISG. Darüber hinaus ist auch die interne Lückenfüllung vor allem durch die allgemeinen Grundsätze des UN-Kaufrechts Gegenstand der Arbeit.

II. Ermittlung der allgemeinen Grundsätze des CISG

Die allgemeinen Grundsätze i.S.d. Art. 7 II CISG, die dem CISG zugrunde liegen, sind kaum deutlich im Text der Konvention niedergelegt. Zu den wenigen deutlich niedergelegten Grundsätzen zählt etwa der Vorrang der Privatautonomie in Art. 6 CISG, die Berücksichtigung von Gebräuchen in Art. 9 CISG sowie das Prinzip der Formfreiheit, Art. 11 CISG[255].

Weitere Grundsätze, die dem CISG zugrunde liegen, lassen sich aus den Vorschriften herausarbeiten. Dazu müssen sich diese Prinzipien jedoch hinreichend belegbar aus dem CISG ableiten lassen[256]. Ein Rückgriff auf Prinzipien

[252] *Czerwenka*, S. 126 f.; *Huber*, RabelsZ 1979, S. 413 ff. (433); *Esser*, Grundsatz und Norm, S. 253 f. weist z.B. darauf hin, dass schon die Entscheidung der Wortlaut einer Norm sei eindeutig auf einer Interpretation beruhe.

[253] Zu den verschiedenen Ausgestaltungen der Normenkonkurrenz, vgl. *Larenz*, S. 266 ff.

[254] *Staudinger/Magnus*, Art. 7, Rn. 9; *Schlechtriem,Schwenzer/Ferrari*, Art. 7, Rn. 4.

[255] *Herber, Czerwenka*, Art.7, Rn. 12; *Reinhart*, Art.7, Rn. 7; *Botzenhardt*, S. 142 f.

[256] *Staudinger/Magnus*, Art. 7, Rn. 40; *Schlechtriem,Schwenzer/Ferrari*, Art. 7, Rn. 48;

der einzelnen nationalen Rechtssysteme ist ausgeschlossen. Auch ein durch Rechtsvergleichung der nationalen Rechtsordnungen ermittelter gemeinsamer Rechtsgrundsatz darf hier nicht herangezogen werden, weil der Wortlaut des Art. 7 CISG entgegensteht. Die Grundsätze müssen im Übereinkommen autonom ermittelt werden und daher selbst im Konventionstext Eingang gefunden haben[257].

Des Weiteren wird verbreitet vorgeschlagen, durch Analogiebildung Lösungen für das CISG zu gewinnen, obwohl diese Möglichkeit nicht ausdrücklich vom CISG vorgesehen ist[258]. Dabei gehen manche sogar soweit, der Analogiebildung gegenüber der Anwendung der allgemeinen Grundsätze einen Vorrang einzuräumen[259].

Letztlich wird angenommen, dass die allgemeinen Grundsätze im Rahmen ihrer Anwendung eine gewisse Ausfüllung ihrer Grundprinzipien erfahren werden. Dem stehe Art. 7 CISG nicht entgegen, da die Grenzen der einzelnen Prinzipien des UN-Kaufrechts nicht eindeutig sind. In diesem Sinn könne sich das Übereinkommen einer gewissen „schöpferischen" Weiterbildung nicht verschließen[260].

III. Überblick über die einzelnen allgemeinen Grundsätze des CISG

Im Folgenden sollen die wesentlichen Grundprinzipien des UN-Kaufrechts genannt werden, die bereits breite Anerkennung gefunden haben. Die Rechtswirklichkeit wird durch Rechtsprechung und Lehre zur Ausprägung dieser und weiterer Grundprinzipien führen.

Botzenhardt, S. 139; zur Entwicklung allgemeiner Grundsätze im Einheitsrecht, vgl. auch *Kropholler*, S. 298 f.

[257] *Magnus*, RabelsZ 1995, S. 469 ff. (476); *Botzenhardt*, S. 141; *Schlechtriem,Schwenzer/Ferrari*, Art. 7, Rn. 53; a.A. wohl *Bianca,Bonell/Bonell*, Art. 7, Anm. 2.3.2.2., der als letztes Mittel auf die Rechtsvergleichung zurückgreifen will.

[258] *Schlechtriem,Schwenzer/Ferrari*, Art. 7, Rn. 47; *Magnus*, RabelsZ 1995, S. 469 ff. (478); allgemein zur Analogie im Einheitsrecht *Kropholler*, S. 292 ff.; *Herber,Czerwenka*, Art. 7, Rn. 11; *Enderlein,Maskow,Strohbach*, Art. 7, Anm. 9.1.; *Bianca,Bonell/Bonell*, Art. 7, Anm. 2.3.2.1.

[259] *Ferrari*, Commentario, Art. 7, Anm. 9; *Schlechtriem,Schwenzer/Ferrari*, Art. 7, Rn. 47; *Reinhart*, Art. 7, Rn. 6; *Bianca,Bonell/Bonell*, Art. 7, Anm. 2.3.2.1.; *Alpa,Zatti*, Art. 7, Anm. VIII, Rn. 1 f.; *Bianca/Bonell*, Art. 7, Anm. 4.

[260] *Herber/Czerwenka*, Art. 7, Rn. 11; *Enderlein,Maskow,Strohbach*, Art. 7, Anm. 9.1; *Magnus*, RabelsZ 1995, S. 477; kritisch *Botzenhardt*, S. 140 f.

Ausdrücklich im UN-Kaufrecht geregelt ist der Vorrang der Privatautonomie (vgl. Art. 6 CISG). Das Übereinkommen spielt daher lediglich dann eine Rolle, wenn die Vertragsparteien keine andere Absprache getroffen haben[261]. Weiterhin gilt im Rahmen des CISG das Prinzip der Formfreiheit (Art. 11 CISG)[262]. Zu den allgemeinen Grundsätzen gehört auch der Maßstab, an dem das Verhalten einer Vertragspartei zu messen ist. Maßgeblich ist der Begriff des „Vernünftigen". Er ist zum Teil in Bezug auf Personen anzuwenden (vgl. Art. 8 II) sowie auch in Bezug auf die Bemessung von Fristen (vgl. z.B. Artt. 39 I und 49 II CSIG)[263].

Auch der Verpflichtung einen drohenden Schaden möglichst gering zu halten (Artt. 77, 85, 86 CISG) ist ein verallgemeinerungsfähiger Rechtsgedanke, der dem UN-Kaufrecht zugrunde liegt[264].

Die Aufhebung des Vertrages bleibt äußerstes Mittel (*favor contractus*), so dass die Vertragsparteien zum Festhalten und Fördern der vertraglichen Beziehung verpflichtet sind (vgl. Artt. 25, 34, 37, 47, 48, 49, 63, 64 CISG)[265]. Daher bestehen auch umfassende Mitteilungs- und Informationspflichten, die auch in vielen Regelungen des UN-Kaufrechts ihren Niederschlag gefunden haben[266].

Des Weiteren besteht ein Anspruch auf Zahlung von Zinsen ohne Mahnung vom Tag der Fälligkeit an (Art. 78 CISG)[267], sowie der Grundsatz, dass Feiertage in Fristen mit einzuberechnen, diese bei Unmöglichkeit der Zustellung jedoch zu verlängern sind (Art. 20 II CISG)[268]. Ein weiterer Grundsatz ist der Absendegrundsatz aus Art. 27 CISG, nach dem der Empfänger das Risiko der Verzögerung, des Verlustes und des Irrtums bei der Übermittlung einer Nach-

---

[261] *Schlechtriem,Schwenzer/Ferrari*, Art. 7, Rn. 48; *Botzenhardt*, S. 142 f.; *Staudinger/Magnus*, Art. 7, Rn. 42; *Bianca,Bonell/Bonell*, Art. 7, Anm. 2.3.2.2.; *Ferrari*, Commentario, Art. 7, Anm. 9; *Alpa,Zatti*, Art. 7, Anm. VIII, Rn. 3.

[262] *Schlechtriem,Schwenzer/Ferrari*, Art. 7, Rn. 52; *ders.*, Commentario, Art. 7, Anm. 9; *Botzenhardt*, S. 143; *Staudinger/Magnus*, Art. 7, Rn. 46; *Bianca,Bonell/Bonell*, Art. 7, Anm. 2.3.2.2. Vgl. aber Art. 12 CISG.

[263] *Staudinger/Magnus*, Art. 7, Rn. 45; *Schlechtriem,Schwenzer/Ferrari*, Art. 7, Rn. 53; *Botzenhardt*, S. 148 f.; *Ferrari*, Commentario, Art. 7, Anm. 9.; *Alpa,Zatti*, Art. 7, Anm. VIII, Rn. 4.

[264] *Schlechtriem,Schwenzer/Ferrari*, Art. 7, Rn. 52, *Botzenhardt*, S. 151; *Herber,Czerwenka*, Art. 7, Rn. 14; *Ferrari*, Commentario, Art. 7, Anm. 9.

[265] *Staudinger/Magnus*, Art. 7, Rn. 49; *Schlechtriem,Schwenzer/Ferrari*, Art. 7, Rn. 54; *Frignani*, S. 308; *Bianca/Bonell*, Art. 7, Anm. 4; *Ferrari*, Commentario, Art.7, Anm. 9.; *Alpa,Zatti*, Art. 7, Anm. VIII, Rn. 4.

[266] Vgl. etwa *Botzenhardt*, S. 149 f.: Artt. 19 II, 21 II, 26, 32 III, 39 I, 48 II, 60 lit. a), 65, 71 III, 72 II, 79 IV, 88 I CISG.

[267] *Schlechtriem,Schwenzer/Ferrari*, Art. 7, Rn. 55; *Staudinger/Magnus*, Art. 7, Rn. 52; *Magnus*, RabelsZ 1995, S. 469 ff. (489); *Ferrari*, Commentario, Art. 7, Anm. 9; *Alpa,Zatti*, Art. 7, Anm. VIII, Rn. 3.

[268] *Schlechtriem,Schwenzer/Ferrari*, Art. 7, Rn. 52; *Staudinger/Magnus*, Art. 7, Rn. 50.

richt trägt[269]. Zu den Grundsätzen, die eine Regelung erfahren haben und zudem auch allgemeine Gültigkeit für sich beanspruchen, gehört insbesondere das Gebot von Treu und Glauben aus Art. 7 I CISG mit seinen Ausprägungen des Verbots missbräuchlicher Rechtsausübung und des Verbots des widersprüchlichen Handelns[270]. Ein Verbot, formale Rechtspositionen auszunutzen, klingt in Art. 29 II S. 2 CISG an, in Artt. 8 III und 16 II lit. b CISG das Verbot widersprüchlichen Verhaltens. Aber auch Art. 50 S. 2 CISG ist ein Ausfluss von Treu und Glauben, da hier der an sich gegebene Anspruch des Käufers auf Minderung infolge seiner unberechtigten Ablehnung der Nacherfüllung ausgeschlossen ist[271]. Auch eine allgemeine Pflicht zur Zusammenarbeit liegt dem CISG zugrunde[272]. Dieser allgemeine Rechtsgedanke hat im CISG in den vielfältigen Nebenpflichten der Vertragsparteien Niederschlag gefunden. So etwa die Pflicht zur Erhaltung der zurückgegebenen Ware (Artt. 85, 86 CISG), die Pflicht des Veräußerers einen ordnungsgemäßen Transportvertrag abzuschließen, soweit er zur Lieferung verpflichtet ist (Art. 32 II CISG), sowie die Pflicht, die zumutbare Nacherfüllung zu dulden (Artt. 34, 37, 48 CISG)[273]. Auch die Verwirkung wird als Grundsatz des UN-Kaufrechts angeführt[274].

---

[269] *Botzenhardt*, S. 143 f.; *Ferrari*, Commentario, Anm. 9; *Magnus*, RabelsZ 1995, S. 469 ff. (487); *Staudinger/Magnus*, Art. 7, Rn. 51; *Bianca,Bonell/Bonell*, Art. 7, Anm.2.3.2.2.

[270] Vgl. bereits o. S. 49; *Staudinger/Magnus*, Art. 7, Rn. 43; *Herber/Czerwenka*, Art. 7, Rn. 13 und 6; *Ferrari*, Commentario, Art. 7, Anm. 9; kritisch hierzu *Schlechtriem,Schwenzer/Ferrari*, Art. 7, Rn. 49, der davor warnt, den Grundsatz von Treu und Glauben im CISG zu einer Generalklausel entsprechend § 242 BGB werden zu lassen, da dieser zu vage sei, um richterliche Entscheidungshilfe sein zu können.

[271] *Staudinger/Magnus*, Art. 7, Rn. 43.

[272] *Schlechtriem,Schwenzer/Ferrari*, Art. 7, Rn. 54; *Frignani*, S. 308.

[273] *Staudinger/Magnus*, Art. 7, Rn. 47; *Frignani*, S. 308.

[274] Vgl. noch unten S. 172; *Magnus*, RabelsZ 1995, S. 469 ff. (482); *Staudinger/Magnus*, Art. 4, Rn. 53; vgl. hierzu den Schiedsspruch SCH-4318 der Bundeskammer der gewerblichen Wirtschaft in Österreich, RIW 1995, S. 591, mit kritischer Anm. *Schlechtriem*.

D. Methodische Vorüberlegungen zur Rechtsvergleichung im UN-Kaufrecht

Die vorliegende Untersuchung beschäftigt sich mit dem Vergleich der Auslegungsergebnisse zum UN-Kaufrecht in Rechtsprechung und Lehre in Deutschland und Italien. Sie ist mithin primär keine Rechtsvergleichung im klassischen Sinn, sondern eine sog. unechte Rechtsvergleichung[275].Eine derartige Rechtsvergleichung ermöglicht die Gewinnung von Erkenntnissen[276] darüber, ob und inwieweit in beiden Ländern kongruente Auslegungen des Einheitsrechts in Lehre und Rechtsprechung zu finden sind[277]. In diesem Zusammenhang ist fraglich, nach welchen Kriterien sich ein Rechtsvergleich im Einheitsrecht zu richten hat, um die Einheitlichkeit der Auslegung zu fördern.

I. Echte Rechtsvergleichung: Vergleich nationaler Rechtsordnungen mit dem CISG

Zunächst soll erörtert werden, unter welchen Gesichtspunkten ein Vergleich von unvereinheitlichtem Recht mit dem UN-Kaufrecht sinnvoll ist.
Ursprünglich mussten zur Erarbeitung eines einheitlichen Kaufrechts die einzelnen nationalen Rechtsordnungen miteinander verglichen werden, um Einheitsrecht basierend auf den verschiedenen Rechtstraditionen entwerfen zu können. Bei einem solchen Entwurf wird das in den unterschiedlichen Rechtsordnungen Gleiche übernommen. Des Weiteren wird das national Verschiedene dadurch gleich gemacht, dass die beste nationale Variante oder eine neue Konstruktion, die aus rechtsvergleichender Arbeit entstanden ist, in das Einheitsrecht aufgenommen wird[278]. Als ein Musterbeispiel solcher Vorarbeit ist *Ernst Rabels* Recht des Warenkaufs I (1936; Neudruck 1957) und II (1958) zu bezeichnen. Diese umfassende rechtsvergleichende Arbeit war eine der Grundlagen für die internationale Kaufrechtsvereinheitlichung[279].
Auch einem Vergleich des einheitlichen Kaufrechts mit anderen nationalen Rechtsordnungen kann in unterschiedlichster Weise eine bedeutende Funktion zukommen[280]. Für eine Rechtsvergleichung des CISG mit anderen Rechtsord-

---

[275] Vgl. bereits 2.Kapitel:B.II.6, oben S. 56 ff.; gegen die Verwendung dieses Begriffs, *G. Schmid*, S. 28 f.

[276] Allgemein zum Begriff der Erkenntnis in der Rechtsvergleichung, vgl. *Zweigert,Kötz*, S. 14.

[277] *Schlechtriem,Schwenzer/Ferrari*, Art. 7, Rn. 40; *Kropholler*, S. 280 f.; *ders.*, Europäisches Zivilprozessrecht, Einl. Rn. 48.

[278] *Zweigert,Kötz*, S. 23 f.

[279] *Zweigert,Kötz*, a.a.O.

[280] Vgl. *Zweigert,Kötz* (S. 13), nach dem die wissenschaftliche Bedeutung der Rechtsvergleichung heute unbestritten ist. Allgemein werden fünf praxisbezogene Funktionen herausgesellt: Die Rechtsvergleichung als Hilfsmittel für den Gesetzgeber, als Auslegungs-

nungen gibt es in der deutschen Literatur eine ganze Reihe von Beispielen[281]. So kann etwa ein bestimmtes, funktionell gleichwertiges Rechtsinstitut, das neben dem Einheitsrecht in mehreren Rechtsordnungen vorhanden ist, auf Ähnlichkeiten und Unterschiede untersucht werden, sog. Mikrovergleichung[282]. Ein Vergleich ist aber auch zu ganzen Gesetzen und deren Gemeinsamkeiten und Unterschiede im Vergleich zum CISG möglich, sog. Makrovergleichung[283].

Da die Regelungen des Einheitsrechts autonom auszulegen sind, werden sich jedoch kaum rechtsvergleichende Hinweise finden lassen, die das Einheitsrecht vor dem Hintergrund einer Regelung des unvereinheitlichten Rechts erörtern[284].

Es lassen sich aber auch Beispiele dafür finden, dass rechtsvergleichende Überlegungen zwischen einer nationalen Rechtsordnung und den Auslegungsergebnissen zum CISG erkenntnisreich sein können: Dies ist insbesondere der Fall, wenn Auslegungsergebnisse aus Rechtsprechung oder Lehre eines bestimmten Landes vor dem Hintergrund seiner nationalen Rechtsordnung verstanden werden müssen. Die Gründe hierfür können darin liegen, dass z.B. ein entscheidendes Gericht den Grundsatz der autonomen Auslegung nicht oder nicht hinreichend beachtet und eine Norm des Einheitsrechts angelehnt an das unvereinheitlichte Recht ausgelegt hat. Als Beispiel kann hier die Berechnung der angemessenen Rügefrist in Art. 39 I CISG dienen.

---

instrument, als Teil des Unterrichts an den Universitäten, bei der Rechtsvereinheitlichung und für die Entwicklung eines europäischen Zivilrechts, vgl. a.a.O., S. 14 ff.

281 Vgl. beispielsweise *Schulz*, Der Ersatzlieferungs- und Nachbesserungsanspruch des Käufers im internen deutschen Recht, im UCC und im CISG; *Su*, Die vertragsgemäße Beschaffenheit der Ware im *UNCITRAL*-Kaufrecht im Vergleich zum deutschen und chinesischen Recht; *Schilder*, Schadensersatz bei Durchbrechung der Bindung an obligatorische Vertragsofferten. *Fox*, Das Wiener Übereinkommen, ein Vergleich zum italienischen und deutschen Recht.

282 So vergleicht z.B. *Gutknecht*, Das Nacherfüllungsrecht des Verkäufers bei Kauf- und Werklieferungsverträgen des CISG mit dem des Uniform Commercial Code und dem deutschen Recht. Zum Begriff der Mikrovergleichung, *Zweigert,Kötz*, S. 4 f.

283 So z.B. *Fox*, Das Wiener Übereinkommen, ein Vergleich zum italienischen und deutschen Recht, der das CISG, BGB und den italienischen Codice civile auf Gemeinsamkeiten und Unterschiede untersucht. Zum Begriff der Makrovergleichung, *Zweigert,Kötz*, S. 4.

284 Vgl. o. 2.Kapitel:A.I, S. 41 ff.

Während in Deutschland zum Teil die Tendenz besteht, die Frist recht kurz entsprechend § 377 HGB zu bemessen, ist zweifelhaft, ob dies auch in anderen Ländern mit weniger strengen Fristbestimmungen im unvereinheitlichten Recht der Fall sein wird[285]. Solchen nationalen Vorprägungen muss zur Bewahrung der Einheitlichkeit der Auslegung des Einheitsrechts entgegengewirkt werden[286].

II. Unechte Rechtsvergleichung: Vergleich der Auslegungsergebnisse nationaler Gerichte und Lehrmeinungen miteinander

Zu untersuchen ist, nach welchen Kriterien sich ein Vergleich der zum CISG vertretenen Ansichten zu richten hat. Ein Kriterium kann sein, die Auslegungsergebnisse verschiedenster Nationen zu einem bestimmten Auslegungsproblem des UN-Kaufrechts miteinander zu vergleichen. Hierdurch wird ein Überblick zum Meinungsstand und zum Stand der Einheitlichkeit der Auslegung ermöglicht[287]. Die Rechtsvergleichung kann sich dabei auf die Rechtsprechung beschränken, aber auch die Lehrmeinungen mit einbeziehen[288]. Ein anderer Gesichtspunkt ist, den Fokus auf die das Einheitsrecht anwendende Nation zu richten[289]. Ziel einer solchen Untersuchung sollte sein, Erkenntnisse darüber zu erlangen, ob sich in dem jeweils untersuchten Land bestimmte Tendenzen bei der Auslegung des Einheitsrechts ergeben haben. Ein weiteres Erkenntnisziel kann auch sein, den Stand der Umsetzung des UN-Kaufrechts in Bezug auf vorhandene Literatur und ergangener Urteile zum CISG zu beurteilen und einen Vergleich zwischen den einzelnen Ländern vorzunehmen. Durch einen derartigen Vergleich wird die Frage beantwortet, wie umfassend das Ziel einer vereinheitlichten Auslegung des UN-Kaufrechts in einem bestimmten Land bereits umgesetzt ist.

---

[285] Zu diesem Beispiel vgl. näher unten, S. 159; *Diedrich*, S. 58; *Schlechtriem, Schwenzer/Ferrari*, Art. 7, Rn. 11; *Ferrari*, Commentario, Art. 7, Anm. 2.

[286] *Staudinger/Magnus*, Art. 7, Rn. 37; *G. Schmid*; S. 49.

[287] So z.B. *de Lukowicz*, Divergenzen in der Rechtsprechung zum CISG. Auf dem Weg zu einer einheitlichen Auslegung; *Liguori*, Il diritto uniforme della vendita internazionale: Prassi e tendenze applicative della Convenzione di Vienna del 1980, Riv. dir. civ. 1999, S. 143 ff.; *Magnus*, Das UN-Kaufrecht – aktuelle Entwicklungen und Rechtssprechungspraxis, ZEuP 2002, S. 523 ff.

[288] Vgl. oben S. 43 ff. und S. 56 ff.

[289] So etwa *Ferrari*, Italienische CISG-Rechtsprechung – Eine Übersicht, IHR 2001, S. 179 ff.; *Witz, Wolter*, Die neuere Rechtsprechung französischer Gerichte zum Einheitlichen UN-Kaufrecht, RIW 1998, S. 278 ff. oder *Huber, Kröll*, Deutsche Rechtsprechung zum UN-Kaufrecht in den Jahren 2002/2003, IPRax 2003, S. 309 ff.

3.Kapitel: Vergleich der Auslegungsergebnisse in der Rechtsprechung und Literatur Deutschlands und Italiens zu Problembereichen des UN-Kaufrechts

A. Anwendungsbereich des UN-Kaufrechts

Das UN-Kaufrecht legt seinen Anwendungsbereich in zeitlicher, räumlicher und sachlicher Hinsicht autonom fest. Im Folgenden sollen die mit dem Anwendungsbereich des UN-Kaufrechts verbundenen Auslegungsfragen behandelt werden. Dabei ist zu beachten, dass das CISG im Hinblick auf die Vertragsparteien folgende Unterscheidungsmerkmale ausschließt: Nach Art. 1 III CISG hat weder die Staatsangehörigkeit, noch der Umstand auf die Anwendbarkeit des CISG Einfluss, ob es sich bei den Vertragsparteien um Kaufleute oder Nichtkaufleute handelt[290].

I. Zeitlicher Anwendungsbereich des UN-Kaufrechts

Das Übereinkommen findet gemäß Art. 100 I CISG nur auf abgeschlossene Kaufverträge ab dem Tag Anwendung, an dem das CISG in dem betreffenden Vertragsstaat in Kraft getreten ist[291]. Der Zeitpunkt des Inkrafttretens ist in Art. 99 CISG geregelt. Zur Frage auf welchen Zeitpunkt genau abzustellen ist, werden verschiedene Auffassungen vertreten.

Für die Anwendbarkeit des Übereinkommens reicht es nach einer Mindermeinung im deutschen Schrifttum aus, dass zu einem vor dem Stichtag abgegebenen Angebot die Annahmeerklärung den Anbietenden erst nach Inkrafttreten des CISG erreicht hat[292].

Die in Deutschland wohl herrschende Meinung stellt jedoch darauf ab, wann das Angebot zum Vertragsabschluß i.S.d. Art. 100 I CISG entsprechend seinem Wortlaut „gemacht" wurde. Maßgeblich ist dabei auf den Zeitpunkt der Abgabe des Angebots abzustellen[293].

In der deutschen Rechtsprechung fehlen noch Entscheidungen dazu, auf wel-

---

[290] *Schlechtriem,Schwenzer/Ferrari*, Art. 1, Rn. 59 f.; *Czerwenka*, S. 128.

[291] Vgl. bzgl. deutsch italienischer Kaufverträge bereits *Kindler* RIW 1988, S. 776 ff. (780 f.).

[292] *Reinhart*, Art. 100, Rn. 3; *Enderlein,Maskow,Strohbach*, Art. 100, Anm. 2; *Kindler*, RIW 1988, S. 776 ff. (780).

[293] *Czerwenka*, S. 155; *Herber,Czerwenka*, Art. 100, Rn. 1; *Soergel/Lüderitz*, Art. 100, Rn. 1; *Karollus*, S. 36; *Schlechtriem,Schwenzer/Ferrari*, Art. 100, Rn. 2; *Staudinger/Magnus*, Art. 100, Rn. 5; a.A. nur *Asam*, S. 3 ff. (7), der auf den Zugang des Angebots abstellen will.

chen Zeitpunkt abzustellen ist. Der italienische Kassationsgerichtshof hingegen hat bereits in einem frühen Urteil ausgeführt, dass das Wiener UN-Kaufrecht erst auf solche Verträge anzuwenden ist, die aufgrund eines nach dem Inkrafttreten des Übereinkommens abgegebenen Angebots entstanden sind[294]. Dem haben sich auch Stimmen in der italienischen Literatur angeschlossen[295]. In Ermangelung entgegenstehender Urteile deutscher Gerichte, ist auf die vorstehend dargestellte herrschende Meinung in der deutschen Literatur abzustellen. Mit Blick darauf kann festgehalten werden, dass es in Deutschland und Italien einheitlich der herrschenden Meinung entspricht, dass auf den Zeitpunkt der Abgabe des Angebots abzustellen ist. Da dieser Frage eine praktische Relevanz nicht mehr zukommen wird, ist in Zukunft nicht mit widersprüchlichen Urteilen zu rechnen.

II. Räumlicher Anwendungsbereich des UN-Kaufrechts

Der räumliche Anwendungsbereich des UN-Kaufrechts ist in Art. 1 CISG geregelt. Das CISG findet nur auf internationale Kaufverträge über Waren Anwendung (Art. 1 I CISG). Voraussetzung für die Internationalität ist, dass die Vertragsparteien zum Zeitpunkt des Vertragsschlusses ihre Niederlassung in verschiedenen Staaten haben (Art. 1 I lit. a) CISG)[296]. Weitere Voraussetzung ist, dass entweder diese Staaten Vertragsstaaten (vgl. Art. 1 I lit. a) CISG) sind oder das nationale IPR zur Anwendung des Wiener Kaufrechts führt (Art. 1 I lit. b) CISG). Als Einschränkung für beide Alternativen des Art. 1 I CISG sieht Art. 1 II CISG vor, dass die Internationalität spätesten bei Vertragsschluss objektiv erkennbar gewesen sein muss[297].

1. Direkte Anwendung des CISG und der Begriff der Niederlassung

Die Frage der direkten Anwendung des CISG über Art. 1 I lit. a) CISG und die darin vorausgesetzte Internationalität eines Vertrages hängt maßgeblich davon ab, ob die Vertragsparteien ihre „Niederlassung"[298] in verschiedenen Staaten haben. Hat eine Partei keine Niederlassung, ist sie also natürliche Person, ist auf ihren gewöhnlichen Aufenthaltsort abzustellen (Art. 10 I lit. b) CISG). Weder der Begriff der „Niederlassung", noch der des „gewöhnlichen Aufenthaltsorts" ist im Übereinkommen geregelt. Der gewöhnliche Aufenthaltsort

[294] Urteil des Corte di Cassazione vom 24.10.1988, Giust. civ. 1989 I, S. 1888 ff. (S. 1890).
[295] *Bianca/Carbone*, Art. 100.
[296] Statt aller *Schlechtriem,Schwenzer/Ferrari*, Art. 1, Rn. 8.
[297] Vgl. hierzu statt aller *Schlechtriem,Schwenzer/Ferrari*, Art. 1, Rn. 48 ff.; im Italienischen *ders.*, Applicabilità ed applicazioni, S. 53 ff.
[298] Nach der englischen Version des CISG „*place of business*"; nach der französischen „*établissement*"; nach der italienischen „*sede d'affari*".

setzt einen tatsächlichen Aufenthalt von gewisser Dauer voraus[299]. Der Begriff der Niederlassung wird sogleich ausführlicher behandelt.
Letztlich ist im Rahmen des sachlichen Anwendungsbereichs zu beachten, dass die Anwendung des CISG aufgrund eines Anwendungsvorbehaltes eines Vertragsstaates gemäß Artt. 92 ff. CISG, insbesondere nach Art. 92 CISG ausgeschlossen sein kann[300]. Danach ist es möglich, die Regelungen über den Vertragsschluss aber auch die über das materielle Kaufrecht für nichtanwendbar zu erklären. Weder Deutschland noch Italien haben von einem solchen Vorbehalt Gebrauch gemacht[301].

Der Begriff der Niederlassung ist im CISG nicht geregelt. Nur Art. 10 CISG geht indirekt auf den Begriff der Niederlassung ein, indem er bestimmt, dass bei mehreren Niederlassungen diejenige maßgeblich ist, zu der das Geschäft die engste Verbindung aufweist (Art. 10 I lit. a) CISG). Nach in Deutschland und Italien im Schrifttum vertretener Auffassung ist die Niederlassung der Ort, von dem aus die auf eine gewisse Dauer angelegte, selbständige geschäftliche Tätigkeit erfolgt[302]. Die Frage, ob eine solche vorliegt, muss stets am Einzelfall entschieden werden[303]. Im Einzelnen ist nicht abschließend geklärt, welche Kriterien maßgeblich sind: Vereinzelt wird vertreten, dass der Begriff der Niederlassung auf den Mittelpunkt der geschäftlichen Tätigkeit abstellt[304]. Andere Meinungen lassen eine gewisse Selbständigkeit ausreichen, die die Befugnis umfasst, Geschäfte abzuschließen oder lediglich Verhandlungen zu führen[305]. Eine ähnliche Formulierung wurde auch im italienischen Schrifttum

---

299 *Schlechtriem,Schwenzer/Ferrari*, Art. 10, Rn. 10; *Staudinger/Magnus*, Art. 10, Rn. 8; *Piltz*, Internationales Kaufrecht, § 2, Rn. 82; ähnlich mit Betonung der Dauerhaftigkeit, vgl. *Bianca/Ferretti*, Art. 10, Anm. 1 b).

300 Vgl. hierzu statt aller *Schlechtriem,Schwenzer/Ferrari*, Art. 92, Rn. 1 ff.; zur Bedeutung der einzelnen Vorschriften, ebenda, Vor Art. 1-6, Rn. 15 ff.

301 Vgl. die tabellarische Ratifikationsübersicht bei *Staudinger/Magnus*, S. 27.

302 *Schlechtriem,Schwenzer/Ferrari*, Art. 1, Rn. 46; *ders.*, Sphere of Application, S. 9; ähnlich auch *Soergel/Lüderitz,Fenge*, Art. 10, Rn. 1; *Staudinger/Magnus*, Art. 1, Rn. 63; zum EKG BGH NJW 1982, S. 2731 *Siehr*, RabelsZ 1988, S. 587 ff. (590); *Piltz*, UN-Kaufrecht, Rn. 54; *Honnold*, Rn. 43; *Bianca,Bonell/Jayme*, Art. 1, Anm. 2.3; *Carbone*, La Vendita internazionale, S. 61 ff. (69 f.); *Memmo*, Riv. trim. dir. proc. civ. 1983, S. 180 ff. (199 f.).

303 *Schlechtriem,Schwenzer/Ferrari*, Art. 1, Rn. 46; *Bianca/Ferretti*, Art. 10, Anm. 1; *Alpa,Zatti*, Art. 1, Anm. V, Rn. 1.

304 Bejahend mit Hinweis auf die Rechtsprechung des BGH zum EKG, *Staudinger/Magnus*, Art. 1, Rn. 63; *Bernardini*, S. 89; ablehnend *Schlechtriem,Schwenzer/Ferrari*, Art. 1, Rn. 46. Trotzdem zitiert *Ferrari* ebenfalls das Urteil des BGH (NJW 1982, S. 2731); vgl. hierzu auch *Ferrari*, Applicabilità ed applicazioni, S. 44.

305 *Preetz*, S. 16; *Reinhardt*, Art. 10, Rn. 2 führt an, dass der Abschluss eines Vertrages in einer Betriebsstätte hierfür ausreicht; *Frignani*, S. 262; so wohl auch *Bianca/Ferretti*, Art. 10, Anm. 1.; offen gelassen bei *Carbone*, La Vendita internazionale, S. 61 ff. (69 f.) und *Ferrari*, Sphere of Application, S. 9; für eine selbständige Verpflichtungsmöglich-

gewählt, wonach ein tatsächliches selbständiges „Können“ für eine Niederlassung i.S.d. CISG, von der aus die wirtschaftliche Aktivität ausgeht, gegeben sein muss[306].
In jüngerer Zeit ist ein deutsches Urteil einer vermittelnden Auffassung gefolgt, nach der eine Niederlassung erst dann vorliegt, wenn von ihr aus die geschäftliche Tätigkeit tatsächlich und schwerpunktmäßig betrieben wird, wobei eine gewisse Dauerhaftigkeit und Stabilität sowie auch eine gewisse selbständige Handlungskompetenz Voraussetzung sind[307]. Die italienische Rechtsprechung hat bisher bezüglich der Definition des Begriffs der Niederlassung geschwiegen. Einzig das Urteil des *Tribunale di Vigevano* hat die in Art. 1 I CISG vorgegebene Definition der Internationalität wiedergegeben, ohne dabei näher den Begriff der Niederlassung zu erörtern[308]. Abgrenzungsprobleme gibt es vor allem dann, wenn ein international tätiges Unternehmen in anderen Staaten (Zweig-) Niederlassungen[309] unterhält. Handelt ein solches Unternehmen durch seine (Zweig-) Niederlassung in einem anderen Vertragsstaat, so stellt sich die Frage, ob ein internationaler Warenkauf gegeben ist, nur weil die handelnde Zweigstelle als eine Niederlassung i.S.d. CISG anzusehen ist[310].

Grundsätzlich entspricht es derzeit der in Italien und Deutschland wohl herrschenden Meinung, unter dem Begriff der Niederlassung nicht Zweigniederlassungen zu verstehen, es sei denn, sie sind damit betraut, selbständig Geschäfte abzuwickeln[311]. Ein sog. „*liaison-office*“, d.h. ein rechtlich unselbständiges, lediglich für das eigene Unternehmen werbend auftretendes Außenbüro,

---

keit wohl *Staudinger/Magnus*, Art. 1, Rn. 65; *Ferrari*, Applicabilità ed applicazioni, S. 44.

306 Vgl. etwa *Ferrari*, Commentario, Art. 1, Anm. 6 und *Alpa,Zatti*, Art. 1, Anm. V, Rn. 1 : „*effettivo potere autonomo*".

307 OLG Stuttgart vom 28.2.2000 (Az. 5 U 118/99), *UNILEX*, i.Ü. unveröffentlicht.

308 Tribunale di Vigevano vom 12.7.2000, Dir. comm. int. 2001, S. 497 ff. Eine deutsche Übersetzung findet sich in der IHR 2001, S. 72 ff.; kritisch hierzu auch *Ferrari* IHR 2001, S. 179 ff. (182), der dem Urteil vorwirft, dass es die Definition eines Teils der italienischen und ausländischen Lehre verwirft, in dem es die Internationalität von der Niederlassung in verschiedenen Staaten und nicht Vertragsstaaten abhängen lässt.

309 Bei Zweigniederlassungen handelt es sich nach *Ferrari* um rechtlich unselbständige, lediglich für das eigene Unternehmen werbend auftretende Außenbüros, *Schlechtriem, Schwenzer/Ferrari*, Art. 1, Rn. 46.

310 Vgl. hierzu zum EKG das Urteil des BGH, NJW 1982, S. 2730 ff.

311 *Schlechtriem,Schwenzer/Ferrari*, Art. 1, Rn. 46 f.; *Staudinger/Magnus*, Art. 1, Rn. 64; *Herber,Czerwenka*, Art. 1, Rn. 14; *Ferrari*, Fondamenti, S. 25ff.; *ders.*, Riv. trim. dir. proc. civ. 1994, S. 893 ff. (914); *Frignani*, S. 272; *Bonell,Liguori*, Uniform Law Review 1996, S. 147 ff. (153); vgl. zum Fall eines „*bureau de liaison*“ das viel zitierte Urteil des Cour d´Appel de Paris, vom 22.4.1992, *UNILEX*. Das Gericht lehnte hier das Vorliegen des Tatbestandes der Niederlassung bei einer Zweigniederlassung ab.

fällt nicht unter den Begriff der Niederlassung[312]. In welchem Maße die Rechtsprechung im Einzelfall das Kriterium der Selbständigkeit einer Niederlassung gewichten wird, ist zurzeit noch nicht abzusehen.
Die Meinung, dass Mittelpunkt der geschäftlichen Tätigkeit Voraussetzung für den Begriff der Niederlassung i.S.d. Art. 1 CISG ist, scheint in der deutschen und italienischen Literatur gleichermaßen zumindest nicht mehrheitlich vertreten zu werden. Divergenzen sind – zumindest innerhalb der herrschenden Meinungen – derzeit nicht ersichtlich.

2. Indirekte Anwendung des CISG über das IPR des Forumstaates

Eine Erweiterung des räumlichen Anwendungsbereichs des Wiener Kaufrechts wird durch Art. 1 I lit. b) CISG herbeigeführt: Findet das Übereinkommen auf einen Vertrag deshalb keine Anwendung, weil nur eine oder keine der Parteien des internationalen Kaufvertrages ihren Sitz bzw. ihre Niederlassung in einem Vertragsstaat hat, kann noch die sog. „Vorschaltlösung" gemäß Art. 1 I lit. b) CISG einschlägig sein[313].
Danach finden die Regelungen des UN-Kaufrechts indirekt Anwendung, wenn das Kollisionsrecht des Forumstaates zur Anwendung des Rechts eines CISG - Vertragsstaates führt. Das heißt jedoch auch, dass der im CISG aufgenommene Begriff des „Internationalen Privatrechts" nicht autonom, sondern als Verweisung auf das jeweilige nationale IPR verstanden werden muss[314]. Das CISG kommt dann als Teil des Rechts dieses Vertragsstaates zur Anwendung.
Der kollisionsrechtliche Verweis auf das Recht eines Vertragsstaates kann dabei auf zwei Wegen erfolgen: Vorrangig über die Wahl des Rechts eines Vertragsstaates durch die Vertragsparteien; im Übrigen über die allgemeinen Vorschriften des Kollisionsrechts des Forumstaates[315]. Im Falle einer Rechtswahl ist zunächst zu prüfen, ob nach dem einschlägigen IPR eine Rechtswahl überhaupt zulässig ist[316]. In Deutschland richtet sich die Zulässigkeit und Wirksamkeit einer Rechtswahl nach Art. 27 EGBGB[317]. In Italien ist Art. 2 I des

[312] *Schlechtriem,Schwenzer/Ferrari*, Art. 1, Rn. 46; *Preetz*, S. 16.
[313] Hierzu statt aller *Staudinger/Magnus*, Art. 1, Rn 93 ff.
[314] Diese Auffassung entspricht der herrschenden Meinung in Deutschland und Italien, vgl. etwa für die deutsche Literatur, *Staudinger/Magnus*, Art. 1, Rn. 101, *Ferrari*, ZEuP 1998, S. 162 ff. (166 f.); für die italienische *Rovelli*, La Vendita internazionale, S. 89 ff. (93); *Ferrari*, Riv. dir. civ. 1998 II, S. 81 ff. (88 f.); *ders.* Applicabilità ed applicazioni, S. 66. So auch das Trib. di Padova- Sez. Este, Urteil vom 25.2.2004, *UNILEX*, i.Ü. unveröffentlicht.
[315] *Czerwenka*, S. 161; *Diedrich*, S. 163; *Herber,Czerwenka*, Art. 1, Rn. 17; LG München IPRax 1990, S. 316 f.; OLG Koblenz IPRax 1991, S. 241 ff. (243); LG Hamburg, IPRax 1991, S. 400 ff. (401).
[316] *Ferrari*, ZEuP 1998, S. 162 ff. (169); *Staudinger/Magnus*, Art. 1, Rn. 104.
[317] In Deutschland hat der Gesetzgeber das EVÜ in die Artt. 27 ff. EGBGB inkorporiert und dabei den Art. 3 EVÜ in weiten Teilen wörtlich übernommen, *Schlechtriem,Schwen-*

Haager Übereinkommens betreffend das auf internationale Kaufverträge über bewegliche Sachen anzuwendende Recht vom 15. Juni 1955 maßgeblich[318]. Eine Rechtswahl ist in beiden Ländern zulässig. Die Anwendbarkeit des UN-Kaufrechts kraft Rechtswahl für die Fälle des Art. 1 I lit. b) CISG ist in der deutschen Rechtsprechung und Literatur, aber auch in der italienischen Literatur betont worden[319]. Der Möglichkeiten einer Rechtswahl wird ein weiter Spielraum zuerkannt.
So kann eine mittelbare Wahl des UN-Kaufrechts nach in Deutschland wie Italien einhellig vertretener Ansicht sogar dann vorliegen, wenn keine der Vertragsparteien ihre Niederlassung in einem Vertragsstaat hat, die Parteien jedoch das Recht eines Vertragsstaates nach der *lex fori* wirksam vereinbart haben[320].

Für die Anwendung des CISG kraft Rechtswahl ist nach herrschender Ansicht nicht erforderlich, dass die Parteien das CISG ausdrücklich nennen. Es soll vielmehr ausreichen, wenn die Parteien bei der Rechtswahl z.B. das Kaufrecht eines Vertragsstaates zugrunde legen. Die Vereinbarung eines nationalen Rechts enthält für sich noch keinen Anhaltspunkt dafür, dass das CISG als darin inbegriffenes materielles Recht ausgeschlossen sein sollte. Ein solcher Wille muss klar zum Ausdruck kommen[321]. So ist nach herrschender Ansicht in beiden Ländern bei der Wahl eines bestimmten Rechts im Zweifel der Wille der Parteien anzunehmen, das darin enthaltene UN-Kaufrecht dem Vertrag zugrunde legen zu wollen. Eine abweichende Rechtswahl richtet sich nach Art. 6 CISG[322]. Dem entgegen hat das *Tribunale di Monza* in seinem viel kriti-

---

zer/Ferrari, Art. 1, Rn. 72; *ders.*, ZEuP 1998, S. 162 ff. (168); *Staudinger/Magnus*, Art. 1, Rn. 104; *ders.* in *Staudinger*, Art. 27 EGBGB, Rn. 1 ff. (3 und 7). Die Texte sind abgedruckt bei *Jayme,Hausmann.*

318 *Kindler*, Handelsrecht, § 7, Rn. 63 ff. m.w.N.; *Jayme*, Rapporti tra Italia e Germania , S. 18 f. Zum Verhältnis des Haager Übereinkommens zum EVÜ, vgl. noch unten Fn. 328.

319 Vgl. für Deutschland: BGH NJW 1997, S. 3309 ff. (3310); BGH NJW 1999, S. 1259 ff. (1260); OLG Düsseldorf RIW 1993, S. 325; OLG Koblenz RIW 1993, S. 934 ff. (936); *Staudinger/Magnus*, Art. 1, Rn. 104; und für Italien: *Ferrari*, Applicabilità ed applicazioni, S. 168 f.; *ders.* auf Englisch in International Sale of Goods, S. 71 ff.; *Rovelli*, La Vendita internazionale, S. 89 ff. (98); ausdrücklich auch der Sekretariatskommentar, *Official Records*, S. 15, Anm. 8 zu Art. 1.

320 *Schlechtriem,Schwenzer/Ferrari*, Art. 1, Rn. 72; *Czerwenka*, S. 160 f.; *Ferrari*, Applicabilità ed applicazioni, S. 169 f.

321 Für Deutschland, vgl. *Schlechtriem,Schwenzer/Ferrari*, Art. 1, Rn. 72; *Staudinger/Magnus*, Art. 1, Rn. 104; BGH NJW 1999, S. 1259 ff. (1260) ; BGH NJW 1997, S. 3309 ff. (3310); für das italienische Schrifttum; vgl. *Cappuccio*, Dir. comm. int. 1994, S. 867 ff. (873); *Ferrari*, Applicabilità ed applicazioni, S. 168 ff.; *ders.*, Fondamenti, S. 36 f.

322 Vgl. zu den Problemen der Rechtswahl nach Art. 6 CISG oben, 3.Kapitel:A.III, S. 77 ff.

sierten Urteil vom 14. Januar 1993[323] die Ansicht vertreten, dass Art. 1 I lit. b) CISG nur zum Zuge kommen kann, wenn keine vorrangig zu beachtende Rechtswahl der Parteien vorliegt. In diesem Fall hatten die Parteien das italienische Recht vertraglich berufen. Damit hat sich das *Tribunale di Monza* nicht nur von der Meinung abgekehrt, dass die Rechtswahl eines nationalen Kaufrechts grundsätzlich die Wahl des CISG einschließt[324]. Auf den Umstand, dass für die Anwendbarkeit des gewählten Rechts eine Rechtswahl nach Internationalem Privatrecht des Forumstaates zunächst überhaupt zulässig sein muss, ist das Gericht zudem nicht eingegangen[325]. Auch im Rahmen eines italienischen Schiedsspruchs erfolgte keine Prüfung des Art. 1 I lit. b) CISG und der Frage, ob eine Rechtswahl möglich war. Vielmehr hielt das Schiedsgericht dafür, dass eine vereinbarte Anwendung des italienischen Rechts durch die Vertragsparteien einen Ausschluss des CISG bedeute[326]. Mit diesen beiden Entscheidungen hat sich die italienische Rechtsprechung weit von der ansonsten in Deutschland und Italien vertretenen Meinung entfernt.
Von der indirekten Anwendung des UN-Kaufrechts kraft Rechtswahl ist ferner der umgekehrte Fall zu unterscheiden, in dem das CISG grundsätzlich anwendbar ist, aber durch eine Vereinbarung der Vertragsparteien nicht zur Anwendung kommen soll (vgl. Art. 6 CISG)[327].
Ist eine wirksame Rechtswahl nicht gegeben, können schließlich die allgemeinen Kollisionsregeln des Forumstaates zur Anwendung des Rechts eines Vertragsstaates und somit zur Anwendung des CISG gemäß Art. 1 I lit. b) CISG führen. Gegebenenfalls sind dabei wiederum zunächst internationale Übereinkommen zu beachten. Für Italien kommt hier wiederum das Haager Abkommen von 1955 in Betracht[328]. Nach Art. 3 des Übereinkommens ist, soweit

---

[323] Urteil des Tribunale di Monza vom 29.3.1993, I contratti, 1993, S. 580 ff. und Guir. it. 1994, S. 367ff.

[324] Vgl. dazu sogleich unten, 3.Kapitel:A.III.3, S. 80 ff.

[325] Vgl. hierzu *Ferrari*, IHR 2001, S. 179 ff. (182); *ders.*, ZEuP 1998, S. 162 ff.(168); *ders.*, Riv. dir. civ. 1995 II, S. 669 ff. (678 ff.); *Maglio*, Contr. e impr./Europa 1996, S. 29 ff.; *Bonell*, Giur. it. 1994 I, Spalte 145 ff.; *Liguori*, Foro it. 1996 IV Spalte 145 ff. (158 f.).

[326] Vgl. Corte Arbitrale, Firenze, Dir. comm. int. 1994, S. 861 ff.; hierzu *Cappuccio*, Dir. comm. int. 1994, S. 867 ff.; *Liguori*, Foro it. 1996 IV, Spalte 145 ff. (159).

[327] Hierzu vgl. ausführlich sogleich unten, S. 77 ff.

[328] Neben dem Haager Übereinkommen vom 15. Juni 1955 ist in Italien auch das Römische EWG Übereinkommen über das vertragliche Schuldverhältnisse anzuwendende Recht vom 19. Juni 1980 (EVÜ) zu beachten. Beide Texte sind abgedruckt bei *Jayme, Hausmann*.
Die Vorschriften des EVÜ sind jedoch wegen seines Art. 21, der der Anwendung internationaler Übereinkommen einen Vorrang einräumt, gegenüber dem Haager Übereinkommen nachrangig, so dass für Italien die Frage nach der Anwendbarkeit des CISG durch das Haager Abkommen von 1955 beantwortet werden muss, vgl. etwa *Schlechtriem, Schwenzer/Ferrari*, Art. 1, Fn. 312 m.w.N.; *Kindler*, RIW 1988, S. 776 ff. (778 f.); *ders.*, Handelsrecht, § 7, Rn. 63; Cass. Sez. Un., 19.6.2000, Giur. it., 2001, S. 233 ff.; Tribunale di Pavia, 29.12.1999, Corr. giur. 2000, S. 932 f. mit Kommentar von

keine anders lautende Vereinbarung der Vertragsparteien vorliegt, grundsätzlich das Recht des gewöhnlichen Aufenthaltsortes des Verkäufers maßgeblich (vgl. Art. 3 I S. 1 des Haager Übereinkommens)[329]. In Deutschland richtet sich die allgemeine Bestimmung des anzuwendenden Rechts mangels Rechtswahl unmittelbar nach Art. 28 ff. EGBGB[330].

Die mittelbare Anwendung des Art. 1 I lit. b) CISG kann aber auch gemäß Art. 95 CISG ausgeschlossen sein, wenn der entsprechende Vertragsstaat bei der Hinterlegung seiner Ratifikations-, Annahme-, Genehmigungs-, oder Beitrittsurkunde erklärt hat, dass diese Regelung für ihn nicht verbindlich sein soll[331]. Weder Italien noch Deutschland haben einen dementsprechenden Vorbehalt erklärt. Allerdings hat die Bundesrepublik Deutschland in Art. 2 des deutschen Zustimmungsgesetzes bei der Ratifikation einen Teilvorbehalt erklärt, nach dem das CISG von deutschen Gerichten dann nicht anzuwenden ist, wenn die Regeln des deutschen IPR zur Anwendung des Rechts eines Staates führen, der seinerseits einen Vorbehalt nach Art. 95 CISG erklärt hat[332].

Ferrari am selben Ort; *Jayme*, S. 19; *Pietrobon*, S. 34. Auf einem anderen Weg ist das Urteil des Corte d'Appello di Milano vom 20.3.1998, Dir. comm. int. 1999, S. 455 ff. zur Anwendung des CISG gelangt. Das CISG hat hier jedoch nicht über seinen Art. 1 I lit. b) Anwendung gefunden. Das Gericht kam hier über das Haager Abkommen von 1955 zur Anwendung des nationalen Rechts Hongkongs. Da das Gericht das Recht Hongkongs nicht ermitteln konnte, wandte es über Art. 14 II des Gesetzes Nr. 218/1995 (Riforma del sistema italiano di diritto internazionale privato) das CISG an. Diese Vorschrift sieht vor, dass subsidiär italienisches Recht Anwendung finden kann. Die Anwendung des CISG über den Begriff des italienischen Rechts ist jedoch auf Kritik gestoßen, vgl. hierzu *Ferrari*, IHR 2001, S. 179 ff. (182), dort Fn. 55; *Lopez de Gonzalo*, Dir. comm. int. 1999, S. 459 ff. (462).

329 *Ferrari*, Riv. dir. civ. 1995 II, S. 667 ff. (680 ff.); *Jayme*, Rapporti tra Italia e Germania, S. 18 f.

330 Soweit keine Rechtswahl vorliegt ist gem. Art. 28 EGBGB das Recht desjenigen Staates einschlägig, das zu dem Geschäft die engsten Verbindungen aufweist, *Staudinger/Magnus*, Art. 1, Rn. 101, 104, m.w.N.; *ders.*, IPRax 1993, S. 390 ff. (390 f.); *Kropholler*, IPR, § 52, IV, 2 b); vgl. dazu auf Italienisch auch *Jayme*, S. 23 ff. Zu den möglichen inhaltlichen Abweichungen, gegenüber dem Haager Übereinkommen, vgl. *Kindler*, Handelsrecht, § 7, Rn. 63.

331 Vgl. statt aller *Staudinger/Magnus*, Art. 1, Rn. 108.

332 Zum ganzen vgl. etwa *Schlechtriem,Schwenzer/Ferrari*, Art. 1, Rn. 77 ff., *Czerwenka*, S. 158 ff. m.w.N.; vgl. das Zustimmungsgesetz, abgedruckt im BGBl. 1989 II, S. 586 sowie die Erklärung der Bundesrepublik, abgedruckt im BGBl. 1990 II, S. 1477.

Festzuhalten bleibt, dass zwei italienische Gerichte durch ihre Ausführungen zu Art. 1 I lit. b) CISG aufgefallen sind. Sie sind entgegen der ansonsten in Italien und Deutschland verbreiteten Ansicht zu dem Ergebnis gekommen, dass der Verweis des Art. 1 I lit. b) CISG auf das Kollisionsrecht des Forumstaates nicht einschlägig ist, soweit die Vertragsparteien eine Rechtswahl getroffen haben.

III. Ausschluss des UN-Kaufrechts nach Art. 6 CISG

In Betracht kommt des Weiteren, dass die Vertragsparteien bei einem Vertrag, der dem Anwendungsbereich des UN-Kaufrechts unterfällt, seine Anwendung ausgeschlossen haben. Ein solcher Ausschluss ist – wie auch von der Rechtsprechung in Deutschland und Italien hervorgehoben wurde – gemäß Art. 6 CISG möglich[333]. Lebhaft diskutiert wird, welchen Voraussetzungen ein solcher Ausschluss unterliegt.

1. Abdingbarkeit des UN-Kaufrechts und deren Voraussetzung

Ein Ausschluss des CISG ist gemäß Art. 6 möglich. Eine ausdrückliche Ausnahme von der Abdingbarkeit stellt Art. 12 CISG dar. Hiernach findet die Formvorschrift des Art. 11 CISG keine Anwendung, wenn eine der Parteien ihre Niederlassung in einem Vertragsstaat hat, der gemäß Art. 96 CISG einen Vorbehalt gegen diese Vorschrift erklärt hat. Damit soll verhindert werden, dass zwingende Formvorschriften eines Vorbehaltsstaates, auf die das Kollisionsrecht des Forumstaates verweist, über Art. 6 CISG umgangen werden. Die Unabdingbarkeit gilt jedoch nicht im Falle eines gänzlichen Ausschlusses[334]. Anerkannt ist in der deutschen und italienischen Rechtsprechung und Literatur, dass Voraussetzung hierfür eine entsprechende Vereinbarung der Vertragsparteien ist[335].

---

[333] Statt aller *Schlechtriem,Schwenzer/Ferrari*, Art. 6, Rn. 5 ff.; *ders.*, ZEuP 2002, S. 737 ff. Aus der Rechtsprechung vgl. das Urteil des italienischen Tribunale di Vigevano vom 12.7.2000, IHR 2001, S. 72 ff.; Giur. it. 2001, S. 280 ff. sowie des LG Stendal, IHR 2001, S. 30 ff. (32).

[334] Vgl. *Schlechtriem,Schwenzer/Ferrari*, Art. 6, Rn. 8 und die Fn. 26. Des Weiteren wird auch eine Unabdingbarkeit von Art. 4 und 7 CISG diskutiert, vgl. statt aller *Schlechtriem,Schwenzer/Ferrari*, Art. 6, Rn. 10 f. m.w.N.

[335] Allgemein zum Ausschluss des CISG durch Vereinbarung statt aller für Deutschland *Schlechtriem,Schwenzer/Ferrari*, Art. 6, Rn. 12; aus der deutschen Rechtsprechung vgl. das Urteil des LG Landshut vom 5.4.1995 (Az.: 54 O 644/94), *UNILEX* i.Ü. unveröffentlicht; Urteil des LG Stuttgart vom 13.8.1991 (16 S 40/91), *UNILEX*, i.Ü. unveröffentlicht; Urteil des OLG Celle vom 24.5.1995 (20 U 76/94), *UNILEX*, i.Ü. unveröffentlicht; für Italien vgl. statt aller *Sacerdoti*, Riv. trim. dir. proc. civ. 1990, S. 733 ff. (743); aus der italienischen Rechtsprechung: Cass. Sez. Un. vom 19.6.2000, Giur. it. 2001, S.

Damit folgt das CISG einem „*opting out*-Modell", da grundsätzlich von seiner Anwendung ausgegangen wird[336].

Die Vereinbarung des Ausschlusses des UN-Kaufrechts richtet sich der in Deutschland und Italien herrschenden Meinung folgend nach den Vorschriften über das Zustandekommen eines Vertrages, mithin der Art. 14 ff. CISG[337]. Dies gilt auch für einen nachträglichen Ausschluss, der etwa erst im Rahmen eines Prozesses erfolgt[338].
Der herrschenden Meinung entgegen wurde in der deutschen und italienischen Literatur zum Teil vertreten, dass bei einem einseitig erklärten Ausschluss des CISG oder einer im Vorfeld des Vertrages erklärten Abwahl des CISG, nicht die Artt. 14 ff. CISG für die Bewertung der Frage des wirksamen Ausschlusses heranzuziehen sind. Vielmehr soll sich nach einem Teil des Schrifttums die Wirksamkeit nach dem durch den Anbietenden bestimmten oder nach dem durch das IPR berufenen Recht richten[339]. Dies gelte aber nur, wenn nicht bloß ein teilweiser Ausschluss des CISG vorliege, da in einem solchen Fall das CISG mit seinen allgemeinen Regeln grundsätzlich noch anwendbar sei[340]. Die Rechtsprechung hat weder in Deutschland noch Italien zu den Voraussetzungen einer Vereinbarung des anwendbaren Rechts ausdrücklich Stellung genommen. Vielmehr wird nur ausgeführt, dass eine Vereinbarung der Vertragsparteien von Nöten ist[341].

---

233 ff.; sowie das Urteil des Tribunale di Vigevano vom 12.7.2000, Giur. it. 2001, S. 280 ff.; Tribunale di Rimini vom 8.1.2003, RDIPP 2003, S. 190 ff.

336 *Staudinger/Magnus*, Art. 6, Rn. 8; *Schlechtriem*, Einheitliches UN-Kaufrecht, S. 21.

337 Für die herrschende Meinung in Deutschland: *Czerwenka*; S. 169; *Soergel/Lüderitz*, Art. 6, Rn. 11; *Schlechtriem,Schwenzer/Ferrari*, Art. 6, Rn. 13; *Staudinger/Magnus*, Art. 6, Rn. 10; für Italien: Vgl. *Ferrari*, Commentario, Art. 6, Anm. 4; *ders.*, Applicabilità ed applicazioni, S. 181; *Bianca/Bonell*, Art. 6, Anm. 4, der jedoch Artt. 16 und 18 CISG für gesetzlich normierte Ausnahmen hält, gegenüber dem Vertragspartner einseitige Änderungen eines Vertrages vornehmen zu dürfen, vgl. hierzu auch *Bianca,Bonell/Bonell*, Art. 6, Anm. 2.4.

338 *Staudinger/Magnus*, Art. 6, Rn. 10.

339 So noch *Herber* in *von Caemmerer,Schlechtriem*, Art. 6, Rn. 23; *Piltz*, Internationales Kaufrecht, § 2, Rn. 109; *Schlechtriem/Rehbinder*, Fachtagung, S. 149 ff. (151); *Huber*, RabelsZ 1979, S. 413 ff. (S. 426); für Italien *Lanciotti*, S. 156 ff.; *Conetti*, RDIPP 1987, S. 41 ff. (45); *ders.*, ZfRV 1987, S. 83 ff. (85).

340 So noch *von Caemmerer,Schlechtriem /Herber*, Art. 6, Rn. 23.

341 Vgl. hierzu z.B. das Urteil des Tribunale di Vigevano vom 12.7.2000, Giur. it. 2001, S. 281 ff. sowie des Tribunale di Rimini vom 8.1.2003, RDIPP 2003, S. 190 ff. die zu den Voraussetzungen einer wirksamen Vereinbarung schweigen. Ebenso die deutsche Rechtsprechung vgl. z.B. OLG Celle vom 24.5.1995 (20 U 76/94), *UNILEX*, i.Ü. unveröffentlicht; OLG Karlsruhe, NJW-RR 1993, S. 1316 f. (1316).

Da die herrschende Lehre zutreffend davon ausgeht, dass sich die Wirksamkeit einer Rechtswahl einheitlich an den Artt. 14 ff. CISG zu orientieren hat, bleibt im Hinblick auf die Einheitlichkeit der Auslegung des UN-Kaufrechts zu hoffen, dass sich auch die Rechtsprechung dieser Meinung anschließen wird.

2. *Ausdrücklicher und stillschweigender Ausschluss des CISG*

Die in Art. 6 CISG normierten Privatautonomie[342] gibt den Vertragsparteien die Möglichkeit, die Anwendung des CISG auszuschließen. Fraglich ist, ob ein Ausschluss auch stillschweigend möglich ist.

Zwar sieht Art. 6 CISG im Gegensatz zu seiner Vorgängervorschrift Art. 3 EKG nicht ausdrücklich diese Möglichkeit vor; nach übereinstimmender Meinung in Rechtssprechung[343] und Schrifttum[344] in Deutschland wie Italien ist ein stillschweigender Ausschluss jedoch möglich. Die Streichung der Erwähnung des stillschweigenden Ausschlusses, hatte nur den Zweck, einer zu großzügigen Auslegung des Ausschlusses durch die Gerichte vorzubeugen[345]. Wesentlich ist, dass der Wille der Vertragsparteien nicht nur hypothetisch ist, sondern tatsächlich zum Ausdruck kommt[346]. In der deutschen Rechtsprechung wurde mit Urteil des *LG Landshut* entgegen dieser herrschenden Meinung die Ansicht vertreten, dass ein stillschweigender Ausschluss nicht möglich ist[347]. Dieses Urteil hat in der Literatur zwar Erwähnung, aber keinen Zuspruch erfahren[348].

---

342 So etwa das LG Stendal, IHR 2001, S. 30 ff. (32).

343 Für Deutschland vgl. OLG Celle vom 24.5.1995 (Az.:20 U 76/94), *UNILEX*, i.Ü. unveröffentlicht; OLG Karlsruhe, NJW-RR 1993, S. 1316 f. (1316); LG München, NJW 1996, S. 401 f. (402); für Italien vgl. das Urteil des Tribunale di Vigevano vom 12.7.2000, Giur. it. 2001, 281 ff.; Tribunale di Rimini vom 8.1.2003, RDIPP 2003, S. 190 ff. (195); Tribunale di Padova – Sez. Este, Urteil vom 25.2.2004, *UNILEX*, i.Ü. unveröffentlicht.

344 Für Deutschland: *Staudinger/Magnus*, Art. 6, Rn. 20; *Magnus*, ZEuP 2002, S. 523 ff. (530); *Huber,Kröll*, IPRax 2003, S. 309 ff. (310); *Ferrari*, ZEuP 2002, S. 737 ff. (741 f.); für Italien: *Ferrari*, Fondamenti, S. 83 f.; *Veneziano*, Dir. com. int. 2001, S. 509 ff. (514) mit Fn. 28; *Bianca/Bonell*, Art. 6 , Anm. 3; *Liguori*, Riv. dir. civ. 1999 I, S. 143 ff. (154); *ders.* Foro it. 1996 IV, Spalte 145 ff. (157f.); *Lanciotti*, S. 152 ff. Anders die US-amerikanische Literatur und Rechtsprechung, vgl. die Nachweise bei *Ferrari*, ZEuP 2002, S. 737 ff. (741) mit Nachweisen in Fn. 35 und 36.

345 *Czerwenka*, S. 170, m.w.N.; *Official Records*, S. 17; vgl. hierzu die Diskussion der Delegierten, *Official Records*, S. 249 f.

346 KG Berlin vom 24.1.1994, RIW 1994, S. 683 f. (683); *Schlechtriem,Schwenzer/Ferrari*, Art. 6, Rn. 18; *ders.*, ZEuP 2002, S. 737 ff. (742); *ders.*, Applicabilità ed applicazioni, S. 165; *Cappuccio*, Dir. com. int. 1994, S. 867 ff. (867).

347 LG Landshut (54 O 644/94) vom 5.4.1995, *UNILEX*, i.Ü. unveröffentlicht.

348 Vgl. etwa *Schlechtriem,Schwenzer/Ferrari*, Art. 6, Rn. 18, Fn. 72.

Da Lehre und Rechtsprechung in Deutschland und Italien übereinstimmend von der Möglichkeit einer stillschweigenden Abwahl ausgehen, ist nicht zu erwarten, dass man sich in den hier untersuchten Ländern an dem Urteil des LG Landshut orientieren wird.

3. *Ausschluss des CISG durch Bezugnahme auf nationale Rechtsordnungen*

Zu differenzieren ist in den Fällen, bei denen die Vertragsparteien auf nationale Rechtsordnungen Bezug genommen haben. Zum einen besteht die Möglichkeit, dass die Parteien das Recht eines Nichtvertragsstaates für anwendbar erklären. Hierin ist nach herrschender Ansicht in Deutschland wie Italien i.d.R. ein konkludenter Ausschluss des CISG zu sehen[349]. Schwieriger zu bewerten sind die Fälle, in denen sich die Vertragsparteien für die Anwendung des Rechts eines Vertragsstaates entschlossen haben. Bezieht sich die Abrede nur auf das nationale Recht als solches, ohne Bezug auf Eigenheiten des unvereinheitlichten Kaufrechts zu nehmen, ist fraglich, ob ein Ausschluss des Einheitsrechts anzunehmen ist[350]. Hieraus ist nach der in Deutschland und Italien herrschenden Auffassung in der Regel noch kein Ausschluss des CISG zu folgern, da das UN-Kaufrecht Teil des nationalen Rechts ist[351].

Trotz dieser vorherrschenden Ansicht ist ein italienisches schiedsgerichtliches Urteil zu einem gegenteiligen Ergebnis gelangt und hat die Vereinbarung, italienisches Recht anzuwenden, als konkludenten Ausschluss des Einheitsrechts gewertet[352]. Auch in der Literatur ist diese Ansicht vertreten worden[353].

---

[349] Für Deutschland: *Staudinger/Magnus*, Art. 6, Rn. 23; *Ferrari*, ZEuP 2002, S. 737 ff. (743); *Schlechtriem*, Einheitliches UN-Kaufrecht S. 21; OLG Düsseldorf, RIW 1993, S. 845 f. (845); für Italien: *Ferrari*, Applicabilità ed applicazioni, S. 165 f.; *Carbone*, La Vendita internazionale, S. 61 ff. (80); *Carbone,Luzzatto*, S. 54; *Sacerdoti*, Riv. trim. dir. proc. civ. 1990, S. 733 ff. (746).

[350] Als Beispiel lässt sich hier die Formulierung „*Der Vertrag unterliegt dem deutschen (italienischen) Recht*" anführen, vgl. etwa *Ferrari*, Fondamenti, S. 84.

[351] Für Deutschland: BGH NJW 1997, S. 3309 ff. (3310); BGH NJW 1999, S. 1259 ff. (1260); OLG Rostock vom 10.10.2001, IHR 2003, S. 17 ff. (18); LG Saarbrücken vom 2.7.2002, IHR 2003, S. 27 f. (27); OLG Düsseldorf RIW 1993, S. 325; OLG Koblenz RIW 1993, S. 934 ff. (936); *Siehr*, RabelsZ 1988, S. 587 ff. (592 f.); *Huber*, RabelsZ 1979, S. 413 ff. (426); *Staudinger/Magnus*, Art. 6, Rn. 24. Für Italien: *Liguori*, Riv. dir. civ. 1999 I, S. 143 ff. (154 f.); *ders.*, Foro it. 1996 IV Spalte 145 ff. (158 f.); *Ferrari*, Applicabilità ed applicazioni, S. 167 f.; *ders.* auf Englisch in International Sale of Goods, S. 71 ff.; *Rovelli*, La Vendita internazionale, S. 98; *Lanciotti*, S. 169 f.; ausdrücklich auch der Sekretariatskommentar, *Official Records*, S. 15, Anm. 8 zu Art. 1.

[352] Corte Arbitrale di Firenze, Dir. com. int. 1994, S. 861 ff., dazu *Cappuccio*, a.a.O., S. 867 ff.

[353] *Karollus*, S. 38; *ders.*, JuS 1993, S. 378 ff. (381); *Vékás*, IPRax 1987, S. 342 ff. (346). Erwähnung hat diese Ansicht auch in der italienischen Literatur erfahren, vgl. etwa *Ferrari*, Applicabilità ed applicazioni, S. 167.

In jüngerer Zeit hat vor allem ein Urteil des *Tribunale di Vigevano* großen Zuspruch[354] erfahren[355]. Das Gericht hatte zu entscheiden, ob ein in italienischer Sprache geführter Schriftwechsel, der sich ausschließlich auf italienisches Recht bezog, obwohl die Anwendungsvoraussetzungen des CISG gegeben waren, für die Annahme der Rechtswahl des unvereinheitlichten italienischen Kaufrechts ausreicht. Das Tribunale hat diese Tatsache als dafür nicht hinreichend bewertet, da für die Annahme eines stillschweigenden Ausschlusses hinzutreten müsse, dass sich die Parteien überhaupt der Anwendbarkeit des CISG bewusst sind. Auch dem Urteil des *Tribunale di Padova* lag ein gleichgelagerter Fall zugrunde[356]. Das Tribunale schloss sich dem Urteil des Tribunale di Vigevano an. Ähnlich kommt auch in der deutschen Rechtsprechung das *OLG Rostock* jüngst zu dem Ergebnis, dass im Verhandeln auf der Grundlage der Normen des BGB und HGB keine stillschweigende Rechtswahl des deutschen unvereinheitlichten Rechts liegt. Ein eindeutiger Wille bezüglich des Ausschlusses des CISG sei hierin nicht zu sehen[357]. Auch das *OLG Hamm* ist in einem gleich gelagerten Fall zu demselben Ergebnis gelangt und wurde dafür – folgt man der herrschenden Meinung – zu Unrecht von *Liguori* kritisiert[358].

Die Bezugnahme auf das nationale Recht eines Vertragsstaates kann aber auch als Abwahl des Einheitsrechts verstanden werden. Als schwierig zu beurteilen gelten insbesondere Formulierungen wie, dass „der Vertrag (...)dem Kaufrecht des BGB (...)“ unterliegt[359].
Im Schrifttum Italiens und Deutschlands wird in einem solchen Fall überwiegend die Ansicht vertreten, dass es sich unzweifelhaft um die Abwahl des Einheitsrechts handelt[360].

Zusammenfassend lässt sich feststellen, dass nach den herrschenden Meinungen sowohl in Deutschland wie in Italien ohne erkennbare Anzeichen einer entsprechenden Willensbildung der Vertragsparteien für die Abwahl des CISG

[354] Vgl. etwa *Ferrari*, Giur. it. 2001, S. 281 ff. (283 f.); *ders.* IHR 2001, S. 179 ff. (183 f.); *Graffi*, ELF 2000, S. 240 ff. (241 f.); *Huber,Kröll*, IPRax 2003, S. 309 ff. (310), Fn. 12.

[355] Tribunale di Vigevano, Giur. it. 2001, S. 280 ff.; eine deutscher Übersetzung findet sich in der IHR 2001, S. 72 ff.

[356] Tribunale di Padova - Sez. Este, Urteil vom 25.2.2004, *UNILEX*, i.Ü. unveröffentlicht.

[357] OLG Rostock, IHR 2003, S. 17 ff. (18); vgl. auch LG Saarbrücken, IHR 2003, S. 27 f.

[358] Vgl. *Liguori*, Riv. dir. civ. 1999 I, S. 143 ff. (155) zum Urteil des OLG Hamm, IPRax 1996, S. 269 f.

[359] *Schlechtriem,Schwenzer/Ferrari*, Art. 6, Rn. 21; *Ferrari*, Commentario, Art. 6, Anm. 2, Fn. 17.

[360] Für Italien: *Ferrari*, Commentario, Art. 6, Fn. 17; *ders.*, Fondamenti, S. 85; so auch *Bianca/Bonell*, Art. 6, Anm. 3; für Deutschland: *Staudinger/Magnus*, Art. 6, Rn. 30; so wohl auch *Schlechtriem,Schwenzer/Ferrari*, Art. 6, Rn. 21; *Soergel/Lüderitz,Fenge*, Art. 6, Rn. 3; *Herber/Czerwenka*, Art. 6, Rn. 15; a.A. *Vékás*, IPRax 1987, S. 342 ff. (346).

keine Vermutung besteht, sondern vielmehr grundsätzlich von der Anwendung des CISG ausgegangen werden muss. Im Einzelfall muss stets geprüft werden, ob die Anhaltspunkte für die Annahme eines Parteiwillens zur Abwahl des Einheitsrechts ausreichen. Erst wenn ein solcher gegeben ist, kann nach Ansicht der herrschenden Lehre und Rechtsprechung in Deutschland und Italien eine Abwahl des CISG bejaht werden. Dies entspricht den Ergebnissen der jüngeren Rechtsprechung in Deutschland und Italien. Eine Divergenz der in Deutschland und Italien herrschenden Meinungen besteht nicht. Beachtenswerte gegenläufige Meinungen sind nicht festzustellen. Zudem weist gerade die jüngere deutsche und italienische Rechtsprechung eine gefestigte Geschlossenheit auf. Es ist zu erwarten, dass sich die herrschende Ansicht auch zukünftig fortsetzen wird.

IV. Umfang des sachlichen Anwendungsbereichs des UN-Kaufrechts

Der sachliche Anwendungsbereich des UN-Kaufrechts setzt voraus, dass es sich bei dem betreffenden Geschäft um einen Vertrag über den Verkauf von Waren handelt (vgl. Art. 1 I CISG)[361]. Eine Legaldefinition des Warenkaufes fehlt im Text des UN-Kaufrechts und fehlte schon bei seinem Vorgänger dem EKG[362].

Zunächst ist darauf hinzuweisen, dass einer einheitlichen Definition des Kaufvertrages im Sinne des CISG die Unterschiede innerhalb der unvereinheitlichten nationalen Rechtsordnungen nicht entgegenstehen. Dies gilt trotz der Unterschiede, die z.B. das in Deutschland geltende Traditionsprinzip und das gemäß Art. 1376 Cod. civ. in der italienischen unvereinheitlichten Rechtsordnung geltende Konsensualprinzip mit sich bringen[363]. Der italienische Codice civile sieht grundsätzlich den Eigentumsübergang am Kaufgegenstand allein schon durch den wirksamen Kaufvertrag vor; im deutschen Recht hingegen begründet der wirksame Kaufvertrag die Verpflichtung des Verkäufers, dem Käufer das Eigentum am Kaufgegenstand zu verschaffen[364]. Der Kaufvertragsbegriff des CISG stellt ab auf die Pflicht des Verkäufers zur endgültigen und entgeltlichen Übertragung des Eigentums auf den Käufer. Damit scheint das UN-Kaufrecht zunächst dem BGB zu entsprechen.

---

[361] Nach der englischen Version „*contract of sale of goods*"; nach der französischen „*contrats de vente de marchandises*", nach der italienischen „*contratti di vendita di beni mobili*".

[362] Zur Entstehungsgeschichte vgl. *Staudinger/Magnus*, Art. 1, Rn. 6 ff.

[363] *Schlechtriem,Schwenzer/Ferrari*, Art. 1, Rn. 14.

[364] Rechtsvergleichend zum Konsensualprinzip, vgl. etwa *Kindler*, Handelsrecht, § 5, Rn. 8 ff. *Ferrari*, ZEuP 1993, S. 52 ff.; *Wacke*, ZEuP 2000, S. 254 ff. *Galgano*, Trasferimento della proprietà, S. 103 ff.; ein Überblick zur italienischen Rechtsordnung findet sich bei *Kindler*, Italienisches Recht, § 15, Rn. 27 ff.

Tatsächlich entspricht diese Definition aber auch dem Konsensualprinzip, weil die Formulierung offen lässt, durch welchen Akt – ob schon durch den Kaufvertrag selbst, oder erst durch einen davon zu trennenden Rechtsakt – das Eigentum übergeht (vgl. nur Art. 4 lit. b) CISG)[365].

Welche Vertragstypen im Einzelnen in den Anwendungsbereich des UN-Kaufrechts fallen, ist nicht immer eindeutig. In diesem Bereich können Auslegungsdivergenzen besonders darauf beruhen, dass Vertragstypen unter das CISG zu fassen sind, die nach nationalem Verständnis nicht als Warenkauf zu qualifizieren sind[366].

Für den sachlichen Anwendungsbereich ist auch Art. 2 CISG zu beachten. Hierin ist eine Reihe von ausdrücklichen Anwendungsausschlüssen für bestimmte Veräußerungsgeschäfte vorgesehen. Ausgeschlossen sind gemäß Art. 2 lit. a) bis f) CISG Kaufverträge über Gegenstände des persönlichen Gebrauchs, Kauf bei Versteigerungen, aufgrund gerichtlicher Maßnahmen, Kauf von Wertpapieren und Zahlungsmitteln, Kauf von Wasser- und Luftfahrzeugen sowie elektrischer Energie. Die Aufzählung ist abschließend[367].

1. Der Begriff des Kaufvertrags

Der Begriff des Kaufvertrages lässt sich nach in Deutschland und Italien vertretener Auffassung aus den Vorschriften über die Pflichten des Verkäufers (Art. 30 CISG) und die des Käufers (Art. 53 CISG) ableiten[368]. Schon im Rahmen des EKG wurde der Begriff des Kaufvertrages mittelbar den entsprechenden Vorschriften der Artt. 18 und 56 EKG entnommen[369]. Nach in Deutschland ganz herrschender Meinung wird als Kaufvertrag i.S.d. CISG ein Vertrag bezeichnet, durch den die eine Partei zur Lieferung der Ware und eventueller Dokumente sowie zur Übertragung des Eigentums daran, die andere Partei zur Annahme der Ware sowie zur Zahlung des Kaufpreises verpflichtet

---

[365] *Schlechtriem,Schwenzer/Ferrari*, Art. 1, Rn. 14; *ders.*, Fondamenti, S. 48 ff.; *Staudinger/Magnus*, Art. 1, Rn. 14, Art. 4, Rn. 32.

[366] *De Lukowicz*, S. 62 f.; *Liguori*, Riv. dir. civ. 1999 I, S. 143 ff. (147). Allgemein zum sachlichen Anwendungsbereich des CISG, vgl. für Italien: *Lanciotti*, S. 119 ff.; *Liguori*, a.a.O.; *Ferrari*, Fondamenti, S. 47 ff.; *ders.* Applicabilità ed applicazioni, S. 91 ff.; *de Nova*, Riv. trim. dir. proc. civ. 1990, S. 749 ff.; und für Deutschland: *Diedrich*, S. 165 ff.; *Czerwenka*, S. 141 ff.

[367] Statt aller *Staudinger/Magnus*, Art. 2, Rn. 7.

[368] Vgl. etwa *Czerwenka*, S. 141; *Schlechtriem,Schwenzer/Ferrari*, Art. 1, Rn. 13; *Endler/Daub*, CR 1993, S. 601 ff.; für die Schweiz, vgl. Botschaft des Schweizerischen Bundesrates, S. 745 ff. (759 f.); für Italien: Tribunale di Padova - Sez. Este, Urteil vom 25.2.2004. *UNILEX*, i.Ü. unveröffentlicht.

[369] Hierzu näher *Dölle/Herber*, Art. 1, Rn. 4 ff.

wird[370]. In der italienischen Literatur wurde in Anbetracht fehlender Unterschiede in den verschiedenen Rechtsordnungen eine Definition des Begriffs im Rahmen des CISG als überflüssig beurteilt[371]. Eine abgeleitete Definition des Kaufvertrages wurde allerdings nur zum Teil erstellt[372]. Es wird auch darauf hingewiesen, dass diese „Lücke" im UN-Kaufrecht dadurch gerechtfertigt ist, dass die Ermittlung rein dogmatischer Definitionen die Arbeit der Kommission angesichts der unterschiedlichen Rechtstraditionen nur erschwert und weitere Probleme mit sich gebracht hätte, einen Konsens zu finden[373].
Die italienische Rechtsprechung[374] hat sich lange darauf beschränkt festzustellen, dass das UN-Kaufrecht auf Kaufverträge über bewegliche Güter Anwendung findet[375]. Nur das Urteil des *Tribunale di Pavia* hat sich näher mit der Definition des Begriffs der Waren auseinandergesetzt[376]. Erstmals in der italienischen Rechtsprechung wird in der Entscheidung des *Tribunale di Rimini* auf das Fehlen einer Legaldefinition hingewiesen und eine der deutschen Rechtsprechung und Literatur entsprechende Definition formuliert[377]. Dabei verweist das Gericht auf die Artt. 30 und 53 CISG und ein Urteil des schweizerischen *Cantonal de Vaud*[378]. Auch das *Tribunale di Padova* hat jüngst diese aus dem CISG entwickelte Definition aufgegriffen[379].
Die einheitliche oben dargestellte, dem CISG zugeordnete Definition des Kaufvertrages kann – wie etwa das Urteil des *Tribunale di Padova* jüngst gezeigt hat – zumindest in Deutschland und Italien nunmehr als anerkannt bezeichnet werden.

---

[370] *Schlechtriem,Schwenzer/Ferrari*, Art. 1, Rn. 13; *Staudinger/Magnus*, Art. 1, Rn. 13; so auch ein österreichisches Urteil, OGH ZfRV 1995, S. 80.

[371] *Ferrari*, Commentario, Art. 1, Anm. 9; *Memmo*, Riv. trim. dir. proc. civ. 1983, S. 180 ff. (189); *Padovini*, RDIPP 1987, S. 47 ff.(52); *Luzzatto,* Diritto internazionale privato, S. 502 ff. (503), Fn. 4; *Frignani*, S. 264.

[372] Vgl. *Ferrari*, Commentario, Art. 1, Anm. 9 und Fn. 10; *ders.*, Riv. dir. civ. 1995 II, S. 669 ff. (673); *Lanciotti*, S. 119 f.

[373] *Lopez de Gonzalo*, Contr. e impr. 1988, S. 255 ff. (257); *Lanciotti*, S. 119.

[374] Ein Überblick zur italienischen Rechtsprechung auf Deutsch findet sich bei *Ferrari* IHR 2001, S. 180 f.

[375] Vgl. etwa Tribunale di Vigevano, Urteil vom 12.7.2000; Giur. it. 2001, S. 280 ff. und ELF 2000, S. 93 ff. Deutsche Übersetzung in IHR 2001, S. 72 ff. mit Anmerkung *Rosati*, S. 78 ff.

[376] Tribunale di Pavia, 29.12. 1999, Giur. it. 2000 II, S. 770 ff.

[377] Tribunale di Rimini, 8.1.2003, RDIPP 2003, S. 194: „(...) *In base a tale disposto, è contratto di compravendita il contratto in virtù del quale il venditore è obbligato a consegnare i beni, trasferirne la proprietà ed eventualmente rilasciare tutti i documenti relativi ad essi, mentre il compratore è obbligato a pagare il prezzo ed a prendere in consegna i beni* (...)".

[378] Urteil des Cantonal de Vaud, vom 11.3.1996, (Az.: 0193 1061), *UNILEX* i.Ü. unveröffentlicht.

[379] Tribunale di Padova - Sez. Este, Urteil vom 25.2.2004, *UNILEX*, i.Ü. unveröffentlicht.

2. Unterformen des Kaufvertrages

Vom Anwendungsbereich sind die meisten Unterformen des Kaufvertrages erfasst. Das ergibt sich für einige Vertragstypen aus dem CISG[380]. Beispielsweise kann der Kauf nach Muster oder Probe (vgl. Art. 35 II lit. c) CISG)[381], der Kauf auf Probe oder Besicht[382], der Spezifikationskauf (vgl. Art. 65 CISG)[383] sowie den Versendungskauf und das Streckengeschäft (vgl. Art. 31 CISG)[384] angeführt werden.

Auch unter das CISG fallen die Änderung und Aufhebung eines Kaufvertrages (Art. 29 CISG)[385].

Der Sukzessivlieferungsvertrag[386] ist nach deutschem Meinungsstand ebenfalls vom sachlichen Anwendungsbereich des CISG erfasst (vgl. Art. 73 CISG)[387]. Verträge, die nach deutscher Terminologie als Bezugsverträge zu bezeichnen sind, werden auch von Art. 73 CISG erfasst[388]. Inwieweit Sukzessivlieferungs- und ähnliche Verträge durch Art. 73 CISG vom Anwendungsbereich des CISG erfasst sind, stellt sich nach einer in Italien vertretenen Ansicht problematisch dar und steht in Zusammenhang mit den Vertragstypen des italienischen Codice civile. Zwar wird der im Codice civile geregelte Vertragstyp des Sukzessivlieferungsvertrages („*vendita a consegne ripartite*")[389] als ein vom CISG erfasster Vertragstyp eingeordnet[390], verwendet die italieni-

---

380 *Staudinger/Magnus*, Art. 1, Rn. 15.

381 Statt aller für das deutsche Schrifttum *Staudinger/Magnus*, Art.1, Rn. 17; vgl. für Italien *Bianca/Bianca*, Art. 35, Anm. 9.

382 *Staudinger/Magnus*, Art. 1, Rn. 21; so auch mit Hinweis auf Art. 1520 und 1521 Cod. civ. *Pavovini*, ZfRV 1987, S. 87 ff. (92 f.); *ders.*, RDIPP 1987, S. 47 ff. (54 f.).

383 Statt aller für das deutsche Schrifttum *Staudinger/Magnus*, Art. 1, Rn. 16 mit dem Hinweis auf die weit reichende Übereinstimmung der Vorschrift mit § 375 HGB; für Italien vgl. *Bianca/Bonfante*, Art. 65, mit der Anmerkung, dass die Figur der Spezifizierung der italienischen Rechtsordnung fremd sei und lediglich in Gestalt des Art. 1378 Cod. civ. (Eigentumsübertragung beim Gattungskauf durch Individualisierung) eine verwandte Norm aufweise. Allerdings setze diese ein Einverständnis der Vertragsparteien voraus, während Art. 65 CISG von der Verpflichtung einer Vertragspartei ausgehe, vgl. hierzu auch *Alpa,Bessone*, La Vendita internazionale, S. 202 f.

384 Vgl. *Staudinger/Magnus*, Art. 1, Rn. 18; *Bianca/Vettori*, Art. 31, Anm. 3.

385 Vgl. *Staudinger/Magnus*, Art. 1, Rn. 19; *Ferrari*, Commentario, Art. 1, Anm. 10.

386 Der englische Text des Art. 73 CISG lautet „*contracts for the delivery of goods by instalments*", der französische „*contrats à livraisons successives*" und der italienische „*contratto a consegne ripartite*".

387 Statt aller vgl. *Staudinger/Magnus*, Art. 1, Rn. 15.

388 *Staudinger/Magnus*, Art. 73, Rn. 7; *Schlechtriem,Schwenzer/Hornung*, Art. 73, Rn. 9. Zur Abgrenzung im deutschen Recht, vgl. *Münch Kom/Emmerich*, Vor § 275, Rn. 328 ff.

389 Vgl. *Cian,Trabucchi*, Art. 1559, Anm. I.

390 So etwa *Ferrari*, Applicabilità ed applicazioni, S. 99; *Bianca/Vessichelli*, Art. 73, Anm. 2; *de Nova*, Riv. trim. dir. proc. civ. 1990, S. 749 ff. (749); *Lanciotti*, S. 120.

sche Übersetzung des CISG doch eine gleichlautende Formulierung. Im Rahmen des im Codice civile in Art. 1559 ff. geregelten Vertragstypen der *„somministrazione“*[391] wird dies jedoch in Zweifel gezogen.
Bei einer *„somministrazione“* verpflichtet sich die eine Vertragspartei im Rahmen eines obligatorisch wirkenden Vertrages[392] zur regelmäßig wiederkehrenden oder dauernden Leistung von Sachen gegen Entgelt[393]. Der ersterwähnte Vertragstyp des italienischen Sukzessivlieferungsvertrages[394], unterscheidet sich von dem der *„somministrazione“* dadurch, dass bei ihm die dingliche Wirkung nicht wie beim letztgenannten Vertragstypen erst bei jeder einzelnen Lieferung eintritt, sondern nur einmal bei Vertragsabschluss geleistet wird[395]. Aus diesem Unterschied ist nach einer Ansicht in der italienischen Lehre zu schließen, dass der Vertragstyp der *„somministrazione“* nicht als vom CISG erfasst anzusehen ist. Der Anwendungsbereich des CISG sollte aber im Wege der Interpretation ausgeweitet werden, weil ansonsten eine Umgehung des CISG durch die Wahl des Vertragstypen der *„somministrazione“* drohe[396]. Das herrschende Schrifttum hält hingegen dafür, dass der Vertragstyp der *„somministrazione“* vom Anwendungsbereich des Wiener Kaufrechts erfasst ist. Die Unterscheidung nach dem Kriterium der dinglichen Wirkung führe zu keiner unterschiedlichen Behandlung beider Vertragstypen[397].

---

391 Der Begriff *„Somministrazione“* wird von *Conte,Boss* mit *„Dauerlieferung“* übersetzt, während *Bauer,Eccher,König,Kreuzer,Zanon* ihn mit *„Bezugsvertrag“* übersetzen.

392 Zum Unterschied der im italienischen Recht entwickelten Trennung von Verträgen mit dinglicher und bloß obligatorischer Wirkung vgl. *Kindler*, Italienisches Recht, § 15, Rn. 27 ff. und *Jayme*, FS Mühl, S. 339 ff.

393 Hierzu *Galgano*, S. 542 ff.

394 Sprich: *„vendita a consegne ripartite“*. *Padovini* übersetzt den Begriff mit den Worten *„Kauf in Form von Teillieferungen“*, vgl. *Padovini*, ZfRV 1987, S. 87 ff. (91).

395 Zur *"vendita a consegne ripartite"* in Abgrenzung zur *„somministrazione"* vgl. *Cian,Trabucchi*, Art. 1559, Anm. I m.w.N.

396 *Padovini*, ZfRV 1987, S. 87 ff. (91); *ders.*, RDIPP 1987, S. 47 ff. (52 f.).

397 *Ferrari*, Applicabilità ed applicazioni, S. 99; *Bianca/Vessichelli*, Art. 73, Anm. 2; *de Nova*, Riv. trim. dir. proc. civ. 1990, S. 749 ff. (749).

3. Vertriebsverträge

Ein von der Rechtsprechung mehrfach zu entscheidendes Abgrenzungsproblem war die Frage der Anwendbarkeit des CISG auf so genannte Vertriebverträge. Dabei handelt es sich um Rahmenverträge zwischen Hersteller und Lieferanten bezüglich der Vertriebsorganisation und der Regelung von Liefer- und Abnahmebestimmungen. In Durchführung des Vertriebsvertrages werden wiederholt einzelne Kaufverträge abgeschlossen[398]. Wegen der Rahmeneigenschaft solcher Verträge liegt es nahe, die Vertriebsverträge als nicht vom CISG erfasst anzusehen. Schwieriger wird die Abgrenzung zum Anwendungsbereich des UN-Kaufrechts jedoch, wenn der Rahmenvertrag bereits kaufvertragliche Pflichten begründet.

Grundsätzlich wird in der deutschen Rechtsprechung[399] und Literatur[400] davon ausgegangen, dass der Vertriebsvertrag nicht vom CISG erfasst ist, wenn nicht kaufvertragliche Elemente im Vordergrund stehen. Jedenfalls kommt auf den einzelnen Kaufvertrag, der im Rahmen des Vertriebes abgeschlossen wird, das UN-Kaufrecht zur Anwendung[401]. Der Vertriebsvertrag wird grundsätzlich nicht durch die Eigentumsübertragung oder Lieferung von Waren erfüllt, sondern durch Abschluss einzelner Verträge, die als Kaufverträge durchaus dem CISG unterliegen können[402]. Jedoch wird auch vertreten, dass das UN-Kaufrecht bereits auf den Rahmenvertrag anzuwenden ist, wenn er bereits selbst Liefer- und Abnahmeverpflichtungen begründet[403]. Entgegen dieser Auffassung hat jüngst der *Bundesgerichtshof* entschieden, dass ein Vertriebsvertrag nicht dem CISG unterfällt, obwohl durch ihn schon bestimmte Ab-

---

[398] *Schlechtriem,Schwenzer/Ferrari*, Art. 1, Rn. 31; *Staudinger/Magnus*, Art. 1, Rn. 37; *de Lukowicz*, S. 63.

[399] OLG Düsseldorf, IHR 2003, S. 121 ff. (124 f.) bestätigt durch Urteil des BGH vom 30.4.2003 (Az.: III ZR 237/02), *UNILEX* i.Ü. unveröffentlicht; BGH NJW 1997, S. 3310 für den „Franchisevertrag"; OLG Düsseldorf RIW 1996, S. 959; vgl. aber auch das Urteil des OG Luzern vom 8.1.1997, Az. 11 95 123/ 357, *UNILEX*, i.Ü. unveröffentlicht bzgl. eines *„Alleinvertriebsvertrages"*; und bzgl. eines *„distributor agreement"*, U.S. District Court, S.D, New York vom 23. 7. 1997, (Az.: M-47 (DLC) 96 B 46519), *UNILEX*, i.Ü. unveröffentlicht.

[400] *Grieser*, S. 139; *Schlechtriem,Schwenzer/Ferrari*, Art. 1, Rn. 31; *Staudinger/Magnus*, Art. 1, Rn. 37; *Witz,Salger,Lorenz/Lorenz*, Art. 1, Rn. 7; *Soergel/Lüderitz,Fenge*, Art. 1, Rn. 22.

[401] *Soergel/Lüderitz,Fenge*, Art. 1, Rn. 22; OLG Koblenz, RIW 1993, S. 934 ff. (935 f.); vgl. auch ICC Court of Arbitration – Paris vom 23.1.1997 (Az.: 8611/HV/JK), *UNILEX*, i.Ü. unveröffentlicht.

[402] So auch *Ferrari*, IHR 2001, S. 179 ff. (181).

[403] OLG München, RIW 1996, 1035 f. mit Anm. *Kritzer.*; *Schlechtriem, Schwenzer/Schlechtriem*, Vor. Art. 14-24, Rn. 7; ähnlich auch das Urteil des U.S. District Court, S.D:, New York vom 23.7.1997 (Az.: M-47 (DLC) 96 B 46519), *UNILEX*, i.Ü. unveröffentlicht, nach dem das CISG auf Vertriebsverträge schon dann anzuwenden ist, wenn durch ihn die Waren ausdrücklich identifizierbar sind.

nahmeverpflichtungen begründet wurden. In dem Fall ging es um einen durch das Gericht als Geschäftsbesorgungsvertrag bezeichneten Vertriebsvertrag. Durch diesen Vertrag verpflichtete sich ein niederländischer Abnehmer, deutsche Gurken des Produzenten zu sortieren und für den Verkauf an den Endabnehmer zu sorgen. Hierfür erhielt der Abnehmer Provisionen. Das Gericht wertete eine Abnahmevereinbarung bzgl. einer Ernte zu bestimmten Preisen nicht als kaufvertragliche Abrede, sondern nur als Verkaufsgarantie. Damit unterfalle der Vertrag nicht dem CISG[404]. Obwohl die italienischen Literatur[405] und die vorstehend zitierte ausländische Rechtsprechung dieses Problem behandelt hatten, hat der italienische *Kassationsgerichtshof* ein Urteil erlassen, mit welchem es sich entgegen der international vorherrschenden Meinung[406] für die Anwendung des CISG auf Vertriebsverträge ausgesprochen hat[407]. In dem zugrunde liegenden Sachverhalt war die englische Partei durch Vertrag dazu verpflichtet, vom italienischen Vertragspartner Produktreihen zu erwerben und diese in England zu vertreiben. Der Preis für die Ware war im Rahmen einer näher bestimmten Frist zu zahlen. Bezeichnenderweise hat der Kassationsgerichtshof sich hierbei nicht auf ein ausländisches Urteil oder eine Literaturmeinung bezogen, so dass wohl kein Abgleich mit dem internationalen Meinungsstand erfolgt ist. Das Gericht hat den Vertrag im Urteil als Kaufvertrag mit Vertriebsabrede bezeichnet[408] und sich somit von der ganz herrschenden Auffassung abgekehrt, da bei dem betreffenden Vertrag nicht der Kauf, sondern der Vertrieb der Waren im Vordergrund stand[409].

---

[404] BGH, Beschluss vom 30.4.2003 (Az.: III ZR 237/02), *UNILEX*, i.Ü. unveröffentlicht.

[405] Vgl. *Ferrari*, Applicabilità ed applicazioni, S. 102 f.; *Liguori*, Riv. dir. civ. 1999 I, S. 143 ff. (148).

[406] Vgl. etwa *Bonell,Liguori*, Uniform Law Review, 1996 I, S. 147 ff. (149); *Honnold*, Rn. 56.2; *Ferrari*, Vendita internazionale, S. 103; BGH NJW 1997, S. 3309 ff. (3310).

[407] Urteil des Corte di Cassazione vom 14.12.1999, Giust. civ. 2000 I, S. 2333 ff.; hierzu: *Ferrari*, ELF 2000, S. 7 ff.

[408] „*(...)Il contratto, definito dalle parti come negozio atipico, in realtà configura un negozio di compravendita, cui accede un patto di distribuzione* (…)".

[409] Vorwurfsvoll *Ferrari*, ELF 2000, S. 7 ff. (9 f.); *ders.* Giust. civ. 2000 I, S. 2334 ff. (2336 ff.).

4. Softwareüberlassungsverträge

Eine weitere vieldiskutierte Frage ist die nach der Anwendbarkeit des UN-Kaufrechts auf Computersoftware. Fraglich ist dabei, ob Computersoftware unter den Begriff „Ware" i.S.d. CISG subsumiert werden kann[410].

Der Begriff der Ware ist im CISG nicht definiert und lässt sich auch nicht aus dem Gesetzestext erschließen[411]. Er ist autonom auszulegen[412]. Grundsätzlich werden darunter bewegliche, körperliche Sachen subsumiert[413]. Nach herrschender Ansicht in der deutschen Rechtsprechung und Lehre können Computerprogramme – unter im Einzelnen streitigen Voraussetzungen – vom Anwendungsbereich des CISG erfasst sein. Nicht erfasst soll individuell hergestellte Software sein. Dies ergebe sich schon aus Art. 3 II CISG wegen eines überwiegenden Dienst- bzw. Werkvertragscharakters[414].

Auf einem Datenträger gespeicherte Standartsoftware ist nach der herrschenden Auffassung vom CISG erfasst[415]. Streitig ist die Beantwortung der Frage, ob Computerprogramme auch dann vom CISG erfasst sind, wenn sie nicht auf einem Datenträger verkörpert sind. In Deutschland vertritt der *Bundesgerichtshof* in Bezug auf das BGB in ständiger Rechtsprechung den Standpunkt, dass Software nur Sachcharakter hat, soweit sie auf einem Datenträger verkörpert ist[416]. Dem im Folgenden dargestellten Streitstand liegt diese Rechtsprechung zugrunde[417].

Nach dem herrschenden Schrifttum ist eine Differenzierung zwischen Software mit und ohne Speichermedium sachlich nicht gerechtfertigt. Standartsoftware sei vielmehr als Vertragsgegenstand grundsätzlich vom CISG erfasst. Die Begründungen fallen unterschiedlich aus. Einer Meinung zufolge soll das

---

[410] Vgl. hierzu etwa *Schmitt*, S. 29 ff.; *Diedrich*, S. 169 ff.; *ders.*, RIW 1993, S. 441 ff. (451 f.); *Czerwenka*, S. 146 ff.; *Endler,Daub* CR 1993, S. 601 ff.; *Schlechtriem, Schwenzer/Ferrari*, Art. 1, Rn. 38; *Staudinger/Magnus*, Art. 1, Rn. 44; *Schmitz*, MMR 2000, S. 258 f.; für Italien vgl. *Ferrari*, Applicabilità ed applicazioni, S. 124.

[411] *Diedrich*, S. 169 f.; für Italien vgl. *Ferrari*, a.a.O.

[412] Vgl. jüngst ausführlich *Schmitt*, S. 30 ff. und aus der italienischen Rechtsprechung das Urteil des Tribunale di Padova – Sez. Este vom 25.2.2004, *UNILEX*, i.Ü. unveröffentlicht.

[413] Statt aller *Staudinger/Magnus*, Art. 1, Rn. 42.

[414] Vgl. etwa *Schlechtriem,Schwenzer/Ferrari*, Art. 1, Rn. 38; a.A. wohl nur *Brandi-Dohrn*, CR 1991, S. 705 ff. (708).

[415] Vgl. statt vieler *Ferrari*, ebenda.

[416] Vgl. etwa BGH NJW 1993, S. 2436 ff. (2437 f.); diesbezüglich führt *Brandi-Dohrn*, CR 1991, S. 705 ff. (708) an, dass es nicht mit dem Gebot von Treu und Glauben vereinbar sein könne, nach nationalem Recht, Verträge über Standartsoftware dem Kaufrecht zuzuordnen, bei internationalen Verträgen dieselben jedoch als Lizenz an einem geistigen Gut einzuordnen.

[417] *Schmitt*, S. 44.

Kriterium der Verkörperung durch das der Abgrenzbarkeit zu ersetzen sein. Software müsse als Vertragsgegenstand nur abgrenzbar, eigentumsfähig und übertragbar sein. Da Computersoftware in verschiedenen Formen übertragbar und jedenfalls spätestens auf dem Computer des Erwerbers abgrenzbar sei, ergebe sich kein sachlicher Unterschied zwischen dem Zurverfügungstellen mit oder ohne Speichermedium. Die Frage der Übertragung und Speicherung sei vielmehr als rein technische Frage irrelevant[418]. Andere argumentieren, eine inhaltliche Differenzierung zwischen auf Medien gespeicherter Software und bloßen Datensätzen sei deswegen nicht sinnvoll, weil ähnlich wie beim Kauf von Büchern und dergleichen das eigentlich verkaufte Gut geistiger Natur und der Gegenstand der Veräußerung als eine bloße Hülle unbeachtlich sei. Zutreffender sei nicht nach den Modalitäten der Lieferung abzugrenzen, sondern danach, ob ein Kauf – in Abgrenzung zum Lizenzvertrag – vorliege[419]. Einer anderen Meinung zufolge soll der Begriff der „Waren" weit auszulegen sein, um den Bereich grundsätzlich einer möglichst breiten Anwendung zuzuführen. Vom Anwendungsbereich sei daher grundsätzlich alles erfasst, was Gegenstand eines Handelskaufs sein könne[420]. Jüngst hat *Schmitt* angeführt, dass schon aus technischer Sicht nicht am Kriterium der Verkörperung festzuhalten sei. Die Anwendung des UN-Kaufrechts auf nicht verkörperte Software sei zwar dogmatisch bedenklich. Angesichts der neuen technischen Entwicklungen bezüglich Datenübertragungen sei davon auszugehen, dass in Zukunft die nicht verkörperte Übertragung von Software der Regelfall sei. Diese Entwicklung habe bei Schaffung des CISG nicht abgesehen werden können. Erstrebenswert sei insofern eine Einbeziehung nicht verkörperter Software in den Anwendungsbereich des UN-Kaufrechts. Dies sei auch möglich, da nach der Präambel des CISG das Abkommen einer zukünftigen wirtschaftlichen Entwicklung offen zu halten ist[421]. Die Gegenauffassung beharrt demgegenüber auf dem Erfordernis der Körperlichkeit der Waren, so dass Software nur vom CISG erfasst sein kann, wenn sie in gespeicherter Form vorliegt. Die Bezeichnung des französischen Vertragstextes habe im EKG *„objets mobiliers corporels"* gelautet. Die Abänderung in *„marchandises"*, habe keine inhaltliche Änderung herbeiführen sollen[422].

Andere lehnen die Anwendung des CISG auf nicht auf einem Datenträger ge-

---

418 *Diedrich*, S. 315; *ders.*, RIW 1993, S. 441 (452); *Staudinger/Magnus*, Art. 1, Rn. 44.

419 *Endler,Daub*, CR 1993, S. 601 ff. (603); im Ergebnis auch *Mankowski*, CR 1999, S. 581 ff. (586) ähnlich auch *Witz,Salger,Lorenz/Lorenz*, Art. 1, Rn. 6.

420 *Czerwenka*, S. 147 f.; jedoch bleibt dabei offen, was genau unter diesem Kriterium zu verstehen ist. Auch lehnt sie wohl letztlich, mangels *„körperlicher Beherrschbarkeit"* die Anwendung des CISG ab, solange keine Speicherung auf einem Datenträger erfolgt ist.

421 *Schmitt*, S. 48 f.; *ders.*, CR 2001, S. 145 ff. (151); so auch *Schmitz*, MMR 2000, S. 256 ff. (258 f.).

422 *Schlechtriem,Schwenzer/Ferrari*, Art. 1, Rn. 34 und 38; *Honsell/Siehr*, Art. 2, Rn. 8; ohne Begründung *Sieber*, CR 1992, S. 518 ff. (521, vgl. Fn. 20).

speicherte Software mit Hinweis auf den Ausschluss elektrischer Energie gemäß Art. 2 lit. f) CISG ab[423].

Innerhalb der deutschen Rechtsprechung scheint es keinen einheitlichen Meinungsstand zu geben. Die Problematik der Verkörperung der Software auf einem Speichermedium war im Rahmen des Anwendungsbereichs des CISG noch nicht ausdrücklich Gegenstand eines Urteils. Das *OLG Koblenz* hat sich der herrschenden Lehre angenähert, indem es ausgeführt hat, dass der Warenbegriff weit zu fassen sei und alle Gegenstände umfasse, die Gegenstand von Handelskäufen sein können. Allgemein könne daher auch Computersoftware davon erfasst sein[424]. In concreto musste die Frage nicht beantwortet werden. Weiter geht ein Urteil des *LG München*, das Standartsoftware dem Anwendungsbereich zuordnet, wenn dies auf Dauer gegen einmaliges Entgelt geschehe[425]. Das *OLG Köln* hat jedoch mit Hinweis auf die Rechtsprechung des *BGH* zum BGB ausgeführt, dass allenfalls Standartsoftware in den Anwendungsbereich des CISG fallen könne[426]. Auch in der italienischen Lehre wurde das Problem diskutiert. *Ferrari* führt in Anlehnung an den in Deutschland entwickelten Meinungsstand aus, dass im Gegensatz zu Verträgen über Know-how, bei Software an die Anwendung des CISG zu denken sei. Dabei führt er das aus der deutschen Lehre bekannte Argument an, dass es sich hier wie mit einem Buchkauf verhalte, bei dem es sich um einen Kaufvertrag handele, obwohl man viel weniger das Buch als Sache kaufe, als vielmehr das im Buch verkörperte geistige Gut. Daher sei das CISG auf solche Software anzuwenden, die für eine Vielzahl von Kunden konzipiert wurde, oder die als Standartsoftware bezeichnet werden kann[427]. Auch *Liguori* hat über die deutsche Rechtsprechung berichtet und deren Inhalt jedoch ohne Wertung wiedergegeben[428]. Auf das Problem der Speicherung auf einem Datenträger wird dabei nicht ausführlich eingegangen[429].

Zusammenfassend lässt sich festhalten, dass nach herrschender Auffassung in Deutschland und Italien Standartsoftware vom CISG erfasst ist. Jedoch ist

[423] So wohl *Enderlein,Maskow,Strohbach*, Art. 1, Anm. 2; vgl. auch *Honnold*, Rn. 56.

[424] OLG Koblenz, RIW 1993, S. 934 ff. (936) unter Hinweis auf die in der Literatur vertretene Meinung.

[425] LG München, Urteil vom 8.2.1995 (Az.: 8 HKO 24667/93), *UNILEX*, i.Ü. unveröffentlicht.

[426] OLG Köln, NJW-RR 1995, S. 245 ff. (247) mit Hinweis auf die Rechtsprechung des BGH zum BGB.

[427] *Ferrari*, Applicabilità ed applicazioni, S. 120 ff.

[428] *Liguori*, Riv. dir. civ. 1999 I, S. 143 ff. (149) und *ders.*, Foro. it. 1996 IV Spalte 145 ff. (153) in Bezug auf die Urteile des LG München, Urteil vom 8.2.1995 (Az.: 8 HKO 24667/93), *UNILEX*, i.Ü. unveröffentlicht und des OLG Köln, NJW-RR 1995, S. 245 ff. (247).

[429] Vgl. *Ferrari* und *Liguori*, a.a.O.

weiterhin ungeklärt und im deutschen Schrifttum umstritten, ob auch Standartsoftware, die nicht auf einem Datenträger gespeichert ist, vom CISG erfasst wird. Die herrschende Meinung im deutschen Schrifttum spricht sich dabei gegen eine Unterscheidung zwischen gespeicherter und nicht gespeicherter Software aus. Ob sich diese Ansicht durchsetzen wird, ist fragwürdig. Der Konventionstext legt einen Ausschluss nicht verkörperter Programme vom Anwendungsbereich des CISG nahe.

5. Werklieferungsverträge

Durch Art. 3 I CISG wird der Anwendungsbereich des UN-Kaufrechts dahingehend erweitert, dass er sich auch auf Verträge erstreckt, nach denen der Lieferant die versprochene Ware noch herzustellen oder zu erzeugen hat. Nach deutschem Verständnis handelt es sich dabei um den Vertragstyp des Werklieferungsvertrages[430]. Das CISG findet auf solche Verträge nur Anwendung, solange der Besteller des Werkes nicht einen „wesentlichen Teil“[431] der für die Herstellung notwendigen Stoffe selbst zur Verfügung stellt[432]. Was als „wesentlich“ anzusehen ist richtet sich nach dem Einzelfall[433].

a. Das Kriterium des „wesentlichen“ Anteils des Bestellers

Zunächst ist zu klären, welche Merkmale bei der Betrachtung, ob der Anteil des Bestellers „wesentlich“ ist, relevant sind.
Hierzu führt eine Meinung in Deutschland an, dass der Wert des beigetragenen Materials maßgebliches Kriterium sein muss. Der Anteil des Bestellers daran darf im Vergleich zu dem vom Hersteller beigetragenen Material nicht wesentlich sein, um nicht eine Anwendung des CISG auszuschließen[434]. Nach anderer Auffassung fließt in die Bewertung auch der Beitrag des Bestellers in Form von anderen Leistungen ein, so etwa Arbeits- und Dienstleistungen. Der Wert sei nicht das alles entscheidende Argument. Vielmehr sei eine „qualitati-

---

[430] Vgl. Wortlaut des Art. 3 I CISG. Zum italienischen Verständnis des Begriffs in Bezug auf den Vertragstypen des „*appalto*“, vgl. unten S. 98 ff.
In der deutschen Rechtsprechung vgl. hierzu etwa LG Memmingen, IPRax 1995, S. 251 f.; für die Italienische Literatur vgl. *Ferrari*, Applicabilità ed applicazioni, S. 105 f.; *Bernardini*, S. 85; *Memmo*, Riv. trim. dir. proc. civ. 1983, S. 180 ff. (189); *Liguori*, Riv. dir. civ. 1999 I, S. 143 ff. (148).

[431] Nach der englischen Version „*substantial part*“; nach der französischen „*part essentielle*“; nach der italienischen „*parte sostanziale*“.

[432] *Schlechtriem,Schwenzer/Ferrari*, Art. 1, Rn. 24 und Art. 3, Rn. 4 ff.; *Staudinger/Magnus*, Art. 1, Rn. 26 und Art. 3, Rn. 13 ff.

[433] Statt vieler *Schlechtriem,Schwenzer/Ferrari*, Art. 3, Rn. 6.

[434] *Staudinger/Magnus*, Art. 3, Rn. 14; *Schlechtriem,Schwenzer/Ferrari*, Art. 3, Rn. 7; *Enderlein,Maskow,Strohbach*, Art. 3, Anm. 3.

ve Wertung“ vorzunehmen[435]. Was genau hierunter zu fassen ist, wird nicht konkret dargestellt. *Ferrari* führt aus, dass etwa die Natur der durch den Besteller beigebrachten Stoffe ein Kriterium sein könne[436].

Für die nur auf den Wert des Materials abstellende Auffassung wird in Deutschland zumeist angeführt, dass ihr deswegen zu folgen ist, weil sie besonders in der Praxis besser umzusetzen sei und sich zudem an die durch Art. 3 I CISG aufgestellten Kriterien halte[437]. In der deutschen Rechtsprechung ist vielfach auf den Umstand, dass das erworbene Gut bei Vertragsschluss überhaupt noch nicht hergestellt war, nicht oder nur beiläufig eingegangen worden[438].
Jedenfalls hat sich die deutsche Rechtsprechung dafür ausgesprochen, dass bei der Bewertung der Beiträge des Bestellers, dessen Spezifizierungen – wie etwa Designvorgaben – keine Rolle spielen[439]. In einem neueren Urteil des *OLG München* wird ausgeführt, dass es zwar in erster Linie auf die Wertrelation ankomme, zusätzlich in die Wertung jedoch auch „das besondere Interesse des Auftragsgebers am jeweiligen Leistungsbereich, also die vertragscharakteristische Leistung“ einzufließen habe[440].
In Italien wird das Merkmal des „wesentlichen“ Teils wegen der ihm immanenten Unsicherheiten kritisiert, da das CISG selbst keine Kriterien bestimme, an denen sich die Konkretisierung des Begriffs orientieren könne. Jedenfalls seien solche Teile nicht mit anzuführen, die keine oder eine nur untergeordnete Rolle spielen. Ebenso wenig seien Verträge erfasst, bei denen ausschließlich

---

[435] So etwa *Czerwenka*, S. 143 f.; ähnlich auch *Herber/Czerwenka*, Art. 3, Rn. 2 und *Ferrari* a.a.O., Rn. 8, der ein „qualitatives“ Element mit in die Bewertung einbeziehen will, weshalb nicht verwundern könne, dass auch vertreten werde, ab einem rein wertmäßig bestimmten Anteil von 15 % könne bereits ein wesentlicher Beitrag des Bestellers vorliegen. So wohl auch der vielbeachtete Schiedsspruch der ungarischen Industrie- und Handelskammer (NJW-RR 1996, S. 1145 f.), nach dem der Wert der zur Verfügung gestellten Stoffe zwar Anhaltspunkt, aber nicht entscheidendes Kriterium sei.

[436] *Schlechtriem,Schwenzer/Ferrari*, Art. 3, Rn. 8.

[437] *Achilles*, Art. 3, Rn. 3; *Staudinger/Magnus*, Art. 3, Rn. 14; *Schäfer*, IHR 2003, S. 118 ff. (120 f.) in Bezug auf das Verhältnis von Art. 3 II zu I CISG.

[438] Vgl. hierzu etwa OLG Oldenburg, 1.2.1995 (Az.: 11 U 64/94), *UNILEX*, i.Ü. unveröffentlicht; LG Oldenburg, NJW 1995, S. 2101 ff.; OLG München, 8.2.1995, (Az.: 7 U 3758/ 94), *UNILEX*, i.Ü. unveröffentlicht; für die Schweiz, vgl. das Urteil des Zivilgerichts Basel (Stadt) vom 21.12.1992 (Az.: P 4 1991/ 238), *UNILEX*, i.Ü. unveröffentlicht; Gerichtspräsident von Laufen, 7.5.1993, *UNILEX*, i.Ü. unveröffentlicht.

[439] So das OLG Frankfurt a.M. (NJW 1992, S. 633 ff. (634)) nach dem Designvorgaben des Bestellers bei der Herstellung von Schuhen nicht dazu führt, das dieser einen wesentlichen Teil an der Ware gestellt hat. So auch *Schlechtriem,Schwenzer/Ferrari*, Art. 3, Rn. 10 m.w.N.; *ders.* Applicabilità ed applicazioni, S. 110 f. mit der Kritik an einem französischen Urteil, das eine Anweisung einem beizubringendem Stoff gleichgesetzt hat.

[440] OLG München, Urteil vom 3.12.1999, ELF 2000, S. 95 ff. mit Zusammenfassung der Redaktion.

vom Besteller gelieferte Stoffe verarbeitet werden[441]. *Ferrari* verweist zur Bestimmung des „wesentlichen“ Anteils auf die im ausländischen und deutschen Schrifttum vertretenen Ansichten. Er vertritt – entsprechend seinen Ausführungen im deutschen Schrifttum – die Ansicht, dass auch ein qualitatives Element bei der Beurteilung des Beitrages des Bestellers mit einzubeziehen sei[442].

b. Quantitative Bestimmung des wesentlichen Anteils

Des Weiteren stellt sich die Frage, ab wann quantitativ ein Anteil als „wesentlich“ zu beurteilen ist. Auch dieses Kriterium ist unterschiedlich beschrieben worden.

In Abgrenzung vom Begriff des „überwiegenden“ Anteils aus Art. 3 II CISG, wird in Deutschland vertreten, dass ein „wesentlicher“ Anteil schon unterhalb der Hälfte des Gesamtwertes liegen kann[443].

Andere führen an, der relevante Anteil könne schon deutlich vor Erreichen der 50 % Marke vorliegen[444]. Andererseits sei eine Marke von 15 % nicht ausreichend[445].

Auch in Italien wird von einem relevanten Anteilswert von unterhalb der 50 % Marke ausgegangen[446]. *De Nova* ist der Ansicht, dass der Auftraggeber der herzustellenden Sache einen „beträchtlichen“ Teil an Materialien beitragen müsse, damit ein Vertrag nicht mehr als vom CISG erfasst angesehen werden könne. Dabei sei weniger auf die Menge der vom Besteller gelieferten Materialien abzustellen, als auf deren Wert[447].

---

[441] *Ferrari*, Applicabilità ed applicazioni, S. 108; *Memmo*, Riv. trim. dir. proc. civ. 1983, S. 180 ff. (189 f.); *Liguori*, Foro it. IV 1996, Spalte 145 ff. (154) mit Hinweis auf ein Urteil des österreichischen OGH, ZfRV 1995, S. 159 ff.

[442] *Ferrari*, Applicabilità ed applicazioni, S. 109 f.

[443] *Schlechtriem,Schwenzer/Ferrari*, Art. 3, Rn. 6.

[444] *Achilles*, Art. 3, Rn. 2; diese Prozentzahl wurde mehrfach auf der diplomatischen Konferenz von 1980 diskutiert ohne sich darauf festzulegen, vgl. *Official Records*, S. 243.

[445] *Staudinger/Magnus*, Art. 3, Rn. 16; *Enderlein,Maskow,Strohbach*, Art. 3, Anm. 3; offen gelassen bei *Schlechtriem,Schwenzer/Ferrari*, Art. 3, Rn. 8. Für die Marke von 15 %, vgl. *Honnold*, Rn. 59.

[446] *Ferrari*, Applicabilità ed applicazioni, S. 110, der jedenfalls einen Anteil von 15 % des Vertragswertes für fragwürdig hält; *Bianca/Carbone,Lopez de Gonzalo*, Art. 3, Anm. 1; *Liguori*, Foro it. IV, Spalte 145 ff. (155) u.a. mit Hinweis auf das Urteil des OLG Frankfurt a.M., NJW 1992, S. 633 ff. (634).

[447] In diesem Zusammenhang spricht *de Nova* (Riv. trim. dir. proc. civ. 1990, S. 749 ff. (751)) von einem „*parte considerevole di materiali*“; so auch *Bianca/Carbone,Lopez de Gonzalo*, Art. 3.

c. Fazit

Die Beurteilung des Kriteriums des wesentlichen Teils und die damit verbundene Abgrenzung des Anwendungsbereichs des UN-Kaufrechts sind nicht abschließend geklärt. Als in Deutschland herrschend kann die Ansicht bezeichnet werden, nach der jedenfalls der Wert des durch den Besteller eingebrachten Materials entscheidend ist. Allen voran vertritt *Ferrari* im deutschen und italienischen Schrifttum die Ansicht, dass ein qualitatives Element in die Bewertung mit einzubeziehen sei. Im Übrigen sind die Stellungnahmen aus dem italienischen Schrifttum wenig deutlich. Die italienische Rechtsprechung hat sich noch nicht mit dieser Frage beschäftigt. In einem jüngeren Urteil aus Deutschland ist allerdings die Einbeziehung eines qualitativen Elements angeklungen. Fraglich ist, ob diese Interpretation weiteren Zuspruch erfahren wird, da derzeit unklar ist, was hierunter zu fassen ist. Jedenfalls ermöglicht die Einbeziehung qualitativer Elemente eine vom Einzelfall abhängige und damit gerechtere Auslegung.

Quantitativ wird einerseits ein Anteil von 15 % zutreffend als zu gering eingestuft. Andererseits könne ein wesentlicher Bestelleranteil – mehr oder minder deutlich – schon unterhalb der 50 % gemessen am Vertragswert gegeben sein. Eine solche Auslegung erscheint in Abgrenzung zum Begriff des „überwiegenden Teils“ in Art. 3 II CISG richtig. Zugunsten einer einzelfallgerechten Auslegung sollte ein wesentlicher Anteil jedoch auch schon deutlich unterhalb der 50 %-Marke vorliegen können.

6. Lieferverträge mit arbeits- und dienstvertraglichen Pflichten

Treten neben die Pflichten aus dem Kaufvertrag noch arbeits- oder dienstvertragliche Verpflichtungen, ist auch ein solcher Vertrag vom CISG erfasst, solange diese zusätzlichen Verpflichtungen nicht den „überwiegenden Teil“[448] darstellen (Art. 3 II CISG)[449]. Dabei handelt es sich vor allem um Lieferverträge mit zusätzlichen Abreden bezüglich Montage, Überwachung, Kontrolle, Lagerung oder Kundendienst[450].

Als Vorfrage ist zu klären, inwieweit auf Verträge mit anderen als nur kaufvertraglichen Elementen das CISG Anwendung findet.

---

[448] Nach der englischen Version des CISG „*preponderant part*“; nach der französischen „*part prépondérante*“; nach der italienischen „*parte preponderante*“.

[449] *Schlechtriem,Schwenzer/Ferrari*, Art. 1, Rn. 24 und Art. 3, Rn. 12 ff.; *Staudinger/Magnus*, Art. 1, Rn. 27, Art. 3, Rn. 21 ff.

[450] Vgl. etwa *Ferrari*, ebenda.

a. Aufteilung des Geschäfts in mehrere Verträge

Liegen verschiedene vertragliche Elemente vor, ist zunächst fraglich, ob ein gemischter Vertrag i.S.d. Art. 3 II CSIG, also ein einheitliches Geschäft vorliegt, auf das u.U. das CISG anzuwenden ist. Die andere Möglichkeit ist, die Vereinbarungen als ein Geschäft anzusehen, das aus mehreren Verträgen besteht, bei dem lediglich die Kaufvertragselemente dem CISG unterliegen[451]. Fraglich ist, woran sich eine solche Abgrenzung zu orientieren hat. Im deutschen Schrifttum wird hierzu vertreten, dass bei der Abgrenzung auf das CISG abzustellen ist und sich der Anwendungsbereich hieraus autonom bestimmt[452]. *Lüderitz/Fenge* schlagen daher vor, den Artt. 14 ff. CISG zu entnehmen, ob die Vertragsparteien getrennte Verträge abgeschlossen haben[453]. Eine andere Ansicht folgt dem Sekretariatskommentar, demzufolge diese Frage durch das anwendbare nationale Recht zu beantworten ist, da sich das UN-Kaufrecht nicht zur Teilbarkeit eines Geschäfts äußere[454]. Im Übrigen sei im Zweifel von einem einheitlichen Geschäft auszugehen[455].

Die Frage nach der Aufteilbarkeit des Geschäfts in mehrere Verträge wurde in der italienischen Literatur nur beiläufig erwähnt. Nur *Ferrari* macht auf die Relevanz dieses Aspektes aufmerksam und vertritt auch hier die Auffassung, dass diese Frage nicht nach nationalem Recht, sondern durch die Konvention beantwortet werden müsse[456].

b. Das Kriterium des „überwiegenden" Teils

Nach Art. 3 II CISG ist das CISG auch auf Kaufverträge dann nicht anzuwenden, wenn die dienst- oder arbeitsvertraglichen Elemente den „überwiegenden" Teil der Pflichten darstellen[457].

Hierbei ist nach in Deutschland vertretener Ansicht auf die Relation des Wertes der beiden Leistungsteile abzustellen. Der Preis der gelieferten Gegenstände ist mit der Vergütung für die Arbeit bzw. Dienste so zu vergleichen, als ob zwei getrennte Verträge geschlossen wären[458]. Diese Elemente sollen nach

---

[451] Statt aller *Staudinger/Magnus*, Art. 3, Rn. 9.

[452] *Herber,Czerwenka*, Art. 3, Rn. 4; *Czerwenka*, S. 146; *Schlechtriem,Schwenzer/ Ferrari*, Art. 3, Rn. 12.

[453] *Soergel/Lüderitz,Fenge*, Art. 3, Rn. 5.

[454] *Reimers-Zocher*, S. 17; *Schlechtriem*, Einheitliches UN-Kaufrecht, S. 17; *Official Records*, Anm. 3 zu Art. 3, S. 16 f.; für das internationale Schrifttum vgl. etwa *Bianca,Bonell/Khoo*, Art. 3, Anm. 3; *Honnold*, Rn. 60.2.

[455] Statt vieler *Herber,Czerwenka*, Art. 3, Rn. 4.

[456] *Ferrari*, Commentario, Art. 3, Anm. 3, vgl. dort v.a. auch Fn. 16 und 17.

[457] Vgl. für einen Kaufvertrag mit Montageverpflichtung etwa das Urteil des schweizer HG Zürich vom 26.4.1995; (HG 920670), *UNILEX*, i.Ü. unveröffentlicht.

[458] *Schlechtriem,Schwenzer/Ferrari*, Art. 3, Rn. 13; *Schlechtriem*, Einheitliches UN-

verbreiteter Ansicht durch die Einbeziehung des Parteiwillens und der Parteiinteressen ergänzt werden[459]. Diesen Kriterien hat man sich auch in der italienischen Literatur angeschlossen. Das CISG finde keine Anwendung, wenn der Wert der zu liefernden Sache geringer sei, als der der Vergütung[460]. Aber auch die Einbeziehung des Parteiwillens und des Vertragsziels wird als Kriterium erwogen[461]. Der "überwiegende" Teil soll nach in Deutschland vertretener Ansicht jedenfalls bei einem Wertanteil von mehr als 50 % erreicht sein[462]. Eine wohl nicht mehr vertretene Ansicht führte an, dass wegen der Schwierigkeiten, die bei der Prognose entstehen können, der überwiegende Teil erst bei einem deutlichen Überschreiten der Hälfte als erreicht anzusehen sei[463].

In Italien hat man sich der in Deutschland vertretenen herrschenden Meinung – die Hälfte des Gesamtwertes anzulegen – angeschlossen[464].
In der Rechtsprechung wurde auf das Problem noch nicht eingegangen, obwohl es sich angeboten hätte. So ging es etwa im vom *Tribunale di Busto Arsizio*[465] zu entscheidenden Fall zwar vordergründig um den Kauf einer Maschine zum Recycling von Plastik. Zusätzlich hatte sich der Verkäufer jedoch auch zur Durchführung einer Testphase und zur Einführung von Angestellten des Käufers in die Funktionsweise der Maschine verpflichtet. Eine Prüfung des Art. 3 II CISG fand im Urteil jedoch keine Erwähnung.

Kaufrecht, S. 17; *Karollus*, S. 24.

459 Vgl. etwa *Schlechtriem,Schwenzer/Ferrari*, Art. 3, Rn. 14; *Staudinger/Magnus*, Art. 3 , Rn. 21; *Karollus*, S. 24.

460 *Liguori*, Foro it. 1996 IV, Spalte 145 ff. (155); *Memmo*, Riv. trim. dir. proc. civ. 1983, S. 180 ff. (192); *Ferrari*, Commentario, Art. 3, Anm. 2; *Bianca/Carbone,Lopez de Gonzalo*, Art. 3.

461 So etwa *Liguori*, ebenda.

462 *Staudinger/Magnus*, Art. 3, Rn. 22; *Schlechtriem,Schwenzer/Ferrari*, Art. 3, Rn. 15; *Soergel/Lüderitz,Fenge*, Art. 3, Rn. 4.

463 So noch etwa *Schlechtriem*, Einheitliches UN-Kaufrecht, S. 17.

464 Vgl. etwa *Liguori*, Foro it. 1996 IV, Spalte 145 ff. (155): *„criterio oggettivo del maggiore valore economico*"; *Ferrari*, Applicabilità ed applicazioni, S. 114: "*Ne consegue che quando il valore del bene (...)sia minore di quello della remunerazione (...) al contratto non si applica la convenzione di Vienna*".

465 Urteil des Tribunale di Busto Arsizio vom 13.12.2001, RDIPP 2003, S. 151 ff.

7. Der Vertragstyp „appalto" als ein Herstellervertrag im Sinne des UN-Kaufrechts?

Für den deutschen Juristen wirft der Art. 3 CISG neben den soeben erörterten Wertungsfragen keine weiteren wesentlichen Probleme auf. Dies liegt z.B. daran, dass der Vertragstyp i.S.d. Art. 3 I CISG weitgehend der Regelung des § 651 BGB entspricht[466]. In Italien hingegen bereitet die Auslegung der Vorschrift des Art. 3 I und II CISG in Ansehung der Vertragstypen des Codice civile Schwierigkeiten.

Fraglos ist es für den italienischen Juristen möglich, zunächst einen nach Codice civile als *„contratto d'opera"* (Art. 2222 Cod. civ.) zu bezeichnenden Vertrag gemäß den soeben dargelegten Voraussetzungen des Art. 3 II CISG als vom UN-Kaufrecht erfasst anzusehen[467]. Dies wird seinen Grund darin haben, dass die italienische Übersetzung des Art. 3 II CISG eine an diesen Vertragstyp angelehnte Formulierung verwendet[468]. Im italienischen Schrifttum wurde jedoch bestritten, dass auch der sehr ähnliche Vertragstyp des *„appalto"* (Art. 1655 Cod. civ.) in den Anwendungsbereich des CISG fällt. Als *„contratto d'opera"* und *„appalto"* bezeichnet man im unvereinheitlichten italienischen Zivilrecht Verträge der selbständigen Arbeit. Die Abgrenzung voneinander ist problematisch. Beide Vertragstypen können nach deutschem Verständnis nur mit Werkvertrag oder auch Werklieferungsvertrag übersetzt werden[469]. Bei beiden verpflichtet sich die eine Partei, vorwiegend durch eigene Arbeit ein Werk oder eine Dienstleistung auszuführen. Beide finden auch Anwendung, wenn der so Verpflichtete den zu verarbeitenden Stoff liefert (vgl. Artt. 2223 und 1658 Cod. civ.). Der Unterschied liegt unter anderem darin, das der Vertragstyp des *„contratto d'opera"* auf den u.U. familiären handwerklichen Betrieb zugeschnitten ist, während der *„appalto"* einen Unternehmerbetrieb mit Geschäftsführung, Angestellten und dergleichen voraussetzt[470]. Da Teil eines *„appalto"* Dienst-, Werk-, aber auch Werklieferungselemente sein können (vgl. Artt. 1655 und 1677 Cod. civ.), steht dieser Vertragstyp zwischen den Regelungen des Art. 3 I und II CISG. Im italienischen Schrifttum wird daher die Abgrenzung des Anwendungsbereichs einerseits bzgl. Art. 3 I CISG vorgenommen, indem angeführt wird, dass das „Geben"

---

466 *Schlechtriem,Schwenzer/Ferrari*, Art. 3, Rn. 5.

467 Diese Frage wird im italienischen Schrifttum jedenfalls nicht problematisiert, vgl. z.B. die Ausführungen bei *Alpa,Zatti*, Art. 3, II.

468 Art. 3 II CISG lautet in italienischer Übersetzung: *„La presente Convenzione non si applica ai contratti nei quali la parte preponderante delle obbligazioni del contraente che fornisce i beni consiste nella fornitura di mano d'opera o di altri servizi.*".

469 *Contratto d'opera* wird von *Bauer,Eccher,König,Kreuzer,Zanon* mit *„einfachem Werkvertrag"* übersetzt, während *Conte,Boss* ihn mit *„Werk"-/* oder *„Werklieferungsvertrag"* übersetzen. Der Begriff des *appalto* wird hingegen mit *„Unternehmerwerkvertrag"* bzw. als *„Werkvertrag"* übersetzt.

470 Zur Abgrenzung vgl. *Luther*, S.112 f.; *Cian, Trabucchi*, Art. 2223, Anm. II Rn. 7.

durch den Besteller nicht einen wesentlichen Teil darstellen darf. Andererseits wird angeführt, dass bzgl. des Art. 3 II CISG das „Machen" des Warenlieferanten nicht den überwiegenden Teil seiner Leistung ausmachen dürfe[471]. Im italienischen Schrifttum wurde von *Frignani* bezweifelt, dass der Vertragstyp des „*appalto*" vom UN-Kaufrecht erfasst ist. Die Vorschrift des Art. 3 CISG wolle das Verhältnis zwischen „*vendita*" und „*appalto*" klarstellen, wobei letzterer Vertragstyp vom Anwendungsbereich ausgeschlossen sei[472]. Die nunmehr herrschende Meinung spricht sich jedoch zu Recht grundsätzlich für die Anwendung des CISG auf diesen Vertragstyp und eine von nationalen Kriterien abgelöste Prüfung der Kriterien des Art. 3 CISG im Einzelfall aus[473]. Zwar müsse man zu dem Ergebnis gelangen, dass der „*appalto*" vom Anwendungsbereich des CISG ausgeschlossen ist, wenn man entsprechend der Abgrenzungskriterien des Codice civile davon ausgehe, dass ein „*appalto*" in Abgrenzung zum Kauf immer dann vorliege, wenn ein Überwiegen der Arbeitsleistung vorliege[474]. Wer jedoch die Abgrenzung zwischen „*appalto*" und Kauf nach dem Kriterium der „*ordinaria produzione*" vornehme, müsse keinesfalls zu diesem Ergebnis kommen. Nach unvereinheitlichtem italienischen Recht liegt ein Kauf (herzustellender Sachen) und nicht ein „*appalto*" vor, obwohl der überwiegende Teil der Leistung in der Herstellung des Werkes besteht, wenn das Werk der „herkömmlichen Produktion" des Herstellers entstammt, also nicht nach besonderen Wünschen des Bestellers hergestellt wird[475].

Ein nach den Vorgaben des Bestellers herzustellendes Werk, dem daher nach italienischer Doktrin ein als „*appalto*" zu bezeichnender Vertrag zugrunde liegt, könne hingegen zweifelsohne über Art. 3 I CISG vom Anwendungsbereich des UN-Kaufrechts erfasst sein, wenn das Werk aus Materialien des Herstellers anzufertigen ist. Die Unterscheidungskriterien nach CISG seien folglich von denen des Codice civile verschieden. Eine Prüfung der Anwendung des CISG auf einen Vertrag sei mithin richtigerweise nur nach den Vorgaben des UN-Kaufrechts vorzunehmen[476].

---

[471] *Ferrari*, Applicabilità ed applicazioni, S. 103 ff. bedient sich zur Abgrenzung der Worte „*dare*" und „*fare*".

[472] *Frignani*, S. 307.

[473] *Mari*, Foro pad. 1997 I, Spalte 9 ff. (20 f.); *Ferrari*, Commentario, Art. 3, Anm. 3; *de Nova*, Riv. trim. dir. proc civ. 1990, S. 749 ff. (750 f.); *Liguori*, Foro it. 1996 IV, Spalte 145 ff. (155).

[474] Zu diesem Abgrenzungskriterium im Codice civile, vgl. *Cian,Trabucchi*, Art. 1655, Anm. II m.w.N.: (...)„*prevalenza del lavoro sulla materia*".

[475] Zum Abgrenzungskriterium der „*ordinaria produzione*", vgl. *Cian,Trabucchi*, a.a.O. m.w.N.

[476] *Ferrari*, Applicabilità ed applicazioni, S. 115 f.

Die Frage der Anwendung des CISG auf einen als „*appalto*" zu qualifizierenden Vertrag war bereits Gegenstand höchstrichterlicher Rechtsprechung und wurde grundsätzlich bejaht[477]. Das Urteil betraf einen Vertrag über den Erwerb herzustellender Lederartikel, die nach Mustern und Anweisung des Bestellers zu fertigen waren. Nach italienischem Recht kam eine Einordnung als Kaufvertrag oder „*appalto*" in Betracht.
Das Gericht führte – orientiert an dem Kriterium der „*prevalenza del lavoro sulla materia*" des Codice civile – aus, dass ein Kaufvertrag nicht vorliege, soweit der Vertragstyp des „*appalto*" gegeben sei. Entscheidend sei, welches Ziel von den Vertragsparteien mit dem Vertrag verfolgt wurde[478]. Die Abgrenzungskriterien seien nach Codice civile wie CISG die gleichen. Ein „*appalto*" sei gegeben, wenn die zu übergebende Sache schlicht die Hälfte des Wertes im Vergleich zu den Produktionskosten ausmache. Diese Orientierung an den Vertragstypen des unvereinheitlichten Zivilrechts ergänzte das Gericht jedoch nicht durch eine Prüfung und autonome Auslegung des Art. 3 CISG und stellte nicht auf die in Art. 3 CISG vorgegebenen Kriterien ab. Für diese mangelnde Orientierung an Art. 3 CISG ist das Urteil von der Literatur zu Recht kritisiert worden[479].

Zusammenfassend lässt sich festhalten, dass der Vertragstyp des „*appalto*" nach Codice civile, grundsätzlich dem UN-Kaufrecht unterfallen kann. Das entspricht der zutreffenden herrschenden Meinung in der italienischen Literatur und Rechtsprechung. Liegt ein solcher Vertragstyp vor, muss sich eine Prüfung des Art. 3 CISG anschließen, da die Anwendung des CISG ausgeschlossen sein kann. Der italienische *Kassationsgerichtshof* ist zu Recht für die mangelnde Prüfung des einheitsrechtlichen Tatbestandes und dessen autonome Auslegung kritisiert worden.

8. Andere Vertragstypen

Diskutiert wird weiterhin die Anwendung des UN-Kaufrechts auf einige weitere Vertragstypen. Hierzu zählen insbesondere Tauschverträge, sowie Miet- und Leasingverträge[480]. In Bezug auf den Tauschvertrag und ähnliche „Gegengeschäfte" wurde von einer Minderansicht im Schrifttum vertreten, dass das CISG dort in Analogie Anwendung finden müsse, wo die Ungleichbehandlung von internationalem Kauf- und Tauschvertrag zu einer unbefriedi-

---

[477] Vgl. das Urteil des Corte Suprema di Cassazione, 9.6.1995, Foro pad. 1997 I, Spalte 2 ff. (6 f.).

[478] Der Parteiwille ist nach h.M. zu Art. 1655 Cod. civ. im Zweifel ergänzend heranzuziehen, vgl. *Cian, Trabucchi*, a.a.O.

[479] *Ferrari*, IHR 2001, S. 179 ff. (181).

[480] *Schlechtriem, Schwenzer/Ferrari*, Art. 1, Rn. 25 ff.; *Grieser*, S. 81 ff.

genden Lücke führe. Das CISG sei in einem solchen Fall in Teilen anzuwenden, soweit es entsprechende Regelungen vorsehe[481]. Die herrschende Meinung vertritt jedoch die Ansicht, dass eine Anwendung des CISG weder auf Tauschverträge, noch auf andere Gegen- und Kompensationsgeschäfte in Betracht kommt, jedenfalls dann nicht, wenn es sich um ein einheitliches Geschäft handelt[482].

Eine Anwendung wird im deutschen Schrifttum des Weiteren auf Mietkaufverträge erwogen. Dabei handelt es sich um Mietverträge mit einer Kaufoption des Mieters, zu einem bestimmten Preis die gemietete Sache zu erwerben[483]. Das CISG soll Anwendung finden, wenn das Interesse am Kauf der zunächst gemieteten Sache im Vordergrund steht[484]. Wann dies der Fall ist, wird jedoch nicht einheitlich beurteilt[485].

Auch in Bezug auf Leasingverträge wird die Meinung vertreten, dass das CISG unter bestimmten Voraussetzungen zur Anwendung komme: Zwar soll grundsätzlich das Leasing nicht vom CISG erfasst sein, weil es sich um Mietverträge handelt. Nach einer im deutschen Schrifttum vertretenen Meinung ist jedoch das Finanzierungsleasing mit Kaufoption vom CISG erfasst, weil letztlich der Kauferfolg im Vordergrund stehe[486]. *Ferrari* hat hingegen in der deut-

---

481 *Enderlein,Maskow,Strohbach*, Art. 1, Anm. 1; *Lurger*, ZfRV 1991, S. 415 ff. (416 f.); für die Anwendung auf den Gegenkauf: *Piltz*, NJW 1989, S. 615 ff. (618); im italienischen Schrifttum mit Zurückhaltung: *De Nova*, Riv. trim. dir. proc. civ. 1990, S. 749 ff. (749 f.).

482 Im deutschen Schrifttum: *Schlechtriem,Schwenzer/Ferrari*, Art. 1, Rn. 30; *Czerwenka*, S. 141 f.; *Staudinger/Magnus*, Art. 1, Rn. 29 f.; *Achilles*, Art. 1, Rn. 3; vgl. auch *Karollus*, S. 25; *ders.*, JuS 1993, S. 378 ff. (380); *Grieser*, S. 148; im italienischen Schrifttum: *Ferrari*, Riv. trim. dir. proc. civ. 1994, S. 893 ff. (929); *ders.*, Applicabilità ed applicazioni, S. 100 f.; *ders.*, Commentario, Art. 1, Anm. 10; *ders.*, Fondamenti, S. 51 f.; so wohl auch *Memmo*, Riv. trim. dir. civ. 1983, S. 180 ff. (192); für eine Anwendung des CISG auf gemischte Kauf-Tauschgeschäfte mit überwiegendem Kaufanteil vgl. die Botschaft des Schweizerischen Bundesrats, S. 745 ff. (763).

483 *Palandt/Weidenkaff*, Vor § 535, Rn. 30.

484 *Grieser*, S. 124; *Magnus/Staudinger*, Art. 1, Rn. 33; *Schlechtriem,Schwenzer/Ferrari*, Art. 1, Rn. 27; Botschaft des Schweizerischen Bundesrates, S. 745 ff. (763); a.A. *Czerwenka*, S. 146.

485 *Magnus* a.a.O. geht davon aus, dass das CISG grundsätzlich Anwendung finden muss, weil zumindest das Interesse des Verkäufers am Verkauf im Vordergrund stehe. Hingegen führt *Ferrari*, a.a.O. aus, dass es sich bei den Mietkaufverträgen zunächst nur um Mietverträge handeln würde. Die vereinbarte Kaufoption stehe insoweit in der Regel nicht im Vordergrund. *Grieser* (S. 124) lässt das kaufvertragliche Interessen überwiegen, wenn das absatzorientierte Sachinteresse des Vermieters im Vordergrund steht und die mietvertraglichen Elemente nur auf eine aufgeschobene und ratenweise Zahlung des Kaufpreises hinauslaufen.

486 *Staudinger/Magnus*, Art. 1, Rn. 34; *Schlechtriem/Volken*, Fachtagung, S. 81 ff. (113);

schen und italienischen Literatur die Ansicht vertreten, dass bei allen Leasingvertragstypen grundsätzlich nicht die Erwerbsaussicht im Vordergrund stehe, sondern das Nutzungsinteresse. Das CISG fände daher keine Anwendung[487]. Zusammenfassend lässt sich festhalten, dass die Thematik bisher keine besondere Beachtung in Diskussionsbeiträgen gefunden hat.

Soergel/Lüderitz,Fenge, Art. 3, Rn. 6.

487 *Schlechtriem,Schwenzer/Ferrari*, Art. 1, Rn. 28; *Ferrari*, Applicabilità ed applicazioni, S. 101 f.

B. Probleme des Vertragsschlusses im UN-Kaufrecht

I. Angebot im UN-Kaufrecht und das Bestimmtheitserfordernis i.S.d. Art. 14 I 2 CISG

Fraglich ist, inwieweit die einzelnen Vertragsbestandteile bestimmt bzw. zumindest bestimmbar sein müssen, damit ein wirksames Angebot nach Art. 14 I CISG vorliegt.

Liest man die Vorschrift des Art. 14 I CISG, verwundert es, dass diese Fragestellung überhaupt Gegenstand von Kontroversen ist. Art. 14 I CISG regelt klar, welche Mindestanforderungen eine Offerte aufweisen muss. Nach Art. 14 I 1 CISG muss ein Angebot zum Abschluss eines Vertrages bestimmt genug sein und den Willen des Anbietenden zum Ausdruck bringen, an das Angebot gebunden sein zu wollen. Die Voraussetzungen für das Bestimmtheitserfordernis normiert Art. 14 I 2 CISG. Danach müssen neben der Bezeichnung der Ware auch der Preis sowie die Menge ausdrücklich oder stillschweigend festgesetzt oder zumindest festsetzbar sein.

Streitig ist, ob ein Vertrag ohne Bestimmung oder Bestimmbarkeit des Preises zum Abschluss eines nach CISG wirksamen „*open price contract*" führen kann. Dieser Kontoverse schließt sich die Frage an, welche Anforderungen an die Voraussetzung der Bestimmtheit des Angebots insbesondere an die Bestimmbarkeit des Kaufpreises zu stellen sind: Soweit der Preis zumindest noch bestimmbar ist, braucht die Frage nach der Zulässigkeit eines „*open price contract*" nicht beantwortet zu werden.

1. Die Preisvereinbarung als Voraussetzung der Vertragsgültigkeit - Meinungsstand zum Verhältnis zwischen Artt. 14 und 55 CISG

Die hier ausführlicher darzustellende Kontroverse ist durch den Wortlaut des Art. 55 CISG entstanden. Diese Vorschrift sieht vor, dass bei einem gültigen Kaufvertrag die Bestimmung des Kaufpreises dann nach den normierten Kriterien zu erfolgen hat, wenn und soweit der Kaufpreis im Vertrag selbst nicht bestimmt oder nach seinem Inhalt bestimmbar ist. Diese Regelung scheint also davon auszugehen, dass der Abschluss eines gültigen Vertrages auch ohne bestimmbaren Kaufpreis möglich ist[488].

Das ungeklärte Verhältnis von Art. 14 zu Art. 55 CISG ist auf die Entstehungsgeschichte dieser Vorschriften zurückzuführen. Ob ein Vertrag auch ohne Preisbestimmung zustande kommen kann und wie die Lücke bei mangelnder Preisbestimmung zu schließen ist, war Gegenstand verschiedener Auseinandersetzungen bei der Erarbeitung des CISG[489]. Dabei standen sich zwei

[488] *Giardina*, RDIPP 1993, S. 281 ff. (288f.).

[489] Eingehend vgl. *Schlechtriem,Schwenzer/Schlechtriem*, Art. 14, Rn. 9; zur Diskussion der

Grundhaltungen gegenüber: Während die Vertreter einer Gruppe von Ländern grundsätzlich einen „*open price contract*" zulassen wollten, scheiterte die Beseitigung des Widerspruchs zwischen Artt. 14 und 55 CISG am Widerstand der Sowjetunion, einer Reihe von Entwicklungsländern, Frankreichs und weiterer Staaten[490]. Einige wollten nicht von Grundsätzen ihrer nationalen Rechtsordnungen abrücken[491]. Andere befürchteten einen Missbrauch der Macht ökonomisch stärkerer Verkäufer[492]. Als weitere Erklärung für das Vorhandensein zweier Vorschriften mit ungeklärtem Verhältnis zueinander wird auch angeführt, dass es durch die getrennte Beratung und Abstimmung dieser Vorschriften zur Aufnahme in den vorliegenden Fassungen gekommen sei[493]. Obwohl bei den Beratungen auf den Widerspruch zwischen beiden Bestimmungen hingewiesen wurde, kam es zur Verabschiedung der geltenden Regelungen[494]. Die Gesetz gewordene Lösung stellt daher eine typische Kompromisslösung in Gestalt einer Flucht in einen unbestimmten Rechtsbegriff dar[495].

a. *Stellungnahmen im deutschen Schrifttum*

Das Verhältnis zwischen Artt. 14 und 55 CISG ist nicht geklärt und umstritten. Der Meinungsstand im deutschen Schrifttum hierzu ist unübersichtlich und die einzelnen Ansichten nur schwer trennscharf voneinander abzugrenzen. Im Folgenden soll versucht werden, die wesentlichen Unterschiede zwischen den einzelnen Standpunkten darzustellen.

Delegierten, vgl. *Official Records*, S. 275 ff.

490 *Schlechtriem*, Einheitliches UN-Kaufrecht, S. 37 f.

491 So etwa Frankreich, dessen Rechtsordnung eine Preisbestimmung als Wirksamkeitsvoraussetzung in Art. 1591 Code civil vorsieht. Die Haltung der sozialistischen Staaten lässt sich dadurch erklären, dass die damals übliche Wirtschaftsplanung die Festsetzung eines Kaufpreises voraussetzte, vgl. zum ganzen *Witz*, S. 3, 216 und 221 f. Mit Hinweis auf die nationalen Unterschiede bzgl. des *pretium certum* und dem daraus folgenden Problem der Kompromisslösung im CISG vgl. auch *Giardina*, RDIPP 1993, S. 281 ff. (283 ff.).

492 *Enderlein,Maskow,Stargardt*, Art. 14, Anm. 10; zur Haltung der Entwicklungsländer, vgl. *Date-Bah*, La Vendita internazionale, S. 23 ff. (27 f.).

493 *Hoyer,Posch/Posch*, S. 143 ff. (147); *Huber*, RabelsZ 1979, S. 413 ff. (439).

494 Zur Erörterung des Widerspruchs vgl. *Official Records*, S. 363 ff., insbesondere die Anm. 22, 36 und 51, zu Art. 51 New Yorker Entwurf.

495 So *Hoyer,Posch/Posch*, S. 143 ff. (149).

(1) Kein Widerspruch zwischen Artt. 14 und 55 CISG

Zum einen wird im deutschen Schrifttum vertreten, dass Artt. 14 und 55 CISG im Einklang miteinander stünden. Hiernach ist der Abschluss eines „*open price contract*" fraglos möglich. Art. 14 CISG regele ausschließlich die Definition des Angebots, nicht aber die Art und Weise des Zustandekommens eines Vertrages. Die Regelung sei vielmehr als Abgrenzung zur bloßen *invitatio ad offerendum* zu verstehen. Art. 14 CISG regele, welche Mindestvoraussetzungen ein Angebot als einseitiger Rechtsakt beinhalten müsse, um den Anbietenden durch die bloße Annahme desselben zu binden. Eine Äußerung, die keine Angaben über den Preis oder seine Bestimmung enthalte, sei im Zweifel nicht als Angebot im Rechtssinne, sondern vielmehr nur als Vorschlag zu verstehen. Das schließe jedoch nicht aus, dass die Parteien dahingehend übereinkommen könnten, den Preis offen zu lassen oder die andere Partei sich sodann aufgefordert fühlen könne, ihrerseits ein eigenes Angebot mit Angabe eines Preises zu unterbreiten. Die Parteien seien auch nicht daran gehindert, erst nachträglich den unzureichend bestimmten und daher nicht als Angebot geltenden Vorschlag Gegenstand eines Vertrages werden zu lassen. Daher sei Art. 55 CISG mit der Möglichkeit einer nachträglichen Preisbestimmung nach objektiven Kriterien auch sinnvoll, wenn man einen bindenden Vertrag abgeschlossen habe, der Preis aber nicht bestimmt wurde[496].

(2) Vorrang des Art. 55 gegenüber Art. 14 CISG

Andere Stimmen im deutschen Schrifttum versuchen, die Kontroverse über einen grundsätzlichen Vorrang des Art. 55 CISG gegenüber Art. 14 CISG zu lösen.

Soweit sich die Parteien über einen Kaufvertrag ohne Preisfestsetzung geeinigt haben, sei der Vertrag nicht unwirksam, sondern der übliche Preis gelte gemäß Art. 55 CISG als vereinbart[497]. Dem Kaufvertragsschluss im UN-Kaufrecht liege das Konsensprinzip zugrunde, so dass auch ohne Preisvereinbarung ein wirksamer Vertrag entstehen könne. Das Erfordernis der Preisbestimmung habe dann zurückzutreten, wenn sich die Parteien ohne Preisbestimmung binden wollen. Aus Art. 14 CISG leite sich lediglich eine widerlegbare Vermutung

---

[496] *Neumayer*, FS Lorenz, S. 747 ff. (750 ff.); *Roth,Kunz*, RIW 1997, S. 17 ff. (19 f.). Noch weitergehender wohl die Ausführungen von *Bucher* (S. 54 ff.), der die Konstruktion von Angebot und Annahme unter historischen Gesichtspunkten als „*Denkfiguren der letzten Minute*" bezeichnet (S. 62). Dabei sei historisch nicht herzuleiten, dass nicht auch ohne zeitlich aufeinander folgende Erklärung eines Angebots und einer Annahme ein Vertragsschluss möglich sei. Vielmehr handele es sich vielfach um eine „*nutzlose intellektuelle Übung*" in Lebenssachverhalten die entsprechenden Erklärungen herauszufiltern (S. 64). Art. 55 CISG beziehe sich folglich nicht auf den Vorgang des Vertragsschlusses, sondern auf den Zeitraum während oder nach Erfüllung, während Art. 14 CISG sich auf den Zeitraum der Vertragsentstehung beziehe (S. 78 ff.).

[497] *Karollus*, S. 61 f.; *Reinicke,Tiedtke*, Rn. 995; *Dawwas*, S. 103 f.

gegen das Vorliegen eines Bindungswillens bei Fehlen einer Preisbestimmung ab. Das Vorliegen eines wirksamen Kaufvertrages anzunehmen, weil es dem Parteiwillen entspreche, einen wirksamen Kaufvertrag abzuschließen, sei sachlich der Vertragsungültigkeit vorzuziehen[498].

Nur für den Fall, dass es keinen Marktpreis gebe, der über Art. 55 CISG bestimmbar ist, sei Art. 14 CISG der Vorrang einzuräumen, so dass mangels gültigen Angebots auch ein Vertrag nicht zustande gekommen sei[499].

(3) Vorrang des Art. 14 I 2 gegenüber Art. 55 CISG

Nach einem weiteren Ansatz gibt Art. 55 CISG nicht die Möglichkeit, vom Erfordernis einer Preisbestimmung aus Art. 14 I 2 CISG abzuweichen. Aus diesem Grund wird von einigen Autoren im Schrifttum vertreten, dass ein Vorrangverhältnis zugunsten des Art. 14 I 2 CISG gegenüber Art. 55 CISG besteht. Die Grundentscheidung des UN-Kaufrechts zugunsten eines „*pretium certum*“ könne nicht einfach durch eine entsprechende Auslegung des Art. 55 CSIG umgangen werden[500]. Dem UN-Kaufrecht liege vielmehr die Entscheidung zugrunde, materielles Kaufrecht und Vertragsschluss voneinander zu trennen[501]. Art. 55 CISG verliere dennoch nicht jede Bedeutung. So gewinne er Bedeutung, wenn in einem Land der Teil II des Übereinkommens aufgrund eines Vorbehalts nach Art. 92 CISG nicht übernommen worden sei und das nationale Recht das Erfordernis einer Preisbestimmung nicht kenne[502]. Auch wenn die Parteien gemäß Art. 6 CISG die Regelung des Art. 14 CISG abbedungen haben, finde der Art. 55 CISG Anwendung[503]. Er könne etwa als Auslegungsrichtlinie für die Frage herangezogen werden, ob bei den Vertragsverhandlungen stillschweigend vom üblichen Preis ausgegangen worden sei[504].

(4) Abbedingung des Art. 14 CISG

In Fortführung der Ansicht der vorrangigen Geltung des Art. 14 CISG gegenüber Art. 55 CISG wird versucht, den Widerspruch zwischen den beiden Vorschriften dadurch zu lösen, dass im Falle einer fehlenden Preisbestimmung von einem stillschweigenden Ausschluss des Art. 14 CISG ausgegangen

---

498 *Karollus*, S. 62; ähnlich auch *Bonell* RIW 1990, S. 693 ff. (697).

499 So *Loewe*, S. 76.

500 *Witz*, S. 226; *Piltz*, Internationales Kaufrecht, § 3, Rn. 24.

501 *Schlechtriem/Rehbinder*, Fachtagung, S. 149 ff. (157); *Witz,Salger,Lorenz/Witz*, Art. 14, Rn. 10 f.

502 *Doralt/Bydlinski*, S. 57 ff. (62 f.).

503 *Huber*, RabelsZ 1979, S. 413 ff. (439); *Staudinger/Magnus*, Art. 14, Rn. 33; *Hoyer,Posch/Jametti Greiner*, S. 43 ff. (49).

504 *Schlechtriem,Schwenzer/Schlechtriem*, Art. 14, Rn. 11.

wird[505]. Folge wäre, dass ein Angebot ohne Preisbestimmung als Angebot mit dem Antrag auf Abbedingung dieser Vorschrift zu werten sei. Dabei wird die Möglichkeit einer Abbedingung nicht in Frage gestellt. Jedoch wird diese Ansicht deswegen kritisiert, weil die Anforderung an die Annahme einer stillschweigenden Abbedingung zu gering sei[506]. Daher wurde der Versuch gemacht, Fallgruppen zu bilden, bei denen Anhaltspunkte für einen Ausschluss des Art. 14 CISG gegeben sind. So wird vertreten, dass sich solche Anhaltspunkte aus den Gepflogenheiten in den Geschäftsbeziehungen der Parteien ergeben könnten[507], oder wenn bereits erfüllt worden sei[508]. Auch die Tatsache entstandener Verhandlungskosten könne u.U. als Indiz für eine Abbedingung des Art. 14 CISG verstanden werden. Dies gelte erst Recht im internationalen Handel, da es dort günstiger sein könne, den Konsens aufrecht zu erhalten, anstatt neu zu verhandeln[509].
Des Weiteren soll nach *Witz* auch bei Frustration von ursprünglich ausreichend bestimmten Preisklauseln und aufgrund eines Kontrahierungszwanges zustande gekommenen Vertrages Art. 55 CISG Anwendung finden[510].

b. Stellungnahmen im italienischen Schrifttum

Auch im italienischen Schrifttum wird der Meinungsstand ausführlich dargestellt[511]. *Vessichelli* vertritt die Ansicht, dass ein Ausschluss des Art. 14 CISG anzunehmen sei, soweit Art. 55 CISG zum Zuge komme. Das sei immer dann der Fall, wenn ein Angebot ohne Preisangabe akzeptiert wird, ohne dass einer der Vertragspartner gegen die mangelnde Preisbestimmung Widerspruch erhebt[512].
Cottino verneint einen Widerspruch zwischen Artt. 14 und 55 CISG und schlägt vor, dass beide Regelungen nebeneinander Geltung für sich beanspruchen können, weil sie unterschiedliche Regelungsbereiche beträfen. Die Frage der Wirksamkeit sei nach dem anzuwendenden nationalen Recht zu entscheiden, weil dies eine Frage der Gültigkeit des Vertrages sei, Artt. 4 lit. a) und 7 II CISG. Soweit nach dem anzuwendenden nationalen Recht ein Vertrag auch ohne die Einhaltung der Voraussetzungen des Art. 14 CISG wirksam ge-

---

505 *Reinhart*, Art. 14, Rn. 5; *Herber,Czerwenka*, Art. 14, Rn. 6.

506 *Schlechtriem /Rehbinder*, Fachtagung, S. 149 ff. (158); *Witz*, S. 216 f.; für das Vorliegen deutlicher Anhaltspunkte, *Staudinger/Magnus*, Art. 14, Rn. 33.

507 *Schlechtriem,Schwenzer/Schlechtriem*, Art. 14, Rn. 11; *Witz,Salger,Lorenz/Witz*, Art. 14, Rn. 14.

508 *Schlechtriem,Schwenzer/Schlechtriem*, Art. 14, Rn. 11; *Ludwig*, S. 366; *Schluchter*, S. 143.

509 *Schluchter*, S. 143.

510 *Witz,Salger,Lorenz/Witz*, Art. 14, Rn. 15 und 39.

511 Vgl. schon *Bonell*, La Vendita internazionale, S. 113 ff. (125ff.); *Giardina*, RDIPP 1993, S. 283 ff. (289 ff.).und jüngst die ausführliche Darstellung von *Siniscalchi*.

512 *Bianca/Vessichelli*, Art. 14, Anm. 1.

schlossen sei, könne Art. 55 CISG sodann zur Füllung der Vertragslücke herangezogen werden. Durch diese Auslegung sei Art. 14 CISG jedoch fragwürdig in seiner Bedeutung zurückgedrängt[513].
Eine andere Lösungsmöglichkeit sei, so *Cottino*, den Bezug auf den „gültig geschlossenen Vertrag“ in Art. 55 CISG so zu verstehen, dass damit nicht die Gültigkeit des Angebots i.S.d. Art. 14 I 2 CISG gemeint ist, sondern andere Gültigkeitsvoraussetzungen, als die Preisbestimmung. Ein unbestimmtes Angebot könne so im Lichte des Art. 55 CISG ausgelegt werden[514].
Giardina vertritt die Ansicht, dass die Lösungsversuche, die auf die Bedeutung der Regelung des Art. 55 CISG Gewicht legen, deshalb problematisch seien, weil sie zu Lasten der Regelung des Art. 14 CISG gingen. Dies führe jedoch zu einer fragwürdigen Reduktion der Bedeutung dieser Regelung. Ebenso fragwürdig sei es, einen wirksamen Vertrag ohne Preisbestimmung anzunehmen, obwohl Art. 14 I 2 CISG als Wirksamkeitsvoraussetzung eine hinreichende Bestimmung vorsehe. Jedoch sei dieses Problem über eine Abwahl des Art. 14 I 2 CISG lösbar. Entscheidend sei dabei letztlich, dass sich eine einheitliche Rechtsprechung herausbilde. Die an eine Derogation von Art. 14 CISG zu stellenden Voraussetzungen dürften dabei nicht zu gering zu gehalten werden. Bezug sollte dabei auf die Gepflogenheiten der Parteien und des internationalen Handels (Art. 9 CISG) genommen werden[515].

Eine ausführliche Darstellung und Auseinandersetzung mit dem Meinungsstand findet sich im Rahmen des italienischen Schrifttums jüngst bei *Siniscalchi.* Sie teilt die verschiedenen Ansichten in zwei Lager auf: Zum einen diejenigen, die von einem Widerspruch zwischen Artt. 14 und 55 CISG ausgehen, zum anderen diejenigen, die beiden Regelungen einen eigenständigen Regelungsgehalt zusprechen[516]. Nähme man einen Widerspruch zwischen den beiden Vorschriften an, sei dieser nur durch die Annahme eines Vorrangverhältnisses lösbar.
Ein Vorrang des Art. 55 CSIG sei verschiedentlich vertreten worden. Allerdings falle es bei einem solchen Ansatz schwer, eine zufrieden stellende Lösung zu finden. Art. 14 I CISG in seiner Bedeutung zugunsten eines *open price contract* einzuschränken, führe jedoch zu einem „*abbraccio mortale*“ dieser Vorschrift. Die Gründe für eine solche Interpretation lägen jedoch in den Bedürfnissen des internationalen Handels nach möglichst flexibler Vertragsges-

---

[513] Im italienischen zu dieser Ansicht *Bianca/Cottino*, Art. 55, Anm. 2. und *Giardina* RDIPP 1993, S. 283 ff. (291). Dieser Lösungsansatz wurde von dem Franzosen *Heuzé* (vgl. dort Anm. 174) vertreten und findet auch im deutschen Schrifttum Erwähnung, vgl. etwa *Luig*, S. 66.
[514] *Cottino*, a.a.O.; diese Ansicht ist auf einen Vorschlag Schlechtriems zurückzuführen, vgl. *Schlechtriem*, Einheitliches UN-Kaufrecht, Fn. 319.
[515] *Giardina*, RDIPP 1993, S. 283 ff. (293 f.).
[516] *Siniscalchi*, Capitolo I: L´antinomia, S. 21 ff.; Capitolo II: La separazione, S. 49 ff.

taltung und damit außerhalb der Interpretation des UN-Kaufrechts. Anderes gelte auch nicht, wenn man den Widerspruch über eine implizite Abwahl des Art. 14 I CISG annehme. Diese gehe von einer vorrangigen Prüfung des Art. 14 CISG aus, gelange aber letztlich über die Parteiautonomie zu einem faktischen Vorrang des Art. 55 CISG. Andernfalls bliebe es bei dem ungelösten Konflikt zwischen den beiden Regelungen[517].

Gewichtigstes Argument gegen einen Vorrang des Art. 55 CISG sei sein Wortlaut, der als einzige Vorschrift des Teil III des UN-Kaufrechts die Voraussetzung des gültigen Vertragsschlusses formuliere, obwohl dieser für die Anwendung der Vorschriften des Teil III des UN-Kaufrechts Voraussetzung sei. Die Schlussfolgerung, hierin nur einen Verweis auf die nationalen Gültigkeitsvorschriften zu sehen, mithin auch auf solche, die einen Vertragsschluss ohne Preisbestimmung zulassen, nehme nicht hinreichend zur Kenntnis, dass in Vertragsstaaten in der Regel auch Art. 14 I CISG anzuwenden ist und daher die Bestimmung eines Preises Voraussetzung für den Vertragsschluss ist[518]. *Siniscalchi* schließt sich der Ansicht an, dass ein Widerspruch zwischen den beiden Normen nicht besteht. Dies sei der wohl einzig gangbare Weg, beiden Vorschriften zu der ihnen gebührenden Geltung zu verhelfen. Dabei sei der Wortlaut des Art. 55 CISG mit seinem Bezug auf die Gültigkeit eines Vertrages, nur als ein Echo auf nationale Wirksamkeitsvoraussetzungen zu verstehen. Fragen der Gültigkeit seien nach nationalem Recht zu beantworten, weil sie außerhalb des Regelungsbereichs des CISG liegen. Die Fragen des Angebots zum Abschluss eines Vertrages seien jedoch in Art. 14 I CISG geregelt. Dabei könne man aber wegen der Formulierung des Art. 55 CISG, der von einem gültig geschlossenen Vertrag ausgeht, nicht unterstellen, dass eine Preisbestimmbarkeit wegen Art. 55 CISG zwingend Voraussetzung für einen Vertragsschluss sein müsse. Vielmehr stelle Art. 14 I CISG Anforderungen für die Vorgehensweise beim Abschluss eines Vertrages auf. Daraus ließe sich nicht ableiten, dass eine Bindung der Parteien nicht auch ohne Preisbestimmung möglich wäre. In solchen Fällen finde Art. 55 CSIG Anwendung[519].

---

517 *Siniscalchi*, S. 38 ff. und 44 f.

518 *Siniscalchi*, S. 46 ff.

519 *Siniscalchi*, S. 65 ff. Im Ergebnis entspricht diese Ansicht wohl der von *Bucher*, vgl. o. Fn. 496.

c. Rechtsprechung

Bisher gibt es zu dem problematischen Verhältnis zwischen Artt. 14 und 55 CISG kaum brauchbare Hinweise aus der Rechtsprechung. Das kann daran liegen, dass sich ein Gericht zu diesem Streitstand nur dann äußern müsste, wenn ein Sachverhalt vorliegt, dem weder eine Preisbestimmung, noch eine Preisbestimmbarkeit zugrunde liegt. Nur dann ist fraglich, ob dies überhaupt Voraussetzung für einen gültigen Vertragsschluss ist und im Einzelfall eine Umgehung von Art. 14 I 2 CISG vorliegt. Die deutsche und die italienische Rechtsprechung haben zum Problem des „*open price contract*“ noch nicht ausdrücklich Stellung genommen.

In einem Urteil des *OLG Frankfurt a.M.*[520] wurde das Vorliegen eines wirksamen Angebots mangels Preisbestimmung jedoch abgelehnt. Bei dem zugrunde liegenden Sachverhalt handelte es sich um die Bestellung von Spezialschrauben. Im Vorfeld waren mehrfach Informationen über Warensortiment und Preise zwischen den Parteien ausgetauscht worden. Letztlich bestellte die Klägerin andere Stückzahlen, als zuvor angefragt, und weitere Artikel, die weder als lieferbar angeboten, noch vom Preis her bestimmt waren. Das Gericht sah hierin ein Angebot, bei dem eine Preisbestimmung zwar zum Teil denkbar gewesen sei, eine Teilung aber nicht von der Käuferin gewollt war. Dieses Angebot sei i.S.d. Art. 14 I 2 CISG nicht bestimmt genug gewesen, weil es im Falle einer Annahme nicht zur „Grundlage einer Entscheidung“ hätte gemacht werden können. Das Gericht hat hier nicht weiter ausgeführt, ob die Parteien nicht auch ohne Preisangabe bezüglich der übrigen Teile einen Vertrag abschließen wollten, und daher auch zur Möglichkeit eines *open price contract* und dem Verhältnis von Artt. 14 und 55 CISG keine Stellung bezogen.

In der deutschen und italienischen Literatur werden insbesondere die folgenden Urteile zitiert. In einem Urteil des ungarischen *Obersten Gerichts*[521] hätte es sich angeboten, zum Verhältnis von Artt. 14 und 55 CISG Stellung zu nehmen. Das Gericht lehnte eine Preisbestimmbarkeit und damit den Abschluss eines Vertrages ab. Dennoch enthielt auch dieses Urteil sich einer Äußerung über die Möglichkeit eines *open price contract* und Ausführungen zu einem etwaigen Bindungswillen der Parteien, trotz Unbestimmbarkeit des Kaufpreises.

Jedoch gibt es aus der Schweiz[522] zwei in der deutschen Literatur zitierte Ur-

---

[520] OLG Frankfurt a.M., Urteil vom 4.3.1994 (Az.: 10 U 80/93), *UNILEX*, i.Ü. unveröffentlicht.

[521] Ungarisches Oberstes Gericht, Urteil vom 25.9.1992, Journal of Law & Commerce 1993, S. 31 (42ff.). Vgl. hierzu noch sogleich S. 115. Zitiert etwa bei *Liguori*, Foro it. 1996 IV, Spalte 145 ff. (160 f.); *Schlechtriem,Schwenzer/Schlechtriem*, Art. 14, Fn. 32.

[522] Handelsgericht St. Gallen, Urteil vom 5.12.1995 (Az.: HG 45/1994), *UNILEX*, auszugsweise veröffentlicht bei SZIER 1996, S. 53 f.; Bezirksgericht St. Gallen, Urteil vom 3.7.1997 (Az.: 3 PZ 97/18), *UNILEX*, auszugsweise veröffentlicht bei SZIER 1998, S.

teile, die einen Vertragsschluss angenommen haben, obwohl keine Bestimmung des Preises stattgefunden hatte. In dem einem Urteil des *Handelsgerichts St. Gallen* zugrunde liegenden Sachverhalt wurden Schneideplotter ohne Preisangabe bestellt. Das Gericht hielt dafür, dass die Käuferin ihren verbindlichen Willen per Fax geäußert habe. Ein Hinweis etwa auf eine Derogation des Preisbestimmtheitserfordernisses machte das Gericht nicht, sondern bejahte einen wirksamen Vertragsschluss ohne Preisbestimmung. Auf das Problematische Verhältnis zwischen Artt. 14 und 55 CISG ging das Gericht nicht ein. Auch das Urteil des *Bezirksgerichts St. Gallen* befasste sich mit einem Fall fehlender Preisbestimmung. Das Gericht führte aus, dass es einer solchen deswegen auch nicht bedürfe, weil bei einer vollzogenen Vertragsdurchführung das Fehlen einer Preisbestimmung unwesentlich sei. Vielmehr sei der Preis nach Art. 55 CISG zu bestimmen. Beide Urteile stellen gleichermaßen vorrangig nur auf den Bindungswillen der Parteien ab, ohne die dargestellte Kontroverse in die Entscheidung einzubeziehen.
Die zitierten Urteile werden in der deutschen Literatur als Bestätigung der Befürchtung angesehen, dass den Urteilen der Gerichte die Tendenz innewohnen könnte, sich im Zweifelsfall am nationalen unvereinheitlichten Recht zu orientieren. Je nach nationaler Zugehörigkeit der entscheidenden Gerichte könnte es dadurch bei im Wesentlichen gleichgelagerten Sachverhalten zu unterschiedlichen Entscheidungen kommen, orientiert daran, ob nach lokalem Recht ein Vertragsschluss ohne Preisbestimmung zulässig ist[523]. So muss etwa nach Art. 184 III OR der Preis zwar wie im UN-Kaufrecht zumindest bestimmbar sein; liegt jedoch offensichtlich eine verbindliche Bestellung vor, gilt gemäß Art. 212 I OR die Vermutung der Vereinbarung des Marktpreises. Die schweizerischen Gerichte neigen zu einer großzügigen Anwendung des Art. 212 OR, um bei Fehlen einer Preisvereinbarung das Geschäft aufrechterhalten zu können[524]. Dementsprechend wurde in beiden schweizer Urteilen, die in diesen Bereich des UN-Kaufrecht fielen, zugunsten der Wirksamkeit des Angebots ohne bestimmbaren Kaufpreis entschieden.
Allerdings scheint das *OLG Frankfurt* nicht dieser Tendenz zur Anwendung nationalen Rechts erlegen zu sein. Entsprechend dem deutschen Recht – aber auch den zum CISG vertretenen Ansichten – hätten ansonsten nähere Ausführungen zum Willen der Parteien gemacht werden können, sich auch ohne Preisbestimmung binden zu wollen. § 316 BGB sieht hierfür eine entsprechende Zweifelsregelung zugunsten eines Preisbestimmungsrecht des Verkäufers vor, soweit sich die Parteien endgültig binden wollten[525].

84 f.

[523] So *Luig*, S. 59 und 65 m.w.N. Vgl. zu diesem Problem sogleich 3.Kapitel:B.I.2, S. 113.

[524] *Honsell, Vogt, Wiegand/Koller*, Art. 184, Rn. 45 ff. und Art. 212, Rn. 2 und 4.

[525] *Palandt/Heinrichs*, § 316, Rn. 1.

d. Fazit

Die Vielfalt der vertretenen Ansichten zum Verhältnis von Artt. 14 und 55 CISG ist außerordentlich groß. In dogmatischer Hinsicht besteht weder in Italien noch in Deutschland Einigkeit. Vielmehr wird in beiden Ländern eine Anzahl sich ähnelnder plausibler Ansätze vertreten.

Im Ergebnis besteht im deutschen wie italienischen Schrifttum Einigkeit darüber, dass zugunsten einer flexiblen Vertragsgestaltung im internationalen Handel ein Vertragsschluss ohne bestimmbaren Kaufpreis unter Vorliegen bestimmter Voraussetzungen zuzulassen ist. Die Rechtsprechung in Deutschland und Italien hat hierzu bisher nicht deutlich Stellung bezogen.

Immerhin ist bei mangelnder Preisbestimmbarkeit weitgehend anerkannt, dass die Annahme eines Vorrangs des Art. 55 CISG oder die allzu leichtfertige Annahme einer stillschweigenden Derogation des Art. 14 CISG einer völligen Entwertung dieser Vorschrift gleichkäme; dies ist im Hinblick auf den Wortlaut des UN-Kaufrechts vom Konventionsgeber offenkundig nicht gewollt.

Daher wird z.T. versucht, eine der Konvention zuwiderlaufende Entwertung des Art. 14 CISG durch Herausbildung von Fallgestaltungen entgegenzuwirken, bei denen die Annahme einer Abwahl des Art. 14 CISG nahe liegt. Die Ansicht, nur bei Vorliegen von entsprechenden Anhaltspunkten im Einzelfall von einer Derogation des Art. 14 CISG auszugehen, entspricht der als wohl herrschend zu bezeichnenden Ansicht in der deutschen und italienischen Literatur[526]. Auch ist in beiden Ländern anerkannt, dass die Gepflogenheiten zwischen den Parteien und die Bräuche im internationalen Handel einzubeziehen sind[527]. Innerhalb des deutschen Schrifttums wurden bereits weitergehende Fallgruppen für Anhaltspunkte zur Zulässigkeit eines Vertrages ohne Preisbestimmung und -bestimmbarkeit vorgeschlagen[528]. Dabei bleibt das streitige Verhältnis zwischen Artt. 14 und 55 CISG jedoch weitgehend ungeklärt.

Zu ähnlichen Ergebnissen werden auch die Vertreter der – in Deutschland und Italien vertretenen – Ansicht kommen, die einen Widerspruch zwischen den beiden Vorschriften verneinen. Art. 14 I CSIG ist diesem Lösungsansatz zufolge keine zwingende Voraussetzung für einen Vertragsschluss, sondern eher eine Abgrenzungsnorm. Daher wird hier wohl darauf abgestellt werden, ob entsprechend einem Bindungswillen der Parteien ein Vertrag geschlossen sein soll. Als typische Fallgestaltung wird etwa angeführt, einen wirksamen Vertrag auch ohne Preisbestimmbarkeit bei vorgenommener Erfüllung anzunehmen[529].

---

526 *Staudinger/Magnus*, Art. 14, Rn. 33; *Schlechtriem,Schwenzer/Schlechtriem*, Art. 14, Rn. 11; *Giardina*, RDIPP 1993, S. 283 ff. (293 f.).

527 Vgl. etwa *Witz,Salger,Lorenz/Witz*, Art. 14, Rn. 14; *Schlechtriem,Schwenzer/Schlechtriem*, Art. 14, Rn. 11; *Giardina*, RDIPP 1993, S. 283 ff. (294); *Siniscalchi*, S. 37 f.

528 Vgl. die Fallgruppen bei *Witz,Salger,Lorenz/Witz*, Art. 14, Rn. 14 ff.

529 Vgl. die Schlussfolgerungen z. B. bei *Bucher*, S. 78 f., der einen Widerspruch zwischen

Ob sich – unabhängig von der dogmatischen Konstruktion – durch die Rechtsprechung eine umfangreiche, widerspruchsfreie Kasuistik entwickeln wird, bleibt abzuwarten. Immerhin besteht Einigkeit dahingehend, dass ein wirksamer Vertrag ohne Preisbestimmung und -bestimmbarkeit nur in Ausnahmefällen gegeben sein kann, weil Art. 14 I 2 CISG grundsätzlich dies für den wirksamen Abschluss eines Vertrages voraussetzt. Richtigerweise muss mit der herrschenden Ansicht die Abbedingung des Art. 14 CISG im Einzelfall geprüft werden, wobei an eine stillschweigende Abbedingung hohe Anforderungen zu stellen sind.

2. *Mindestvoraussetzungen i.S.d. Art. 14 I 2 CISG – insbesondere die Bestimmbarkeit des Kaufpreises*

Es besteht keine einheitliche Auffassung darüber, welche Anforderungen an die Bestimmtheit bzw. die Bestimmbarkeit des Angebots, insbesondere in Bezug auf die des Kaufpreises, zu stellen sind.
Als weiteres Auslegungsproblem schließt sich die soeben erörterte Frage an, ob und unter welchen Voraussetzungen eine Abwahl des Bestimmtheitserfordernisses i.S.d. Art. 14 I 2 CISG zulässig ist. Fraglich ist demnach, unter welchen Umständen eine Preisbestimmbarkeit noch bejaht werden kann.

a. Bestimmbarkeitserfordernis

Art. 14 I 2 CISG eröffnet die Möglichkeit der Wirksamkeit eines Angebotes, obwohl wesentliche Bestandteile des angestrebten Vertrages nicht festgelegt sind, nämlich Menge oder Preis. Sie müssen jedoch zumindest bestimmbar sein.
Die Bestimmung der „*essentialia contractus*“ kann mangels ausdrücklicher Festsetzung aufgrund stillschweigender Vereinbarung erfolgen, Art. 14 I 2 CISG. Da stillschweigend kaum eine eindeutige Bezeichnung der Ware, der Menge oder des Preises möglich sein wird, ist in einem solchen Fall nach Anhaltspunkten für die Bestimmbarkeit zu suchen. Diese Anhaltspunkte können ausdrücklich oder konkludent erklärt werden oder sich aus Gebräuchen und Gepflogenheiten zwischen den Vertragsparteien ergeben[530].
Die Frage, unter welchen Umständen eine Bestimmbarkeit von Ware und Menge gegeben ist, hat bisher nicht zu Unstimmigkeiten in Lehre und Rechtsprechung geführt. Die Ware kann individuell oder gattungsmäßig bezeichnet

---

Artt. 14 und 55 CISG leugnet und *Luig*, S. 73, die sich der Ansicht einer Abbedingung von Art. 14 anschließt. Für erstere Ansicht in Italien: *Siniscalchi*, insbes. S. 65 ff.

[530] *Staudinger/Magnus*, Art. 14, Rn. 16; *Schlechtriem,Schwenzer/Schlechtriem*, Art. 14, Rn. 3; für Italien *Alpa,Zatti*, Art. 14, Rn. 6; *Liguori*, Foro it. 1996 IV, Spalte 145 ff. (161) beide mit Bezug auf das Urteil des Hauptstadtgerichts Budapest vom 24.3.1992 (Az.: 12.G.41.471/1991), Zusammenfassung veröffentlicht bei *UNILEX* und *Vida* IPRax 1993, S. 263 f.

werden. Die Bestimmung einzelner Eigenschaften können dem Erklärungsempfänger oder einem Dritten überlassen werden, wie sich schon aus der Vorschrift des Art. 65 CISG ergibt[531]. Für Mengenangaben ist hinreichend, wenn sich aus dem Angebot selbst die Menge ergibt oder sich diese aufgrund des Angebots ermitteln lässt. So wurde etwa das Angebot des gesamten Vorrats oder eine Lieferung zur Deckung des gesamten Bedarfs als hinreichend angesehen[532]. Der österreichische *OGH* hat in einem in der italienischen und deutschen Literatur zitierten Urteil entschieden, das die Lieferung einer größeren Menge Chinchilla-Felle mittlerer bis besserer Qualität hinreichend spezifiziert ist[533].

b. Bestimmbarkeit des Kaufpreises

Dem hingegen ist die Beurteilung, ab wann eine Preisangabe i.S.d. Art. 14 I 2 CISG nicht mehr bestimmt genug ist problematischer. Schon früh wurde darauf hingewiesen, dass dieses Kriterium dazu führen könne, dass in Ländern, deren nationales Recht die Vereinbarung eines bestimmten Kaufpreises als Voraussetzung für den Abschluss eines wirksamen Kaufvertrag verlangt („*pretium certum*"), eine engere Auffassung vom Bestimmbarkeitskriterium des Kaufpreises vertreten werden würde[534]. In der deutschen Literatur wird als Angabe eines hinreichend bestimmbaren Kaufpreises etwa die ausdrückliche oder stillschweigende Bezugnahme auf Preislisten, Katalog- und Börsenpreise[535] oder die Übersendung der Ware mit einem Preisschild, soweit dies eine entsprechende Offerte darstellen soll, für ausreichend erachtet[536]. Der erforderliche Mindestgehalt soll von einer vernünftigen Person der gleichen Art unter gleichen Umständen ausreichend konkret aufgefasst werden können, Art. 8 II CISG[537].

In dem vorstehend zitierten Urteil des österreichischen *OGH* wurde die Angabe eines Preisrahmens für Chinchilla-Felle unterschiedlicher Qualität von 35 - 65 DM für hinreichend bestimmt gehalten, wenn aufgrund der Qualitätsunterschiede der Felle eine Konkretisierung des Preises möglich ist[538]. Dieses Urteil ist in der deutschen und italienischen Literatur weitgehend auf Zustimmung gestoßen. Als hinreichend i.S.d. Art. 14 I 2 CISG wird demzufolge die Ver-

[531] Statt aller *Staudinger/Magnus*, Art. 14, Rn. 19 m.w.N.

[532] Statt aller *Staudinger/Magnus*, Art. 14, Rn. 21 m.w.N.

[533] OGH, IPRax 1996, S. 137 ff. Zitiert etwa bei *Alpa,Zatti*, Art. 14, Rn. 6; *Schlechtriem,Schwenzer/Schlechtriem*, Art. 14, Fn. 16.

[534] *Huber*, RabelsZ 1979, S. 413 ff. (439); vgl. hierzu auch die umfassende rechtsvergleichende Darstellung bei *Witz*.

[535] *Staudinger/Magnus*, Art. 14, Rn. 23; Luig, S. 54.

[536] *Schlechtriem,Schwenzer/Schlechtriem*, Art. 14, Rn. 3.

[537] *Schlechtriem,Schwenzer/Schlechtriem*, Art. 14, Rn. 4; so auch der österreichische OGH, IPRax 1996, S. 137 ff. (138).

[538] *Staudinger/Magnus*, Art. 14, Rn. 23; OGH, IPRax 1996, S. 137 ff. (138).

einbarung eines Kaufpreisrahmens angesehen[539]. Aber auch ein Urteil des französischen *Cour de Cassation*[540] hat in der Literatur in Deutschland und Italien Beachtung und Zustimmung gefunden. In jenem Fall enthielt die Bestellung eine Bestimmung, wonach der Kaufpreis im Falle eines sinkenden Marktpreises neu verhandelt werden könne. Das Gericht hielt die Bestimmbarkeit des Kaufpreises bei dieser Preisrevisionsklausel für gegeben[541].
Dem hingegen hat das ungarische *Oberste Gericht* in einem vielbeachteten Urteil[542], das Vorliegen eines wirksamen Vertrages verneint, weil der Kaufpreis weder bestimmt noch bestimmbar gewesen sei. Die Entscheidung befasst sich mit einem Fall, in dem es u.a. um den Kauf von Flugzeugmotoren mit entsprechendem Flugzeugtriebwerkssystem ging. Die Verkäuferin hatte unterschiedliche Motortypen vorgeschlagen und dabei nur Preise für die unterschiedlichen Motorentypen angegeben. Die Systempreise waren nicht mitgeteilt worden. Durch die Erklärung der Käuferin, einen bestimmten Motor ausgesucht zu haben, sei kein Vertrag zustande gekommen, weil der Preis für das gesamte System weder bestimmt noch bestimmbar gewesen sei. Die Bestimmung des Preises über Art. 55 CISG lehnte das Gericht ab, weil es keinen Marktpreis für Triebwerkssysteme gebe. Dieses Urteil wurde in der deutschen Literatur vor allem als Zeichen der Gefahr für Auslegungsdivergenzen bezüglich des Bestimmbarkeitskriteriums aufgefasst, da das Urteil – im Vergleich zu dem des österreichischen *OGH* – eine engere Auffassung des Bestimmbarkeitsbegriffs widerspiegele. Diese habe ihre Wurzeln in der nationalen Rechtsordnung, von dem sich das Gericht habe leiten lassen[543]. Ähnlich wird auch in der italienischen Literatur die Meinung vertreten, dass sich aus den zitierten Urteilen zwar grundsätzlich eine Tendenz zu einer recht weiten Auffassung des Bestimmbarkeitsbegriffes ablesen lasse. Das Urteil des ungarischen *Obersten Gerichts* sei aber Ausdruck einer engeren Auffassung[544]. *Siniscalchi*

---

[539] Vgl. etwa *Magnus*, IPRax 1996, S. 145 ff. (148); kritisch dagegen *Roth,Kunz*, RIW 1997, S. 17 ff. (21), die hierin ein Preisbestimmungsrecht zugunsten des Verkäufers sehen, das dieser nach Treu und Glauben nach Art. 7 I CISG ausüben muss. Für Italien *Siniscalchi*, S. 78 f.

[540] Urteil des Cour de Cassation, 4.1.1995, veröffentlicht bei *UNILEX*.

[541] Zustimmend *Staudinger/Magnus*, Art. 14, Rn. 24; *Magnus*; IPRax 1996, S. 145 ff., (147). *Witz/Wolter*, RIW 1995, S. 810 ff. (812 f.); für Italien *Liguori*, Foro it. 1996 IV, Spalte 145 ff. (162).

[542] Ungarisches Oberstes Gericht, Urteil vom 25.9.1992, Journal of Law & Commerce 1993, S. 31 (42ff.).

[543] Vgl. die ausführliche Besprechung dieses Urteils von *Vida*, IPRax 1995, S. 261 ff., der dem Urteil im Ergebnis zustimmt. Zur internationalen Kritik an diesem Urteil, vgl. *Luig*, S. 57 ff. und für Italien *Liguori*, Foro it. 1996 IV, Spalte 145 ff. (162).

[544] *Liguori*, Foro it. 1996 IV, Spalte 145 ff. (162): "*I casi finora illustrati appaiono indicativi di una certa tendenza a dare un'interpretazione piuttosto ampia del requisito in esame. (...)Non mancano, tuttavia, decisioni che interpretano in modo più rigoroso l'art. 14, (...)* ". Ähnlich auch *Alpa,Zatti*, Art. 14, Rn. 6; *Siniscalchi*, S. 74.

vertritt im Ergebnis die Meinung, dass die Bedenken gegen das Urteil des ungarischen Obersten Gerichts in Anbetracht des zugrunde liegenden Sachverhaltes unbegründet seien. Das Urteil sei vielmehr einwandfrei. Man dürfe die Möglichkeit der nachträglichen Preisbestimmung aus Art. 55 CISG nicht zum Anlass nehmen, Art. 14 CISG auszuhöhlen[545].

c. Fazit und Ausblick

Zu augenfälligen Auslegungsdivergenzen in der Literatur ist es bisher in Deutschland und Italien nicht gekommen. Vielmehr wurde in beiden Ländern von Teilen des Schrifttums angemerkt, dass es eine gewisse Tendenz zu unterschiedlichen Auffassungen vom Bestimmbarkeitsbegriff des Art. 14 I 2 CISG gibt, die auf die unterschiedlichen Rechtstraditionen zurückzuführen sind. Dies wird im deutschen und italienischen Schrifttum gleichermaßen darauf zurückgeführt, dass der Begriff der Bestimmbarkeit hierzu leicht Anlass geben kann.

Es sei damit zu rechnen, dass die Rechtsprechung der Länder, deren nationales Recht für ein wirksames Angebot eine Preisfestlegung verlangt, dazu tendiert, ein wirksames Angebot zu verneinen. Dies sei in Fällen zu befürchten, in denen eine eindeutige Erklärung als Anzeichen für einen Parteiwillen zur Festsetzbarkeit des Preises fehle[546].

Die deutsche und italienische Rechtsprechung hat sich mit dieser Problematik noch nicht beschäftigt[547]. Divergierende Rechtsprechungsergebnisse – im Vergleich zwischen Deutschland und Italien – sind jedoch nicht zu erwarten, selbst wenn sich die Gerichte von nationalen Vorstellungen leiten lassen sollten. Die deutsche und die italienische Rechtsordnung enthalten gleichermaßen keine Regelung, die ein *pretium certum* als Wirksamkeitsvoraussetzung für einen Kaufvertrag vorsieht. Nach Art. 1474 Cod. civ. ist ähnlich dem UN-Kaufrecht eine Bestimmbarkeit des Kaufpreises ausreichend[548]. Das BGB geht

---

[545] *Siniscalchi*, S. 77 und 79.

[546] *Luig*, S. 56; *Vida*, IPRax, 1995, S. 261 ff. (263 f.); *Schlechtriem/Rehbinder*, Fachtagung, S. 149 ff. (158); ähnlich *Siniscalchi*, S. 74 f.

[547] Einzig ein Urteil des OLG Frankfurt a.M. (Urteil vom 4.3.1994, Az.: 10 U 80/93, *UNILEX*, i.Ü. unveröffentlicht) hat sich mit der Frage der Bestimmtheit des Angebots nach Art. 14 CISG beschäftigt. Ausführungen zur Preisbestimmbarkeit machte das Gericht nicht, vgl. bereits oben S. 110.

[548] Nach Art. 1474 I Cod. civ. wird im Zweifel vermutet, dass sich die Parteien auf den üblicherweise verlangten Kaufpreis beziehen wollten. Nach Absatz 2 ist der Markt - oder Börsenpreis des Ortes der Übergabe heranzuziehen, wenn es einen solchen für die verkauften Sachen gibt. Zum streitigen Verhältnis dieser beiden Absätze des Art. 1474 Cod. civ., vgl. *Cian,Trabucchi*, Art. 1474, Anm. I Rn. 1 f. Diese Regelungen finden auch dann Anwendung, wenn sich die Parteien auf einen angemessenen Preis beziehen wollten, Art. 1474 III CISG, vgl. hierzu *Cian,Trabucchi*, Art. 1474, Anm. IV. Zu Art. 1474 und den Unterschieden zwischen den einzelnen Rechtsordnungen, vgl. *Giardina*, RDIPP 1993, S. 283 ff. (286 ff.).

diesbezüglich angesichts der Regelung des § 316 BGB noch weiter. Die Fälle unbestimmter Kaufpreisvereinbarungen werden im Rahmen allgemeiner Vorschriften über den Inhalt von Verträgen geregelt, soweit ein Wille der Parteien vorhanden ist, sich vertraglich auch ohne Kaufpreisbestimmung binden zu wollen[549].

Es ist allenfalls zu erwarten, dass zukünftige Entscheidungen der deutschen und italienischen Gerichte gleichermaßen eine recht weite Auffassung des Bestimmbarkeitsbegriffes des Kaufpreises widerspiegeln werden.

---

549 *Hoyer,Posch/Posch*, S. 143 ff. (149); *Palandt/Heinrichs*, § 316, Rn. 1.

II. Die Annahme i.S.d. Art. 18 CISG - rechtserhebliches Schweigen im UN-Kaufrecht?

1. Die Annahme durch Schweigen auf ein Angebot

Die Annahme eines Angebots ist in Art. 18 CISG geregelt. Fraglich ist, ob auch das Schweigen auf ein Angebot im Rahmen des UN-Kaufrechts als Annahme gewertet werden kann. Die Annahme eines Angebots kann ausdrücklich oder konkludent erfolgen (Art. 18 I 1 CISG). Eine wirksame Annahme setzt grundsätzlich eine rechtzeitig zugegangene Zustimmung zu einem Vertragsangebot voraus (Art. 18 II CISG)[550]. Nach dem Wortlaut des Art. 18 I 2 CISG stellt Schweigen oder Untätigkeit selbst keine Annahme dar. So soll vor allem ein Vertrag durch Übersendung unbestellter Waren, die der Empfänger lediglich beiseite stellt, nicht zustande kommen[551].

Jedoch ist anerkannt, dass unter Umständen auch hierin ein Wille zur Annahme eines Angebots zum Ausdruck gebracht werden kann. Dies wird aus der Formulierung in Art 18 I 2 CISG abgeleitet, dass Schweigen oder Untätigkeit „allein“ [552] keine Annahme darstellt[553]. Fraglich ist daher, in welchen Situationen ausnahmsweise einem Schweigen ein für den Rechtsverkehr erheblicher Erklärungsgehalt zuzusprechen ist[554].

In diesem Zusammenhang wird im deutschen und italienischen Schrifttum ein Urteil des *U.S. District Court of the Southern District of New York*[555] zitiert[556]. Das Gericht führte aus, dass reines Schweigen oder Untätigkeit zwar keine Annahme darstelle, das Gericht aber nach Art. 8 III CISG die Möglichkeit habe, die Verhandlungen der Vertragsparteien in die Betrachtung mit einzubeziehen. Aufgrund der umfangreichen früheren Geschäfte der Parteien hätte der Empfänger des Angebots diesem widersprechen müssen. Durch sein Schweigen, trotz seines Wissen um die Einleitung von Erfüllungshandlungen – hier durch Eröffnung eines Akkreditivs – hätte der Empfänger seine Absicht deutlich gemacht, das Angebot annehmen zu wollen.

Ein weiterer Fall, der gleichermaßen Beachtung gefunden hat, wurde vom

---

[550] Statt aller *Schlechtriem,Schwenzer/Schlechtriem*, Art. 18, Rn. 4.

[551] *Schlechtriem,Schwenzer/Schlechtriem*, Art. 18, Rn. 9; *Staudinger/Magnus*, Art. 18, Rn. 12.

[552] Im Englischen *„in itself“*, im Französischen *„à eux seuls“*, im Italienischen *„di per sé“*.

[553] *Schlechtriem,Schwenzer/Schlechtriem*, Art. 18, Rn. 9; *Alpa/Zatti*, Art. 18, Rn. 2; *Bianca/Rocchietti*, Art. 18, Anm. 4.

[554] So *Liguori*, Foro it. IV 1996, Spalte 145 ff. (163); *Patti*, Riv. dir. comm. 1991 I, S. 135 ff. (137 f.).

[555] U.S. District Court of the Southern District of New York, Urteil vom 14.4.1992 (Az.: 91 Civ. 32 53 (CLB)), *UNILEX*. Ähnlich auch die Feststellung Cámara Nacional en lo Commercial vom 14.10.1993, *UNILEX*. In Deutschland und Italien etwa zitiert bei de *Lukowicz*, S. 78 und *Liguori*, Foro it. 1996 IV, Spalte 145 ff. (163).

[556] Vgl. *Liguori*, Foro it. 1996 IV, Spalte 145 ff. (163 f.); *Luig*, S. 148 ff.

OLG Köln entschieden[557]. Das Gericht hatte in dem Schweigen einer Partei die Zustimmung zur Aufhebung eines Vertrages gesehen. Die Aufhebung eines Vertrages folge über Art. 29 CISG denselben Regeln, wie der Vertragsschluss. Im zu entscheidenden Fall hatte sich die Käuferin nach Lieferung von mangelhafter Ware nicht ausdrücklich zum Schicksal des Vertrages geäußert. Vielmehr ließ sie die Weitervermarktung der Ware durch den Verkäufer widerspruchslos zu, machte keine Gewährleistungsansprüche geltend und forderte auch keine Ersatzlieferung. Dieses Verhalten wertete das Gericht als stillschweigende Annahme eines Angebots zur Vertragsaufhebung.
In der Literatur wird in Deutschland wie Italien einheitlich vertreten, dass einem Schweigen die Bedeutung einer Annahme eines Angebots zukommen kann, soweit sich durch entsprechende Handhabungen der Parteien – etwa aufgrund von Gepflogenheiten oder aufgrund eines international anerkannten Brauchs – das Schweigen als beredt erweist. Die Auslegung des Verhaltens hat sich nach Art. 8 III CISG zu richten[558].
Insgesamt lässt sich feststellen, dass in Deutschland wie Italien der Vertragsschluss nach UN-Kaufrecht zutreffend auch durch Schweigen unter genannten Voraussetzungen anerkannt ist. Bisher ist eine Divergenz weder in der Rechtsprechung noch in der Lehre ersichtlich.

2. *Die Annahme durch Schweigen auf ein kaufmännisches Bestätigungsschreiben*

Im deutschen unvereinheitlichten Recht ist im Rahmen des kaufmännischen Rechtsverkehrs seit langem anerkannte Praxis, dass durch kaufmännische Bestätigungsschreiben mündliche Vertragsabschlüsse schriftlich wiedergegeben werden. Das Bestätigungsschreiben hat dabei in erster Linie Beweisfunktion für den Abschluss und den Inhalt des Vertrages. Unter Umständen kann durch ein solches Schreiben aber auch erst der Vertragsschluss herbeigeführt werden, wenn der Empfänger auf ein zugegangenes Bestätigungsschreiben schweigt oder nicht unverzüglich widerspricht[559].

---

[557] OLG Köln, Urteil vom 22.2.1994, RIW 1994, S. 972 f. Zitiert etwa bei *Alpa,Zatti*, Art. 18 Rn. 11 und *Luig*, S. 144.

[558] *Schlechtriem,Schwenzer/Schlechtriem*, Art. 18, Rn. 9. Mit Betonung auf die Auslegung des Verhaltens entsprechend Treu und Glauben, *Patti*, Riv. dir. comm. 1991 I, S. 135 f. (139 ff.).

[559] Neben dem sog. *deklaratorischen Bestätigungsschreiben* gibt es nach deutschem unvereinheitlichtem Recht auch das sog. *konstitutive Bestätigungsschreiben*. Ein solches liegt vor, wenn die Parteien vereinbart haben, dass ein Vertragsschluss erst durch die schriftliche Fixierung Gültigkeit haben soll. Beiden Arten des Bestätigungsschreibens ist gemein, dass sie für den Vertrag Konstitutivwirkung haben können, soweit sie unwidersprochen bleiben. Sodann gilt der Vertrag mit dem Inhalt des Schreibens als zustande gekommen (*Schmidt*, § 19 III 3.).
Die dogmatische Herleitung der Wirkungen der kaufmännischen Bestätigungsschreiben

Fraglich ist, inwieweit im Rahmen des UN-Kaufrechts ein Vertragsschluss durch Schweigen auf ein kaufmännisches Bestätigungsschreiben herbeigeführt werden kann.
Die Aufnahme einer entsprechenden Norm im UN-Kaufrecht wurde mit der Begründung abgelehnt, dass dieses Rechtsinstitut in einer Vielzahl von Rechtsordnungen nicht bekannt sei[560].
Vor allem dem deutschen Juristen drängt sich daher die Frage auf, ob ein kaufmännisches Bestätigungsschreiben trotzdem im Rahmen des UN-Kaufrechts konstitutive Wirkung haben kann. Dieses Problem wird daher in der deutschen Literatur recht umfangreich besprochen[561]. Auch in der italienischen Literatur finden sich Stellungnahmen[562]. Diese Frage kann auch als anschauliches Beispiel dafür dienen, dass der Jurist das Einheitsrecht verständlicherweise immer aus einem nationalen Blickwinkel betrachtet. Diese Sichtweise ist der Grund für die immer wiederkehrende Frage, ob eine bestimmte – für das nationale unvereinheitlichte Recht wichtige – Rechtsfigur auf das Einheitsrecht übertragen werden kann.

---

ist umstritten. Zum Teil wird versucht, dies aus der allgemeinen Rechtsgeschäftslehre herzuleiten (*Münch Kom/Kramer*, Band 1, § 151, Rn. 19 ff.).
Herrschend ist jedoch die Ansicht, dass es sich um ein Institut eigener Art handelt, zu dessen dogmatischer Herleitung jedoch verschiedene Ansätze vertreten werden. Einer Ansicht nach handelt es sich um einen anerkannten Handelsbrauch, andere berufen sich auf Rechtsscheingrundsätze oder Gewohnheitsrecht (vgl. die Übersicht zum Meinungsstand bei *Soergel/Wolf*, § 147 BGB, Rn. 31).
Voraussetzung für die konstitutive Wirkung kaufmännischer Bestätigungsschreiben ist, dass sie als Bestätigungsschreiben erkennbar sind, in engem zeitlichen Zusammenhang zu den Vertragsverhandlungen stehen, keine inhaltlichen Änderungen weit reichender Art zum Vereinbarten enthalten und der Absender redlich ist (*Soergel/Wolf*, § 147, Rn. 32 ff.).
Der Absender ist redlich, soweit er davon ausgeht, dass sich der Inhalt des Schreibens auf das Vereinbarte beschränkt oder er vernünftigerweise mit einem Einverständnis des Empfängers rechnen konnte (*Schmidt*, § 19 III 5.).
Die konstitutive Wirkung kann neben der Änderung des Vertragsinhalts auch die Herbeiführung des Vertragsschlusses umfassen. Dies ist der Fall, wenn die Verhandlungen abschlussreif waren und der Absender davon ausgegangen ist, dass ein Vertragsschluss bereits erfolgt ist (*Schmidt*, § 19 III 3. b)).
Nach deutschem unvereinheitlichtem Recht kommt mithin unter Umständen dem Schweigen auf ein kaufmännisches Bestätigungsschreiben die Wirkung einer Willenserklärung zu, obwohl der Tatbestand einer Willenserklärung nicht gegeben ist (*Palandt/Heinrichs*, § 148, Rn. 8).

560 *UNCITRAL* Yearbook IX (1978), S. 76 f. (Nr. 213ff.) und S. 78 (Nr. 228).

561 *Schlechtriem,Schwenzer/Schlechtriem*, Vor Artt. 14-24, Rn. 4; Luig, S. 146 ff.; *Kröll,Hennecke*, RabelsZ 2003, S. 448 ff.

562 *Patti*, Riv. dir. civ. 1991 I, S. 135 ff. (142); *Liguori*, Riv. dir. civ. 1999 I, S. 143 ff. (162 f.).

a. Das kaufmännische Bestätigungsschreiben im UN-Kaufrecht

Artt. 14 - 24 CISG regeln lediglich den Vertragsschluss mit Angebot und Annahme. Jedoch ist anerkannt, dass nicht nur über ein Angebot mit korrespondierender Annahme ein Vertragsschluss herbeigeführt werden kann, sondern auch auf anderem Wege[563].

(1) Das kaufmännische Bestätigungsschreiben als mögliche Vertragsschlussform im Rahmen des CISG

Nach überwiegender Auffassung im deutschen Schrifttum ist ein Vertragsschluss nach UN-Kaufrecht auch dann anzunehmen, wenn ein Einigwerden der Vertragsparteien vorliegt, ohne dass sich unbedingt eindeutig deckungsgleiche Willenserklärungen i.S.v. Angebot und Annahme identifizieren ließen[564]. Der Einzelfall ist also anhand des dem UN-Kaufrecht zugrunde liegenden Konsensprinzips zu beurteilen[565]. Voraussetzung hierfür ist, dass sich aus den Umständen bei den Vertragsverhandlungen, der Vertragsabwicklung und den Anschlussdispositionen der Parteien unter Berücksichtigung von Treu und Glauben ergibt, dass ein materieller Konsens erzielt wurde und die Parteien gebunden sein wollten[566]. Auch das kaufmännische Bestätigungsschreiben mit seinen Wirkungen fällt somit grundsätzlich in den Regelungsbereich des CISG.

In der deutschen Literatur hat *Huber* noch vor Inkrafttreten des CISG entgegen der nunmehr vorherrschenden Auffassung die Meinung vertreten, dass die Grundsätze des kaufmännischen Bestätigungsschreibens schon deshalb im UN-Kaufrecht Anwendung fänden, weil andere Vertragsschlussformen, als die durch Angebot und Annahme, außerhalb des Regelungsbereichs des CISG lägen und daher nach nationalem Recht zu entscheiden seien. Diese Auffassung hat sich jedoch nicht durchgesetzt[567]. Die Vertreter der herrschenden Meinung sind vielmehr der Auffassung, dass die umfangreiche Regelung des CISG zum Vertragsschluss das Argument ausschließe, die Regelungen hätten nur fragmentarischen Charakter und ein Rückgriff auf das unvereinheitlichte Recht sei deshalb möglich. Auch sei es mit dem Vereinheitlichungszweck des Einheitsrechts nicht zu vereinbaren, den Anwendungsbereich des UN-Kaufrechts ausgerechnet dort restriktiv auszulegen, wo das CISG eine vergleichsweise umfassende Regelung erfahren habe.

[563] Vgl. etwa *Fogt*, IPRax 2001, S. 358 ff. (360 f.) m.w.N.

[564] Statt aller *Schlechtriem,Schwenzer/Schlechtriem*, Vor Artt. 14 - 24, Rn. 2.

[565] *Schlechtriem,Schwenzer/Schlechtriem*, Vor Artt. 14 - 24, Rn. 5; *Staudinger/Magnus*, Vorbem zu Artt. 14 ff., Rn. 5.

[566] *Schlechtriem/Rehbinder*, Fachtagung, S. 149 ff. (166).

[567] So noch *Huber*, RabelsZ 1979, S. 413 ff. (449 f.); für die heute h.M. statt aller *Schlechtriem,Schwenzer/Schlechtriem*, Vor Artt. 14 - 24, Rn. 4.

Mithin fielen auch andere Formen des Vertragsschlusses in den Anwendungsbereich des CISG[568].

(2) Das kaufmännische Bestätigungsschreiben als interne Lücke i.S.d. Art. 7 II CISG

Fraglich ist, ob und wie die Rechtsfigur des kaufmännischen Bestätigungsschreibens in das UN-Kaufrecht einfließen kann.

Nach ganz herrschender Auffassung im deutschen Schrifttum handelt es sich um eine Lücke innerhalb des Regelungsbereichs des UN-Kaufrechts, die nach Art. 7 II CISG gemäß den der Konvention zugrunde liegenden allgemeinen Grundsätzen zu schließen ist[569].

In jüngster Zeit wurde jedoch bezweifelt, dass Grundsätze zum Vertragsschluss dem CISG zu Grunde lägen und daher über Art. 7 II CISG das über das IPR berufene nationale Recht zum Zuge kommen müsse[570]. Diese Ansicht wurde jedoch vor allem mit dem Argument kritisiert, dass das den Artt. 14 – 24 CISG zugrunde liegende Konsensprinzip sehr wohl einen allgemeinen Grundsatz i.S.v. Art. 7 II CISG darstelle, wonach ein Vertragsschluss dann zu bejahen ist, wenn ein Konsens bzgl. der in Art. 14 I CISG genannten Essentialia erzielt wurde. Nationale Regeln über kaufmännische Bestätigungsschreiben fänden folglich keine Anwendung, sondern seien vielmehr gemäß dem Konsensprinzip zu beurteilen[571].

---

[568] *Luig*, S. 148; *Esser*, ZfRV 1988, S. 167 ff. (184 ff.).
[569] *Kröll, Hennecke*, RabelsZ 2003, S. 448 ff. (456 ff.); *Fogt*, IPRax 2001, S. 358 ff. (360 f.).
[570] *Fogt*, IPRax 2001, S. 358 ff. (363 f.).
[571] *Kröll, Hennecke*, RabelsZ 2003, S. 448 ff. (457ff.).

(3) Vorschläge zur konstitutiven Wirkung des kaufmännischen Bestätigungsschreibens im grenzüberschreitenden Warenverkehr

Die nach dem Konsensprinzip zu beurteilende Wirkung von kaufmännischen Bestätigungsschreiben führt dazu, dass ihnen im Rahmen des CISG grundsätzlich keine konstitutive Wirkung zugesprochen werden kann. Die konstitutive Wirkung von Bestätigungsschreiben – entsprechend der deutschen Rechtsordnung – zeichnet sich gerade dadurch aus, dass ein Konsens nicht erzielt wurde[572].

Diese Ansicht ist auch durch die Entstehungsgeschichte der Konvention gedeckt. Eine dem deutschen Recht entsprechende Regelung wurde im Laufe der Verhandlungen zum CISG gestrichen[573].

Im deutschen Schrifttum ist als Ausnahme von diesem Grundsatz in verschiedenen Varianten erwogen worden, die Annahme der konstitutiven Wirkung im Wege einer Analogie aus Art. 19 II CISG abzuleiten, soweit in einem kaufmännischen Bestätigungsschreiben lediglich Änderungen geringen Ausmaßes enthalten sind[574]. Nach Art. 19 II CISG führe die unwesentliche Änderung eines Angebots bei dessen Annahme zum Vertragsschluss, sofern nicht der Anbietende unverzüglich widerspreche. Diese Vorschrift sei eine Ausnahme zu der Regel des Art. 19 I CISG, wonach die Annahme eines Angebots mit Änderungen ein Gegenangebot darstelle. Aufgrund dieser Parallele sei zu erwägen, bei unwesentlichen Änderungen auch im Fall des kaufmännischen Bestätigungsschreibens eine konstitutive, vertragsändernde Wirkung anzunehmen[575]. Diese Ansicht wird jedoch zu Recht von der herrschenden Meinung mit Hinweis auf das Fehlen einer planwidrigen Regelungslücke nicht geteilt[576].

Des Weiteren wurde in der deutschen Literatur erörtert, ob aufgrund des Art. 18 I 2 CISG im Schweigen auf ein kaufmännisches Bestätigungsschreiben dessen konstitutive Wirkung in Ausnahmefällen angenommen werden könne. Grundsätzlich sei einem Schweigen kein Erklärungsgehalt beizumessen. Jedoch seien zu diesem Grundsatz auch Ausnahmen möglich. Dies ist dieser Ansicht nach aus der Formulierung in Art. 18 I 2 CISG abzuleiten, wonach

[572] *Schlechtriem,Schwenzer/Schlechtriem*, Vor Artt. 14 - 24, Rn. 4; *Witz,Salger,Lorenz/Witz*, Art. 18, Rn. 15; *Schlechtriem/Rehbinder*, Fachtagung, S. 149 ff. (167 f.).

[573] *UNCITRAL* Yearbook IX (1978), S. 78 (Nr. 228).

[574] *Luig*, S. 151 ff.; *Schlechtriem/Rehbinder*, Fachtagung, S. 149 ff. (170); *Doralt/Bydlinski*, S. 57 ff. (81 f.).

[575] So zuletzt *Luig*, S. 153.

[576] *Staudinger/Magnus*, Art. 19, Rn. 26; *Kröll,Hennecke*, RabelsZ 2003, S. 448 ff. (459 ff.). Vgl. auch *Schlechtriem,Schwenzer/Schlechtriem*, Art. 19, Rn. 4 mit dem Hinweis, dass die vertragsmodifizierende Wirkungen von Bestätigungsschreiben mit unwesentlichen Änderungen beraten aber verworfen wurde, vgl. hierzu *UNCITRAL* Yearbook VIII (1977), S. 82, Nr. 105, 111 f. und Yearbook XI (1978), S. 78, Nr. 228; S. 92, Nr. 7 f.; *Kröll,Hennecke*, RabelsZ 2003, S. 448 ff. (459ff.).

Schweigen oder Untätigkeit „allein"[577] keine Annahme darstelle[578]. Entsprechend den Grundsätzen des rechtserheblichen Schweigens auf ein Angebot im UN-Kaufrecht wurde vertreten, dass auch im Zusammenhang mit dem kaufmännischen Bestätigungsschreiben eine Ausnahme durchaus denkbar sei. Eine solche Ausnahme vom Konsensprinzip sei anzunehmen, wenn bereits umfangreiche Vertragsverhandlungen stattgefunden hätten und eine Partei dann ein Angebot in Form eines kaufmännischen Bestätigungsschreibens abgebe. Aus diesen Umständen könne sich eine Pflicht der anderen Partei aus Treu und Glauben und Art. 8 III CISG ergeben, nicht untätig zu bleiben. Andernfalls könne das Schweigen als Zustimmung aufgefasst werden[579]. Hieraus ist jedoch lediglich ersichtlich, „dass sich im Einzelfall unter der Konvention Lösungen ergeben können, die jenen entsprechen, zu denen im deutschen Recht die Grundsätze zum kaufmännischen Bestätigungsschreiben führen"[580].

Eine konstitutive Wirkung eines kaufmännischen Bestätigungsschreibens wird auch dort bejaht, wo die Vertragsparteien gemäß Art. 6 CISG die Vertragsschlussnormen der Artt. 14 - 24 des UN-Kaufrechts oder sogar das gesamte UN-Kaufrecht abgewählt haben. Eine konstitutive Wirkung kann sich in einem solchen Fall aus dem dann anwendbaren nationalen Recht ergeben[581]. Eine entsprechende Abbedingung kann auch konkludent – wie etwa der Zusendung eines Bestätigungsschreibens – erfolgen. Voraussetzung dafür ist jedoch, dass ein entsprechender wirklicher Wille der Vertragsparteien erkennbar ist[582]. Dieser sei jedoch nicht schon darin zu erblicken, dass auf ein zugegangenes kaufmännisches Bestätigungsschreiben vom Adressaten lediglich geschwiegen wurde, auch wenn am Sitz beider Vertragsparteien solche Schreiben konstitutive Wirkung haben. Ein Ausschluss des CISG bedürfe nämlich einer entsprechenden Vereinbarung der Parteien nach den Vorgaben des UN-Kaufrechts. Dieses sehe jedoch gerade die grundsätzliche Unbeachtlichkeit eines Schweigens vor[583]. In der deutschen Literatur wird zudem einheitlich vertreten, dass die konstitutive Wirkung eines kaufmännischen Bestätigungsschreibens dann anzunehmen ist, wenn zwischen den Parteien entsprechende Gepflogenheiten i.S.d. Art. 9 I CISG bestehen.

---

577 Im Englischen *„in itself"*, im Französischen *„à eux seuls"*, im Italienischen *„di per sé"*.

578 Vgl. bereits oben S. 118; 3.Kapitel:B.II.1; *Schlechtriem,Schwenzer/Schlechtriem*, Art. 18, Rn. 9; *Alpa/Zatti*, Art. 18, Rn. 2; *Bianca/Rocchietti*, Art. 18, Anm. 4.

579 *Luig*, S. 148 ff.

580 *Magnus*, ZEuP 1993, S. 79 ff. (87).

581 *Kröll,Hennecke*, RabelsZ 2003, S. 448 ff. (463 f.).

582 Vgl. hierzu bereits oben 3.Kapitel:A.III.2, S. 79.

583 *Kröll,Hennecke*, RabelsZ 2003, S. 448 ff. (463 f.).

Dies ist der Fall, wenn zwischen den Parteien aufgrund der Geschäftsbeziehungen eine entsprechende individuelle Übung besteht, die einen Vertrauenstatbestand geschaffen hat[584].

Zusammenfassend lässt sich zunächst festhalten, dass in der deutschen Literatur die konstitutive Wirkung eines kaufmännischen Bestätigungsschreibens grundsätzlich ausgeschlossen wird. Ausnahmen hiervon werden von der herrschenden Meinung nur kraft Rechtswahl oder entsprechender Übung zwischen den Parteien zugelassen.

(4) Das kaufmännische Bestätigungsschreiben als internationaler Handelsbrauch i.S.d. Art. 9 II CISG

Der für die Praxis wichtigste Fall, durch den die konstitutive Wirkung des kaufmännischen Bestätigungsschreibens Einzug in grenzüberschreitende Kaufverträge erhält, ist der des Handelsbrauchs i.S.v. Art. 9 II CISG. Darüber, was genau unter den Begriff des internationalen Handelsbrauchs zu fassen ist, enthält das UN-Kaufrecht keine eigene Definition. Auch in diesem Zusammenhang ist zu beachten, dass das Einheitsrecht stets autonom auszulegen ist [585]. In der deutschen und italienischen Literatur wird der Begriff „Gebräuche"[586] einheitlich als nicht durch Rechtsakt vorgeschriebene Regeln geschäftlichen Verhaltens, die von den beteiligten Handelskreisen innerhalb einer Branche oder an einem Marktort üblicherweise eingehalten werden, bezeichnet, so dass die Parteien von der Anwendung und Beachtung dieser Regel auf den Vertrag ausgehen müssen[587].

Die Parteien sind nach Art. 9 II CISG an weithin bekannte und beachtete Gebräuche gebunden, wenn sie diese Handelsbräuche kannten oder kennen mussten. Zu einer Bindung der Parteien an Gebräuche kommt es durch die Fiktion, dass die Parteien stillschweigend die Geltung der Gebräuche gewollt haben[588]. Die Regelung des Art. 9 II CISG mit ihren objektiven und subjektiven Elementen stellt einen Kompromiss zur Frage dar, dass die Parteien einen entsprechenden Willen bzgl. der Geltung der Gebräuche gehabt haben müssen[589]. Vor allem die Entwicklungsländer standen der Geltung von Handelsbräuchen,

---

[584] *Schlechtriem,Schwenzer/Schlechtriem*, Vor Artt. 14 - 24, Rn. 4; *Staudinger/Magnus*, Art. 9, Rn. 27; *Kröll,Hennecke*, RabelsZ 2003, S. 448 ff. (464 f.).

[585] *Staudinger/Magnus*, Art. 9, Rn. 7; *Bianca,Bonell/Bonell*, Art 9, Anm. 3.2.; *Herber,Czerwenka*, Art. 9, Rn. 4; *Bianca/Bonell*, Art. 9, Anm. 2.

[586] Im Englischen: „*usage*"; im Französischen: „*usages*"; im Italienischen: „*usi*".

[587] *Kröll,Hennecke*, RabelsZ 2003, S. 448 ff. (468); *Staudinger/Magnus*, Art. 9, Rn. 7; *Schlechtriem,Schwenzer/Schmidt-Kessel*, Art. 9, Rn. 11; *Herber,Czerwenka*, Art. 9, Rn. 4; *Alpa,Zatti*, Art. 10, I, Rn. 2; *Bianca,Bonell/Bonell*, Art. 9, Anm. 3.2.; *Ferrari*, Contr. e impr. 1994, S. 239 ff. (244).

[588] *Staudinger/Magnus*, Art. 9, Rn. 16; *Bianca/Bonell*, Art. 9, Anm. 3.

[589] *Schlechtriem/Junge*, Art. 9, Rn. 3; *Castellani*, Dir. comm. int. 2001, S. 103 ff. (112 f.).

die in den westlichen Ländern entstanden und üblich sind, skeptisch gegenüber[590]. Erfasst werden nur solche Bräuche, die den am internationalen Handel beteiligten Parteien weithin bekannt sind und generell respektiert werden. Daraus folgt, dass die Gebräuche nicht unbedingt international anerkannt sein müssen. Entscheidend ist vielmehr, dass sie innerhalb der Mehrheit des relevanten Verkehrskreises bekannt sind und beachtet werden. Erfasst werden also auch lokale Bräuche der Märkte und Börsen, an denen internationaler Handel getrieben wird, solange sie weithin bekannt sind und beachtet werden[591].
Von Art. 9 II CISG werden nur solche Gebräuche erfasst, die den Parteien auch bekannt sind oder die den Parteien bekannt sein mussten. Kennenmüssen kann nur dann angenommen werden, wenn die Partei entweder im Verbreitungsgebiet ansässig oder im entsprechenden Geschäftszweig tätig ist[592].
Es besteht also ein Schutz der Parteien vor Bräuchen, die sie weder kannten noch kennen mussten[593].

Unter den obigen Voraussetzungen dürfte die Anwendung der deutschen Regeln zum kaufmännischen Bestätigungsschreiben über Art. 9 II CISG möglich sein. Voraussetzung ist, ob und inwieweit die Regeln über das kaufmännische Bestätigungsschreiben im betreffenden Geschäftszweig anerkannt sind und beachtet werden. Weitere Voraussetzung ist Kenntnis oder das Kennenmüssen der Regeln durch die Parteien. Erfasst sind damit insbesondere auch Sachverhalte zwischen Ländern, in denen die Parteien ihren Sitz haben und in denen gleichermaßen die Regelungen über das kaufmännische Bestätigungsschreiben anerkannt sind[594].
Fraglich ist, ob eine konstitutive Wirkung im deutsch-italienischen Rechtsverkehr angenommen werden kann. Voraussetzung wäre, dass auch in Italien eine dem deutschen Recht entsprechende Wirkung anerkannt ist. Dies ist jedoch nicht der Fall. Das Bestätigungsschreiben hat in der italienischen nationalen

---

[590] *Date-Bah*, La Vendita internazionale, S. 23 ff. (26 f.); *Castellani*, Dir. comm. int. 2001, S. 103 ff. (112 f.); *Kröll,Hennecke*, RabelsZ 2003, S. 448 ff. (467).

[591] *Kröll,Hennecke*, RabelsZ 2003, S. 448 ff. (470 ff.); *Staudinger/Magnus*, Art. 9, Rn. 22; *Ferrari*, Contr. e impr. 1994, S. 239 ff. (254 f.). Kritisch hierzu *Huber*, RabelsZ 1979, S. 413 ff. (428), der dieses Tatbestandsmerkmal für überflüssig hält. Vielmehr sei es hinreichend, die Kenntnis oder das Kennenmüssen zur Voraussetzung der Geltung zwischen den Parteien zu machen. Dass es Bräuche gebe, die im internationalen Handel bekannt seien, aber nicht beachtet würden, sei nicht denkbar. Vgl. dagegen jedoch *Ferrari* (Contr. e impr. 1994, S. 239 ff. (253), der sich für die Unbeachtlichkeit solcher Bräuche i.S.d. Art. 9 II CISG ausspricht, die z.B. in Entwicklungsländern bekannt seien, aber nur in den Ländern der westlichen Welt regelmäßig praktiziert würden.

[592] *Staudinger/Magnus*, Art. 9, Rn. 25, so auch der österreichische OGH, JBl. 1999, S. 318 ff. (320).

[593] *Ferrari*, Contr. e impr. 1994, S. 239 ff. (252 f.); *Kröll,Hennecke*, RabelsZ 2003, S. 448 ff. (473).

[594] *Kröll,Hennecke*, RabelsZ 2003, S. 448 ff. (475 und 477).

Rechtsordnung nicht denselben Stellenwert, wie in der deutschen. Nach dem italienischen unvereinheitlichten Recht dient das Bestätigungsschreiben zu Beweiszwecken. Ein Schweigen kann nur in Ausnahmefällen Zustimmung im Sinne stillschweigender Annahme bedeuten[595]. Nach dem italienischen unvereinheitlichten Recht kann daher grundsätzlich nicht davon ausgegangen werden, dass ein Schweigen auf ein Bestätigungsschreiben dessen konstitutive Wirkung auslöst. Zwar ist auch nach italienischem Recht denkbar, dass durch ein Schweigen auf ein kaufmännisches Bestätigungsschreiben ein Vertragsschluss herbeigeführt werden kann. Dies gilt aber für die Fälle, in denen es den Gepflogenheiten der Parteien entspricht, entsprechende Handelsbräuche bestehen oder wenn sich die Parteien in laufenden Geschäftsbeziehungen befinden. Soweit kaufmännische Bestätigungsschreiben bestimmte Allgemeine Geschäftsbedingungen enthalten, schließt schon Art. 1341 II Cod. civ. die formlose Annahme durch ein Schweigen aus[596].
Die konstitutive Wirkung eines kaufmännischen Bestätigungsschreibens kann über Art. 9 II CISG im deutsch-italienischen Rechtsverkehr wegen seines in beiden Ländern unterschiedlichen Rechtscharakters nicht allein aufgrund des Bestandes dieses Rechtsinstituts in beiden Ländern angenommen werden[597].

b. Die bisherige Rechtsprechung zum Vertragsschluss bei Schweigen auf ein kaufmännisches Bestätigungsschreiben im internationalen Rechtsverkehr

Die italienische Rechtsprechung hat sich mit dem Problem des Schweigens auf ein kaufmännisches Bestätigungsschreiben noch nicht beschäftigt. Demgegenüber gibt es eine Reihe deutscher Urteile zu diesem Problem. Entsprechend dem Meinungsstand in der Lehre haben die meisten der deutschen Gerichte eine Anwendung der deutschen Regeln zum Schweigen auf ein kaufmännisches Bestätigungsschreiben abgelehnt[598]. Dem entgegen bejahte das *OLG Saarbrücken*[599] in einem Fall den Vertragsschluss durch Schweigen auf ein kaufmännisches Bestätigungsschreiben. Ohne näher Ausführungen über die Gründe der Anwendbarkeit im Rahmen des UN-Kaufrechts zu machen, prüfte es im Rahmen eines deutsch-italienischen Vertrages die deutschen Grundsätze über das Schweigen auf ein kaufmännisches Bestätigungsschrei-

---

595 *Ebenroth*, ZvglRWiss 1978, S. 161 ff. (172); *Patti,Cubbedu*, S. 583 ff. (593); *Fox*, S. 79; *Beckmann,Sandrock*, S. 259 ff. (309).

596 *Bonell*, Allgemeine Geschäftsbedingungen, ZVglRWiss 1979, S. 1 ff. (S. 17, Fn. 51).

597 A.A. wohl OLG Saarbrücken (Az.: 1 U 324/99-59), IHR 2001, S. 64 f. (64), vgl. sogleich unten.

598 Vgl. sogleich die Urteile des OLG Köln, IPRax 1995, S. 393 ff.; des OLG Dresden, IHR 2001, S. 18 f. und des OLG Frankfurt a.M. vom 5.7.1995 (Az.: 9 U 81/94), *UNILEX*, i.Ü. unveröffentlicht.

599 OLG Saarbrücken (Az.: 1 U 324/99-59), IHR 2001, S. 64 f. (64).

ben und bejahte einen Vertragsschluss. Auch in einem älteren Urteil desselben Senats kam das *OLG Saarbrücken*[600] ohne nähere Begründung zu dem Ergebnis, dass aufgrund des Schweigens bei einem Vertrag zwischen einer deutschen und einer französischen Partei die in Auftragsbestätigungen enthaltenen Preise verbindlich geworden waren, weil die Regeln über das Schweigen auf ein kaufmännisches Bestätigungsschreibens anwendbar seien. Anders ist nach Auffassung des *OLG Köln*[601] im Rahmen des Art. 18 I 2 CISG für eine kollisionsrechtliche Verweisung auf die deutschen Regeln über einen Vertragsschluss durch Schweigen auf ein kaufmännisches Bestätigungsschreiben kein Raum. Einen Hinweis auf Ausnahmen von diesem Grundsatz gab das Gericht nicht. Das Gericht führte weiter aus, dass die Bedeutung des kaufmännischen Bestätigungsschreibens im Rahmen des CISG als Beweismittel hiervon unberührt bliebe. Aufgrund dieser Beweisfunktion bejahte das Gericht das Vorliegen einer kaufvertraglichen Einigung. Grundsätzlich hielt das *OLG Dresden*[602] die Einbeziehung der Regeln zum kaufmännischen Bestätigungsschreiben über Art. 9 CISG für möglich. Im konkreten Fall wurde die Anwendbarkeit jedoch aus Beweisgründen verneint. Zu entscheiden war die Frage, ob durch das Schweigen der Klägerin auf eine Telefaxbestätigung und ein Schreiben ein bestimmter Kaufpreis wirksam vereinbart worden war. Das Gericht wies die Bezugnahme der Beklagten auf das Schweigen der Klägerin jedoch zurück und führte aus, dass ein entsprechender Handelsbrauch im Hinblick auf Art. 9 CISG nicht im Einzelnen behauptet und bewiesen worden war. In einem Urteil des *OLG Frankfurt a.M.*[603] wurde eine Anwendbarkeit der Regeln über das kaufmännische Bestätigungsschreiben sorgfältig abgewogen. Das Gericht führte aus, dass aus dem Internationalitätserfordernis des Art. 9 II CISG eine Bindungswirkung durch ein Schweigen auf ein kaufmännisches Bestätigungsschreiben eintreten könne. Voraussetzung hierfür sei, dass in beiden Ländern, in denen die Parteien niedergelassen sind, die Regeln des kaufmännischen Bestätigungsschreibens Geltung hätten und den Parteien die Wirkungen bekannt waren. Das Gericht verneinte jedoch eine Geltung im Verhältnis zu Frankreich.

[600] OLG Saarbrücken, Urteil vom 13.1.1993 (Az.: 1 U 69/82), *UNILEX*, i.Ü. unveröffentlicht.

[601] OLG Köln, IPRax 1995, S. 393 ff. (394).

[602] OLG Dresden, IHR 2001, S. 18 f. (19).

[603] OLG Frankfurt a.M., Urteil vom 5.7.1995 (Az.: 9 U 81/94), *UNILEX*, i.Ü. unveröffentlicht. Ganz ähnlich auch das Urteil des Zivilgerichts Kanton Basel - Stadt vom 21.12.1992 (Az.: P 4 1991/238), *UNILEX*, i.Ü. unveröffentlicht. Das Gericht bejahte eine Geltung der Regeln des kaufmännischen Bestätigungsschreibens im schweizerisch-österreichischen Rechtsverkehr.

Die in Deutschland zur Problematik des Schweigens auf ein kaufmännisches Bestätigungsschreiben ergangenen Urteile entsprechen somit in den meisten Fällen der herrschenden Auffassung in der Lehre. Grundsätzlich kann die Rechtsprechung als zurückhaltend gegenüber der Einbeziehung der Regelungen bezeichnet werden. Soweit das *OLG Saarbrücken* in zwei Urteilen zur Anwendbarkeit der Regeln über das kaufmännische Bestätigungsschreibens gekommen ist, fehlt eine nähere Begründung. Im Ergebnis ist festzuhalten, dass von einer gefestigten Rechtsprechung in Deutschland noch nicht ausgegangen werden kann.

c. *Stellungnahmen im italienischen Schrifttum*

Auch die italienische Literatur hat sich mit der Problematik des kaufmännischen Bestätigungsschreibens beschäftigt.

Patti hat – ohne direkte Bezugnahme auf die deutschen Regeln zum kaufmännischen Bestätigungsschreiben – ausgeführt, dass eine Bindung an ein kaufmännisches Bestätigungsschreiben durch Schweigen möglich sei. Denkbar sei, dass entsprechende Handelsbräuche mit einer Pflicht zum Reagieren bestünden oder eine entsprechende Übung zwischen den Parteien bestehe oder durch Erbringung der Gegenleistung durch den Leistungsempfänger nach Empfang eines Bestätigungsschreibens stillschweigend ein entsprechender Wille zum Ausdruck gebracht werde. Primär diene das kaufmännische Bestätigungsschreiben jedoch Beweiszwecken[604]. Deutlicher hat sich *Ferrari* geäußert, indem er ausführt, über Art. 9 II CISG seien die deutschen Regeln betreffend das kaufmännische Bestätigungsschreiben auf einen deutsch-italienischen Vertrag unter Umständen anwendbar. Der Handelsbrauch müsse nicht international anerkannt sein, so dass auch nationale oder lokale Bräuche im Rahmen des CISG Anwendung finden könnten. Zur Anwendung der deutschen Regeln über das kaufmännische Bestätigungsschreiben sei lediglich erforderlich, dass ein italienischer Unternehmer nur einige Zeit mit Deutschland Handel getrieben habe[605]. Auch *Liguori* hat über das Problem und das in diesem Zusammenhang ergangene Urteil des *OLG Frankfurt a.M.*[606] berichtet. Er stimmt den Ausführungen des Gerichts zu, dass im deutsch-französischen Handel die Grundsätze über das kaufmännische Bestätigungsschreiben keine Anwendung finden.

---

[604] *Patti*, Riv. dir. comm. 1991 I, S. 135 ff. (142).

[605] *Ferrari*, Contr. e impr. 1994, S. 239 ff. (255); *ders.*, Commentario, Art. 9, Anm. 6.

[606] OLG Frankfurt a.M., Urteil vom 5.7.1995 (Az.: 9 U 81/94), *UNILEX*, i.Ü. unveröffentlicht, vgl. bereits oben S. 128.

Allerdings hat nach seiner Meinung das Gericht nicht hinreichend gewürdigt, dass in jenem Fall die französische Partei das kaufmännische Bestätigungsschreiben verschickt hatte und der deutschen Partei nur schwerlich zuzugestehen sei, unwissend bzgl. der deutschen Handelsbräuche behandelt zu werden[607].

d. Fazit

Der Vertragsschluss durch Schweigen auf ein kaufmännisches Bestätigungsschreiben ist vor allem in der deutschen unvereinheitlichten Rechtsordnung eine wichtige Rechtsfigur.

Dabei ist die deutsche wie die italienische Literatur zu dem Ergebnis gekommen, dass eine Anwendung der Grundsätze über das kaufmännische Bestätigungsschreiben im UN-Kaufrecht grundsätzlich nur im Einzelfall in Betracht kommen kann, wenn entsprechende Gepflogenheiten der Parteien bestehen, Art. 9 I CISG. In Ausnahmefällen kann auch eine Pflicht zur Antwort auf ein kaufmännisches Bestätigungsschreiben bestehen. Für die Praxis ist Art. 9 II CISG der wesentlichste Anwendungsfall. Internationale Handelsbräuche, die den am internationalen Handel beteiligten Parteien weithin bekannt sind und respektiert werden, können so ins UN-Kaufrecht einfließen. Für den deutsch-italienischen Rechtsverkehr lässt sich daraus eine grundsätzliche Anwendbarkeit der deutschen Grundsätze zum Schweigen auf ein kaufmännisches Bestätigungsschreiben nicht herleiten. Der italienischen unvereinheitlichten Rechtsordnung ist die konstitutive Wirkung grundsätzlich fremd. Die italienische Rechtsprechung hat sich mit diesem Problem noch nicht beschäftigt. Die deutsche Rechtsprechung hat sich in mehreren Urteilen mit dieser Frage auseinandersetzen müssen und steht grundsätzlich im Einklang mit der Lehre. Jedoch haben die Urteile des *OLG Saarbrücken*[608] zu einer Divergenz bei der Auslegung des Wiener Kaufrechts geführt: Das Gericht bejahte in zwei Fällen die Anwendung der Regeln über das kaufmännische Bestätigungsschreiben bzgl. eines deutsch-italienischen und eines deutsch-französischen Vertrages, ohne dies in den Entscheidungen näher zu begründen.

---

[607] *Liguori*, Riv. dir. civ. 1999 I, S. 143 ff. (162 f.).

[608] OLG Saarbrücken (Az.: 1 U 324/99-59), IHR 2001, S. 64 f. (64) und OLG Saarbrücken, Urteil vom 13.1.1993 (Az.: 1 U 69/82), *UNILEX*, i.Ü. unveröffentlicht.

III. Wesentliche Angebotsänderung i.S.d. Art. 19 CISG

In Art. 19 I CISG ist entsprechend § 150 II BGB[609] und Art. 1326 V Cod. civ.[610] geregelt, dass die Erklärung zur Annahme des Angebots auf Abschluss eines Vertrages grundsätzlich nur ohne Änderungen erfolgen kann. Andernfalls stellt sie die Ablehnung des Angebots in Verbindung mit einem neuen Angebot dar.

Im Gegensatz zu § 150 II BGB und Art. 1326 V Cod. civ. regelt Art. 19 II CISG eine Ausnahme von diesem Grundsatz. Danach stellen Veränderungen des Angebots keine Ablehnung in Verbindung mit einem neuen Angebot, sondern eine Annahme dar, wenn es keine „wesentlichen" Änderungen enthält[611]. Die Vorschrift sollte der Gefahr vorbeugen, dass sich eine Partei durch Berufen auf nur geringfügige Differenzen zwischen Angebot und Annahme von einem als unvorteilhaft empfundenen Vertrag lösen kann[612]. Der Vertragspartner, dem die unwesentlich veränderte Annahme seines Angebots erklärt wird, hat sodann die Möglichkeit die Änderung seines Angebots zu rügen, um so zu verhindern, dass die geänderte Annahme Vertragsinhalt wird.

Der Widerspruch muss „unverzüglich"[613] erfolgen. Dem Anbietenden muss hier eine kurze Prüfungsfrist zugestanden werden, deren Wertung im Einzelfall möglich und erforderlich ist[614].

1. Art. 19 III CISG und der Katalog der als wesentlich geltenden Änderungen des Angebots

Um den Begriff der wesentlichen Änderung zu konkretisieren wurde der Art. 19 III CISG in das CISG aufgenommen. Hiernach sind Änderungen bzgl. des Preises, der Bezahlung, Qualität und der Menge der Ware, des Ortes und der Zeit der Lieferung, Änderungen von Haftungsfragen oder die Beilegung von Streitigkeiten als wesentlich anzusehen.

---

609 Vgl. hierzu *Palandt/Heinrichs*, § 150, Rn. 2.

610 Vgl. *Cian,Trabucchi*, Art. 1326, Anm. IV, Rn. 1.

611 Statt aller *Luig*, S. 201 m.w.N.

612 *Schlechtriem,Schwenzer/Schlechtriem*, Art. 19, Rn. 1; *Alpa,Zatti*, Art. 19, Rn. 4.

613 Im Englischen „*without undue delay*", im Französischen „*sans retard injustifié*", im Italienischen „*senza ritardo ingiustificato*".

614 *Schlechtriem,Schwenzer/Schlechtriem*, Art. 19, Rn. 16; ähnlich auch *Alpa,Zatti*, Art. 19, Rn. 2 mit dem Hinweis, dass Art. 19 II CISG gerade nicht Begriffe wie Unmittelbarkeit (*immediatezza*) oder Gleichzeitigkeit (*contestualità*) verwendet.

Für die ausdrücklich aufgezählten Merkmale besteht nach herrschender Ansicht im deutschen Schrifttum eine widerlegbare Vermutung bezüglich ihrer Wesentlichkeit. Ansonsten würde schon jeder geringe Verstoß gegen ein in Art. 19 III CISG aufgeführtes Kriterium unwiderlegbar eine wesentliche Angebotsänderung darstellen. Im Einzelfall sei jedoch eine Abwägung sinnvoll[615].

Nach anderer Ansicht im deutschen Schrifttum ist die Vermutung bzgl. der in Art. 19 III CISG aufgeführten Änderungen unwiderlegbar. Dies gebiete die Rechtssicherheit und ließe sich aus dem Wortlaut „werden so angesehen"[616] ableiten. Es bestehe ansonsten die Gefahr einer unterschiedlichen Auslegung der Vorschrift durch die verschiedenen Gerichte[617]. Zwar sei eine Einschränkung auf wesentliche Änderungen des Angebots im New Yorker Entwurf vorhanden gewesen; diese sei aber nicht übernommen worden[618].

Zu der Frage, ob für die Kriterien in Art. 19 III CSIG eine widerlegbare oder unwiderlegbare Vermutung besteht, hat sich die deutsche Rechtsprechung soweit ersichtlich noch nicht geäußert. Die bisherige Rechtsprechung hat lediglich mehrfach eine wesentliche Änderung des Angebots bei Änderungen von Vertragsbestandteilen i.S.d. Art. 19 III CISG bejaht[619].

Einzig das *LG Baden-Baden* ist in einem Urteil zu dem Ergebnis gekommen, dass die Verkürzung der Rügefrist für Mängel auf 30 Tage ab Rechnungsdatum und damit eine den Haftungsumfang betreffende Änderung i.S.d. Art. 19 III CISG bei einem deutsch-italienischen Vertrag über den Kauf von Fliesen nur eine unwesentliche Angebotsänderung darstellt[620].

Für eine widerlegbare Vermutung hat sich der österreichische *Oberste Gerichtshof* in einem Urteil ausgesprochen. Bei einer Mengenabweichung i.S.d. Art. 19 III CSIG bestehe eine im Einzelfall widerlegbare Wesentlichkeitsver-

---

[615] *Staudinger/Magnus*, Art. 19, Rn. 16; *Schlechtriem,Schwenzer/Schlechtriem*, Art. 19, Rn. 8; *Sorgel/Lüderitz,Fenge*, Art. 19, Rn. 3; *Luig*, S. 207 f.

[616] Im Englischen: „*are considered to*", im Französischen: „*sont considérés comme*", im Italienischen: „*si considera che*".

[617] Für diese Ansicht, vgl. *Reinhart*, Art. 19, Rn. 6; *Herber/Czerwenka*, Art. 19, Rn. 11; *Ludwig*, S. 335.

[618] *Witz,Salger,Lorenz/Witz*, Art. 19, Rn. 9 mit Hinweis auf *UNCITRAL*-Yearbook IX (1978), S. 43.

[619] OLG Frankfurt a.M. , Urteil vom 4.3.1994 (Az.: 10 U 80/93), *UNILEX*, i.Ü. unveröffentlicht (Abweichung von Menge und Ware); OLG Frankfurt a.M., Urteil vom 31.3.1995 (Az.: 25 U 185/94), *UNILEX* i.Ü. unveröffentlicht (Abweichungen der Qualität); OLG Frankfurt a.M., Urteil vom 23.5.1995 (Az.: 5 U 209/94), *UNILEX* i.Ü. unveröffentlicht (Abweichungen der Menge); OLG München, Urteil vom 8.2.1995 (Az.: 7 U 1720/94), *UNILEX*, i.Ü. unveröffentlicht (Änderung von Lieferzeiten).

[620] LG Baden-Baden, RIW 1992, S. 62 f. (63). Zustimmend *Luig* (S. 211) mit dem Argument, dass 30 Tage die regelmäßige Länge der Frist aus Art. 39 CISG von 14 Tagen übertreffe. Ausführlich zur Fristberechnung und den Auslegungsergebnissen, vgl. u. S. 148 ff.; 3.Kapitel:D. Zustimmend auch *Staudinger/Magnus*, Art. 19, Rn. 19.

mutung. Daher sei bei Vorliegen besonderer Umstände im Einzelfall, bei entsprechenden Parteigepflogenheiten, Vorverhandlungen oder Bräuchen nicht ausgeschlossen, dass eine bloß unwesentliche Angebotsänderung vorliege. Dies sei vor allem der Fall, wenn die Änderung für den Anbietenden lediglich günstig ist[621].

Aber auch aus dem Urteil des französischen *Cour d`Appel de Paris*[622] kann eine entsprechende Tendenz abgelesen werden, dass im Rahmen des Art. 19 III CISG eine Wertung möglich ist. Das Gericht war der Ansicht, dass trotz des Wortlautes des Art. 19 III CISG eine in der Annahme des Angebots enthaltene Preisrevisionsklausel nicht wesentlich war. Die Klausel sah vor, dass im Fall steigender oder sinkender Marktpreise der Kaufpreis neu verhandelt werden könne. Zuvor enthielt das Angebot der Gegenseite lediglich eine entsprechende Klausel für den Fall sinkender Marktpreise. Dieses Urteil hat in der deutschen Literatur aber nur begrenzt Zustimmung erfahren. Die Änderung ist von der Literatur für wesentlich gehalten worden[623].
Soweit ersichtlich hat sich die italienische Literatur mit dieser Frage noch nicht beschäftigt.

2. Regelungsgegenstände außerhalb des Art. 19 III CISG

Die Aufzählung in Art. 19 III CSIG ist nicht abschließend, wie sich aus der Formulierung „insbesondere" erschließen lässt. Auch außerhalb des Katalogs des Art. 19 III CISG liegende Regelungsgegenstände können wesentlich sein[624]. Schwierigkeiten bereitet die Abgrenzung der wesentlichen von den unwesentlichen Abweichungen in sonstigen Fällen.
In der deutschen Literatur wird vorgeschlagen, dass zur Abgrenzung im Einzelfall darauf abzustellen ist, ob ein redlicher Anbietender unter den Umständen des konkreten Falles die Abweichung vom Angebot hinnehmen würde[625].

---

[621] OGH, JBl. 1997, S. 592 ff. (593f.), zitiert etwa bei *de Lukowicz*, S. 80 und *Luig*, S. 210 f.

[622] Cour d`Appel de Paris, Urteil vom 22.4.1992, *UNILEX*, bestätigt durch die Cour de Cassation, Urteil vom 4.1.1995, *UNILEX*, zitiert etwa bei *de Lukowicz*, S. 81 und *Luig*, S. 205 f.

[623] Die Urteile werden in der deutschen Literatur bei *Witz,Wolter*, RIW 1995, S. 810 ff. (812) besprochen, die darauf hinweisen, dass es einer Entscheidung hier nicht bedurft hätte, weil jedenfalls zu einem späteren Zeitpunkt ein Vertrag zustande gekommen sei. Aus diesem Grund habe auch der Cour de Cassation das Urteil bestätigt. Ähnlich auch *Luig*, S. 206. Insoweit missverständlich das undifferenzierte Zitat bei *Schlechtriem, Schwenzer/Schlechtriem*, Art. 19, Rn. 13.

[624] *Staudinger/Magnus*, Art. 19, Rn. 19; vgl. auch den Sekretariatskommentar, Art. 17, Anm. 11 in den *Official Records*, S. 24.

[625] *Staudinger/Magnus*, Art. 19, Rn. 19; *Witz,Salger,Lorenz/Witz*, Art. 19, Rn. 11; ähnlich *Neumayer*, FS Lorenz, S. 747 ff. (S. 759).

Daneben können auch die bisherigen Gepflogenheiten zwischen den Parteien von Bedeutung sein[626]. *Schlechtriem* schlägt vor, die betreffenden Änderungen in Relation z.B. zum Vertragsinhalt, dem Auftragsvolumen, der Parteibeziehungen, der Wirtschaftslage und der wirtschaftlichen Bedeutung des Vertrages zu setzen[627]. Andere Stimmen aus dem deutschen Schrifttum betonen in Anbetracht des weiten Katalogs des Art. 19 III CISG die restriktive Auslegung des Merkmals „wesentlich" und eine vertragsfreundliche großzügige Auslegung des Begriffs „unwesentlich"[628].
Im Einzelnen sollen z.B. das Verlangen von Gewährleistungsbürgschaften, Vereinbarungen über Vertragsstrafen, Rücktritts-, Kündigungs- und Widerrufsvorbehalte sowie das Vertragsschlussverfahren modifizierende Vorschläge und Rechtswahlklauseln grundsätzlich wesentlich sein[629]. Auch die Einbeziehungen von kollidierenden AGB müsse in der Regel als wesentlich bewertet werden, wenn sie sich – und das treffe regelmäßig zu – wesentlich voneinander unterscheiden[630]. Als Beispiel für unwesentliche Änderungen werden etwa den Gesetzestext nur wiederholende oder fixierende Klauseln angeführt[631]. Auch bei für den Anbietenden günstigen Änderungen sei grundsätzlich davon auszugehen, dass es sich nicht um wesentliche Änderungen handelt[632].

Im Rahmen der deutschen Rechtsprechung wurden auch in anderen, als den von Art. 19 III CISG benannten Fällen, Änderungen für wesentlich gehalten. So kam das *OLG Hamm* zu dem Ergebnis, dass die Änderung der Verpackungsart wesentlich i.d.S. sein kann. Im zur Entscheidung gebrachten Fall handelte es sich um den Kauf von Schweinespeck. Dieser sollte gemäß Angebot der Käuferin in Plastiksäcken geliefert werden. Die Verkäuferin konnte nur unverpackten Schweinespeck liefern und machte ein entsprechendes Gegenangebot[633]. Des Weiteren findet ein Urteil des *Hauptstadtgerichts Budapest* in der deutschen Literatur Erwähnung[634]. Das Gericht hielt die Erklärung

---

[626] *Witz,Salger,Lorenz/Witz*, Art. 19, Rn. 11; *Soergel/Lüderitz,Fenge*, Art. 19, Rn. 3.

[627] *Schlechtriem,Schwenzer/Schlechtriem*, Art. 19, Rn. 9.

[628] *Soergel/Lüderitz,Fenge*, Art. 19, Rn. 4; *Enderlein,Maskow,Strohbach*, Art. 19, Anm.8.; *Witz,Salger,Lorenz/Witz*, Art. 19, Rn. 10 mit Verweis auf *Bianca,Bonell/Farnsworth*, Art. 19, Anm. 3.1.

[629] Im Einzelnen z.T. str. *Schlechtriem,Schwenzer/Schlechtriem*, Art. 19, Rn. 9; *Staudinger/Magnus*, Art. 19, Rn. 19; *Witz,Salger,Lorenz/Witz*, Art. 19, Rn. 10.

[630] *Staudinger/Magnus*, Art. 19, Rn. 21.

[631] *Magnus*, a.a.O., Rn. 19.

[632] *Magnus*, a.a.O., Rn. 19; *Bydlinski* will daraus schließen, dass jede nachteilige Änderung wesentlich ist, *Doralt/Bydlinski*, S. 57 ff. (72).

[633] OLG Hamm, Urteil vom 22.9.1992 (19 U 97/91), *UNILEX* i.Ü. unveröffentlicht. Zustimmend für den Einzelfall *Schlechtriem,Schwenzer/Schlechtriem*, Art. 19, Rn. 13.

[634] Fövárosi Bíróság Budapest, Urteil vom 10.1.1992, 13 J.L. & Com (1993), S. 49 ff. (70). Zustimmend *Witz,Salger,Lorenz/Witz*, Art. 19, Rn. 10; a.A. *Schlechtriem,Schwenzer/Schlechtriem*, Art. 19, Rn. 13; zitiert bei *Luig*, S. 211; *de Lukowicz*, S. 81.

des Annehmenden, nach der der Vertragsschluss vertraulich behandelt werden sollte, für keine wesentliche Änderung des Angebots. Im Angebot war eine Klausel enthalten, wonach der Vertragsschluss der Presse mitgeteilt werden sollte.

Die italienische Rechtsprechung hat sich mit diesem Problem noch nicht beschäftigt. Auch die Beiträge in der italienischen Literatur sind übersichtlich. *Liguori* und *Alpa, Zatti* stellen die Grundzüge der Regelung des Art. 19 CISG dar[635]. Zudem wird betont, dass die Aufzählung des Art. 19 III CISG nicht abschließend ist, sondern dass auch andere Sachverhalte als wesentliche Änderungen anzusehen sein könnten[636]. Als Beispiel für wesentliche Klauseln werden Vollständigkeitsklauseln (*merger clauses*) oder solche, nach denen mündliche Vereinbarungen unbeachtlich sind (*no-oral-modification clause*),genannt[637]. Auch dem Urteil des *OLG Hamm*[638] stimmt *Liguori* zu. Der Umstand, ob mit oder ohne Verpackung geliefert werde, sei wesentlich, weil es sich bei dem verkauften Gut um Lebensmittel handele[639]. Als Beispiel aus der Rechtsprechung für Umstände, die nicht als wesentlich angesehen wurden, wird das Urteil des *Hauptstadtgerichts Budapest*[640] zitiert. Kritisiert werden hingegen die Urteile des *LG Baden-Baden*[641] und des *Cour d`Appel de Paris*[642]. Die Klausel im Fall des LG Baden-Baden sei mit ihrer Verkürzung der Gewährleistungsrechte vielmehr als Eingrenzung der Haftung des Verkäufers wesentlich i.S.d. Art. 19 III CISG[643]. Auch im Fall des Cour d`Appel de Paris habe eine Änderung des Preises i.S.d. Art. 19 III CISG durch die Modifizierung der Preisrevisionsklausel vorgelegen, so dass dem Urteil nicht zuzustimmen sei. *Alpa* und *Zatti* betonen, wie auch einige Autoren im deutschen Schrifttum, dass Art. 19 III CISG restriktiv auszulegen sei, damit dem Absatz 2 neben dem weit gefassten Absatz 3 nicht die praktische Bedeutung genommen werde[644].

---

[635] *Liguori*, Foro it 1996 IV, Spalte 145 ff. (164 f.); *Alpa,Zatti*, Art. 19.

[636] *Liguori*, a.a.O.; *Bianca/Bellelli*, Art. 19, Anm. 2.

[637] Mit Bezug auf *Bianca,Bonell/Farnsworth*, Art. 19, Anm. 3.1. Ebenso *Alpa,Zatti*, Art. 19, Rn. 6. Hierzu im deutschen Schrifttum auch *Witz,Salger,Lorenz/Witz*, Art. 19, Rn. 10; *Staudinger/Magnus*, Art. 19, Rn. 19.

[638] Vgl. oben Fußnote 633; auch zitiert bei *Alpa,Zatti*, Art. 19, Rn. 8.

[639] *Liguori*, a.a.O.; so auch *Piltz*, NJW 1994, S. 1101 ff. (1103), der aber darauf hinweist, dass die Änderung der Verpackungsart grundsätzlich ein typisches Beispiel für eine unwesentliche Änderung darstellt.

[640] Vgl. oben Fußnote 634; auch zitiert bei *Alpa,Zatti*, Art. 19, Rn. 9.

[641] Vgl. oben Fußnote 620; auch zitiert bei *Alpa,Zatti*, a.a.O.

[642] Vgl. oben Fußnote 622; auch zitiert bei *Alpa,Zatti*, a.a.O.

[643] *Liguori*, a.a.O.; so auch *Karollus*, RdW 1992, S. 168 f. (169).

[644] *Alpa,Zatti*, Art. 19, Rn. 3 mit Verweis auf *Bianca,Bonell/Farnsworth*, Art. 19, Anm. 3.1.; *Draetta*, RDIPP 1986, S. 319 ff. (325); zur deutschen Literatur vgl. o. Fn. 628.

3. Fazit

Im Ergebnis lässt sich festhalten, dass in Deutschland die herrschende Meinung davon ausgeht, dass die in Art. 19 III CISG aufgeführten Kriterien zur Wesentlichkeit der Änderung eines Angebots keine unwiderlegbare Vermutung beinhalten. Ausnahmen sind bei entsprechenden Parteigepflogenheiten und Bräuchen denkbar.

Schwierigkeiten außerhalb des Kataloges bereitet die Abgrenzung der wesentlichen von der nicht wesentlichen Änderung. Zu fragen ist stets, ob ein redlicher Anbietender unter den Umständen des konkreten Falles die Abweichung vom Angebot hinnehmen würde. Die bisher hierzu ergangene und zitierte Rechtsprechung ist überschaubar und lässt noch keine einheitliche Tendenz erkennen. In Italien werden die wichtigsten – zumeist deutschen – Urteile wiedergegeben. Ausführungen zu der Frage, ob Art. 19 III CISG nur eine widerlegbare Vermutung für die Wesentlichkeit der Änderung eines Angebots enthält, wurden soweit ersichtlich noch nicht gemacht. Offen gelassen hat insbesondere *Liguori*, ob er den Urteilen des *Court d`Appel de Paris* und des *LG Baden-Baden* deswegen nicht zustimmt, weil nach seiner Ansicht die Fälle des Art. 19 III CISG eine unwiderlegliche Vermutung darstellen. Jedenfalls hat das Urteil des LG Baden-Baden im Gegensatz zur Kritik *Liguoris* eher Zustimmung erfahren[645].

---

[645] LG Baden-Baden, RIW 1992, S. 62 f.

C. Die Leistungspflicht vertragsgemäßer Ware und der Begriff der Vertragsgemäßheit, Art. 35 CISG

Art. 35 CISG bestimmt unter welchen Voraussetzungen die vom Verkäufer gelieferte Ware als vertragsgemäß anzusehen ist. Nach Absatz 1 hat der Verkäufer „Ware zu liefern, die in Menge, Qualität und Art sowie hinsichtlich Verpackung oder Behältnis den Anforderungen des Vertrages entspricht“[646]. Haben die Vertragsparteien keine näheren Bestimmungen bezüglich der Beschaffenheit der Ware getroffen, so regelt Art. 35 II CISG unter welchen Voraussetzungen die gelieferte Ware als vertragsgemäß anzusehen ist. Nach Art. 35 II lit. a) CISG muss sich die gelieferte Ware für den gewöhnlichen Gebrauch vergleichbarer Waren eignen[647], nach lit. b) ist der Verwendungszweck der Ware maßgeblich, soweit der Verkäufer davon in Kenntnis gesetzt wurde oder in Kenntnis sein musste[648]. Art. 35 II lit. c) und d) CISG bestimmen, dass die gelieferte Sache einem dem Käufer vorgelegten Muster oder einer Probe entsprechen[649] und angemessen verpackt sein muss[650]. Im Rahmen des ersten Absatzes des Art. 35 CISG wurde in Deutschland und Italien gleichermaßen die Frage erörtert, ob starke Abweichungen zwischen der vertraglichen festgelegten und der gelieferten Sache unter den Begriff der Schlechtlieferung zu fassen sind. Bezüglich des zweiten Absatzes wurde in beiden Ländern diskutiert, ob die Eignung für gewöhnliche Zwecke i.S.d. lit. a) sich nach den Maßstäben des Käufer- oder Verkäuferlandes zu richten hat.

[646] Vgl. den Wortlaut des Art. 35 I CISG. Die italienische Übersetzung lautet: *„Il venditore deve consegnare beni della quantità, qualità e tipo richiesti dal contratto, e che siano disposti o imballati nel modo richiesto dal contratto."*
Der englische Text lautet: *"The seller must deliver goods which are of the quantity, quality and description required by the contract and which are contained or packaged in the manner required by the contract."*.

[647] Hierzu statt aller *Schlechtriem,Schwenzer/Schwenzer*, Art. 35, Rn. 12 ff.

[648] Vgl. statt aller *Schwenzer*, a.a.O., Rn. 18 ff.

[649] Vgl. statt aller *Schwenzer*, a.a.O., Rn. 24 ff.

[650] Vgl. statt aller *Schwenzer*, a.a.O., Rn. 28 ff.

I. Das Aliud als Fall der Schlechtlieferung i.S.d. Art. 35 I CISG

Ist die zu liefernde Ware vertraglich näher bezeichnet ist Art. 35 I CISG einschlägig. Seinem Wortlaut nach hat sich die Frage, ob die gelieferte Ware als vertragsgemäß zu bezeichnen ist, nach der Menge der Ware, ihrer Qualität und ihrer Art zu richten[651]. Problematisch ist vor allem die Formulierung, dass die Ware auch ihrer „Art" nach den vertraglichen Vereinbarungen entsprechen muss[652]. Hier stellt sich die Frage, ob auch die Lieferung einer der Art nach anderen Sache, als der vertraglich vereinbarten, unter die Schlechtleistungsregeln der Artt. 35 ff. CISG fällt und unter welchen Voraussetzungen dies der Fall ist.

Nach im deutschen Schrifttum herrschender Meinung fällt unter den Begriff der vertragsgemäßen Lieferung auch diejenige eines Aliuds. Die aus dem deutschen und italienischen Rechtskreis bekannten Abgrenzungsschwierigkeiten[653] zwischen genehmigungsfähigem und „krassem" Aliud würden ansons-

---

[651] Vgl. hierzu etwa das Urteil des OLG Köln vom 21.5.1996 (22 U 4/96), *UNILEX*.

[652] Während die italienische Text *„beni" (del) „tipo richiesti"* formuliert, bedient sich der englische Text der Formulierung *„description required by the contract"*.

[653] Nach deutschem unvereinheitlichtem Kaufrecht ist die Gleichstellung von Schlechterfüllung und Falschlieferung nunmehr nach Inkrafttreten der Schuldrechtsreform in § 434 III BGB ausdrücklich geregelt, vgl. *Palandt/Putzo* § 434, Rn. 52.

Die Regelung beruht auf der Europäischen Richtlinie zur Regelung des Verbrauchsgüterkauf (Richtlinie 99/44/EG). Nach alter Rechtslage war streitig, ob eine Falschlieferung als Nichtlieferung oder als Schlechtlieferung zu behandeln war, vgl. den ausführlichen Überblick zum Meinungsstand bei *Reinicke, Tiedtke*, Rn. 529 ff. m.w.N. Die Rechtsprechung hat die Lieferung eines Aliuds als Nichtlieferung behandelt.

Nur im Falle eines Gattungskaufs (§ 480 BGB) beim beiderseitigen Handelsgeschäfts war bereits in §§ 377, 378 HGB und nur für die Fälle eines genehmigungsfähigen Aliuds geregelt, dass eine Falschlieferung wie eine Schlechterfüllung zu behandeln war, vgl. *Reinicke, Tiedtke*, Rn. 888 ff. m.w.N.

Im unvereinheitlichten Kaufrecht Italiens ergibt sich das Problem der Abgrenzung der Schlechtlieferung zum Aliud vor allem bei der Frage nach der Anwendung der Verfalls- und Verjährungsvorschrift des Art. 1495 Cod. civ. mit seiner strengen Rügefrist von acht Tagen ab Entdeckung eines Mangels. Diese findet im Fall einer Falschlieferung keine Anwendung, *Cian, Trabucchi*, Art. 1490, Anm. II, Rn. 4 ff. m.w.N.

In der italienischen Rechtsprechung herrscht daher eine weite Auslegung des Aliudbegriffs vor, um den Käufer nicht der kurzen Frist des Art. 1495 I Cod. civ. für die Anzeige von Mängeln bei Schlechtlieferungen auszusetzen. Nach italienischem Verständnis liegt ein Aliud sogar vor, wenn die gelieferte Sache qualitative Mängel aufweist und sie daher für ihre „ökonomisch-soziale" oder von den Parteien vorausgesetzte „wesentliche" Funktion nicht verwandt werden kann. Die Leistung eines solchen „Aliuds" wird als Nichtlieferung behandelt. Vgl. *Cian, Trabucchi*, Art. 1490, Anm. II, Rn. 8 mit umfangreichen Beispielen unter Rn. 9 f.; *Kindler*, Italienisches Recht, §17, Rn. 19.

Die Umsetzung der europäischen Richtlinie über den Verbrauchgüterkauf (Richtlinie 99/44/EG) ist zum 23. März 2002 auch in Italien in Kraft getreten. Damit hat sich auch ten Einzug in das CISG halten, wenn das Aliud von der Vorschrift ausgenommen wäre. Die nach Art. 39 CISG bestehende Rügepflicht des Käufers gegenüber dem Verkäufer bei Falschlieferungen würde den Käufer dieser Ansicht zufolge auch nicht über Gebühr belasten. Er müsse so oder so gemäß Art. 38 CISG jede Lieferung des Verkäufers auf seine Vertragsgemäßheit überprüfen[654]. Bei krasser Aliudlieferung könne sich der Verkäufer zudem nicht auf die Verletzung der Rügeobliegenheit berufen: Wegen Art. 40 CISG, sei ihm in der Regel die Möglichkeit deswegen verschlossen, weil er selbst bösgläubig sein wird[655]. Die gegenteilige, mitunter vom Sekretariatskommentar vertretene Auffassung wird nach herrschender Meinung nicht von der Entstehungsgeschichte des CSIG getragen. Zwar qualifiziere Art. 33 I lit. a) und b) EKG noch die Falschlieferung als Vertragswidrigkeit. Gleichwohl lasse das Fehlen einer entsprechenden Erwähnung in Art. 35 CISG nicht den Umkehrschluss zu, dass die Falschlieferung nicht dem Begriff der vertragswidrigen Leistung zuzuordnen ist[656].

Von manchen Autoren wurde dies zumindest für die Fälle des „krassen" Aliuds in Zweifel gezogen. Wenn eine völlig andere Sache als die durch den Vertrag bestimmte geleistet werde, könne von Schlechtleistung nicht gesprochen werden[657].

---

in Italien das Zivilrecht maßgeblich verändert. Eine Gleichstellung von Aliud und Schlechterfüllung ist wie in Deutschland auch hier erfolgt, vgl. *Cian,Trabucchi*, Art. 1519-ter, Anm. II, Rn. 1. Die Änderung gilt jedoch nur für den Verbrauchsgüterkauf, vgl. zum ganzen *Eccher,Schurr*, ZEuP 2003, S. 65 ff.

Die in dem hier erläuterten Zusammenhang einschlägigen Vorschriften der Art. 1470 ff. Cod. civ. finden also weiterhin Anwendung, soweit es sich nicht um ein Verbrauchergeschäft handelt, *Eccher,Schurr*, a.a.O. S. 65.

Zum Verhältnis des Verbrauchsgüterkaufs und dem CISG in Italien, vgl. *Eccher,Schurr*, Die Richtlinie 99/44/EG in Italien. Ein Vergleich der Richtlinie 99/44/EG mit dem UN-Kaufrecht findet sich bei *Grundmann,Medicus,Rolland/Magnus*, S. 79 ff.

Mithin wird im unvereinheitlichten Recht in Italien die Falschlieferung weiterhin unter Anwendung eines weiten Aliudbegriffs als Nichtlieferung verstanden werden, soweit es sich nicht um einen Verbrauchsgüterkauf handelt.

[654] *Hirner*, S. 123 f.; *Freiburg*, S. 84; *Aue*, S. 70 f.; *Su*, S. 21 f.; *Herber,Czerwenka*, Art. 35, Rn. 2 ; *Schlechtriem*, Einheitliches UN-Kaufrecht, S. 56 f.; *Enderlein,Maskow,Strohbach*, Art. 35, Anm. 4; *Schlechtriem/von Hoffmann*, Fachtagung, S. 293 ff. (294); *Hoyer,Posch Niggemann*, S. 77 ff. (86).

[655] Statt vieler *Schlechtriem,Schwenzer/Schwenzer*, Art. 35, Rn. 10.

[656] Für die h.M. vgl. statt aller *Schlechtriem,Schwenzer/Schwenzer*, Art. 35, Rn. 10 m.w.N.; zur Entstehungsgeschichte vgl. *UNCITRAL* Yearbook IV (1973), S. 64 und VII (1976) S. 91 und 106 f.

[657] Sekreteriatskommentar, Art. 29, Anm. 3, *Official Records*, S. 29; Diskussionsbeitrag in *Doralt/Neumayer*, S. 135 f.; *Bianca,Bonell/Bianca*, Art. 35, Anm. 2.4.; a.A. mit der ganz h.M. *Schlechtriem,Schwenzer/Schwenzer*, Art. 35, Rn. 10 m.w.N.

Die deutsche Rechtsprechung hat sich der ganz herrschenden Meinung im Schrifttum angeschlossen. Der *BGH* hat zu diesem Problem bereits Stellung genommen und ausgeführt, dass im UN-Kaufrecht nicht zwischen Schlecht- und Falschlieferung differenziert werde[658]. Auch nach einem Urteil des *OLG Köln* ist der Begriff der Vertragswidrigkeit weit zu verstehen. Jede Lieferung, die in Erfüllung des Vertrages erbracht wird, jedoch dessen Anforderungen nicht entspricht, ist danach als vertragswidrig anzusehen[659]. Entgegen dieser herrschenden Meinung in Schrifttum und Rechtsprechung hat das *OLG Düsseldorf* eine Aliudlieferung als Nichtlieferung gewertet[660].
Die italienische Rechtsprechung hat sich mit dieser Frage noch nicht beschäftigt. In der italienischen Lehre hat man hingegen auch in jüngerer Zeit auf das Problem aufmerksam gemacht[661]. Der Ansicht des Sekretariatskommentars und den Zweifeln gegenüber der Einbeziehung des *„aliud pro alio"* in den Anwendungsbereich des Art. 35 CISG hat sich die italienische Lehre grundsätzlich nicht angeschlossen. Schon früh wurde darauf hingewiesen, dass es wünschenswert sei, die Abgrenzung zwischen Falsch- und Schlechtlieferung nicht in das UN-Kaufrecht zu übernehmen[662]. Vornehmlich wird dabei das Argument angeführt, dass nach alter Rechtslage gemäß EKG das Aliud ausdrücklich erfasst war und keine Anhaltspunkte für eine Änderung bestehen würden[663]. Jedoch hat *Bianca* auch in der italienischen Literatur vertreten, dass sich eine solche Auslegung weder aus dem Text, noch aus einem Bedürfnis des internationalen Handels ergebe. Die Annahme, dass die Lieferung einer völlig anderen Sache mit einer Schlechtlieferung i.S.d. Art. 35 I CISG gleichzusetzen ist, sei keinesfalls zwingend[664].

---

[658] BGH, NJW 1996, S. 2365 ff.

[659] OLG Köln 21.5.1996 (22 U 4/96), *UNILEX*, i.Ü. unveröffentlicht.

[660] Im Fall wurden Stoffe in falschen Farben geliefert, vgl. OLG Düsseldorf, Urteil vom 10.2.1994 (Az.: 6U 119/93), NJW-RR 1994, S. 506; kritisch hierzu *Magnus*, JuS 1995, S. 870 ff. (871); offen gelassen für das „krasse" Aliud im Urteil des BGH, NJW 1996, S. 2365 ff.

[661] Vgl. zuletzt *Corapi*, Europa e diritto privato 2002, S. 655 ff. (660), Fn. 6.

[662] So schon *Tedeschi*, La Vendita internazionale, S. 406 f.; *Pisu*, La Vendita internazionale, S. 362; ausführlich zuletzt *Bin*, Riv. trim. dir. proc. civ. 1990, S. 755 ff. (760).

[663] *Liguori*, Riv. dir. civ. 1999 I, S. 143 ff. (167). Dabei übersieht er jedoch, dass *Bianca* die Auffassung vertritt, dass eine Falschlieferung nicht mehr von Art. 35 CISG erfasst ist; vgl. *Bianca,Bonell/ Bianca*, Art. 35, Anm. 2.4. Im übrigen verweist er auch auf das Urteil des BGH. Hierzu vgl. des Weiteren auch *Ferrari*, Applicabilità ed applicazioni, S. 196 ff.; *Tedeschi*, La Vendita internazionale, S. 406; *Pisu*, La Vendita internazionale, S. 362; *Cian,Trabucchi*, Art. 1490, Anm. II, Rn. 11.

[664] *Bianca/Bianca*, Art. 35, Anm. 3.

Es lässt sich im Ergebnis festhalten, dass die herrschende Lehre in Deutschland und Italien einheitlich davon ausgeht, dass auch ein Aliud von Art. 35 I CISG erfasst wird. Dem hat sich auch die deutsche Rechtsprechung in mehreren Urteilen angeschlossen. Einzig das *OLG Düsseldorf* hat in einem älteren Urteil eine Aliudlieferung als Nichtlieferung behandelt. Nicht ganz einheitlich wird in der deutschen und italienischen Literatur die Frage beurteilt, ob auch das krasse Aliud unter die Schlechtlieferungen fällt. Die ganz herrschende Meinung hat sich dafür ausgesprochen. Gerichtsentscheidungen liegen zu dieser Problematik noch nicht vor. Jedenfalls wird es in Anbetracht der jüngst erfolgten Gleichstellung des Aliuds und der Schlechtlieferung in § 434 III BGB für das Kaufrecht und in Art. 1519-ter Cod. civ. für den Verbrauchgüterkauf[665] den Richtern in Deutschland und Italien weniger schwer fallen, Falschlieferungen entsprechend der herrschenden Ansicht unter Art. 35 CISG zu fassen.

---

[665] Vgl. bereits oben Fn. 653.

II. Maßstab für die Eignung zum gewöhnlichen Gebrauch nach Art. 35 II lit. a) CISG

Haben die Parteien keine oder keine ausreichend detaillierten Vereinbarungen getroffen, so bestimmt Art. 35 II lit. a) - d) CISG anhand einer Reihe objektiver Kriterien, ob die gelieferte Sache als vertragsgemäß anzusehen ist[666]. Nach Art. 35 II lit. a) CISG muss die Sache in Ermangelung ausdrücklicher Vereinbarungen der Vertragsparteien für den „gewöhnlichen Gebrauchszweck“[667] geeignet sein. Was darunter zu verstehen ist, ist Gegenstand verschiedener Kontroversen. Grundsätzlich muss die gelieferte Ware den Erwartungen des Käufers entsprechen, die er nach der Lebenserfahrung unter Berücksichtigung der Lebensverhältnisse mit Rücksicht auf den konkreten Fall haben durfte[668].

1. Durchschnittliche Qualität

In der deutschen Rechtsprechung und Literatur wird die Ansicht vertreten, dass die Ware – um zum „gewöhnlichen Zweck“ geeignet zu sein – zumindest durchschnittlicher Qualität sein muss[669]. Ungenügend sei daher, dass die Ware noch handelbar ist[670]. Ursprung der Kontroverse sind die entsprechenden Unterschiede in den einzelnen nationalen Rechtsordnungen und ein auf der Wiener Konferenz eingebrachter kanadischer Antrag[671]. Dem entgegen haben sich *Lüderitz* und *Schüßler-Langeheine* gegen das Kriterium der „durchschnittlichen Qualität“ ausgesprochen und angeführt, dass auch unterdurchschnittliche Ware gebrauchstauglich sein kann[672]. *Enderlein,Maskow,Strohbach* hingegen sind der Ansicht, dass der Verkäufer Ware zu liefern hat, die zumindest nicht erheblich unter dem Standart liegt, der entsprechend dem Preis und weiterer Umstände erwartet werden durfte. Durchschnittliche Gebrauchstauglichkeit sei jedenfalls nicht unbedingt mit durchschnittlicher Qualität gleichzusetzen[673]. *Freiburg* hat sich gegen eine pauschale Betrachtungsweise ausgespro-

---

666 *Schlechtriem,Schwenzer/Schwenzer*, Art. 35, Rn. 12.

667 Im Englischen *„would ordinarily be used*“, im Französischen *„usages auxquels serviraient habituellement*“, im Italienischen *„all' uso al quale servono abitualmente*“.

668 *Heilmann*, S. 183; *Freiburg*, S. 88.

669 *Staudinger/Magnus*, Art. 35, Rn. 19; *Herber,Czerwenka*, Art. 35, Rn. 4; *Aue*, S. 74 f.; *Piltz*, Internationales Kaufrecht, § 5, Rn. 40; LG Berlin, 15.9.1994, (Az.: 52 S 247/94), *UNILEX*, i.Ü. unveröffentlicht.

670 Urteil des LG Berlin vom 15.9.1994, (Az: 52 S 247/94), *UNILEX*, i.Ü. unveröffentlicht; offen gelassen im Urteil des OLG Frankfurt a.M., RIW 1994, S. 593 ff. (594) und BGH, RIW 1995, S. 595 ff. (595).

671 Vgl. ausführlicher etwa *Schlechtriem,Schwenzer/Schwenzer*, Art. 35, Rn. 15; zu den Hintergründen vgl. die *Official Records* S. 308.

672 *Soergel/Schüßler-Langeheine*, Art. 35, Rn. 10.

673 *Enderlein,Maskow,Strohbach*, Art. 35, Anm. 8.

chen[674]. Weder das italienische Schrifttum, noch die Rechtsprechung haben diesbezüglich Stellung genommen.

Es bleibt ungewiss, ob der Begriff der durchschnittlichen Qualität in Zukunft als bestimmendes Abgrenzungskriterium von der herrschenden Auffassung in Deutschland und Italien herangezogen werden wird. Im deutschen Schrifttum werden unterschiedliche Ansichten vertreten, während aus Italien noch keine Stellungnahmen vorliegen. Die deutsche und die italienische unvereinheitlichte Rechtsordnung enthalten beide Regelungen, nach denen Gattungsware grundsätzlich mittlerer Art und Güte entsprechen muss[675]. Mithin muss damit gerechnet werden, dass deutsche und italienische Gerichte davon ausgehen werden, dass nur Ware durchschnittlicher Qualität als vertragsgemäß angesehen werden kann[676]. Diese Auslegung erscheint jedoch angesichts des insoweit offenen Wortlautes des CISG zweifelhaft.

2. *Anzulegender Maßstab*

Zu klären ist des Weiteren, nach welchen lokalen Maßstäben der Begriff des gewöhnlichen Gebrauchs zu bestimmen ist. Das CISG selbst trifft hierzu keine Aussage. Fraglich ist, ob die Geeignetheit der Ware an den Maßstäben des Verkäufer- oder des Käuferlandes zu messen ist. Auslegungsschwierigkeiten treten auf, wenn die Maßstäbe in Käufer- und Verkäuferland unterschiedlich sind und die Ware nur den Maßstäben im Verkäufer-, aber nicht im Käuferland gerecht wird.
Der *Bundesgerichtshof* hat die Frage, ob auf das Käufer- oder Verkäuferland abzustellen ist, in einem entsprechend gelagerten Fall nicht abschließend geklärt. Jedoch ging er davon aus, dass zumindest grundsätzlich auf die Maßstäbe des Verkäuferlandes abzustellen ist[677]. Die italienische Rechtsprechung hat sich noch nicht mit diesem Problem beschäftigt. In der deutschen Literatur wird von manchen vertreten, maßgeblich bei Beurteilung der für den gewöhnlichen Gebrauch erforderlichen Eigenschaften sei stets der Verkäuferstaat[678].

---

674 *Freiburg*, S. 89.

675 Vgl. für Deutschland § 243 I BGB und für Italien Art. 1178 Cod. civ. Zur Gattungsschuld im deutschen Recht vgl. *Palandt/Heinrichs* § 243, Rn. 4; *Staudinger/Schiemann*, § 243, Rn. 21 ff.. Zum italienischen Gattungskauf vgl. *Fox*, S. 110 ff.; *Cian,Trabucchi*, Art. 1178; *Kindler*, Italienisches Recht, § 15, Rn. 30.

676 I.d.S. auch *Schlechtriem,Schwenzer/Schwenzer*, Art. 35, Rn. 15.

677 Vgl. hierzu das Urteil des BGH vom 8.3.1995, JR 1996, S. 23 ff. (26).

678 *Aue*, S. 75; *Piltz*, Internationales Kaufrecht, § 5, Rn. 41; *Enderlein,Maskow,Strohbach*, Art. 35, Anm. 8.

Dabei wird als Hauptargument angeführt, dass sich die Maßgeblichkeit des Verkäuferlandes aus Art. 35 II lit. b) CISG ergebe, wonach die Maßstäbe des Käuferlandes erst einschlägig sind, wenn der Käufer etwaige Besonderheiten in seinem Land dem Verkäufer mitgeteilt hat[679].

Von anderen Autoren wird die Meinung vertreten, dass stets der Maßstab des Käuferstaates bzw. Verwendungslandes anzulegen ist[680]. Vermittelnd wird von Teilen des Schrifttums vertreten, dass sich pauschale Betrachtungsweisen verbieten. Vielmehr sei die Lösung am Einzelfall zu suchen, um den unterschiedlichen Fallgestaltungen gerecht zu werden[681]. Diese Beurteilung soll einer Ansicht zufolge aus der Sicht eines objektiven Dritten unter Einbeziehung der Umstände des Einzelfalles erfolgen[682]. Andere sehen hierin eine Frage der Auslegung des Vertrages und verstehen Art. 35 II CISG als Formulierung unterstellter Parteivereinbarung. Nur so sei eine einheitliche Auslegung i.S.d. Art. 7 I CISG möglich[683]. Grundsätzlich sei es Aufgabe des Käufers, im Fall höherer Standards im Käuferstaat auf diese hinzuweisen[684].

In der italienischen Literatur wird von *Bianca* vertreten, dass die Bewertung den Maßstäben des Verkäuferlandes unterliege. Dabei wird, wie z.T. im deutschen Schrifttum, das Argument angeführt, dass der Maßstab des Käuferlandes erst maßgeblich sei, wenn dieser dem Verkäufer durch den Käufer mitgeteilt wurde (Art. 35 II lit. b) CISG)[685]. *Bin* hat sich hingegen auf den Standpunkt gestellt, dass der Maßstab des Käuferlandes maßgeblich sein müsse. Als Argument führt er an, es ergebe sich aus der Wertung des Art. 42 I CISG, dass letztlich die Standards des Käuferlandes maßgeblich seien[686]. Eine vermittelnde, auf den Einzelfall abstellende Meinung findet sich bisher in der Literatur Italiens nicht.

---

679 Vgl. etwa *Petrikic*, S. 43.

680 *Staudinger/Magnus*, Art. 35, Rn. 21; *Su*, S. 29 f.

681 *Freiburg*, S. 91; i.d.S. auch *Otto*, MDR 1992, S. 533 ff. (534); *Schlechtriem*, IPRax 1996, S. 12 ff. (14).

682 *Freiburg*, a.a.O.

683 *Schlechtriem*, IPRax 1996, S. 15; ähnlich *Schlechtriem,Schwenzer/Schwenzer*, Art. 35, Rn. 16.

684 *Schlechtriem,Schwenzer/Schwenzer*, Art. 35, Rn. 16; i.d.S. auch *Otto*, a.a.O. mit weiteren Beispielen.

685 *Bianca/Bianca*, Art. 35, Anm. 5; im Englischen vgl. auch *Bianca,Bonell/Bianca*, Art. 35, Anm. 2.5.1; für das deutsche Schrifttum vgl. mit derselben Argumentation *Petrikic*, S. 43.

686 *Bin*, Riv. trim. dir. proc. civ. 1990, S. 755 ff. (767 f.); gegen dieses Argument hat sich im deutschen Schrifttum *Freiburg* ausgesprochen. Die Argumentation gehe fehl, weil sich die Interessenlagen von Art. 42 CISG und Art. 35 CISG nicht vergleichen ließen, vgl. *Freiburg*, S. 90.

Es lässt sich für Deutschland festhalten, dass die zutreffende Auffassung im Vordingen befindlich ist, wonach zumindest grundsätzlich die Standards des Verkäuferstaates den Maßstab zur Bestimmung derjenigen Eigenschaften bilden, die für den gewöhnlichen Gebrauch erforderlich sind. Es bleibt abzuwarten, ob die italienischen Gerichte das Urteil des *BGH* und die vordringende Ansicht im deutschen Schrifttum zur Kenntnis nehmen werden. Im Gegensatz zum französischen *Cour de Cassation*[687] hat z.B. der *U.S. District Court*[688] bereits die Rechtsprechung des *BGH* berücksichtigt.

3. *Beschränkung durch öffentlich-rechtliche Vorschriften*

Die Verwendbarkeit der gelieferten Ware kann des Weiteren im Käufer- oder Verwenderland durch nationale öffentlich-rechtliche Vorschriften zum Schutz von Verbrauchern, Arbeitnehmern oder Umwelt beschränkt sein[689]. Diese Problematik wurde bei der Ausarbeitung des CISG „wohl übersehen“[690]. Fraglich ist, ob eine im Käufer- oder Verwendungsland aufgrund öffentlich-rechtlicher Vorschriften nicht oder nur eingeschränkt nutzbare Ware dem „gewöhnlichen Gebrauchszweck“ i.S.d. Art. 35 IICISG entspricht. Zunächst ist zu klären, ob es sich bei diesen Beschränkungen um einen Rechts- oder einen Sachmangel handelt.

---

687 Urteil des Cour de Cassation vom 23.1.1996, *UNILEX*, im Deutschen besprochen bei *Witz, Wolter*, RIW 1998, S. 279 ff.; *de Lukowicz*, S. 88 f.; *Schlechtriem*, IPRax 1997, S. 132. Erwähnung findet dieses Urteil auch im Italienischen bei *Liguori*, Riv. dir. civ. 1999 I, S. 143 ff. (167 f.).

Das Gericht hatte hier entschieden, dass Weißwein, der nach Beifügung von Zucker weder nach den Regeln des Käufer- noch Verkäuferstaates zum Verzehr geeignet war, nicht vertragsgemäß ist. In der deutschen Literatur ist dieses Urteil auf Kritik gestoßen. Das Gericht legte das französische Weinrecht dem Urteil zu Grunde, obwohl in diesem Fall gleichermaßen nach beiden nationalen Maßstäben die Vertragswidrigkeit der Ware vorlag. Die Zugrundelegung einer bestimmten Rechtsordnung hätte daher gar nicht erfolgen müssen.

Ähnlich findet das Urteil des Cour d'Appel de Grenoble vom 13.9.1995, *UNILEX* in der Literatur beider Länder Erwähnung, *Witz, Wolter*, a.a.O., S. 284; *Liguori*, a.a.O., S. 169. Hier hatte der Verkäufer von Käse eine im Käuferland lebensmittelrechtlich erforderliche Kennzeichnung unterlassen. Dabei stellte das Gericht auf das Recht des Käuferlandes ab. Zur Begründung führte das Gericht an, dass der Verkäufer aufgrund seiner vorhergehenden Geschäftsbeziehungen die Erklärungen des Käufers so verstehen musste, das die Ware dem französischen Lebensmittelrecht entspreche.

688 Urteil des U.S. District Court, E.D., Louisiana vom 17.5. 1999 (Az.: Civ. A. 90-0380); im Deutschen hierzu *Schlechtriem*, IPRax, 1999, S. 388 ff.; *de Lukowicz*, S. 88.

689 Soweit es sich um öffentlich-rechtliche Vorschriften handelt, die unüberwindbare Exporthindernisse darstellen, hat dies grundsätzlich zur Folge, dass es sich um einen Fall der Unmöglichkeit und nicht um eine Frage eines Rechts- oder Sachmangels handelt, vgl. hierzu *Freiburg*, S. 90 f.; *Wolff*, S. 70.

690 So *Schlechtriem*, IPRax, 1999, S. 388 ff. (388); *ders.*, IPRax 2001, S. 161 ff. (161).

In der deutschen Literatur wurde von *Huber* der Verstoß gegen öffentlich-rechtliche Vorschriften als Problem der Rechtsmängelhaftung gesehen. Unter Hinweis auf Art. 41 CISG liege es daher im Risikobereich des Verkäufers, wenn ihn hoheitliche Maßnahmen daran hinderten, dem Käufer ungestörten Besitz zu verschaffen[691]. Es entspricht jedoch der herrschenden Ansicht in Deutschland, den Einfluss öffentlich-rechtlicher Vorschriften nicht als Rechtsmangel i.S.d. Art. 41 CISG, sondern als Sachmangel i.S.d. Art. 35 CISG aufzufassen[692].

Fraglich ist, ob der Verkäufer sich grundsätzlich Kenntnis über öffentlich-rechtliche Vorschriften im Käufer- oder Verwendungsland verschaffen muss, um dem Vorwurf zu entgehen, die gelieferte Sache entspreche nicht dem „gewöhnlichen Gebrauchszweck" i.S.d. Art. 35 II lit. a) CISG. Die herrschende Ansicht in Deutschland hält dafür, dass es dem Verkäufer grundsätzlich nicht zumutbar ist, die einschlägigen öffentlich-rechtlichen Vorschriften im Land des Käufers ausfindig zu machen. Ohne ausdrücklichen Hinweis des Käufers bestehe eine Verpflichtung des Verkäufers allenfalls, wenn er durch vorherige Geschäfte Kenntnis von den einschlägigen Vorschriften besitzt[693].
Schlechtriem hat sich für eine differenzierte Betrachtungsweise ausgesprochen. Grundsätzlich sei die Frage, ob die verkaufte Ware den öffentlich-rechtlichen Vorschriften des Käuferlandes entsprechen muss, nach Art. 35 II lit. b) CISG zu beurteilen. Mithin sei im Einzelfall zu prüfen, ob dem Verkäufer eine Feststellung der Vorgaben im Käuferland nicht zugemutet werden kann. Ist dem Verkäufer ein bestimmter Verwendungszweck – wie die Verwendung der Ware in einem bestimmten Land unter dessen tatsächlichen und rechtlichen Bedingungen – bekannt, sei auf das Verwendungsland abzustellen. Erst wenn ein besonderer Verwendungszweck nicht zur Kenntnis des Verkäufers gelangt ist, sei auf den gewöhnlichen Gebrauch i.S.d. Art. 35 II lit. a) CISG abzustellen. Der rechtspolitisch erforderliche Schutz des Verkäufers sei durch die vorzunehmende Abwägung aus Art. 35 II lit. b) 2. Halbsatz CISG erreicht. Der Käufer könne sich nur auf Umstände berufen, die auf der Sachkenntnis und dem Urteilsvermögen des Verkäufers beruhen und auf die der Käufer vertraut hat und im Einzelfall auch vertrauen durfte[694].
Ähnlich der herrschenden Meinung hat der *Bundesgerichtshof* dazu ausgeführt, dass die Kenntnis von bestimmten Vorgaben im Land des Käufers oder im Land der Verwendung grundsätzlich nicht vom Verkäufer erwartet werden könne. Solche Bestimmungen seien nur dann zu berücksichtigen, wenn diese auch im Verkäuferland bestehen, der Käufer einen entsprechenden Hinweis

---

[691] *Huber*, RabelsZ 1979, S 413 ff. (S. 501).
[692] *Freiburg*, S. 91; *Schlechtriem*, IPRax 1996, S. 12 ff. (13); *Wolff*, S. 72.
[693] *Schlechtriem,Schwenzer/Schwenzer*, Art. 35, Rn. 17 m.w.N.
[694] *Schlechtriem*, IPRax 1996, S. 12 ff.; *ders*. IPRax 2001, S. 161 ff.; zustimmend *Schlechtriem,Schwenzer/Schwenzer*, Art. 35, Rn. 17 a.

i.S.d. Art. 35 II lit. b) CISG erteilt hat und dabei auf des Verkäufers Sachkunde vertraute und vertrauen durfte oder wenn die entsprechenden Bestimmungen aufgrund der Umstände des Einzelfalles bekannt sind oder sein müssten[695].

Dieses Urteil hat auch im italienischen Schrifttum Beachtung und Zustimmung erfahren. *Liguori* geht mit dem *BGH* davon aus, dass grundsätzlich den Käufer die Pflicht trifft, auf Eigenheiten der eigenen Rechtsordnung aufmerksam zu machen. Auf der anderen Seite sei einem professionellen Verkäufer im Rahmen seines Tätigkeitsbereiches zuzumuten, dass dieser auf die Bedürfnisse seiner Vertragspartner eingehe, insbesondere wenn es bereits zuvor zur Abwicklung von Geschäften zwischen den Vertragspartnern gekommen ist. Wesentlich ist auch nach Ansicht *Liguoris* eine wertende Betrachtung des Einzelfalls. In Anlehnung an die vom *BGH* angeführten Ausnahmen führt er an, dass den Verkäufer auch die Pflicht zur Kenntnis der Rechtslage im Käuferland treffe, wenn regelmäßig in das betreffende Land exportiere oder selber dort einen Sitz habe[696].

Nach der in Deutschland und Italien vertretenen herrschenden Ansicht ist grundsätzlich davon auszugehen, dass den Käufer bei Vorliegen besonderer öffentlich-rechtlicher Vorgaben die Pflicht trifft, den Verkäufer darüber zu informieren. Im Einzelfall sind hiervon Abweichungen denkbar, wenn der Verkäufer Kenntnis von den Vorschriften hat bzw. diese hätte haben müssen. Die der herrschenden Meinung entsprechende Rechtsprechung des BGH hat auch im italienischen Schrifttum Zustimmung erfahren.
Zutreffend betont *Schlechtriem*, dass vorrangig Art. 35 II lit. b) CISG zu prüfen sei. Grundsätzlich sei dem Verkäufer zuzumuten, sich Kenntnis zu verschaffen, wenn er etwa wisse, dass die Ware in ein bestimmtes Land geliefert werde. Eine Ausnahme hiervon sei dann zu machen, wenn eine Wertung ergebe, dass dem Verkäufer eine Kenntnisverschaffung nicht zugemutet werden könne.

---

695 BGH JR 1996, S. 23 ff. (26); vgl. in diesem Zusammenhang auch die Urteile des OGH, IPRax 2001, S. 149 ff.; LG Trier NJW-RR 1996, S. 564 f. und des LG Ellwangen vom 21.8.1995 (Az.: 1 KfH O 32/95), *UNILEX*, i.Ü. unveröffentlicht.

696 *Liguori*, Riv. dir. civ. 1999 I, S. 143 ff. (168).

D. Die Untersuchung der Ware und die Mängelrüge, Artt. 38 und 39 CISG

Art. 38 CISG regelt die Obliegenheit[697] des Käufers, die Ware auf Mängel zu untersuchen. Die Untersuchung der gelieferten Ware muss innerhalb einer so kurzen Frist erfolgen, wie es die Umstände erlauben. Festgestellte Mängel müssen dem Verkäufer nach Art. 39 I CISG binnen angemessener Frist angezeigt werden, nachdem der Käufer den Mangel festgestellt hat oder hätte feststellen müssen[698].

Durch die Untersuchungs- und Rügepflicht soll vor allem der Verkäufer in die Lage versetzt werden, die Vertragswidrigkeit zu beheben oder einen Schaden des Käufers zu verringern und so auch selbst Sicherheit darüber zu erlangen, ob er noch Gewährleistungsansprüchen ausgesetzt ist[699]. Dementsprechend enthält Art. 39 II CISG eine Ausschlussfrist von 2 Jahren, soweit nicht entgegenstehende Garantiefristen vereinbart werden[700]. Eine Ausnahme stellt die Vorschrift des Art. 40 CISG dar, nach der der Verkäufer sich nicht auf den Ablauf der Fristen aus Art. 38 und 39 CISG berufen kann, wenn er bösgläubig war. Eine weitere Ausnahme regelt Art. 44 CISG, nach der der Käufer bestimmte Rechte nicht verliert, wenn er eine vernünftige Entschuldigung für die unterlassene Anzeige vorbringt[701].

Wegen der zentralen Bedeutung für die gegenseitigen Rechte der Vertragsparteien treten bei der Anwendung dieser Vorschriften vielfach Probleme auf. Insbesondere bereitet die einheitliche Beurteilung der Anforderungen, die an die Untersuchung i.S.d. Art. 38 CISG, den Beginn und die Dauer der Untersuchungsfrist, die Anzeige der Vertragswidrigkeit gegenüber dem Verkäufer i.S.d. Art. 39 CISG und die Länge der Anzeigefrist zu stellen sind, Schwierigkeiten. Auch ist die Frage von Interesse, unter welchen Voraussetzungen ein stillschweigender Verzicht des Verkäufers auf den Einwand der verspäteten Mängelrüge anzunehmen ist.

---

[697] So die h.M. *Schlechtriem,Schwenzer/Schwenzer*, Art. 38, Rn. 5; *Staudinger/Magnus*, Art. 38, Rn. 12; *Herber/Czerwenka*, Art. 38, Rn. 2; a.A. wohl nur *Lehmkuhl*, S. 120 f.

[698] Näher dazu *Staudinger/Magnus*, Art. 38, Rn. 1; *Schlechtriem,Schwenzer/Schwenzer*, Art. 38, Rn. 3; *Hirner*, S. 215 ff.; *Tannò*, S. 266 ff; allgemein zu den Art. 35 ff. CISG aus italienischer Sicht, *Bin*, Riv. trim. dir. proc. civ. 1990, S. 755 ff.; *Cottino*, La Vendita internazionale, S. 147 ff.

[699] *Schlechtriem,Schwenzer/Schwenzer*, Art. 38, Rn. 4; *Hirner*, S. 215 f.; *Tannò*, S. 277; *Piltz*, Internationales Kaufrecht, § 5, Rn. 49; *Magnus*, TranspR-IHR, 1999, S. 29 ff. (30).

[700] Statt aller *Schlechtriem,Schwenzer/Schwenzer*, Art. 39, Rn. 26.

[701] *Tannò*, S. 220 ff.; *Staudinger/Magnus*, Art. 38, Rn. 1; *Schlechtriem,Schwenzer/Schwenzer*, Art. 39, Rn. 31 f.; zu Art. 40 CISG vgl. auch *Cottino*, La Vendita internazionale, S. 159; *Bianca/Frattini*, Art. 40, Anm. 1 und 2; zu Art. 44 CISG vgl. *Bianca/Cuffaro*, Art. 44, Anm. 1.

I. Die Anforderungen an die Untersuchung der Ware, Art. 38 CISG

Von der Beantwortung der Frage, ob der Käufer den Anforderungen i.S.d. Art. 38 I CISG an seine Verpflichtung zur Untersuchung genügt hat, hängt die Beantwortung der Frage ab, ob die Rügefrist des Art. 39 I CISG zu laufen beginnt: Der Zeitpunkt, in dem der Käufer die Ware untersuchen muss, entspricht dem Zeitpunkt, in dem der Käufer eine Vertragswidrigkeit hätte feststellen müssen[702]. Das CISG enthält keine Regelung in Bezug auf die Art und Weise der Untersuchung der Ware durch den Käufer. Das EKG hatte diesbezüglich – neben der Möglichkeit der vertraglichen Festlegung durch die Parteien – noch auf die vor Ort geltenden Untersuchungsregeln verwiesen[703].

1. Meinungsstand in der italienischen und deutschen Lehre und Rechtsprechung

In Anlehnung an den Sekretariatskommentar[704] besteht in Deutschland weitgehende Einigkeit darüber, dass im Rahmen des CISG die Untersuchung – soweit keine anders lautende vertragliche Vereinbarung der Parteien getroffen wurde – den Umständen entsprechend, handelsüblich und angemessen sein muss[705]. Vorrangig sind Parteivereinbarungen, Handelsbräuche und Gepflogenheiten zu beachten[706].

Die Beantwortung der Frage, welcher Art und in welchem Umfang Untersuchungshandlungen in Ermangelung besonderer Abreden und Gebräuchen konkret durchzuführen sind, bleibt der Auslegung durch die nationalen Gerichte und der Lehre überlassen. In Anlehnung an die bereits von der Rechtsprechung entwickelte Kasuistik werden in der deutschen Literatur verschiedene Kriterien genannt, die von Einfluss auf die vorzunehmende Untersuchungshandlung sein können. Die Anforderungen sind zunächst nach objektiven Kriterien zu beurteilen. Aber auch die Einbeziehung subjektiver Faktoren, wie die Kenntnis oder das Kennenmüssen bestimmter Umstände, können zu berücksichtigen sein[707]. Grundsätzlich hat sich die Untersuchung nach Art, Menge und Verpackung der gekauften Ware, unter Berücksichtigung aller weiteren

---

[702] *Schlechtriem,Schwenzer/Schwenzer*, Art. 38, Rn. 3 und Art. 39, Rn. 20.

[703] Vgl. Art. 38 IV EKG; hierzu *Dölle/Stumpf*, Art. 38, Rn. 5 m.w.N.

[704] *Official Records,* S. 34, Anm. 3 zu Art. 36.

[705] *Magnus*, TranspR-IHR, 1999, S. 29 ff. (30); *Hirner*, S. 216; *Staudinger/Magnus*, Art. 38, Rn. 28; ähnlich auch *Schlechtriem,Schwenzer/Schwenzer*, Art. 38, Rn. 11 und 13 – mit dem Hinweis, dass ein objektiver Maßstab zugrunde zu legen sei, ohne dass subjektive Faktoren, die dem Verkäufer bekannt sind oder sein müssten außer Acht zu lassen sind; vgl. zum ganzen auch *Bianca,Bonell/Bianca*, Art. 38, Anm. 2.3.

[706] Statt aller *Schlechtriem,Schwenzer/Schwenzer*, Art. 38, Rn. 11.

[707] *Schlechtriem,Schwenzer/Schwenzer*, Art. 38, Rn. 13.

Umstände, sowie der angemessenen Möglichkeiten des Käufers zu richten[708]. Die mit zumutbarem Aufwand feststellbaren Fehler sollen so möglichst rasch aufgedeckt werden[709]. Bei der Lieferung größerer Mengen beschränkt sich die Untersuchungspflicht i.d.R. auf die Entnahme von Stichproben[710]. Im Einzelfall kann jedoch trotzdem eine umfassende Untersuchungspflicht bestehen[711]. Soweit die Untersuchung mit einem Substanzeingriff verbunden ist, muss der Käufer die Ware zumindest durch Besehen, Messen, Riechen, Betasten und dergleichen untersuchen[712]. Unter Umständen muss der Käufer dabei einzelne Stücke aus einer Lieferung bei der Untersuchung opfern, so wenn die untersuchten Stücke durch die Untersuchung unverkäuflich werden[713]. Bei entsprechender Sachkunde hat der Käufer eine fachmännische, gründliche Untersuchung vorzunehmen[714]. Dies gilt nach einem Urteil des *LG Stuttgart* erst Recht, wenn Mängel bereits bei vorangegangenen Lieferungen aufgetreten waren. Gegen diese „Vorwarnrechtsprechung" haben sich jedoch beachtliche Stimmen des Schrifttums ausgesprochen. Dem Käufer würde so zu Unrecht das Risiko vertragswidrigen Verhaltens des Verkäufers aufgebürdet[715]. Besondere Untersuchungsmethoden müssen erst eingesetzt werden, wenn entsprechende Anhaltspunkte vorliegen[716]. Bei leicht feststellbaren Mängeln reicht

---

[708] *Magnus*, TranspR-IHR, 1999, S. 29 ff. (30); *de Lukowicz*, S. 91; *Schlechtriem,Schwenzer/Schwenzer*, Art. 38, Rn. 13; OLG Karlsruhe, RIW 1998, S. 235 ff. (236); vgl. für die Schweiz auch das Urteil des OG Luzern vom 7.1.1997 (Az: 11 95 123/357), *UNILEX*, SJZ 1998, S. 515 ff. mit dem Hinweis, dass ein objektiver Maßstab anzulegen sei.

[709] *Staudinger/Magnus*, Art. 38, Rn. 28.

[710] *Staudinger/Magnus*, Art. 38, Rn. 30; *Soergel/Lüderitz,Schüßler-Langeheine*, Art. 38, Rn. 7; OLG Saarbrücken, Urteil vom 13.1.1993 (Az: 1 U 69/92), *UNILEX*, i.Ü. unveröffentlicht; für die Schweiz: OG Luzern, Urteil vom 8.1.1997 (Az.: 11 95 123/357), *UNILEX*, i.Ü. unveröffentlicht, *Herber/Czerwenka*, Art. 38, Rn. 5 mit Verweis auf die zum EKG vertretenen Meinungen.

[711] Rb Zwolle, Urteil vom 5.3.1997, *UNILEX*, zitiert bei *de Lukowicz*, S. 92 – in dieser Entscheidung ging es um vom Käufer weiterverarbeiteten, zuvor tiefgefroren angekauften Fisch. Von maßgebendem Einfluss waren hier die besonderen Umstände des Einzelfalles, insbesondere dass der Fisch im Zuge der Weiterverarbeitung hätte umfassend untersucht werden können.

[712] So das OLG München, Forum International 1998, S. 106 f.; zustimmend *Schlechtriem, Schwenzer/Schwenzer*, Art. 38, Rn. 14.

[713] So dass von *Staudinger/Magnus* zitierte Urteil der Rb Roermond, Urteil vom 19.12.1991, NIPR 1992 Nr. 394 (Mozzarella -Käse) und das des OG Luzern, Urteil vom 7.1.1997, *UNILEX*, SJZ 1998, S. 515 ff. (steril verpackte Krankenhausartikel).

[714] OLG München, Urteil vom 11.3.1998 (7 U 4427/97), *UNILEX*, mit Anmerkung *Schlechtriem*, EWiR 1998, S. 549 f.

[715] LG Stuttgart, IPRax 1990, S. 317 f.; *Schlechtriem,Schwenzer/Schwenzer*, Art. 38, Rn. 13; kritisch gegenüber dieser „Vorwarnrechtsprechung", *Staudinger/Magnus*, Art. 38, Rn. 33; *Soergel/Lüderitz,Schüßler-Langeheine*, Art. 38, Rn. 7.

[716] *Soergel/Lüderitz,Schüßler-Langeheine*, Art. 38, Rn. 7; LG Trier, NJW-RR 1996, S. 564 f.; LG Paderborn, Urteil vom 25.6.1996 (O 147/94), *UNILEX*, i.Ü. unveröffentlicht.

schon eine Inaugenscheinnahme der gelieferten Ware[717]. Die Untersuchung hat aber gründlicher auszufallen, wenn die Gefahr hoher Mangelfolgeschäden besteht[718]. Übliche Verwendungsarten muss der Käufer in angemessener Weise prüfen[719].

In der italienischen Rechtsprechung wurde die Frage der Anforderungen an die Untersuchungshandlungen noch in keinem Urteil angesprochen. In der italienischen Literatur wird ganz ähnlich der deutschen betont, dass die Pflicht zur Untersuchung jedenfalls nicht soweit gehen könne, dass der Käufer grundsätzlich alle erdenklichen technischen Möglichkeiten ausschöpfen muss, um seiner Pflicht zu genügen. Dennoch könne die Untersuchungsobliegenheit unter Umständen die Heranziehung eines Sachverständigen umfassen. Wesentlich sei die Frage, ob die durchgeführte Untersuchung durch den Käufer als „angemessen" angesehen werden könne. Was zu einer angemessenen Untersuchung gehöre, hänge letztlich von den Umständen ab[720]. Dabei seien der Vertrag, die Handelsbräuche im soziologisch-geographischen Umfeld, die Besonderheiten des Kaufgegenstandes und die Besonderheiten der Parteien einzubeziehen[721]. Konkrete Beispiele werden der (ausschließlich) deutschen Rechtsprechung[722] entnommen. Dabei wird festgehalten, dass diese „am Einzelfall orientiert zu sein scheint" und „die Untersuchungshandlung im Licht der Umstände des Einzelfalles und unter Einbeziehung von Handelsbräuchen beurteilt werde"[723]. Die Anforderungen an die Untersuchungshandlungen sei-

---

[717] *Staudinger/Magnus*, Art. 38, Rn. 29.

[718] So *Schlechtriem,Schwenzer/Schwenzer*, Art. 38, Rn. 13.

[719] *Magnus* TranspR-IHR 1999, S. 29 ff. (30); AG Kehl, RIW 1996, S. 957 f. (958); offen gelassen mit dem Hinweis auf Art. 40 CISG im Urteil des LG Landshut vom 5.4.1995 (54 O 644/94), *UNILEX*, i.Ü. unveröffentlicht; missverständlich insoweit *de Lukowicz*, S. 93.

[720] *Bianca/Frattini*, Art. 38, Anm. 3; *Ferrari*, Applicabilità ed applicazioni, S. 205 ff.

[721] *Bianca/Frattini*, Art. 38, Anm. 3: „(...) *Il criterio della ragionevolezza, che anche qui sembra utilizzabile ed al quale nella Convenzione si fa talvolta espresso richiamo, va stabilito in relazione alle circostanze. A tal fine, devono essere presi in considerazione il contratto, gli eventuali usi del commercio in una determinata area socio-geografica, nonché altri fattori specifici, come il tipo di merce venduta o le qualità delle parti.* (...)".

[722] Trotz seiner Aktualität (4. Auflage 2003) zitiert *Alpa,Zatti* jedoch kein einziges Urteil, vgl. dort Art. 38, Rn. 6. In diesem Zusammenhang verweist *Liguori*, Riv. dir. civ. 1999 I, S. 143 ff. (169 f.) auf die Urteile des LG Stuttgart, IPRax 1990, S. 317 f., des LG Landshut vom 5.4.1995 (Az: 54 O 644/94), *UNILEX*, i.Ü. unveröffentlicht; des LG Paderborn vom 25. 6. 1996 (Az: 7 O 147/94), *UNILEX*, i.Ü. unveröffentlicht; des LG Trier, NJW-RR 1996, S. 564 f., des OLG Saarbrücken vom 13.1.1993(Az: 1 U 69/92), *UNILEX*, i.Ü. unveröffentlicht.

[723] *Liguori*, a.a.O., S. 169 f.: „(...) *la giurisprudenza sembra orientata a valutare la correttezza del tipo di esame alla luce delle circostanze del caso e tenendo conto degli usi commerciali.*(...)".

Als beachtenswerte Beispiele für die Ausfüllung des Begriffs der Untersuchungshanden aus dem Begriff der Angemessenheit abzuleiten. Was zu einer angemessenen Untersuchung gehöre, bestimme sich nach der Art des Vertrages, der Natur der Ware, seiner Menge und der Art seiner Verpackung. Bei größeren Mengen sollen hiernach Stichproben genügen, Ausnahmen seien – mit Hinweis auf ein Urteil des *LG Stuttgart*[724] – möglich[725].

2. *Fazit*

Der italienische Meinungsstand zu den Anforderungen an die Untersuchungshandlung des Käufers entspricht insgesamt den in Deutschland vertretenen Auffassungen. Dies verwundert nicht, da in der Literatur beider Länder die bekannt gewordenen Beispiele aus der deutschen Rechtsprechung zitiert werden. Lediglich die kritische Haltung gegenüber der „Vorwarnrechtsprechung" findet sich im italienischen Schrifttum nicht wieder.

Anzumerken bleibt, dass dem italienischen Juristen die Untersuchungs- und Rügeobliegenheit fremdartiger erscheinen muss, als dem deutschen Rechtsanwender. Im italienischen unvereinheitlichten Recht hat die Untersuchungsobliegenheit eine andersartige Regelung erfahren als im UN-Kaufrecht[726].

---

lung werden die in Fn. 722 zitierten Urteilen angeführt.

[724] LG Stuttgart, IPRax 1990, S. 317 f.; hierbei ging das Landgericht davon aus, dass bei offenen Mängeln bei Schuhen (schlechte Nahtverarbeitung, Einreißen der Schuhe, unterschiedliche Blattgrößen) und entsprechender Sachkunde eine gründliche Untersuchung erfolgen muss, erst recht, wenn es schon zuvor zu ähnlichen Problemen zwischen den Vertragspartnern gekommen ist. Das Urteil ist im deutschen Schrifttum auf Kritik gestoßen (vgl. oben Fn. 715).

[725] *Liguori*, Foro it. 1996 IV, Spalte 145 ff. (166), Anm. 4.1. Das Problem der Beurteilung, ob der Käufer seiner Untersuchungspflicht entsprochen hat, erschöpft sich nach *Liguori* nicht nur in der Beantwortung der Frage, ob hierzu die Vornahme von Stichproben ausreicht. Maßgeblicher Gesichtspunkt sei auch, welchen Grad der Sorgfalt der Käufer bei der Untersuchung der Ware walten lassen müsse, so *Liguori*, Riv. dir. civ. 1999 I, S. 143 ff. (169 f.): „ (...)*ma si estende anche alla necessità di individuare il grado di diligenza che il compratore deve mantenere quando sottopone* (...) *i beni ad esame*(...)". Dabei unterlässt er es, auf den m.E. entscheidenden Zusammenhang hinzuweisen: Die Anforderungen, die an die Untersuchungshandlung des Käufers zu stellen sind, müssen mit denen identisch sein, die an den Käufer in Bezug auf das Feststellenmüssen eines Mangels i.S.d. Art. 39 I CISG zu stellen sind. So i.E. wohl auch *Schlechtriem,Schwenzer/Schwenzer*, Art. 39, Rn. 20 und Art. 38, Rn. 10 ff. Die Bestimmung dieses Maßstabes, welche Mängel durch den Käufer bei einer ordnungsgemäßen Untersuchung festgestellt werden müssen, kann auch als Frage nach der Sorgfalt verstanden werden, die der Käufer bei der Untersuchung walten lassen muss.

[726] Die Untersuchung der Ware ist in im italienischen Codice civile in Artt. 1491 und 1513 geregelt. Nach Art. 1491 Cod. civ. sind die Gewährleistungsansprüche des Käufers nur ausgeschlossen, wenn Mängel für den Käufer offenkundig oder leicht erkennbar waren. Dabei bereitet vor allem der Begriff des leicht erkennbaren Mangels Abgrenzungs-

Dem deutschen Juristen ist die Obliegenheit zur Untersuchung der Ware ähnlich der Regelung des Art. 38 I CISG aus § 377 HGB bekannt[727]. Fraglich ist, ob dieser Unterschied Anlass für eine unterschiedliche Anwendung des UN-Kaufrechts im Vergleich von Deutschland und Italien geben wird. Dies ist jedoch in Anbetracht des deutlichen Wortlautes des Art. 38 CISG nicht zu erwarten.

---

schwierigkeiten, vgl. *Cian,Trabucchi*, Art. 1491, Anm. I.
Dies gilt nicht, wenn der Verkäufer erklärt hat, dass die Sache frei von Mängeln ist. Daneben regelt Art. 1513 Cod. civ. das Recht des Käufers die Ware durch einen vom Gericht zu bestimmenden Sachverständigen (Art. 696 Cod. proc. civ.) untersuchen zu lassen. Macht der Käufer hiervon keinen Gebrauch, muss er im Bestreitensfalle die Mangelhaftigkeit genau beweisen, Art. 1513 II Cod. civ., *Patti,Cubeddu*, Rn. 129; *Fox*, S. 171 f.
Aus dieser Vorschrift leitet die Rechtsprechung und herrschende Literatur jedoch keine dem UN-Kaufrecht vergleichbare allgemeine Obliegenheit des Käufers zur Untersuchung der Ware oder eine Beweislastumkehr ab. Vielmehr handelt es sich bei Art. 1513 Cod. civ. nur um eine Regelung der Anforderungen an die Beweisführung. Zum ganzen vgl. *Fox*, S. 171 f. m.w.N. Dieser Zusammenhang wird auch bei *Bianca/Frattini*, Art. 38, Anm. 2. m.w.N. angesprochen. Dieser führt dazu aus: "(...) *In tal senso è l'opinione della giurisprudenza largamente maggioritaria che individua nell' art. 1513 comma 1, una norma attributiva di una facoltà al contraente, e non anche impositiva di un onere a suo carico*(...)".
Eine allgemeine Pflicht zur Untersuchung wie sie Art. 38 I CISG vorsieht kennt der Codice civile nicht, *Patti,Cubeddu*, Rn. 128 f. Art. 1491 Cod. civ. schließt eine Gewährleistung nur für bekannte und leicht erkennbare Mängel der Kaufsache aus.

727 Zur Untersuchung der Ware im kaufmännischem Rechtsverkehr nach § 377 I HGB, vgl. *Staub/Brüggemann*, § 377, Rn. 2.

II. Die Untersuchungsfrist des Art. 38 I CISG

Nach Art. 38 I CISG hat der Käufer die Ware innerhalb einer so kurzen Frist zu untersuchen oder untersuchen zu lassen, wie es die Umstände erlauben. Diese Frist ist von der Rügefrist des Art. 39 CISG zu unterscheiden, steht mit ihr aber insoweit im Zusammenhang, als die aus beiden Fristen zusammengesetzte Gesamtrügefrist durch Art. 38 CISG in Gang gesetzt wird[728].
Wird die Ware an einen dritten Ort weitergeleitet, ohne dass der Käufer hinreichende Gelegenheit hatte, die Ware einer Untersuchung zu unterziehen, kann sie gemäß Art. 38 III CISG auch nach dem Eintreffen an dem endgültigen Bestimmungsort nachgeholt werden[729].

1. Meinungsstand in der italienischen und deutschen Lehre und Rechtsprechung

Das CISG legt die Länge der Frist nicht fest. Bei der Untersuchungsfrist des Art. 38 I CISG wird in Deutschland von Rechtsprechung und Literatur einheitlich vertreten, dass es sich dabei um einen den Umständen angepassten Zeitraum handelt, innerhalb dessen die Untersuchung der Ware von einem sorgfältigen Käufer erwartet werden darf. Dabei handelt es sich um eine flexible Frist, bei der der Grundsatz gilt, dass dem Käufer zügiges Handeln zuzumuten ist[730].
Bei der Bestimmung der Länge der Untersuchungsfrist sind die objektiven Umstände des Einzelfalles und die angemessenen Möglichkeiten der Parteien heranzuziehen[731]. Hierzu gehören etwa der Ort, an dem sich die Ware befindet, und die Art und Weise der Verpackung[732]. Auch die Art der Ware ist von besonderer Bedeutung. So ist bei verderblicher Ware schnelles Handeln geboten[733]. Gleiches soll gelten, wenn die Ware durch eine Weiterverarbeitung ver-

---

728 Statt aller *Schlechtriem,Schwenzer/Schwenzer*, Art. 38, Rn. 3. So auch das Urteil des Tribunale di Rimini, Urteil vom 8.1.2003, RDIPP 2003, S. 190 ff. (196 f.).

729 Statt aller *Schlechtriem,Schwenzer/Schwenzer*, Art. 38, Rn. 23.

730 Vgl. nur OLG Karlsruhe, RIW 1998, S. 235 ff.; *Magnus/Staudinger*, Art. 38, Rn. 35; ähnlich auch *Schlechtriem,Schwenzer/Schwenzer*, Art. 38, Rn. 15 ff.; *Herber,Czerwenka*, Art. 38, Rn. 7; nach dem Urteil der schweizer Pretura di Locarno-Campagna vom 27.4.1992 (Az.:6252), *UNILEX*, musste die Untersuchung einer Wohnzimmergarnitur sogar sofort durchgeführt werden.

731 *Schlechtriem,Schwenzer/Schwenzer*, Art. 38, Rn. 15.

732 Vgl. hierzu etwa die Aufzählung im Urteil des österreichischen OGH, IHR 2002, S. 76 ff. (79).

733 *Herber,Czerwenka*, Art. 38, Rn. 7; *Staudinger/Magnus*, Art. 38, Rn. 40 zitiert dabei OG Luzern, SJZ 1998, S. 517. Ähnlich auch der Sekretariatskommentar Anm. 3 zu Art. 36, *Official Records*, S. 34.; *Bianca,Bonell/Bianca*, Art. 38, Anm. 2.5. Vgl. das Urteil des OLG Schleswig, (IHR 2003, S. 20 ff.), nach dem bei der Lieferung von lebendem Vieh spätestens am Folgetag nach Auslieferung die Ware zu überprüfen ist.

ändert wird oder es sich um Saisonware handelt[734]. Eine technisch aufwendige Untersuchung rechtfertigt hingegen eine längere Frist[735]. Leicht erkennbare Mängel rechtfertigen eine kürzere Frist[736]. Auch der Umfang der Lieferung kann eine Rolle spielen, wobei bei Massenlieferungen die Qualität durch Stichproben zu überprüfen ist[737]. Desgleichen könne der Umstand, dass es bereits zuvor Probleme gegeben hat, eine kürzere Fristbemessung rechtfertigen[738].

Die Regelung entspricht im Wesentlichen seinem Vorgänger Art. 38 EKG mit dem Unterschied, dass das EKG noch von einer „kurzen" Frist ausging. Was im Rahmen des EKG unter einer „kurzen" First zu verstehen war, kann der Legaldefinition des Art. 11 EKG entnommen werden. Danach war die Frist „unter Berücksichtigung der Umstände so kurz wie möglich" zu bemessen[739]. Im Gegensatz dazu ist die Frist nach Art. 38 I CISG so kurz zu bemessen, „wie es die Umstände erlauben". Die Umstände des Einzelfalles waren aber auch schon im Rahmen des EKG in die kurze Frist einzubeziehen, vgl. Art. 11 EKG. Somit beschränkt sich der Unterschied im Wortlaut zwischen EKG und CISG nur auf einen einzigen Punkt: Wo das EKG noch bestimmte,

---

Der österreichische OGH hat im Urteil vom 15.10.1998, JBl. 1999, S. 320 herausgestellt, dass die Größe des Unternehmens des Käufers, die Beschaffenheit der zu untersuchenden Ware und der Aufwand der durchzuführenden Untersuchungen auf die Frist von Einfluss seien.

In diesem Sinne hat das LG Landshut im Urteil vom 5.4.1995 (Az.: 54 O 644/94), *UNILEX*, i.Ü. unveröffentlicht, dem Käufer zum Zählen seiner Ware einen Zeitraum von einer Woche zugestanden.

Weiter geht *Soergel/Lüderitz,Schüßler-Langeheine*, Art. 38, Rn. 3, der die Einbeziehung persönlicher oder kultureller Umstände in die Untersuchungsfrist fordert. Ähnlich die Äußerungen von *Date-Bah* während der Verhandlungen zum Entwurf des CISG, vgl. *Official Records*, S. 320 f.; sowie *ders.*, La Vendita internazionale, S. 29 f.

[734] *Schlechtriem,Schwenzer/Schwenzer*, Art. 38, Rn. 16; *Staudinger/Magnus*, Art 38, Rn. 40 m.w.N. zur Rechtsprechung zum EKG; OGH, JBl. 1999, S. 320.

[735] *Herber,Czerwenka*, Art. 38, Rn. 7; ebenso wie *Bianca,Bonell/Bianca*, Art. 38, Anm. 2.5. So wohl auch der BGH (RIW 2000, S. 381 f. (382)), der einen Zeitraum von 3 Wochen für die Entscheidung zur weiteren Vorgehensweise und die Einholung eines Gutachtens für noch angemessen gehalten hat. Kritisch zu diesem Urteil das Gutachten des *CISG Advisory Council*, Opinion Nr. 2, Anm. 5.5. ff. (IHR 2004, S. 163 ff. (166 f.)), in dem angeführt wird, das das Urteil eine hinreichende Differenzierung zwischen den Fristen der Artt. 38 und 39 CISG vermissen lasse. Zustimmend *Schlechtriem,Schwenzer/Schwenzer*, Art. 38, Rn. 17.

[736] OLG Koblenz, IHR 2001, S. 109 ff. (110 f.).

[737] *Staudinger/Magnus*, Art. 38, Rn. 40; OLG Düsseldorf, RIW 1995, S. 53 ff. (55); LG Berlin, IHR 2003, S. 228 f.

[738] LG Darmstadt, IHR 2001, S. 160 ff. (161): 10 Tage.

[739] Näher zur kurzen Frist, *Dölle/Junge*, Art. 11, Rn. 1 f.

dass die Frist „so kurz wie möglich" zu bemessen sei, verzichtet das CISG auf eine solche Formulierung[740].

Ob sich dadurch die Rechtslage gegenüber dem EKG nur unwesentlich verändert hat, so dass die Rechtsprechung zum EKG auch bezüglich der Bemessung der Frist des Art. 38 I CISG herangezogen werden kann, wird in der deutschen Literatur nicht einheitlich beurteilt[741]. Die Rechtsprechung interpretiert die Frist des Art. 38 CISG zum Teil mit direktem Bezug auf die vorhandene Rechtsprechung zum EKG sehr streng[742]. Diese Auslegungspraxis ist der Kritik ausgesetzt, da sie die Unterschiede zwischen EKG und CISG nicht hinreichend berücksichtige und die Frist zu knapp bemesse[743].

In der italienischen Literatur finden sich kaum konkrete Vorschläge zur Bemessung der Untersuchungsfrist[744]. *Frattini* führt allgemein aus, dass es sich bei der Untersuchungsfrist um eine kurze aber flexible Frist handelt, die an den Einzelfall anzupassen und im Zweifelsfall durch den Richter zu bemessen ist. Sie sei im Sinne des Art. 1176 II Cod. civ. auszulegen, nach der die Sorgfalt bei der Erfüllung im Rahmen der Berufsausübung unter Berücksichtigung

---

[740] So auch *Lookofsky*, S. 61, Fn. 85; *Staudinger/Magnus* (Art. 38, Rn. 6) weist auf die Unterschiede hin, die sich in der wichtigen englischen Versionen sehr deutlich niedergeschlagen haben. Hieß es im EKG noch „*as short as possible*" heißt es nunmehr „*as short as practicable in the circumstances*". Im Italienischen wurde aus „*entro un breve termine*" die Formulierung „*nel più breve tempo possibile*". Beide Gesetzestexte sind im Italienischen abgedruckt bei *Jayme*, Rapporti tra Italia e Germania.

[741] Für eingeschränkte Verwertung der Rechtsprechung zum EKG tritt *Staudinger/ Magnus* (Art. 38, Rn. 6 und 35) ein. Hiernach war eine weit reichende Änderung der Fristen zwar nicht beabsichtigt, da aber die Rechtsprechung zum EKG sehr streng gewesen sei, sei eine Heranziehung für das CISG nur begrenzt möglich. Dagegen halten *Herber,Czerwenka*, Art. 38, Rn. 7; *Tannò*, S. 271 f. und *Witz,Salger,Lorenz/Salger*, Art. 38, Rn. 3 die Rechtsprechung für uneingeschränkt anwendbar.
Gänzlich a.A. ist *Schlechtriem,Schwenzer/Schwenzer*, Art. 38, Rn. 16, der eine Anwendung ablehnt, da die in Deutschland zahlreich vorhandene Rechtsprechung zum EKG in Anlehnung an die §§ 377 und 378 HGB ergangen ist und daher in Bezug auf das CISG zu streng sei.

[742] Vgl. nur OLG Düsseldorf, RIW 1995, S. 53 ff. und der ausdrückliche Verweis auf die Rechtsprechung des BGH zum EKG abgedruckt in NJW 1982, S. 2730 ff.

[743] So *Schlechtriem,Schwenzer/Schwenzer*, Art. 38, Fn. 42 nach dem die Fristen in den Urteilen des LG Stuttgart (IPRax 1990, S. 317 f.) und des OLG Düsseldorf (RIW 1995, S. 53 ff.) zu knapp bemessen sind, weil sie sich nach der an § 377 HGB orientierten Rechtsprechung zum EKG richten; zum EKG vgl. OLG Düsseldorf, IPRax 1990, S. 178 ff. (grundsätzlich sofortiges Handeln ohne Überlegungsfrist, so dass 3-4 Tage inklusive Wochenende zu lang sind); OLG Köln, RIW 1985, S. 404 (11 Tage inklusive Weihnachten und zwei Wochenenden sind zu lang).

[744] Vgl. die Ausführungen von *Ferrari*, Applicabilità ed applicazioni, S. 200 ff.; *Bianca/Frattini*, Art. 38, Anm. 3.

der Art der ausgeübten Tätigkeit zu bestimmen ist[745]. In Betracht zu ziehen seien dabei lediglich objektive Gesichtspunkte, aber auch die dem UN-Kaufrecht zugrunde liegenden Bräuche. Jedenfalls habe die Untersuchung nicht unverzüglich zu erfolgen, wie es noch das EKG vorsah[746]. *Ferrari* weist darauf hin, dass zu den maßgeblichen Umständen etwa zu zählen sei, ob das gekaufte Gut verderblich oder ob die Untersuchung technisch aufwendig sei[747].

Die knappe Bemessung der Frist in der deutschen Rechtsprechung wurde in der neueren italienischen Literatur zwar bemerkt, aber nicht näher kritisiert[748], weil das wesentliche Element zur Bemessung der Untersuchungsfrist die Einzelfallbezogenheit sei. Die Rechtsprechung wird von der italienischen Literatur als streng eingestuft unter Hinweis auf zahlreiche Beispiele aus der – zumeist deutschen – Rechtsprechung[749].

Das Urteil des *Tribunale di Cuneo* vom 31.1.1996[750] bezieht sich auf zwei viel zitierte ausländische Urteile[751], wonach die Untersuchung so früh wie möglich durchzuführen ist. Die (damals) überschaubare Rechtsprechung zu der elastischen Frist sei ausgesprochen streng. Das Gericht machte jedoch keine konkreten Ausführungen zur Länge der Untersuchungsfrist, sondern führte lediglich aus, dass im Fall des Verkaufs von Sportbekleidung mit einer Dauer von 23 Tagen die Gesamtfrist der Artt. 38 und 39 CISG überschritten sei. Die Bekleidung fiel nach Ansicht des italienischen Käufers zu groß aus, da sie in französischen und nicht italienischen Größen geliefert wurde.

Dieses italienische Urteil wird von der Literatur als an die zitierte Rechtsprechung angepasst beurteilt[752], wenn man davon ausgehe, dass es sich bei den

---

745 Näher hierzu vgl. *Cian,Trabucchi*, Art. 1176 m.w.N.

746 *Bianca/Frattini*, Art. 38, Anm. 4; *Ferrari*, Applicabilità ed applicazioni, S. 202 ff.

747 *Ferrari*, Applicabilità ed applicazioni, S. 204 f.

748 *Liguori*, Foro. it. 1996 IV, Spalte 145 ff. (167) und *ders*, Riv. dir. civ. 1999 I, S. 143 ff. (170 ff.); *Veneziano*, Dir. comm. int. 2001, S. 509 ff. (515 f.); zweifelnd auch *Ferrari*, Applicabilità ed applicazioni, S. 202 f.

749 *Liguori* bezeichnet die Rechtsprechung in, Foro it., 1996 IV, Spalte 145 ff. (167) als "*piuttosto rigoroso*". Bzgl. der umfangreichen Rechtsprechung vgl. dort die Fn. 102. Ähnlich *Veneziano* in Dir. comm. int. 2001, S. 509 ff. (515 f.).

750 Vgl. Urteil des Tribunale di Cuneo vom 31.1.1996, *UNILEX*, mitgeteilt bei *Bonell*, Rassegna giurisprudenziale, Dir. comm. int. 1996, S. 619 ff. (653).

751 Urteil des LG Stuttgart vom 31.8.1989, RIW 1989, S. 984 f. (Rüge nach 16 Tagen bei offenen Mängeln an Schuhen ist verspätet); Urteil der Pretura di Locarno Campagna vom 27.4.1992 (Az.: 6252), *UNILEX* (sofortige Untersuchungspflicht bei Lieferung von Möbeln unter Kaufleuten). Dieses schweizerische Urteil findet auch in der deutschen und italienischen Literatur Erwähnung, vgl. etwa *de Lukowicz*, S. 96 f.; *Liguori*, Foro it.1996 IV, Spalte 145 ff. (167).

752 Vgl. *Liguori*, Riv. dir. civ. 1999 I, S. 143 ff. (170 f.); dabei lässt er offen, ob er die vorhandene Rechtsprechung tatsächlich für zu streng oder sogar für nicht mehr konventionskonform hält. Jedenfalls lässt *Liguori* erkennen, dass er die Auslegung der deutschen Gerichte für national- und nicht vorwiegend konventionsgeprägt hält.

angegebenen Kleidungsgrößen um Mängel handele, die von außen erkennbar waren[753]. Angemerkt wird jedoch auch, dass so vor allem durch die deutsche – möglicherweise durch strenge Kriterien des nationalen unvereinheitlichten Rechts geprägte – Rechtsprechung auch die Rechtsprechung in anderen Ländern beeinflusst werden könne[754]. In diesem Sinn sei auch das Urteil des *Tribunale di Cuneo* zu verstehen. Viel Beachtung hat auch das Urteil des *Tribunale di Vigevano* vom 12.7.2000 erfahren[755]. Auf Art. 38 CISG ging das Gericht nur am Rande ein. Es entschied, dass die Rügefrist des Art. 39 CISG bei Erkennbarkeit des Mangels sofort zu laufen beginnt. Ausführlich befasste sich das Gericht mit der Rügefrist i.S.d. Art. 39 CISG[756].

2. Fazit

Das Schrifttum in Deutschland und Italien legt zur Bestimmung der Fristlänge der Untersuchungsfrist i.S.d. Art. 38 I CISG im Allgemeinen einheitliche Kriterien zugrunde. Danach handelt es sich bei der Frist um einen den Umständen angepassten Zeitraum, innerhalb dessen die Untersuchung der Ware von einem sorgfältigen Käufer erwartet werden darf. Die Frist sei daher flexibel. Es gilt dabei der Grundsatz, dass dem Käufer zügiges Handeln zuzumuten ist.

Bei der Bestimmung der Länge der Untersuchungsfrist sind die Umstände des Einzelfalles und die angemessenen Möglichkeiten der Parteien heranzuziehen. Mittlerweile gibt es hierzu aus der deutschen Rechtsprechung eine recht umfangreiche Kasuistik. Der deutschen Rechtsprechung ist zum Teil im deutschen Schrifttum vorgeworfen worden, sich an der Rechtsprechung zum EKG zu orientieren, das im Gegensatz zum CISG noch eine „kurze Frist" vorsah. Daher sei die deutsche Rechtsprechung grundsätzlich zu streng. Allerdings haben sich auch im deutschen Schrifttum einige Stimmen für eine sehr kurze Bemessung der Frist ausgesprochen. Als verhältnismäßig streng wird auch das Urteil des *Tribunale di Cuneo* angesehen.

Abzuwarten bleibt, ob sich die strenge Tendenz in der Rechtsprechung Deutschlands und Italiens fortsetzen wird. Die im Vordringen befindliche Ansicht im Schrifttum spricht sich zu Recht dagegen aus.

---

[753] Dieses Kriterium hat auch das OLG Koblenz (IHR 2001, S. 109 ff. (110 f.)) angeführt.

[754] Vgl. *Liguori*, Riv. dir. civ. 1999 I, S. 143 ff. (170 f.); *Veneziano*, Dir. comm. int. 2001, S. 509 ff. (516).

[755] Tribunale di Vigevano, Urteil vom 12.7.2000, *UNILEX*, Dir. comm. int. 2001, S. 497 ff. Eine deutsche Übersetzung des Urteils mit Anmerkung von *Rosati* findet sich in der IHR 2001, S. 72 ff. Vgl. hierzu die Nachweise in Fn. 354.

[756] Dazu sogleich unten III, S. 159 ff.

III. Die Rügefrist des Art. 39 CISG

Von der Frist zur Untersuchung der Ware (Art. 38 CISG) ist die Frist zu unterscheiden, binnen derer die Anzeige eines Mangels gegenüber dem Verkäufer zu erfolgen hat (Art. 39 CISG)[757]. Der Käufer hat die Vertragswidrigkeit der Ware binnen „angemessener Frist" anzuzeigen. Ansonsten verliert er sein Recht, sich auf die Vertragswidrigkeit der gelieferten Ware berufen zu können (Art. 39 I CISG)[758]. Im Übrigen verliert der Käufer dieses Recht spätestens zwei Jahre nach Übergabe der Ware (Art. 39 II CISG)[759]. Die Frist beginnt ab dem Zeitpunkt zu laufen, in dem der Käufer die Vertragswidrigkeit festgestellt hat oder sie nach der gemäß Art. 38 CISG gebotenen Untersuchung hätte feststellen müssen[760].

Gegenstand ständiger Kontroversen ist die Frage, was genau unter der „angemessenen" Rügefrist zu verstehen ist. Von manchen wird weniger deutlich die „Gesamtfrist" berechnet, die sich aus der Untersuchungsfrist i.S.d. Art. 38 I CISG und der Rügefrist i.S.d. Art. 39 CISG zusammensetzten soll[761]. Andere trennen klar bei der Berechnung Untersuchungs- und Rügefrist[762].

1. Meinungsstand in der italienischen und deutschen Lehre und Rechtsprechung

In der deutschen Lehre wird vertreten, dass die Frist in Anlehnung an den Begriff „unverzüglich" i.S.d. § 121 BGB, bzw. § 377 I HGB[763] zu verstehen ist, der Käufer also so schnell wie möglich zu reagieren hat. Hiernach könnte auch die bisher ergangene Rechtsprechung zum Art. 39 EKG weiter Anwendung finden[764].

---

[757] Zur Untersuchungsfrist, vgl. bereits oben 3.Kapitel:D.II, S. 154 ff.

[758] Die Vorschrift entspricht in weiten Teilen der Regelung des Art. 39 EKG. Wesentlicher Unterschied ist, dass die Rüge nicht mehr innerhalb „kurzer", sondern nur binnen „angemessener" Frist zu erfolgen hat. Die Rechtsfolge des Art. 39 CISG war einer der zentralen Streitpunkte auf der diplomatischen Konferenz; zum ganzen vgl. *Schlechtriem, Schwenzer/Schwenzer*, Art. 39, Rn. 1 ff.

[759] Zur Ausschlussfrist des Art. 39 II CISG, vgl. etwa *Schlechtriem,Schwenzer/Schwenzer*, Art. 39, Rn. 22 ff.

[760] Beim Fristbeginn ist vor allem zwischen erkennbaren und verborgenen Mängeln zu unterscheiden, vgl. im Einzelnen *Staudinger/Magnus*, Art. 39, Rn. 29 ff.; *Schlechtriem, Schwenzer/Schwenzer*, Art. 39, Rn. 19 ff; Tribunale di Busto Arsizio, RDIPP 2003, S. 151 ff. (154 f.).

[761] So etwa der OGH, IHR 2001, S. 81 ff. (83); *Staudinger/Magnus*, Art. 39, Rn. 49.

[762] Ausdrücklich gegen die Zusammenrechnung zu einer „Pauschalfrist", vgl. z.B. *Schlechtriem,Schwenzer/Schwenzer*, Art. 39, Rn. 15 m.w.N.

[763] Näher zum Begriff der unverzüglichen Rüge, *Staub/Brüggemann*, § 377, Rn. 101 ff.

[764] *Herber,Czerwenka*, Art. 39, Rn. 9; *Enderlein,Maskow,Strohbach*, Art. 39, Anm. 3; *Reinhart*, Art. 39, Rn. 5; *Ryffel*, S. 21; *Detzer/Thamm*; BB 1992, S. 2375; vermittelnd wohl *Asam*, S. 3 ff. (25).

Nach der wohl herrschenden Auffassung werden hierdurch die Unterschiede zwischen dem EKG und dem CISG übersehen. In der Vorgängervorschrift – dem Art. 39 EKG – war noch eine „kurze“ Frist vorgesehen[765]. Diese Formulierung wurde in das CISG nicht übernommen. Hieraus leiten die Vertreter dieser Auffassung ab, dass unter der „angemessenen“ Frist eine flexiblere Frist zu verstehen ist. Daher sei der Anwendung der Rechtsprechung zum EKG nur mit Zurückhaltung zuzustimmen[766]. Die Frist des Art. 39 I CISG habe sich nach den Umständen des Einzelfalles zu richten[767],wobei dessen objektive und subjektive Umstände zu berücksichtigen seien, wie etwa die betrieblichen und die persönlichen Verhältnisse des Käufers, Eigenart der Ware und Umfang der Lieferung[768]. Zudem soll auch von Einfluss sein, welchen Rechtsbehelf der Käufer geltend machen will. Will er die Ware behalten und lediglich Schadensersatz fordern, kann die Frist länger bemessen werden[769]. Im Einzelnen wird vielfach Bezug auf die bereits ergangene Rechtsprechung genommen[770].

Fraglich ist, ob sich im Interesse einer international einheitlichen Auslegungspraxis bezüglich der Fristlänge Regelaussagen aufstellen lassen. Im Rahmen der Rügefrist des Art. 39 CISG besteht in besonderem Maße das Risiko leicht spürbarer, international uneinheitlicher Auslegung: Der vom nationalen Rechtssystem geprägte Richter wird die Regelungen des CISG sehr leicht – wenn auch nur unbewusst – in Anlehnung an seine vom nationalen Rechtssystem geprägte Praxis auslegen[771]. Sehen die nationalen Regelungen für die Rü-

---

[765] Die kurze Frist ist in Art. 11 EKG legaldefiniert; zum Begriff der kurzen Frist, vgl. *Dölle/Junge*, Art. 39, Rn. 2. Für eine Übersicht über die deutsche Rechtsprechung im Italienischen, vgl. *Reinhart*, Giur. comm. 1986, S. 404 ff.

[766] So *Staudinger/Magnus*, Art. 39, Rn. 35; *Magnus* ZEuP 1993, S. 79 ff. (88); *Schlechtriem,Schwenzer/Schwenzer*, Art. 39, Rn. 15; *Soergel/Lüderitz,Schüßler-Langeheine*, Art. 39, Rn. 3; ähnlich *Witz,Salger,Lorenz/Salger*, Art. 39, Rn. 6; *Tannò*, S. 281; vgl. auch *Bianca,Bonell/Sono*, Art. 39, Anm. 1.5; zu den Hintergründen, *UNCITRAL* Yearbook III (1972), S. 87.

[767] *Schlechtriem,Schwenzer/Schwenzer*, Art. 39, Rn. 16 f.; *Soergel/Lüderitz,Schüßler-Langeheine*, Art. 39, Rn. 3; *Witz,Salger,Lorenz/Salger*, Art. 39, Rn. 6; *Staudinger/Magnus*, Art. 39, Rn. 35 ff.; *Bianca,Bonell/Sono*, Art. 39, Anm. 2.4.

[768] Vgl. statt aller die umfangreiche Darstellung bei *Staudinger/Magnus*, Art. 39, Rn. 43 ff. Vgl. auch das Urteil des österreichischen OGH, JBl. 1999, S. 320.

[769] *Schlechtriem,Schwenzer/Schwenzer*, Art. 39, Rn. 16; *Staudinger/Magnus*, Art. 39, Rn. 48; *UNCITRAL* Yearbook III (1972), S. 87; *Bianca,Bonell/Sono*, Art. 39, Anm. 1.5. und 2.4.

[770] Vgl. statt vieler *Schlechtriem,Schwenzer/Schwenzer*, Art. 39, Rn. 16 f.

[771] Nach US-amerikanischen Recht ist ist eine Rüge noch nach mehreren Monaten, nach französischem sogar nach 2 bis 3 Jahren noch angemessen, vgl. *Schlechtriem,Schwenzer/Schwenzer*, Art. 39, Rn. 17 m.w.N. Das zweite Gutachten des *CISG Advisory Council* (Anm. 2.1. ff., IHR 2004, S. 163 ff. (164)) teilt in diesem Zusammenhang in drei verschiedene Rechtstraditionen auf: Soweit nach dem unvereinheitlichten Recht v.a. der Schutz des Käufers bezweckt wird, sei die Fristberechnung weni-

ge des Käufers großzügigere Fristen vor, birgt dies die Gefahr in sich, dass in der Rechtsprechung im Zweifelsfall eine großzügigere Bemessung von Fristen vorherrschen wird, während in Ländern, deren nationalen Rechtsordnungen eine knappe Frist für den Käufer vorsehen, das Gegenteil geschieht[772].
Als Regelwert werden im Schrifttum verschiedene Angaben gemacht. *Magnus* spricht sich für eine Gesamtfrist i.S.d. Artt. 38 und 39 CISG von 14 Tagen aus[773]. Andere wollen 2 bis 8[774], 4 bis 7[775], oder nur wenige Tage als Richtwert ansetzen[776] Einer weiteren Ansicht zufolge soll die Rüge jedenfalls nach mehr als einem Monat verspätet sein[777]. Als grober Mittelwert wird nunmehr mehrheitlich ein Zeitraum von etwa einem Monat vertreten[778].

Auch die Ergebnisse der deutschen Rechtsprechung zeichnen sich durch gewisse Unterschiede aus. Die ältere deutsche Rechtsprechung ist z.T. streng ausgefallen und nahm bei der Auslegung des Art. 39 CISG Bezug auf § 377 HGB. Das *LG Stuttgart* hat bei einer Lieferung von Schuhen eine 16 Tage nach Lieferung erfolgte Anzeige der Mängel für verspätet gehalten und offen gelassen, ob Artt. 38 und 39 CISG Anwendung finden oder § 377 HGB über Art. 7 II CISG einschlägig war, da beide Vorschriften zu demselben Ergebnis führten[779]. Das *OLG Düsseldorf* kam im Fall der Lieferung von Einlegegurken zu dem Ergebnis, dass eine nach frühestens 7 Tagen erfolgte Rüge bereits verspätet war[780]. Das *OLG Düsseldorf* wertete in einem anderen Fall, bei dem es sich um leicht erkennbare Webfehler handelte, eine Rüge nach 25

---

ger streng. Werde der Schutz des Verkäufers bezweckt, sei die Fristberechnung traditionell großzügiger. Im Hinblick darauf sei auch die Rechtsprechung der unterschiedlichen Gerichte zu werten.

772 *Schlechtriem,Schwenzer/Schwenzer*, Art. 39, Rn. 17; im Ergebnis auch *de Lukowicz*, S. 105f.; kritisch zur deutschen Rechtsprechung daher *Lookofsky*, S. 61, Fn. 85; auch der BGH weist auf die Einbeziehung der unterschiedlichen Rechtstraditionen hin, vgl. BGH RIW 1995, S. 597.

773 *Staudinger/Magnus*, Art. 39, Rn. 49; *ders.*, TranspR/IHR 1999, S. 29 ff. (33).

774 *Asam*, S. 3 ff. (26).

775 *Piltz*, Internationales Kaufrecht, § 5, Rn. 59; *ders.*, UN-Kaufrecht, Rn. 145.

776 *Reinhart*, Art. 39, Rn. 5.

777 So *Schlechtriem,Schwenzer/Schwenzer*, Art. 39, Rn. 17, der die Monatsfrist als groben Richtwert dazu nutzen will, die national geprägten Auslegungsergebnisse der Gerichte nicht zu stark voneinander abweichen zu lassen. *Staudinger/Magnus*, Art. 39, Rn. 36 ff. weist darauf hin, dass eine Frist zwischen einer Woche und einem Monat von der Rechtsprechung im Rahmen des EKG als noch angemessen beurteilt wurde. Bzgl. des CISG seien die Fristen großzügiger zu bemessen.

778 *Schlechtriem,Schwenzer/Schwenzer*, Art. 39, Rn. 17; *Achilles*, Art. 39, Rn. 11; *Witz,Salger,Lorenz/Salger*, Art. 39, Rn. 6.

779 LG Stuttgart, RIW 1989, S. 984 f. (985).

780 OLG Düsseldorf, IPRax 1993, S. 412 ff. (413).

Tagen als verspätet[781]. Das *LG Landshut* entschied, dass eine Minderlieferung einen leicht erkennbaren Mangel darstellt und eine Rügefrist von nur wenigen Tagen zulässt[782].
Für eine weitere Auslegung hat sich der *BGH* im Hinblick auf die unterschiedlichen nationalen Rechtstraditionen ausgesprochen und kam so zu einer Regelfrist von einem Monat[783]. Gleichzeitig hält jedoch der österreichische *OGH* eine Gesamtfrist von 14 Tagen für angemessen[784]. Diese Unstimmigkeit hat das *OLG Saarbrücken* zum Anlass genommen, eine Frist von 14 Tagen bis zu einem Monat für die Regel zu halten[785].
Mehr als eine grobe Richtlinie für die Regelfrist lässt sich hieraus jedoch nicht ableiten, da die Besonderheiten des zu entscheidenden Einzelfalls immer von maßgeblichem Einfluss sein werden.
Die Einzelfallbezogenheit hat sich im Rahmen einiger Entscheidungen deutscher Gerichte niedergeschlagen. Z.B. beim Kauf verderblicher Ware, soll die Frist sehr kurz zu bemessen sein[786], so dass sie mitunter nur wenige Stunden betragen kann[787]. Auch ein vergleichsweise knapper Zeitraum soll dem Käufer bei Saisonware zur Verfügung stehen[788].

In der italienischen Literatur wurde bereits früh erkannt, dass die Regelung des Art. 39 I CISG gegenüber der des EKG wegen ihrer Flexibilität zwar gerechter erscheint, jedoch auch eigene Probleme mit sich bringt. Dabei wird anerkannt, dass durch die flexible Frist den Interessen im Einzelfall besser Rechnung getragen werden kann. Entsprechend den Ausführungen im deutschen Schrifttum und der Rechtsprechung wird angeführt, dass bei verderblicher Ware das Interesse des Verkäufers einzubeziehen sei, früh von der Män-

---

[781] OLG Düsseldorf, Urteil vom 12.3.1993 (Az.: 17 U 136/92), *UNILEX*, i.Ü. unveröffentlicht.

[782] LG Landshut, Urteil vom 5.4.1995 (Az.: 54 O 644/94), *UNILEX*, i.Ü. unveröffentlicht.

[783] BGH, RIW 1995, S. 595 ff. (597); BGH, RIW 2000, S. 381f. (382); so auch OLG Stuttgart, RIW 1995, S. 943 f. (944); OLG München, Forum International, 1998, S. 106; *Magnus*, TranspR-IHR 1999, S. 29 ff. (33) sieht hierin eine Überinterpretation der durch den BGH eingeschlagenen Tendenz und meint, dass vielmehr daraus – soweit keine besonderen Umstände vorliegen – eine Frist von etwa einer Woche abzuleiten sei.

[784] OGH, IHR 2001, S. 81 ff. (83); OGH, JBl. 1999, S. 318 ff. (320); so auch *Staudinger/Magnus*, Art. 39, Rn. 49; OLG Koblenz, Forum International 1998, S. 107; *Escher*, RIW 1999, S. 495 ff. (499).

[785] OLG Saarbrücken, IHR 2001, S. 64 f. (65); LG Saarbrücken, IHR 2003, S. 27 f. (27): Maximal ein Monat.

[786] OLG Saarbrücken, NJW-RR 1999, S. 780 (sofortiges Handeln im internationalen Blumenhandel); OLG Düsseldorf IPRax 1993, S. 412 ff. (413) (7 Tage zu spät bei Lieferung von Einlegegurken); Rb Roermond, *UNILEX*, NIPR 1992, Nr. 394.

[787] OLG Karlsruhe, RIW 1998, S. 235 ff. (236); auch im deutschen Schrifttum hat diese Rechtsprechung Zustimmung erfahren, vgl. *Magnus*, TranspR-IHR 1999, S. 29 ff. (32); *Schlechtriem,Schwenzer/Schwenzer*, Art. 39, Rn. 16.

[788] *Schlechtriem,Schwenzer/Schwenzer*, Art. 39, Rn. 16; AG Kehl NJW-RR 1996, S. 565 f.

gelrüge zu erfahren, weil er dann gegebenenfalls die Ware noch anderweitig absetzen könne. Anders sei die Situation zu beurteilen, wenn der Käufer nur den Preis mindern wolle, weil in diesem Fall kein schützenswertes Interesse des Verkäufers an einer schnellen Rüge bestehen könne[789]. Andere betonen, dass es problematisch sei, die Länge der angemessenen Frist aus der ex ante Sicht zu bestimmen: Es werde den Parteien schwer fallen zu bestimmen, wann die Frist tatsächlich abgelaufen ist[790]. Dies gelte umso mehr für den italienischen Rechtsanwender, der die strenge acht Tagesfrist des Art. 1495 I Cod. civ.[791] gewohnt sei und so die flexible Frist als systemfremd empfinde[792].
Das italienische Schrifttum unterstreicht die Vielfalt der Auslegungsergebnisse der verschiedenen Gerichte, mit ihrer vorherrschenden Tendenz, bei der Bemessung der Frist recht streng zu sein und dabei von einem Richtwert von einem Monat auszugehen[793]. Hervorgehoben wird zugleich, dass die Rechtsprechung bei der Bestimmung der Frist den eingeräumten Auslegungsspielraum genutzt habe, die Interessen beider Vertragsparteien einzubeziehen und die Frist im konkreten Einzelfall zu bestimmen[794].
Der von der Rechtsprechung zwischen den verschiedenen Traditionen der einzelnen nationalen Rechtsordnungen gesuchte Kompromiss sei mit dem Richtwert von einem Monat in Anbetracht der nationalen Unterschiede von sehr kurzen Fristen, über wenige Tage, bis hin zu mehreren Monaten als gelungen zu begrüßen[795].
Jüngst hat *Sagliaschi* herausgestellt, dass die Frist vergleichsweise kurz und niemals länger als ein „*noble month*" von der internationalen Rechtsprechung bemessen wurde[796].
Die Fragen der Länge einer angemessenen Frist i.S.v. Art. 39 I CISG hat be-

---

[789] *Bianca/Frattini*, Art. 39, Anm. 3; *Bin*, Riv. trim. dir. proc. civ. 1990, S. 755 ff. (760); *Callegari*, Giur. it. 1998, S. 982 ff.; *Ferrari*, Giur. it. 2001, S. 281 ff. (284), *ders.*, Applicabilità ed applicazioni, S. 207 ff., 211; *Sagliaschi*, RDIPP 2003, S. 135 ff. (141 f.).

[790] *Bianca/Frattini*, Art. 39, Anm. 3; *Bin*, Riv. trim. dir. proc. civ. 1990, S. 755 ff. (760).

[791] Nach Art. 1495 Cod. civ. hat der Käufer Mängel i.S.d. Art. 1490 Cod. civ. bzw. Art. 1497 Cod. civ. innerhalb einer Frist von acht Tagen ab ihrer Entdeckung anzuzeigen. Gemäß Art. 1511 Cod. civ. beginnt diese Frist bei Kaufverträgen, die eine Beförderung der Ware voraussetzen, mit dem Eintreffen der Ware beim Käufer, vgl. *Kindler*, Italienisches Recht, § 17, Rn. 12 ff. Nach h.L. und Rspr. beginnt diese bei versteckten Mängeln erst mit der Entdeckung der Mängel, vgl. zum ganzen *Fox*, S. 172 m.w.N.

[792] *Callegari*, Giur. it. 1998, S. 982 ff. (982 f.); ähnlich *Sagliaschi*, RDIPP 2003, S. 135 ff. (136).

[793] *Callegari*, Giur. it. 1998, S. 982 ff. (984); *Veneziano*, Dir. comm. int. 2001, S. 509 ff. (516); *Liguori*, Riv. dir. civ. 1999 I, S. 143 ff. (170 f.).

[794] *Veneziano*, Dir. comm. int. 2001, S. 509 ff. (516).

[795] *Liguori*, a.a.O., S. 171 f.

[796] *Sagliaschi*, RDIPP 2003, S. 135 ff. (142).

reits mehrere italienische Gerichte beschäftigt[797]. Die italienische Rechtsprechung geht davon aus, dass es sich bei der Frist i.S.d. Art. 39 I CISG um eine Generalklausel handelt. Dem Betroffenen und letztlich dem Richter sei die Auslegung der Angemessenheit im Einzelfall überlassen. Daher müssten bei der Bestimmung der Angemessenheit dessen Umstände in Betracht gezogen werden. Die Auslegung des Begriffs der angemessenen Frist dürfe jedoch nicht zu streng ausfallen[798]. Zu den einzubeziehenden Umständen zähle vor allem die Natur der Ware, ihre Verderblichkeit oder Saisonbezogenheit[799]. Vergleichsweise streng ist das Urteil des *Tribunale di Cuneo*[800] ausgefallen. Während die Rügen in den Fällen des *Tribunale di Vigevano*, des *Tribunale di Rimini* und der *Pretura di Torino* mit 4, 6 bzw. 7 Monaten zweifellos zu spät erfolgten, war im Falle des *Tribunale di Cuneo* die Rüge bereits 23 Tage nach Lieferung erfolgt. Das Tribunale kommt zu dem Ergebnis, dass die Gesamtfrist der Artt. 38 und 39 CISG überschritten wurde. In dem zu Gunde liegenden Fall ging um die Lieferung von Sportbekleidung. Das Urteil nimmt Bezug auf zwei ausländische Urteile, die die Gesamtfrist der Artt. 38 und 39 CISG streng interpretiert hatten[801]. Geht man davon aus, dass die Mängel im zu entscheidenden Fall leicht erkennbar waren und es sich bei der Sportbekleidung um Saisonware handelte, fügt sich das Urteil noch in den Entscheidungskanon anderer Gerichte ein, da der Zeitraum von 23 Tagen innerhalb der von der internationalen Rechtsprechung angenommenen Frist von regelmäßig zwischen 2 Wochen bis einem Monat liegt[802].

In diesem Zusammenhang sind als begrüßenswert die Urteile des *Tribunale di Vigevano* und des *Tribunale di Rimini* zu erwähnen. Beide befassen sich mit der Rügefrist und prüfen anhand der maßgeblichen Kriterien die Fristlänge. Dabei zitieren sie in erheblichem Umfang Rechtsprechung aus Italien und anderen Ländern und folgen vorbildlich dem Gebot zur Berücksichtigung der internationalen Rechtsprechung bei der Anwendung des CISG. Dieser Umstand lässt erwarten, dass die italienischen Gerichte in Zukunft mehr ausländische Entscheidungen berücksichtigen und so dem Gebot der autonomen Auslegung

---

797 Tribunale di Busto Arsizio RDIPP 2003, S. 151 ff.; Tribunale di Rimini, Urteil vom 8.1.2003, RDIPP 2003, S. 190 ff.; Tribunale di Vigevano, Urteil vom 12.7.2000, *UNILEX*, Dir. comm. int. 2001, S. 497 ff. – eine deutsche Übersetzung mit Anmerkung *Rosati* findet sich in der IHR 2001, S. 72 ff. Urteil des Tribunale di Cuneo, 31.1.1996, in *UNILEX*, i.Ü. unveröffentlicht, mitgeteilt in Dir. comm. int. 1996, S. 653; Urteil der Pretura di Torino vom 30.1.1997, *UNILEX*, Giur. it. 1998, S. 982 ff.

798 Tribunale di Vigevano, a.a.O. S. 503: „(…) *non…in modo eccessivamente restrittivo.* (…)". So auch das Urteil des Tribunale di Rimini, RDIPP 2003, S. 190 ff. (198).

799 Tribunale di Rimini, Urteil vom 8.1.2003, a.a.O. S. 197 f.; Tribunale di Vigevano, a.a.O., unter Hinweis auf das Urteil des Tribunale di Cuneo, 31.1.1996, a.a.O.

800 Vg. hierzu bereits oben S. 157 f.

801 Vgl. die Nachweise in Fn. 751.

802 Kritisch zu diesem Ergebnis *Ferrari*, IHR 2001, S. 179 ff. (185 f.).

stärker Rechnung tragen werden[803]. In beiden Urteilen wurde ausdrücklich herausgestellt, dass zur Vermeidung unterschiedlicher Auslegungsergebnisse die zum CISG existierende Rechtsprechung heranzuziehen ist. Ihr käme dabei ein *„valore persuasivo e non vincolante“* zu[804]. Das *Tribunale di Vigevano* nimmt in seinem Urteil bei der Gesamtfristberechnung Bezug auf die ausländische Rechtsprechung und führt aus, dass 3 und 5 Monate, aber auch schon 25 Tage als verspätet angesehen wurden[805]. Dem entgegen hat jedoch das Urteil des *Tribunale di Busto Arsizio*[806] keine einzige (ausländische) Entscheidung zitiert. Zwar führt das Urteil in Übereinstimmung mit der vorherrschenden Auffassung aus, dass es sich bei dem Begriff der angemessenen Frist um eine Generalklausel handele, die einer Ausfüllung am Einzelfall bedürfe und die vor allem von der Art der Mängel abhänge. Eine weitere Einbeziehung von Umständen, so etwa die Art der Ware – es handelte sich um eine Anlage zum Recycling von Plastiktüten – hat das Gericht nicht herangezogen. Jedenfalls hielt es eine Frist von etwa anderthalb Monaten noch für rechtzeitig[807]. Ob das Urteil mit diesem Ergebnis noch der herrschenden Lehre und Rechtsprechung in Deutschland und Italien entspricht, ist zweifelhaft. Es wurde deswegen bereits kritisiert[808]. *Sagliaschi* führt hierzu aus, dass nicht nur der fehlende Rückgriff auf Rechtsprechung und Lehre bezeichnend sei, sondern auch die Ausführungen des Gerichts. Die nach herrschender Meinung erheblichen Kriterien zur Berechnung der Fristlängen seien nicht berücksichtigt worden. So sei auch bei der Bemessung der Fristlänge nicht die ausländische Rechtsprechung beachtet worden, die eine Fristlänge auch von mehr als einem *„noble month“* als noch rechtzeitig erachtet hätte[809].

2. *Fazit*

Zusammenfassend lässt sich feststellen, dass in Deutschland und Italien Einigkeit bezüglich der die Fristlänge beeinflussenden Kriterien besteht. Die Fristlänge i.S.d. Art. 39 CISG ist jedoch stark einzelfallabhängig. Die deutsche Rechtsprechung und Literatur neigen z.T. eher zu einer recht strengen Auffassung. Eine Divergenz besteht vor allem innerhalb der Rechtsprechung. Der ös-

---

[803] In diesem Zusammenhang zum Tribunale di Vigevano, *Ferrari*, IHR 2001, S. 56 ff. Tatsächlich sind in jüngster Zeit mehrere Urteile italienischer Gerichte bekannt geworden, die umfangreich in- und ausländische Rechtsprechung berücksichtigt haben. Vgl. die Urteile des Tribunale di Padova- Sez. Este, Urteile vom 25.2.2004 und 31.3.2004, *UNILEX*, i.Ü. unveröffentlicht.

[804] Tribunale di Rimini, a.a.O., S. 194.

[805] Tribunale di Vigevano, a.a.O.

[806] Tribunale di Busto Arsizio, 13.12.2001, RDIPP 2003, S. 151 ff.

[807] Tribunale di Busto Arsizio, 13.12.2001, a.a.O. S. 154 f. So die Berechungen von *Sagliaschi*, RDIPP 2003, S. 135 ff. (142).

[808] *Sagliaschi*, a.a.O. S. 136 und 142.

[809] *Sagliaschi*, a.a.O. S. 142.

terreichische *OGH* hat sich entgegen der Rechtsprechung des *BGH* für einen Richtwert von 14 Tagen anstatt von einem Monat ausgesprochen. Als Regelwert wird in der neueren deutschen Rechtsprechung teilweise ein Zeitraum zwischen 14 Tagen und einem Monat vorgeschlagen. Diese Werte wurden auch vom deutschen Schrifttum aufgegriffen, nachdem zuvor von einigen Autoren kürzere Regelfristen in Anlehnung an § 377 HGB vorgeschlagen worden waren. Der Richtwert von etwa einem Monat wurde auch von dem italienischen Schrifttum, bisher jedoch nicht von der Rechtsprechung aufgegriffen. Ein Einklang lässt sich jedoch wegen der Unbestimmtheit des Begriffs der „angemessenen Frist" und der unterschiedlichen nationalen Rechtstraditionen nur schwer erreichen. Allerdings haben die Urteile des *Tribunale di Vigevano* und *Rimini* gezeigt, dass durch die Bezugnahme auf entsprechende Rechtsprechung und Literatur ein effektiver Abgleich der relevanten Kriterien möglich ist. Auch die einheitliche Ermittlung von Richtwerten ist in diesem Zusammenhang sinnvoll. Dem entgegen hat das *Tribunale di Busto Arsizio* jüngst eine Rüge nach anderthalb Monaten für noch fristgemäß gehalten. Das *Tribunale di Cuneo* hat hingegen 23 Tage für zu lang gehalten. Wegen des unbestimmten Rechtsbegriffs der angemessenen Frist und seinem Auslegungsspielraum ist auch weiterhin damit zu rechnen, dass es widersprüchliche Ergebnisse in der Rechtsprechung geben wird. Nur durch eine Beachtung des Gebots der autonomen Auslegung aus Art. 7 I CISG kann dem entgegengewirkt werden. Im Sinne einer einheitlichen Anwendung des CISG bleibt zu hoffen, dass die Kompromisslösung der Regelfrist von ca. einem Monat sich auch in der italienischen Rechtsprechung wieder finden wird. Dies entspricht auch der zutreffenden und im Vordringen befindlichen Ansicht im Schrifttum.

IV. Die Anforderungen an die Anzeige i.S.v. Art. 39 CISG

1. Meinungsstand in der italienischen und deutschen Lehre und Rechtsprechung

Nach Art. 39 I CISG muss der Käufer innerhalb einer angemessenen Frist die Vertragswidrigkeit der Ware dem Verkäufer anzeigen. Fraglich ist, welche Anforderungen inhaltlich an die Anzeige (Rüge) zu stellen sind. Die Rüge des Käufers muss nach in Deutschland allgemein vertretener Ansicht die Art der Vertragswidrigkeit genau bezeichnen. Der Verkäufer soll hierdurch in die Lage versetzt werden, sich ein Bild vom Mangel zu machen, um die richtigen Schritte zu ergreifen[810]. Dem Verkäufer sind daher die Sachmängel so genau zu umschreiben, dass dieser entscheiden kann, ob er etwa nachliefern, nachbessern oder eine eigene Untersuchung vornehmen muss[811]. Auch soll durch die Genauigkeit der Bezeichnung verhindert werden, dass der Käufer erst später entdeckte Mängel nachschieben kann[812]. Pauschale Angaben reichen deshalb nicht aus[813].

Schwenzer weist darauf hin, dass ein gemischt objektiv-subjektiver Maßstab anzulegen sei. Die Stellung des Käufers und Verkäufers im Wirtschaftsverkehr, eventuelle kulturelle Unterschiede seien dabei genauso zu berücksichtigen, wie die Natur der Ware[814]. Die Rechtsprechung in Deutschland hat hierzu in einer ganzen Reihe von Urteilen Ausführungen gemacht. So soll es beim Kauf einer aus mehreren Komponenten bestehenden Druckeranlage nicht hinreichend bestimmt sein, auf einen Mangel des „Druckers“ hinzuweisen. Zur Begründung wurde angeführt, dass dabei offen bliebe, ob sich der Mangel auf die ganze Druckeranlage, oder nur auf den Drucker selbst bezieht[815]. Auch die Angabe, Modeartikel hätten eine schlechte Passform und seien schlecht verarbeitet, ist nicht hinreichend konkret[816]. Die Mängelrüge bezüglich eines Häckslers – ohne nähere Angaben über das Gerät – ist nicht hinreichend bestimmt, selbst wenn in dem entsprechenden Jahr nur ein entsprechendes Gerät bei dem Verkäufer erworben wurde[817]. Auch die Angabe, dass zuwenig gelie-

[810] BGH, RIW 2000, S. 381 f. (382); *Schlechtriem,Schwenzer/Schwenzer*, Art. 39, Rn. 6; *Staudinger/Magnus*, Art. 39, Rn. 21; *Herber,Czerwenka*, Art. 39, Rn. 6; *Magnus*, TranspR-IHR 1999, S. 29 ff. (31).

[811] So schon der Sekretariatskommentar, Art. 37, Anm. 4, *Official Records*, S. 35; *Staudinger/Magnus*, Art. 39, Rn. 21; BGH NJW-RR 1997, S. 690 ff.; LG Hannover, Urteil vom 1.12.1993 (22 O 107/93), unveröffentlicht, *UNILEX*.

[812] So *Magnus*, TranspR-IHR 1999, S. 29 ff. (31).

[813] Vgl. etwa LG Saarbrücken, IHR 2003, S. 27 f. (27); LG München, IPRax 1990, S. 316 f.; LG Marburg NJW-RR 1996, S. 760; *Staudinger/Magnus*, Art. 39, Rn. 21.

[814] So *Schlechtriem,Schwenzer/Schwenzer*, Art. 39, Rn. 7.

[815] BGH NJW-RR 1997, S. 690 ff. (691).

[816] LG München, IPRax 1990, S. 316 f.

[817] LG Marburg, NJW-RR 1996, S. 760.

fert wurde bei einer Bestellung von Decken in verschiedenen Designs, ist ungenügend[818].

Diese strengen Anforderungen haben sich auch in der jüngsten Rechtsprechung fortgesetzt[819]. Die Anforderungen an die Bestimmtheit der Angaben dürfen nach verbreiteter Auffassung allerdings nicht überspannt werden, da ansonsten das Risiko mangelhafter Vertragserfüllung dem Käufer auferlegt werde[820]. Welche Anforderungen hier zu weit führen, ist jedoch im Einzelnen nicht geklärt. Bei technisch kompliziertem Gerät beschränkt sich die Anzeigepflicht jedoch auf die Symptome des technischen Mangels, nicht auf seine Ursachen[821]. Die deutsche Rechtsprechung wird als vielfach zu streng – weil an § 377 HGB und Art. 39 EKG orientiert – bewertet[822] – dies wurde auch vom ausländischen Schrifttum angemerkt[823]. Die vergleichsweise strengen Anfor-

---

[818] OLG Koblenz, Urteil vom 31.1.1997 (Az.: 2 U 31/96), *UNILEX*, i.Ü. unveröffentlicht; zustimmend *Schlechtriem,Schwenzer/Schwenzer*, Art. 39, Rn. 8.

[819] Vgl. OLG Oldenburg, IHR 2001, S. 159 f. (159 f.); LG Köln, IHR 2001, S. 69 ff.; LG Erfurt, IHR 2001, S. 200 ff. (201); OGH, IHR 2001, S. 40 f. (41); vgl. auch Handelsgericht Zürich, SZIER 1999, S. 185 ff.

[820] So etwa BGH NJW-RR 1997, S. 690 ff.; *Staudinger/Magnus*, Art. 39, Rn. 24; *Magnus*, TranspR-IHR 1999, S. 29 ff. (31); *Schlechtriem,Schwenzer/Schwenzer*, Art. 39, Rn. 6.

[821] BGH, RIW 2000, S. 381 f. (382). Zustimmend das Gutachten des *CISG Advisory Council*, Opinion Nr. 2, Anm. 5.14. (IHR 2004, S. 163 ff. (167) und *Schlechtriem,Schwenzer/Schwenzer*, Art. 39, Rn. 8.

[822] *Schlechtriem,Schwenzer/Schwenzer*, Art. 39, Rn. 6 in Bezug etwa auf BGH NJW-RR 1997, S. 690 ff. mit kritischer Anmerkung von *Schlechtriem,Schmidt-Kessel* in EWiR, 1997 S. 653 f.; OLG Frankfurt, RIW 1991, S. 592 ff.; OLG Saarbrücken NJW-RR 1999, S. 780; LG Marburg, NJW-RR 1996, S. 760.
Schwenzer führt a.a.O. aus, die Rechtsprechung sei an die Auslegungspraxis zu § 377 HGB und an die Urteile zu Art. 39 EKG angelehnt. Eine Rechtsvergleichung ergebe jedoch, dass die Pflicht zur genauen Bezeichnung eines Mangels eine Eigenart des deutschen Rechtskreises sei. § 377 HGB, der schweizerische Art. 201 OR und der österreichische § 377 HGB sehen gleichermaßen die substantiierte Mängelrüge vor. Unterschiede im Grad der Substantiierungspflicht liegen auch nicht vor, vgl. *Tannò*, S. 279, Fn. 49; zu § 377 HGB vgl. *Straub/Brüggemann*, § 377, Rn. 134 ff., *Tannò*, S. 209 f.; zu Art. 201 OR vgl. *Giger*, Art. 201, Rn. 61 ff.; *Tannò*, S. 82; zu § 377 des österreichischen HGB vgl. *Straube/Kramer*, § 377, 378, Rn. 41. Für zu streng hält auch *Staudinger/Magnus* (Art. 39, Rn. 24) die deutsche Rechtsprechung, obwohl er die Rechtsprechung zum EKG für anwendbar hält (Rn. 21). Zugleich führt er Beispiele an, in denen die Anforderungen der Gerichte an die Beschreibung der Sachmängel seiner Ansicht nach zu hoch ausgefallen sind. So etwa das LG Regensburg, Forum International, 1998, S. 109 f. (110), (Stoff bläht sich nach dem Waschen auf und fällt dann nicht mehr ordnungsgemäß) und das LG Marburg, RIW 1996, S. 328 f. (Anzeige von Mängeln eines Gerätetyps, ohne des Liefertermins, obwohl im betreffenden Jahr nur eine Maschine dieses Typs geliefert worden war). Für eine unkritische Übernahme der Rechtsprechung zum EKG wohl *Herber,Czerwenka*, Art. 39, Rn. 7.

[823] *Lookofsky*, S. 61 f; *Gerny*, S. 196 f.; *Liguori*, Riv. dir. civ. 1999 I, S. 143 ff. (172 f.).

derungen an die Beschreibung der Vertragswidrigkeit im Rahmen der deutschen Rechtsprechung werden auf die Formulierung in der deutschen Übersetzung des Art. 39 I CISG zurückgeführt[824]. Dort heißt es, dass Mängel „genau" zu bezeichnen sind. Eine vergleichbare Formulierung – nur die Übersetzungen der sechs UN-Sprachen sind maßgeblich – findet sich weder in der englischen, noch in der französischen Fassung des Art. 39 CISG wieder. Dort heißt es lediglich „*specifying the lack of conformity*", bzw. „*en précisant la nature de ce défaut*". Auch die italienische Übersetzung sieht einen solchen Zusatz der Präzisierung nicht vor. Es heißt dort lediglich „*specificandone la natura*".

In der italienischen Literatur wird in Übereinstimmung mit dem Meinungsstand in Deutschland vertreten, dass sich aus der Pflicht zur Überprüfung der Ware eine recht genaue Mitteilungspflicht bezüglich der festgestellten Mängel ergibt[825]. Diese dürfe jedoch nicht dahingehend missverstanden werden, dass sogar die Seriennummer der gekauften Maschine davon erfasst ist, wenn nur eine einzige Maschine gekauft wurde. Anderes gelte in Fällen, in denen mehrere verschiedene Sachen Liefergegenstand gewesen sind. Hier müsse eine Bezeichnung so genau erfolgen, dass es dem Verkäufer möglich sei, zum Beispiel eine Nachlieferung durchzuführen[826].

Auch das Urteil des *Tribunale di Vigevano* hat sich mit diesem Problem beschäftigt. Darin hat es sich mit der genauen Bezeichnung der Vertragswidrigkeit befasst, obwohl die Mängelrüge schon verspätet war. Das Tribunale hat darin in Übereinstimmung mit dem dargestellten Meinungsstand festgestellt, dass eine Rüge des Käufers, die sich darauf beschränkt anzuzeigen, dass die Ware Probleme verursacht hat, nicht ausreichend i.S.d. Art. 39 I CISG ist, weil der Verkäufer so nicht entscheiden könne, wie er dem Fehler abhelfen kann[827]. Im Urteil des *Tribunale di Busto Arsizio* hat das Gericht ausgeführt, dass die Käuferin durch Angabe des Mangels, so wie er sich nach außen darstellt, der Anzeigepflicht entsprochen hat. Nicht verlangt werden könne, zugleich die Gründe für das Nichtfunktionieren darzulegen. Dies erscheine in dem zugrunde liegenden Fall gerechtfertigt, da der technische Vorgang kom-

---

[824] *Schlechtriem,Schwenzer/Schwenzer*, Art. 39, Rn. 6; *Magnus*, ZEuP 1993, S. 79 ff. (88); *de Lukowicz*, S. 100; *Gerny*, S. 196 f.

[825] *Ferrari*, Applicabilità ed applicazioni, S. 220 ff., *Bianca/Frattini*, Art. 39, Anm. 2; allgemein zu Art. 39 CISG aus italienischer Sicht vgl. *Cottino*, La Vendita internazionale, S. 162 f.

[826] *Liguori*, Riv. dir. civ. 1999 I, S. 143 ff. (172 f.), vgl. hierzu die Urteile des LG Marburg, NJW-RR 1996, S. 760, sowie des OLG Koblenz vom 31.1.1997 (Az: 2 U 31/96), *UNILEX*, i.Ü. unveröffentlicht.

[827] Tribunale di Vigevano, Dir. comm. int. 2001, S. 497 ff.; vgl. auch die Besprechungen des Urteils von *Ferrari*, Giur. it. 2001, S. 281 ff. (284) und IHR 2001, S. 179 ff. und *Graffi*, ELF 2000, S. 240 ff. Eine deutsche Übersetzung des Urteils mit Anmerkung *Rosati* findet sich in der IHR 2001, S. 72 ff.

plex sei, der für die Mangelhaftigkeit ursächlich war[828]. Diesen Ausführungen ist in Anbetracht der Tatsache zuzustimmen, dass die Anforderungen an die Mängelrüge nicht dazu führen dürfen, dem Käufer das Risiko für die Schlechterfüllung des Verkäufers aufzubürden.

2. *Fazit*

Die italienische und die deutsche Literatur gehen gleichermaßen davon aus, dass im Rahmen der Mängelrüge der Mangel hinreichend genau beschrieben werden muss. Der Verkäufer soll hierdurch in die Lage versetzt werden, sich ein Bild vom Mangel zu machen und die richtigen Schritte einzuleiten. Allerdings hat die Rechtsprechung in Deutschland an die Genauigkeit der Bezeichnung zu hohe Anforderungen gestellt. Der Grund hierfür wird von der Literatur im Wortlaut der deutschen Übersetzung des Art. 39 I CISG gesehen, wonach die Vertragswidrigkeit „genau" zu bezeichnen ist. Die vergleichsweise strenge Rechtsprechung ist auch im italienischen Schrifttum bemerkt worden. Die italienische Rechtsprechung hat sich erst in zwei Urteilen zu den Anforderungen an die Anzeige i.S.d. Art. 39 I CISG geäußert. Beide Urteile entsprechen der in Deutschland und Italien als herrschend zu bezeichnenden Ansicht. Abzuwarten bleibt, ob die Tendenz in der deutschen Rechtsprechung zu hohe Anforderungen an die Anzeige i.S.d. Art. 39 CISG zu stellen, zu Recht korrigiert wird.

---

[828] Tribunale di Busto Arsizio, 13.12.2001, RDIPP 2003, S. 151 ff. (155 f.). Im Urteil ging es um eine Maschine zum Recycling von Plastiktüten. Die Maschine erreichte das von der Verkäuferin zugesicherte Produktivitätsniveau nicht.

V. Stillschweigender Verzicht und Verwirkung des Einwands der verspäteten Mängelrüge

Ein von der deutschen Rechtsprechung mehrfach behandeltes Problem ist der stillschweigende Verzicht des Verkäufers auf den Einwand der Verspätung gegenüber der Rüge des Käufers wegen Mängeln an der verkauften Ware. Auch die Verwirkung des Einwandes wird für möglich gehalten.

1. Meinungsstand in der deutschen Lehre und Rechtsprechung

Allgemein wird in der deutschen Rechtsprechung und Literatur vertreten, dass Art. 39 CISG dispositiv und folglich ein Verzicht auf den Einwand der Verspätung – auch konkludent – möglich ist[829]. Bei der Beantwortung der Frage, wann ein Verzicht anzunehmen ist, greift die deutsche Rechtsprechung auf die zu § 377 HGB entwickelten Grundsätzen zurück[830].

Ein stillschweigender Verzicht ist nur bei Vorliegen eindeutiger Anhaltspunkte, die der Käufer als Aufgabe des Verkäuferrechts verstehen durfte, anzunehmen[831]. Lässt sich der Verkäufer auf eine Prüfung der Ware ein, liegt darin allein noch kein schlüssiger Verzicht auf die Rechte aus Art. 39 I CISG[832]. Regelmäßig handelt es sich bei der Aufnahme von Verhandlungen um den Versuch einer gütlichen Einigung zwischen den Kaufvertragsparteien. Dem Verkäufer muss daher ein Freiraum eingeräumt werden, in dem er nicht mit dem Verlust seines Verspätungseinwandes zu rechnen braucht[833]. Ein still-

---

[829] Statt aller *Schlechtriem,Schwenzer/Schwenzer*, Art. 39, Rn. 33.

[830] BGH, WM 1997, S. 2313 ff. (2314). Die Anwendung der zu § 377 HGB entwickelten Grundsätze im Rahmen des CISG hat in der deutschen Literatur keine Kritik erfahren, vgl. etwa *Escher*, RIW 1999, S. 495 ff. (500). Sogar weiter geht *Schwenzer* (vgl. *Schlechtriem,Schwenzer/Schwenzer*, Art. 39, Rn. 33), die die Annahme eines Verzichts in jedem Fall vorbehaltloser Entgegennahme und vorbehaltlosem Anerkennen der Vertragswidrigkeit durch den Verkäufer bejaht. Zu § 377 HGB vgl. etwa *Staub/Brüggemann*, § 377, Rn. 172.

[831] OLG Koblenz vom 11.9.1998 (Az: 2 U 580/96), *UNILEX*, i.Ü. unveröffentlicht; LG Landshut vom 5.4.1995 (Az: 4 O 644/94), *UNILEX*, i.Ü. unveröffentlicht; vgl. auch den Schiedsspruch SCH-4318 der Bundeskammer der gewerblichen Wirtschaft in Österreich, RIW 1995, S. 591, mit kritischer Anm. *Schlechtriem*.
Die Grundsätze zu § 377 HGB werden von den deutschen Gerichten ausdrücklich im Rahmen des CISG für anwendbar erklärt, vgl. BGH, RIW 1999, S. 385 f. (386); ähnlich auch OLG Düsseldorf (Az: 17 U 136/92), *UNILEX*, i.Ü. unveröffentlicht. ; i.d.S. auch *Heilmann*, S. 330 f.

[832] OLG Düsseldorf (Az: 17 U 136/92) vom 12.3.1993, *UNILEX*, i.Ü. unveröffentlicht; OLG Koblenz vom 11.9.1998 (Az: 2 U 580/96), *UNILEX*, i.Ü. unveröffentlicht.

[833] BGH RIW 1999, S. 385 f. (386) mit Anm. von *Schlechtriem* und *Schmidt-Kessel* in EWiR 1999, S. 257 f.; Urteil des OLG Düsseldorf vom 12.3.1993, (17 U 136/92), *UNILEX*, i.Ü. unveröffentlicht; OLG Karlsruhe RIW 1998, S. 235 ff. (237); HG Zürich vom 30.11.1998 (Az: HG 930 634), *UNILEX*, i.Ü. unveröffentlicht.

schweigender Verzicht ist jedoch dann anzunehmen, wenn der Verkäufer die beanstandeten Waren vorbehaltlos zurückgenommen oder Nachbesserung versprochen hat[834].

Im Zusammenhang mit einem stillschweigenden Verzicht hat sich gezeigt, dass die Rechtsprechung auf Wertungsschwierigkeiten stößt. Der *BGH*[835] hob ein Urteil des *OLG Karlsruhe*[836] auf und führte aus, dass das Berufungsgericht verkannt habe, dass gerade nicht ein Fall vorgelegen habe, in dem der Verkäufer davor zu bewahren sei, schon durch bloße Verhandlungsbereitschaft seine Rechte zu verlieren. In dem zugrunde liegenden Fall hatte die Verkäuferin in einem Zeitraum von 15 Monaten über eine Schadensregulierung verhandelt, ohne sich auf den Verspätungseinwand zu berufen.
Abzuwarten bleibt, welche Wege die nationalen Gerichte Italiens und anderer Staaten einschlagen werden, um derartige Probleme zu lösen und inwieweit die deutsche Rechtsprechung dabei einfließen wird[837].

Ein Verlust des Rechts, sich auf die Verspätung der Mängelrüge zu berufen, wurde in der deutschen Literatur weiterhin unter dem Gesichtspunkt der Verwirkung erörtert. Der Begriff der Verwirkung basiert auf den Grundsätzen von Treu und Glauben. Der Berechtigte kann sein Recht dadurch verlieren, dass er beim Verpflichteten den Eindruck erweckt, er werde es nicht mehr geltend machen[838]. Ein österreichisches *Schiedsgericht* hat den Verlust des Rechts, sich auf die Verspätung der Mängelrüge zu berufen, in einem veröffentlichten Schiedsspruch bejaht. Die Verwirkung sei Ausfluss des Grundsatzes von Treu und Glauben und dem damit verbundenen Verbot des *venire contra factum proprium,* der im Rahmen des Wiener UN-Kaufrechts entweder über Art. 7 I oder II CISG einfließen könne. Ein Verzicht könne aber nicht schon deshalb angenommen werden, weil der Verkäufer es unterlassen habe, die verspätete Mängelrüge zurückzuweisen[839].
Ob diese Entscheidung in der Rechtsprechung allgemein Anklang finden wird, lässt sich noch nicht beurteilen. Auch im deutschen Schrifttum ist bezweifelt worden, dass die Verwirkung im Rahmen des UN-Kaufrechts Anwendung

---

[834] Vgl. BGH WM 1997, S. 2314 und BGH, RIW 1999, S. 385 f.; *Schlechtriem,Schwenzer/Schwenzer*, Art. 39, Rn. 33.
[835] BGH, RIW 1999, S. 385 f.
[836] OLG Karlsruhe, RIW 1998, S. 235 ff.
[837] So auch *de Lukowicz*, S. 106 f.
[838] *Staudinger/Magnus*, Art. 4, Rn. 53.
[839] So der Schiedsspruch SCH-4318 der Bundeskammer der gewerblichen Wirtschaft in Österreich, RIW 1995, S. 591, mit kritischer Anm. *Schlechtriem*. Zu den unterschiedlichen Bedeutungen und Funktionen des Begriffs des guten Glaubens im UN-Kaufrecht, den USA und Deutschland vgl. ausführlich *Keinath*, der im Ergebnis dem österreichischem Schiedsgerichtsurteil zustimmt (S. 244 ff.).

finden kann. Vom herrschenden Schrifttum wird dies bejaht. Das Institut der Verwirkung sei aus dem im UN-Kaufrecht in Art. 7 I CISG enthaltenen Gutglaubensgrundsatz zu entwickeln[840]. Die Anwendung sei jedoch restriktiv zu handhaben, da ansonsten der in den Artt. 38 ff. CISG geregelte Interessenausgleich gefährdet sei. Die Verwirkung sei auf solche Fälle zu beschränken, in denen der Käufer darauf vertrauen durfte, dass der Verkäufer sich nicht auf die Verspätung der Mängeleinrede berufen werde[841].

2. Stellungnahmen in der italienischen Literatur und Rechtsprechung

Die italienische Rechtsprechung hat sich mit den Fragen des stillschweigenden Verzichts und der Verwirkung noch nicht beschäftigen müssen. Von der italienischen Rechtsprechung wurde lediglich ausgeführt, dass die Vorschriften der Artt. 35 ff. CISG dispositiv sind[842]. Der Problembereich findet in der italienischen Literatur bisher lediglich unter Hinweis auf die im Ausland ergangenen Urteile Erwähnung[843].

Liguori hat zu einem Urteil des *BGH* ausgeführt, dass das Gericht zutreffend vom stillschweigenden Verzicht auf die Möglichkeit des Verspätungseinwands ausgegangen ist[844]. Für zutreffend hält *Veneziano* die Ausführungen des österreichischen Schiedsgerichts, wonach ein Verzicht erst angenommen werden könne, wenn ein entsprechender rechtsgeschäftlicher Wille des Verkäufers vorgelegen habe. Bezüglich der Anwendung des Instituts des *venire contra factum proprium* bemerkt *Veneziano*, dass dieses in Übereinstimmung mit einigen Stimmen aus der Lehre hier Anwendung gefunden hat[845].

In der italienischen Literatur wurde vorgeschlagen, das von der deutschen Rechtsprechung entwickelte Institut der Verwirkung im Rahmen des UN-Kaufrechts anzuwenden[846].

Das Institut der Verwirkung als Ausgestaltung von Treu und Glauben ist der italienischen unvereinheitlichten Rechtsordnung unbekannt. Ähnliche Fälle werden im unvereinheitlichten italienischen Recht durch die *rinuncia tacita* gelöst. Sie ist als stillschweigender, gewillkürter Verzicht konstruiert[847].

---

[840] *Staudinger/Magnus*, Art. 4, Rn. 53; *Schlechtriem,Schwenzer/Ferrari*, Art. 7, Rn. 51; a.A. *Witz,Salger,Lorenz/Witz*, Art. 4, Rn. 29; *Frigge*, S. 82; *Heilmann*, S. 374.

[841] *Schlechtriem,Schwenzer/Schwenzer*, Art. 39, Rn. 33 a.; *Staudinger/Magnus*, Art. 4, Rn. 53.

[842] Tribunale di Vigevano, Urteil vom 12.7.2000, Dir. comm. int. 2001, S. 497 ff. (502); Tribunale di Rimini, Urteil vom 8.1.2003, RDIPP 2003, S. 190 ff. (197).

[843] *Liguori*, Riv. dir. civ. 1999 I, S. 143 ff. (173 f.); *Veneziano*, Riv. arb. 1995, S. 547 ff.

[844] *Liguori*, Riv. dir. civ. 1999 I, S. 143 ff. (174) zum oben zitierten Urteil des BGH WM 1997, S. 2313 ff.

[845] *Veneziano*, Riv. arb. 1995, S. 547 ff. (559 f.).

[846] Vgl. *Patti*, S. 724, Fn. 8; eine ausführliche Rechtsvergleichung zu diesem Thema findet sich bei *Ranieri*, Rinuncia tacita e Verwirkung.

[847] *Kindler*, Italienisches Recht, §10, Rn. 8 f.

Ungewiss ist, ob von italienischen Gerichten an die von der deutschen Rechtsprechung entwickelten Grundsätze angeknüpft werden wird.

3. Fazit

Die Rechtsprechung und Lehre in Deutschland geht einheitlich davon aus, dass ein stillschweigender Verzicht auf den Einwand der Verspätung der Mängelrüge aus Art. 39 I CISG möglich ist. Dabei wird auf die zu § 377 HGB entwickelten Grundsätze zurückgegriffen. Ein stillschweigender Verzicht ist nur bei Vorliegen eindeutiger Anhaltspunkte, die der Käufer als Aufgabe des Rechts verstehen durfte, anzunehmen.
Auch die Möglichkeit einer Verwirkung des Rechts auf Geltendmachung der Verspätung der Mängelrüge wurde in der deutschen Literatur überwiegend bejaht. Die herrschende Auffassung geht dabei davon aus, dass dieses Institut aus dem in Art. 7 I CISG verankerten Grundsatz des *venire contra factum proprium* zu entwickeln ist. Die Verwirkung sei auf solche Fälle zu beschränken, in denen der Käufer darauf vertrauen durfte, dass der Verkäufer sich nicht auf die Verspätung der Mängeleinrede berufen werde. Im italienischen Schrifttum gibt es zum stillschweigenden Verzicht und zur Verwirkung kaum Stellungnahmen. Grundsätzlich wurde die deutsche Rechtsprechung zustimmend zur Kenntnis genommen. *Patti* hat sich sogar für die Anwendung der in Deutschland zur Verwirkung entwickelten Grundsätze im UN-Kaufrecht ausgesprochen. Fraglich ist, inwieweit die zum deutschen unvereinheitlichten Recht entwickelten Grundsätze im Rahmen des UN-Kaufrechts übernommen werden können. Bei der Anwendung des CISG kann hier zu Recht auf überzeugende Argumente zurückgegriffen werden, die an unvereinheitlichtes Recht angelehnt sind. Zu beachten bleibt dennoch, dass die Ergebnisse konventionskonform sein müssen, also im Wege autonomer Auslegung zu entwickelt sind.

E. Die Aufhebung des Vertrages durch den Käufer gemäß Art. 49 CISG

Art. 49 I CISG stellt eine der zentralen Bestimmungen der Konvention[848] dar und regelt, unter welchen Voraussetzungen dem Käufer im Fall einer Vertragsverletzung ein Recht auf Aufhebung des Vertrages zusteht[849]. Grundsätzlich ist das Recht zur Vertragsaufhebung durch den Käufer nach Art. 49 I CISG auf die Fälle schwerer Beeinträchtigungen des Vertrages begrenzt. Dabei handelt es sich um ein Grundprinzip des UN-Kaufrechts: Nicht jede Vertragsverletzung soll zur Vertragsaufhebung berechtigen[850]. Diese Grundkonzeption liegt auch dem italienischen Codice civile und – seit der deutschen Schuldrechtsreform – auch dem BGB zugrunde. Der zweite Absatz des Art. 49 CISG bestimmt, dass die Ausübung des Aufhebungsrechts nur unter Einhaltung bestimmter Fristen möglich ist. Die Befristung der Vertragsaufhebung ist für verschiedene Fälle vorgesehen. Zum einen soll z.B. der Verkäufer, der die Vertragsverletzung begangen und die Ware bereits geliefert hat, binnen „angemessener Frist" erfahren, ob der Käufer am Vertrag festhält oder sich für die Aufhebung entscheidet. Zum anderen soll, soweit sich der Käufer für ein Festhalten am Vertrag entschieden hat, eine Bindung an diese Entscheidung nur solange bestehen, bis eine angemessene Nachfrist für die noch ausstehende Leistung verstrichen ist[851].

Die umfangreiche Regelung des Art. 49 CISG zur Vertragsaufhebung wirft viele Fragen auf. Davon sollen die wesentlichsten im Folgenden dargestellt werden.

Im Zentrum der Norm steht der Begriff der „wesentlichen Vertragsverletzung". Hierzu gibt es zum Teil umfangreiche Stellungnahmen aus Rechtsprechung und Lehre in Deutschland und Italien. Andererseits wurden manche Auslegungsfragen zwar in Deutschland, aber nicht in Italien erörtert.

---

[848] So *Staudinger/Magnus*, Art. 49, Rn. 1.

[849] Vgl. statt aller den Überblick zu Art. 49 CISG bei *Schlechtriem,Schwenzer/Müller-Chen*, Art. 49, Rn. 1 ff.

[850] Statt aller *Müller-Chen*, a.a.O., Rn. 2.

[851] Statt aller *Müller-Chen*, a.a.O., Rn. 3.

I. Recht zur Vertragsaufhebung durch den Käufer wegen wesentlicher Vertragsverletzung, Art. 49 I lit. a) i.V.m. Art. 25 CISG

Der Käufer kann gemäß Art. 49 I lit. a) CISG im Falle der Nichterfüllung einer dem Verkäufer obliegenden Pflicht die Auflösung des Vertrages erklären, wenn die Pflichtverletzung eine „wesentliche Vertragsverletzung"[852] darstellt. Der Begriff der „wesentlichen Vertragsverletzung" ist in Art. 25 CISG legaldefiniert. Danach ist eine Vertragsverletzung wesentlich, „wenn sie für die andere Partei solchen Nachteil zur Folge hat, dass ihr im Wesentlichen das entgeht, was sie nach dem Vertrag hätte erwarten dürfen, es sei denn, dass die vertragsbrüchige Partei diese Folge nicht vorausgesehen hat und eine vernünftige Person der gleichen Art diese Folge unter den gleichen Umständen auch nicht vorausgesehen hätte."Dem in dieser Norm niedergelegte Beurteilungsmaßstab kommt eine gewisse Schlüsselposition zu. Er hat im UN-Kaufrecht in verschiedenen Normen Verwendung gefunden, vgl. etwa Artt. 45 III, 49 I, 51 II, 64 I, 70, 72 I CISG. Auch der Anspruch auf Ersatzlieferung aus Art. 46 II CISG ist hiervon abhängig. Die wohl wesentlichste Bedeutung liegt jedoch in der Möglichkeit der Vertragsaufhebung. Nachstehend soll die Vertragsaufhebung durch den Käufer wegen wesentlicher Vertragsverletzung durch den Verkäufer behandelt werden, Art. 49 I lit. a) i.V.m. Art. 25 CISG.
Das CISG unterscheidet nicht nach der Art der Vertragsverletzung, sondern nur nach seiner Schwere. Hintergrund ist, dass bei internationalen Kaufverträgen es für zumutbar gehalten wird, aufgrund der langen Transportwege und -kosten gewisse Mängel in Kauf zu nehmen. Die Vertragsaufhebung soll dem Gläubiger nur als *ultima ratio* zur Verfügung stehen[853]. Damit beurteilt sich die Frage, unter welchen Voraussetzungen der betreffenden Vertragspartei das einschneidende Mittel der Vertragsauflösung zur Verfügung steht, nach Art. 25 CISG. Liegt bloß eine „einfache" Vertragsverletzung vor, kann die verletzte Vertragspartei nicht fristlos die Aufhebung des Vertrages erklären, vgl. Art. 49 I lit. a) CISG[854].

---

[852] Die italienische Übersetzung lautet „*inadempimento essenziale del contratto*". Die englische Formulierung lautet „*fundamental breach of contract*". Obwohl auch im nationalen englischen Recht der Begriff der „*fundamental breach*" Verwendung findet, besteht Einigkeit, dass damit nicht diese Rechtsfigur übernommen wurde, *Bianca,Bonell/Will*, Art. 25, Anm. 2; *Hoyer,Posch/Posch,Kandut,* S. 59 ff. (61).

[853] *Schlechtriem,Schwenzer/Müller-Chen*, Art. 49, Rn. 2; zur Zurückdrängung der Vertragsaufhebung im CISG als typisches Merkmal moderner Regelungswerke vgl. ausführlich *Huber*, Irrtumsanfechtung, S. 247 ff.; aus der deutschen Rechtsprechung vgl. zuletzt das Urteil des OLG Köln vom 14.10.2002, RIW 2003, S. 300 f. (300); für Italien, *Cubeddu*, S. 200 f.

[854] Art. 25 CISG hatte seine Vorgängervorschrift in Art. 10 EKG. Zur Entstehungsgeschichte, zum Regelungsgegenstand und zum Normzweck des Art. 25 CISG, vgl. im Italienischen *Alpa,Bessone*, La Vendita internazionale, S. 165 ff. (177ff.); *Cubeddu*, S. 193 ff.; *Bianca/Fusaro*, Art. 25; im Deutschen *Staudinger/Magnus*, Art. 25, Rn. 1 ff.;

Nach dem Wortlaut des Art. 25 CISG ist eine Vertragsverletzung wesentlich, wenn einer Vertragspartei im Wesentlichen das entgeht, was sie nach dem Vertrag hätte erwarten dürfen. Das gilt nicht, wenn die vertragsbrüchige Partei diese Folge nicht vorausgesehen hat und auch nicht – gemessen an dem den Erkenntnismöglichkeiten einer vernünftigen Person – hätte voraussehen können.

Mithin ist der Tatbestand des Art. 25 CISG im Wesentlichen in zwei Elemente aufgeteilt:

Neben der Verletzung eines vertragsleitenden Interesses[855] muss die wesentliche Beeinträchtigung von der vertragsbrüchigen Partei vorhergesehen worden oder für sie zumindest vorhersehbar gewesen sein[856]. Mit dem in Art. 25 CISG verwandten Begriff des „Nachteils" ist nicht das Ausmaß des Schadens gemeint, sondern nur das durch den Vertrag konkretisierte Interesse des Gläubigers[857].

Eine Kenntnis der Vertragspartei von der Bedeutung des verletzten Gläubigerinteresses kann sich z.B. aus eindeutigen Abreden des Vertrages oder aus den Vertragsverhandlungen ergeben[858]. Hatte die den Vertrag verletzende Partei keine Kenntnis von dem wesentlichen Interesse der anderen Vertragspartei, reicht dies noch nicht zu ihrer Entlastung aus. Vielmehr darf dieses Interesse zudem nicht erkennbar gewesen sein.

Im Rahmen der Vorhersehbarkeit muss durch Auslegung des Vertrages gemäß Art. 8 CISG ermittelt werden, ob die verletzende Vertragspartei hätte erkennen müssen, dass das verletzte Interesse für die andere Vertragspartei wesentlich war. Dies beantwortet sich danach, ob ein verständiger Rechtsteilnehmer in gleicher Lage mit der eingetretenen Folge nicht gerechnet hätte[859].

Schlechtriem,Schwenzer/Schlechtriem, Art. 25, Rn. 1 ff.; *Botzenhardt*, S. 166 ff. und 177 ff.

[855] Diese Formulierung findet sich bei *Musger*, S. 12 und *Lurger* IHR 2001, S. 91 ff. Vgl. auch *Schlechtriem*, Internationales Kaufrecht, Rn. 111, der darauf hinweist, dass in der deutschen Literatur zu Teil noch vertreten wird, dass maßgeblich auf das objektive Gewicht des Mangels und nicht auf die Bedeutung für den Gläubiger abgestellt werde.

[856] Vgl. statt aller m.w.N. *Lurger*, IHR 2001, S. 91 ff. (91 f.).

[857] *Schlechtriem,Schwenzer/Schlechtriem*, Art. 25, Rn. 9; für Italien, *Cubeddu*, S. 201; zum Teil wird entgegen der herrschenden Meinung in der Literatur im Rahmen des Art. 25 auf das Ausmaß des Schadens abgestellt, vgl. etwa *Jagert,Derichsweiler*, JuS 1989, S. 972 ff. (976); *Pünder*, JA 1991, S. 270 ff. (272); auch in Italien beschäftigt sich *Fusaro* vornehmlich mit dem Begriff des Schadens, vgl. *Bianca/Fusaro*, Art. 25, Anm. 1.

[858] *Schlechtriem,Schwenzer/Schlechtriem*, Art. 25, Rn. 12 f.

[859] *Staudinger/Magnus*, Art. 25, Rn. 14; *Schlechtriem,Schwenzer/Schlechtriem*, Art. 25, Rn. 14; *Botzenhardt*, S. 205 f.

1. Zeitpunkt der Vorhersehbarkeit

Unklar ist, zu welchem Zeitpunkt der Schuldner die Gläubigerinteressen vorhergesehen haben muss. Auch bei den Beratungen zum Wiener UN-Kaufrecht wurde dies erörtert, dennoch wurde diese Frage nicht entschieden[860]. Die Vorgängervorschrift zum Art. 25 CISG enthielt diesbezüglich noch eine eindeutige Regelung (vgl. Art. 10 EKG). Ihr zufolge waren lediglich solche Umstände bedeutsam, die im Zeitpunkt des Vertragsschlusses erkennbar oder bekannt waren[861]. Die Formulierung des Art. 25 CISG ist insoweit nicht eindeutig. Beim Entwurf wurde Folgendes wohl nicht bedacht: Die Vorhersehbarkeitsklausel, nach der die verletzende Vertragspartei nur für Folgen einzustehen hat, die sie vorhergesehen hat oder hätte vorhersehen müssen, ist inhaltlich mit den zunächst zu prüfenden Erwartungen der verletzten Partei verbunden. Die Vorhersehbarkeit für die verletzende Partei ist wesentlich dadurch bedingt, was Inhalt des Vertrages geworden ist und auf was sich die verletzte Vertragspartei berufen kann. Denn Umstände, die sich entsprechend der Erklärungslage bei Vertragsschluss als möglicherweise wesentlich dargestellt haben, sind beiden Vertragsteilen bekannt. Fraglich ist daher, welche Funktion der Vorhersehbarkeitsklausel darüber hinaus noch zukommen kann. Hier kommt in Betracht Umstände mit einzubeziehen, die erst nach Vertragsschluss zur Kenntnis der verletzenden Vertragspartei gelangt sind[862].

a. Zeitpunkt des Vertragsschlusses

Überwiegend wird im deutschen Schrifttum die Ansicht vertreten, dass das verletzte Gläubigerinteresse, soweit es sich nicht schon aus dem Vertrag selbst ergibt, spätestens bei Vertragsschluss vorhanden sein müsse. Andernfalls wäre eine nachträgliche Verlagerung von Leistungsrisiken zu Lasten des Verkäufers durch einseitige Mitteilung des Käufers möglich[863].

---

[860] Vgl. den in den *Official Records*, S. 99 abgedruckten Vorschlag der Tschechoslowakei. Bei den Vorarbeiten zu dieser Frage wurde eine Entscheidung nicht für nötig gehalten, vgl. hierzu das *UNCITRAL* Yearbook VIII (1977), S. 31, Nr. 90.

[861] Vgl. hierzu statt aller *Dölle/Huber*, Art. 10.

[862] *Lurger*, IHR 2001, S. 91 ff. (92).

[863] Für die überwiegende Ansicht *Schlechtriem,Schwenzer/Schlechtriem*, Art. 25, Rn. 15; *Staudinger/Magnus*, Art. 25, Rn. 19; im neueren deutschen Schrifttum, vgl. *Freiburg*, S. 56; Botzenhardt, S. 247 ff.; im internationalen Schrifttum, *Bianca,Bonell/Will*, Art. 25, Anm. 2.2.2.2.5.

Zu Recht weist *Schlechtriem* darauf hin, dass das Kriterium der Vorhersehbarkeit ergänzendes Element bei der Auslegung vertraglich vereinbarter Pflichten ist[864]. Dieser Auffassung hat sich auch die deutsche Rechtsprechung angeschlossen[865].

b. Nachträgliche Umstände

Einige Autoren sind der Auffassung, dass auch später entstandene Interessen Berücksichtigung finden müssen. Begründet wird dies damit, dass diejenigen Umstände, die Gegenstand des Vertrages geworden sind, bereits beim Tatbestandsmerkmal des wesentlichen Interesses überprüft werden müssen; mithin solche, die den Vertragsparteien bereits bei Vertragsschluss bekannt waren. Im Rahmen der Prüfung der Vorhersehbarkeit des Interesses seien darüber hinaus auch Umstände mit einzubeziehen, die sich nach dem Vertragsschluss verändert haben oder erstmals aufgetaucht sind[866].

c. Stellungnahmen im italienischen Schrifttum

Dieser Streitstand hat auch in der italienischen Lehre Erwähnung gefunden[867]. Dabei vertritt *Cubeddu* die Ansicht, dass begrifflich bei der Auslegung des Art. 25 CISG zwischen Kenntnis und Kennenmüssen der für den Gläubiger eintretenden nachteiligen Folgen unterschieden werden müsse.

Zum einen gebe es die Gläubigerinteressen, die Bestandteil des Vertrages geworden sind. Für den Schuldner sei bei Vertragsschluss ohne weiteres erkennbar gewesen, dass eine Verletzung dieser Interessen für den Gläubiger bestimmte negative Folgen haben würde. In diesem Zusammenhang sei der Begriff der Vorhersehbarkeit der Nachteile nichts anderes als eine Unterstreichung der vertraglich festgehaltenen Interessen des Gläubigers. Bei nach Vertragsschluss zur Kenntnis des Schuldners gelangten Informationen müsse der Begriff des Vorhersehens oder der Vorhersehbarkeit dahingehend verstanden wer-

---

864 *Schlechtriem*, a.a.O., Rn. 15.

865 OLG Hamburg, 28.2.1997, *UNILEX*: „(...) *Zwar ist in einer Verzögerung der Lieferung nicht generell eine wesentliche Vertragsverletzung zu sehen, sondern nur dann, wenn, für den Verkäufer bei Vertragsschluss erkennbar, die genaue Einhaltung des Liefertermins für den Käufer von besonderem Interesse ist.* (...)".

866 Im deutschen Schrifttum vgl. etwa *Hoyer,Posch/Posch,Kandut*, S. 59 ff. (66); *Musger*, S. 19 ff. ; im internationalen Schrifttum *Honnold*, Rn. 183, der sogar immer auf den Zeitpunkt des Vertragsverletzung abstellen will. Allerdings müsse der Schuldner noch so rechtzeitig Kenntnis erlangt haben, dass sie ihr Verhalten darauf habe einstellen können. Ähnlich auch *Soergel/Lüderitz,Budzikiewicz*, Art. 25, Rn. 4, der nur solche Interessenänderungen nicht für vorhersehbar hält, die plötzlich auftreten. *Enderlein,Maskow,Strohbach*, Art. 25, Anm. 4.3. wollen neben dem grundsätzlich beachtlichen Zeitpunkt des Vertragsschlusses Ausnahmen zulassen. Eine solche sei zu machen, wenn die vertragsbrüchige Partei noch nicht mit der Vorbereitung der Erfüllung begonnen habe und sich noch auf die veränderte Interessenlage einstellen könne.

867 *Cubeddu*, S. 211 ff.

den, dass auf Basis des vertraglichen Inhalts alle weiteren Informationen für die Beurteilung durch den Schuldner Verwertung finden müssen. Darunter fielen auch solche, die auch noch nach Vertragsschluss zur Kenntnis des Schuldners gelangt sind, oder die er hätte erkennen müssen[868].

d. Fazit

Der Streitstand wird im deutschen wie italienischen Schrifttum gleichermaßen erörtert. Eine herrschende Ansicht hat sich in Italien bisher nicht etabliert. Für die Einheitlichkeit der Auslegung des UN-Kaufrechts bleibt zu hoffen, dass die in Deutschland zu Recht und überwiegend vertretene Auffassung auch in Italien Anklang finden wird.

2. Fallgruppen der wesentlichen Vertragsverletzung

Durch Auslegung muss ermittelt werden, ob einer Vertragspflicht derartige Bedeutung beigemessen wurde, dass die betroffene Vertragspartei aufgrund der Verletzung solche Nachteile erleidet, durch welche ihr im Wesentlichen das entgeht, „was sie nach dem Vertrag hätte erwarten dürfen"[869].

Daraus folgt die Notwendigkeit zur Ermittlung in jedem Einzelfall dessen, was nach dem Inhalt des Vertrages als „wesentlich" anzusehen ist.

Der Begriff ist subjektiv wie objektiv geprägt. Zum einen ist auf die Vorstellungen der Vertragsparteien abzustellen. Zum anderen muss das vertragsleitende Interesse jeder Partei nach außen erkennbar gewesen sein. Das Ausmaß des entstandenen Schadens ist nicht das entscheidende Kriterium. Vielmehr muss das durch den Vertrag konkretisierte und umschriebene Interesse des Gläubigers an seiner Durchführung wesentlich beeinträchtigt sein. Die bloße (subjektive) Vorstellung des Gläubigers reicht also nicht aus. Vielmehr muss diese Vorstellung (objektiv) zumindest angeklungen bzw. erkennbar gewesen sein[870]. Gänzlich unerheblich ist, ob der Schuldner die Vertragsverletzung zu vertreten hat, vgl. Art. 79 CISG[871].

Die Rechtsprechung hat in diesem Zusammenhang mehrere Fallgruppen entwickelt. Dabei handelt es sich um die im Folgenden näher erörterten Fälle des Verzugs und der Nichtleistung, der Qualitätsmängel sowie anderer Vertrags-

---

[868] *Cubeddu*, S. 213 f.

[869] *Musger*, S. 6, 12 ff.; vgl. auch die Auslegungsergebnisse von Botzenhardt, S. 197, 208; im Italienischen vgl. hierzu *Liguori*, Foro it. 1996 IV, Spalte 145 ff. (169 ff.); zu den Hintergründen vgl. etwa *Schlechtriem*, Einheitliches UN-Kaufrecht, S. 46 ff. und im Italienischen, *Cubeddu*, S. 198 ff.

[870] *Lurger*, IHR 2001, S. 91ff. (91); *Schlechtriem,Schwenzer/Schlechtriem*, Art. 25, Rn. 2, 9; ähnlich *Staudinger/Magnus*, Art. 25, Rn. 9 und 13; *Botzenhardt*, S. 166; *Cubeddu*, S. 200 ff.

[871] Statt aller *Schlechtriem,Schwenzer/Müller-Chen*, Art. 49, Rn. 4; für Italien vgl. etwa *Alpa,Bessone*, La Vendita internazionale, S. 165 ff. (184 f.); *Bianca/Fusaro*, Art. 25, Anm. 2.

verletzungen[872]. Ähnliche Fallgruppen wurden auch bereits im italienischen Schrifttum aufgegriffen[873]. Das Recht auf Vertragsaufhebung soll auf gravierende Fälle der Vertragsverletzung als *ultima ratio* begrenzt sein. Selbst in solchen Fällen sind grundsätzlich vertragserhaltende Rechtsbehelfe vorzuziehen, weil die Rückabwicklung eines Kaufvertrages im internationalen Warenverkehr mit erheblichem Aufwand verbunden ist[874]. Der *Bundesgerichtshof* hat entschieden, dass Vertragspflichten jeder Art in Betracht kommen, unabhängig davon, ob es sich dabei um Haupt- oder Nebenpflichten handelt oder sie die Qualität, die Menge, den Lieferzeitpunkt oder sonstige Erfüllungsmodalitäten betreffen[875].

a. Verzug und Nichtleistung des Verkäufers als wesentliche Vertragsverletzung

Verzug und Nichtleistung können im Einzelfall eine wesentliche Vertragsverletzung darstellen, wenn auch grundsätzlich nicht jeder Verzug das Recht, sich fristlos vom Vertrag zu lösen, begründet. Bei endgültiger Nichtleistung wird eine wesentliche Vertragsverletzung grundsätzlich bejaht.

(1) Verzug

Verzug führt nach in der deutschen Literatur vertretener Ansicht nur bei Hinzutreten weiterer Umstände zu einer wesentlichen Vertragsverletzung. Grundsätzlich unterfallen die Fälle der Nichtlieferung der Regelung des Art. 49 I lit. b) CISG. Dies hat zur Folge, dass der Käufer im Regelfall eine Nachfrist zur Erfüllung der Pflichten des Verkäufers setzen muss, vgl. Art. 47 I CISG[876]. Ist der vereinbarte Liefertermin von besonderer Bedeutung, kommt jedoch auch ohne Nachfrist die Aufhebung des Vertrages nach Art. 49 I lit. a) CISG in Betracht. Daher ist zu prüfen, unter welchen Umständen die Nichteinhaltung eines Liefertermins den Tatbestand der wesentlichen

---

[872] *Botzenhardt* schlägt vor die Fallgruppen nach den verletzten Interesse der Vertragspartei zu bezeichnen. Ihm zufolge kommt es zu der – inhaltlich gleichbedeutenden – Aufspaltung in die Verletzung des Leistungsaustauschinteresses, Vertragsmodalitätsinteresses und des Vertrauensinteresses, vgl. *Botzenhardt*, S. 197 ff.

[873] Vgl. die Aufteilung der Fallgruppen bei *Liguori*, Foro it. 1996 IV, Spalte 145 ff. (170 ff.): Difetto di conformità dei beni e dell' imballaggio; ritardo nella consegna e mancata consegna; consegna parziale; inadempimento di obbligazioni accessorie; futuro inadempimento essenziale come causa di risoluzione anticipata del contratto.

[874] *Schlechtriem,Schwenzer/Müller-Chen*, Art. 49, Rn. 2; *Staudinger/Magnus*, Art. 49, Rn. 4; *Bianca/de Nictolis*, Art. 49, Anm. 3 a) und 4 a).

[875] BGH, RIW 1996, S. 594 ff. (595); ähnlich auch *Staudinger/Magnus*, Art. 25, Rn. 7; *Soergel/Lüderitz,Fenge,Budzikiewicz*, Art. 25, Rn. 2; Cubeddu, S. 200; *Bianca/de Nictolis*, Art. 49, Anm. 4 a).

[876] Statt aller *Schlechtriem,Schwenzer/Müller-Chen*, Art. 49, Rn. 5; näher hierzu unten S. 208 ff.

Vertragsverletzung erfüllt. Im deutschen Schrifttum ist anerkannt, dass im Verzug bei Fixgeschäften und beim Verkauf von Saisonware eine wesentliche Verletzung liegen kann[877]. Ebenso wird die Vertragsverletzung als wesentlich bewertet, wenn dem Verkäufer ein Fixtermin mitgeteilt wird, den der Käufer gegenüber seinem Abnehmer einhalten muss[878]. Auch den Umstand, dass die Ware einen laufenden Börsen- oder Marktpreis hat, haben manche Stimmen im deutschen Schrifttum für wesentlich i.S.v. Art. 25 CISG gehalten[879]. Ebenso wird als wesentliches Interesse auch die Einhaltung des Liefertermins bei leicht verderblichen Waren angeführt[880].

In der deutschen Kommentarliteratur verweisen *Schlechtriem* und *Magnus* auch auf die in Deutschland zum EKG ergangene Rechtsprechung zur Saisonware und zum Fixgeschäft[881]. Aber auch durch das Ausmaß der Verzögerung selbst soll ein Vertragsaufhebungsrecht gegeben sein, wenn durch die Verzögerung die vertraglichen Erwartungen des Käufers als im Wesentlichen beeinträchtigt zu werten sind[882]. *Lüderitz* und *Schüßler-Langeheine* wollen sogar schon in jeder erheblichen Lieferfristüberschreitung eine wesentliche Vertragsverletzung sehen[883]. Im Allgemeinen hat der Käufer beim Verzug – wenn er den Vertrag aufheben will – zunächst eine Nachfrist gemäß Art. 49 I lit. b) CISG zu setzen. Bei längerer Lieferfristüberschreitung soll die Vertragsverletzung jedoch auch ohne eine solche Fristsetzung in eine wesentliche umschlagen können.
Jedoch müsse der Käufer, der keine Nachfrist setzt, sich als Indiz entgegenhalten lassen, dass sein Interesse durch den Verzug nicht wesentlich beeinträchtigt wurde[884].

---

877 *Lurger*, IHR 2001, S. 91 ff. (94); *Schlechtriem,Schwenzer/Schlechtriem*, Art. 25, Rn. 18; *Freiburg*, S. 76; *Enderlein*, IPRax 1991, S. 313 ff. (315); *L. Schmidt*, S. 91.

878 *Freiburg*, S. 78; *Schlechtriem,Schwenzer/Schlechtriem*, Art. 25, Rn. 18.

879 *Huber*, RabelsZ 1979, S. 413 ff., (463f.); *Schlechtriem*, Einheitliches UN-Kaufrecht, S. 48. Von dieser Meinung hat sich *Huber* abgewandt, vgl. *Schlechtriem/Huber*, Art. 49, Fn. 16. Nunmehr geht er davon aus, dass nur der Umstand eines Börsen- oder Marktpreises für sich nicht zur Annahme einer wesentlichen Vertragsverletzung ausreichen kann, so auch *Freiburg*, S. 77 f.

880 *Freiburg*, S. 76; *Botzenhardt*, S. 261.

881 Vgl. *Schlechtriem,Schwenzer/Schlechtriem*, Art. 25, Fn. 68 und *Staudinger/Magnus*, Art. 49, Rn. 11 mit Verweis auf zum EKG ergangene Urteile, abgedruckt bei *Schlechtriem,Magnus*, Internationale Rechtsprechung: Urteil des OLG Hamm vom 8.12.1980 (vgl. a.a.O., Art. 26, Nr. 3, Lieferung von Damenoberbekleidung am 23.10. statt am 30.9. ist wesentlich) sowie das Urteil des OLG Oldenburg vom 27.4.1982 (a.a.O., Art. 26, Nr. 5, Fixgeschäft). So auch *Enderlein*, IPRax 1991, S. 313 f., (315).

882 *Witz,Salger,Lorenz/Salger*, Art. 25, Rn. 9; *L. Schmidt*, S. 92.

883 Der Begriff der wesentlichen Vertragsverletzung wird daher wohl etwas weiter verstanden, vgl. *Soergel/Lüderitz,Schüßler-Langeheine*, Art. 49, Rn. 5.

884 *Schlechtriem/Huber*, Art. 49, Rn. 5; ähnlich *Soergel/Lüderitz,Schüßler-Langeheine*, Art. 49, Rn. 3, 5; a.A. *Staudinger/Magnus*, Art. 49, Rn. 12, der außer bei Fixgeschäften im-

Dies entspricht auch einem Urteil des *LG München*. Das Gericht führte aus, dass nicht jede Überschreitung der Lieferfrist eine wesentliche Vertragsverletzung darstelle. Ansonsten wäre der Art. 49 I lit. b) CISG mit seiner zusätzlich vorgesehenen Nachfrist nach Art. 47 I CISG überflüssig. Vielmehr müssten Ausnahmegründe vorliegen, die eine Fristüberschreitung zur wesentlichen Vertragsverletzung machen würden[885]. Auch das *OLG Hamburg* hat in Übereinstimmung mit der Auffassung der Lehre entschieden, dass eine wesentliche Vertragsverletzung gegeben ist, wenn ein Vertrag als Fixgeschäft durch die Vereinbarung der Incoterms „CIF"[886] abgeschlossen wurde[887].
Die besondere Bedeutung der rechtzeitigen Lieferung bei Saisonware wurde in einem Urteil des *AG Oldenburg* übersehen. Das Gericht hat eine Prüfung des Art. 49 I lit. a) CISG gänzlich unterlassen und nur auf Art. 49 I lit. b) CISG abgestellt[888]. Das Urteil ist daher in der italienischen und deutschen Literatur gleichermaßen auf Kritik gestoßen[889].
Dem hingegen hat das *LG Oldenburg* in einem anderen Fall entschieden, dass eine Lieferverspätung von einem Tag noch nicht als wesentliche Vertragsverletzung angesehen werden kann. Hier hatte die Käuferin behauptet, die Ware sei wegen dieser Verspätung nicht mehr für einen Schlussverkauf verwendbar gewesen[890]. Das *OLG Düsseldorf* hat die Wesentlichkeit der Vertragsverletzung unter dem Gesichtspunkt des Verzuges abgelehnt. In jenem Fall handelte es sich weder um ein Fixgeschäft, noch waren Saisonartikel Vertragsgegenstand. In Ermangelung besonderer Umstände könne mithin nicht angenommen werden, dass die Verkäuferin ihr Interesse an der Lieferung der Ware verloren hätte. Hinzugetreten war, dass die Käuferin noch 4 Monate nach dem Lieferdatum eine Teillieferung akzeptiert und eine andere – letztlich ausgebliebene Teillieferung – angemahnt hatte[891].

---

mer erst mit Nachfristablauf eine wesentliche Vertragsverletzung bejaht. Vgl. dazu noch unten S. 208 ff.

[885] LG München, 20.2.2002, IHR 2003, S. 24 ff. (26).

[886] Die Incoterms sind abgedruckt bei *Achilles* Anhang 3 und 4.

[887] OLG Hamburg vom 28.2.1998; *UNILEX*; Forum International 1997, S. 168 ff. (169 f.); diese Urteil wurde in der deutschen Literatur mit Zustimmung aufgenommen, vgl. etwa *Lurger*, IHR 2001, S. 91 ff. (94); *Schlechtriem,Schwenzer/Müller-Chen*, Art. 49, Fn. 7.

[888] AG Oldenburg, IPRax 1991, S. 336 ff.

[889] *Enderlein*, IPRax 1991, S. 313 ff. (314 f.); *Liguori*, Foro it. 1996 IV, Spalte 145 ff. (171).

[890] LG Oldenburg, Urteil vom 27.3.1996, *UNILEX*, i.Ü. unveröffentlicht.

[891] OLG Düsseldorf, Urteil vom 24.4.1997, Forum International 1997, S. 161 ff. (162).

Entgegen der ganz herrschenden Ansicht sind aus der deutschen Rechtsprechung mehrere Urteile zu nennen, die – in Anlehnung an das unvereinheitlichte deutsche BGB – ein Recht auf Vertragsaufhebung allein deshalb verneint haben, weil eine Nachfristsetzung nicht erfolgt war[892].
So führte das *OLG Köln* aus, dass eine Käuferin bei einer Lieferung von Tropenholz selbst nach zwei Monaten Überschreitung der Lieferfrist den Vertrag deshalb nicht wirksam aufgehoben habe, weil sie keine Nachfrist gesetzt habe[893]. Ebenso führte das *AG Oldenburg* in seinem bereits oben zitierten Urteil aus, dass die Vertragsaufhebung unter der Bedingung der Nachfristsetzung stehe[894]. Auch das *LG Düsseldorf* hat in einem Urteil ausgeführt, dass der Käuferin allein deshalb kein Recht auf Vertragsaufhebung zustünde, weil diese keine Nachfrist gesetzt habe[895]. In einem jüngeren Urteil des *OLG München* wurde ausgeführt, dass eine Vertragsaufhebung bei Verspätung nur nach Nachfristsetzung erfolgen kann, ohne dass auf eine davon unabhängige Prüfung der wesentlichen Vertragsverletzung eingegangen wurde[896].

Auch die italienische Rechtsprechung hat sich bereits mit dem Problem des Verzuges unter dem Gesichtspunkt der wesentlichen Vertragsverletzung beschäftigt und kommt zu demselben Ergebnis. Nach dem Urteil des *Tribunale di Parma - Fidenza* ist eine wesentliche Vertragsverletzung gegeben, wenn die Verkäuferin zwei Monate nach dem Liefertermin nur ein Drittel der bestellten Ware liefert. Die Käuferin hatte bei der Bestellung angegeben, die Ware binnen 10 -15 Tagen zu benötigen[897]. Die wesentliche Vertragsverletzung wurde vor allem wegen der erheblichen Fristüberschreitung und wegen des erkennbar für die Käuferin wesentlichen Lieferungszeitraumes angenommen. Daher hielt das Gericht das Setzen einer Nachfrist gemäß Art. 49 lit. b) i.V.m. Art. 47 I CISG durch den Käufer nicht für erforderlich.
Der *Corte d'Appello di Milano* bejahte in einem weiteren Fall des Verzugs eine wesentliche Vertragsverletzung. Im zugrunde liegenden Fall war bei der Bestellung als Lieferdatum der 3. Dezember gegen Leistung einer Anzahlung vereinbart worden. Am 14. Dezember teilte der Verkäufer mit, dass er nur gegen Zahlung des ganzen Kaufpreises zur Leistung bereit sei. Bei dem Vertrag ging es um den Kauf von Strickwaren, die für den Schlussverkauf bestimmt waren.

---

[892] So auch *L. Schmidt*, S. 92.
[893] OLG Köln, RIW 1994, S. 972 f. (973).
[894] AG Oldenburg, a.a.O., S. 338.
[895] LG Düsseldorf, Urteil vom 11.10.1995 (Az.: 2 O 506/94), *UNILEX*, i.Ü. unveröffentlicht.
[896] OLG München, Urteil vom 1.7.2002, IHR 2003, S. 176 ff. (177).
[897] Urteil des Tribunale di Parma - Sezione distaccata di Fidenza vom 24.11.1989 (Az.: 77/89), *UNILEX*, i.Ü. unveröffentlicht.

Das Gericht führte aus, dass bezüglich der Wesentlichkeit des Liefertermins im zu entscheidenden Fall keine ernsten Zweifel bestehen könnten[898].

In der italienischen Literatur hat *Cubeddu* in Übereinstimmung mit dem deutschen Meinungsstand darauf hingewiesen, dass die Überschreitung eines Liefertermins als solche noch kein Recht zur Vertragsauflösung begründet, auch wenn es sich um die Verletzung einer Hauptpflicht handelt. Der Gläubiger müsse eine weitere Frist setzen. Allerdings wird hier nicht weiter auf die anerkannten Besonderheiten der verschiedenen Fallkonstellationen – wie etwa dem Fixgeschäft – eingegangen[899]. *De Nictolis* äußert sich präziser und führt an, dass in den Fällen eine wesentliche Vertragsverletzung durch Verzug gegeben sei, in denen der Liefertermin eine besondere Bedeutung habe. Das sei z.B. der Fall, wenn der Preis der Ware starken Schwankungen unterliege, oder der Termin zur Weiterveräußerung an Dritte für den Käufer unaufschiebbar sei. Ansonsten entstehe ein Vertragsaufhebungsrecht erst nach Fristsetzung gemäß Art. 49 I lit. b) i.V.m. Art. 47 I CISG[900]. Auch *Liguori* hält fest, dass eine verspätete Lieferung nur in einigen Fällen eine wesentliche Vertragsverletzung darstellt. Dies sei dann gegeben, wenn der Lieferzeitpunkt eine herausragende Rolle spielt. Als Beispiel dient ihm der Fall eines Gastwirtes, der für einen bestimmten Anlass Lebensmittel bestellt. Hier könne eine Verspätung schon von wenigen Tagen entscheidend sein[901]. Bei saisongebundenen Bekleidungsartikeln könne eine solch kurze Zeitspanne eine wesentliche Vertragsverletzung noch nicht begründen. Stelle die Fristverletzung keine wesentliche Verletzung des Vertrages selber dar, sei zunächst nach Art. 49 I lit. b) i.V.m. Art. 47 I CISG eine Nachfrist zu setzen[902].

Mit Ausnahme des Urteils des *AG Oldenburgs*, in dem die besondere Bedeutung des Verzuges bei Saisonware übersehen wurde, scheinen sich keine wesentlichen Unterschiede in den Meinungsständen in Italien und Deutschland zu ergeben. Vielmehr ist der Verzug als eine mögliche Fallgestaltung der wesentlichen Vertragsverletzung bei Vorliegen weiterer Umstände gleichermaßen anerkannt. Der Lieferzeitpunkt muss dabei eine herausragende Bedeutung spielen, um dem Käufer das Recht zur Vertragsauflösung zu gewähren. Dies ist auch in der italienischen Literatur herausgestellt worden.

---

898 Corte d'Appello di Milano vom 20.3.1998, RDIPP 1998, S. 170 ff. (174).

899 *Cubeddu*, S. 199 f. ohne ausdrücklichen Hinweis auf Art. 49 I lit. b) i.V.m. Art. 47 I CISG.

900 *Bianca/de Nictolis*, Art. 49, Anm. 4 b).

901 Der deutsche Jurist wird sich in einem solchen Fall an die Figur des absoluten Fixgeschäfts erinnert fühlen, vgl. zum absoluten Fixgeschäft i.S.d. BGB, *Palandt/Heinrichs*, § 271, Rn. 16.

902 *Liguori*, Foro it. 1996 IV , Spalte 145 ff. (171), mit Verweis auf ein Urteil des LG Stuttgart, (Az.: 16 S 40/91) vom 21.12.1991 (Urteilgründe teilweise abrufbar bei *UNILEX*).

Bedenklich erscheinen jedoch die in der deutschen Rechtsprechung ergangenen Urteile, die entsprechend dem deutschen BGB davon ausgehen, dass ein Aufhebungsrecht wegen Verzugs nur in Betracht kommt, wenn der Käufer eine Nachfrist gesetzt hat.

(2) Nichtleistung

Die Nichtleistung kann grundsätzlich eine wesentliche Vertragsverletzung darstellen. Eine wesentliche Vertragsverletzung wird im deutschen Schrifttum bei Nichtleistung sowohl wegen ernsthafter und endgültiger Erfüllungsverweigerung, als auch bei Unmöglichkeit und Unvermögen bejaht, also bei endgültigen Leistungshindernissen. Das Recht auf Vertragsaufhebung ist wegen Art. 79 CISG verschuldensunabhängig[903].

Das italienische Schrifttum bleibt hier in seinen Ausführungen spärlich. *Liguori* erwähnt mit der Fallgruppe des Verzuges auch die unterbliebene Leistung, ohne hierbei näher zu differenzieren. Noch vager bleibt *de Nictolis*, der anführt, dass es sich bei den Pflichten um alle denkbaren aus dem Vertrag oder aus dem UN-Kaufrecht selbst ergebenden Pflichten handeln kann, so etwa der Pflicht zur Übergabe der Kaufsache[904].

(3) Teilweise Nichtleistung als wesentliche Vertragsverletzung für den ganzen Vertrag

Die teilweise Nichtleistung hat in Art. 51 CISG eine eigene Regelung erfahren. Nach Art. 51 I CISG sind die Rechtsbehelfe grundsätzlich auf den nicht gelieferten Teil zu beschränken. Zunächst kommt also nur eine teilweise Aufhebung des Vertrages in Betracht. Eine teilweise Nichtlieferung berechtigt nach Art. 51 II CISG nur dann zur Vertragsaufhebung des ganzen Vertrages, wenn sie eine wesentliche Vertragsverletzung i.S.v. Art. 25 CISG im Hinblick auf den ganzen Vertrag darstellt[905].

Nach in Deutschland vertretener Auffassung muss in der Teillieferung eine erhebliche Beeinträchtigung des Käuferinteresses an der Vollständigkeit der Lieferung liegen, um ein Aufhebungsrecht bezüglich des gesamten Vertrages zu begründen. Dieses Interesse kann sich aus Vertrag, aus der Verkehrsanschauung sowie aus den Umständen des Einzelfalles ergeben[906]. Andere schlagen vor, die Maßstäbe aus §§ 377, 378 HGB anzulegen. Eine wesentliche Beeinträchtigung des Käuferinteresses sei bei offensichtlichen und erheblichen

---

903 *Lurger*, IHR 2001, S. 91 ff. (95); *Schlechtriem,Schwenzer/Schlechtriem*, Art. 25, Rn. 17; *Achilles*, Art. 25, Rn. 5.

904 *Bianca/de Nictolis*, Art. 49, Anm. 4 a).

905 Statt aller, *Schlechtriem,Schwenzer/Müller-Chen*, Art. 51, Rn. 1.

906 *Schlechtriem,Schwenzer/Schlechtriem*, Art. 25, Rn. 19.

Mengenabweichungen gegeben[907]. Typischerweise soll eine wesentliche Vertragsverletzung i.S.d. Art. 51 II CISG gegeben sein, wenn verschiedenartige Sachen gekauft wurden, die nur in Kombination miteinander für den Käufer verwendbar sind[908]. Beim Kauf von gleichartigen Sachen ist fraglich, ab welcher Menge in der Regel eine wesentliche Beeinträchtigung der Interessen des Käufers vorliegt. Schwierigkeiten bereitet dabei, ab wann eine teilweise Nichtleistung i.d.R. als wesentlich angesehen werden kann. *Botzenhardt* bejaht die wesentliche Beeinträchtigung des Vertragsinteresses im Allgemeinen bei einer Abweichung von 20 %[909]. *Müller-Chen* betont dazu, dass ein Vertragsaufhebungsrecht nicht ohne weiteres anzunehmen sein wird: Bei der Lieferung gleichartiger Sachen wird eine Teillieferung i.d.R. weiterhin verwendbar sein. Dabei verweist er bei Quantitätsmängeln auf ein zum EKG ergangenes Urteil, nach dem eine wesentliche Vertragsverletzung gegeben ist, wenn 80 % der Ware mangelhaft sind[910].

Das *LG Heidelberg* hat eine teilweise Nichtlieferung von Computerbauteilen in einem Fall für nicht wesentlich gehalten, obwohl die Verkäuferin nur 5 von 11 Bauteilen geliefert hatte. Als Argument führte das Gericht an, die Käuferin sei dazu verpflichtet gewesen, alles zur Aufrechterhaltung des Vertrages zumutbare zu tun. Demnach traf die Käuferin die Pflicht, die nicht gelieferten Teile im Wege einer ihr zumutbaren Ersatzbeschaffung zu besorgen. Der aus den Fällen der Qualitätsmängel bekannte Gedanke[911] sei auch auf die Fälle der Quantitätsmängel zu übertragen. Da die Käuferin nachweislich eine Ersatzbeschaffung getätigt hatte, könne sie eine wesentliche Vertragsverletzung des Gesamtvertrages nicht geltend machen[912]. Dieses Zumutbarkeitskriterium wird auch im deutschen Schrifttum angeführt[913]. Im bereits zitierten Urteil des *OLG Düsseldorf* hätte Art. 51 II CISG im Rahmen einer teilweisen Aliudlieferung geprüft werden müssen. Entgegen der herrschenden Meinung war das Gericht davon ausgegangen, dass die Lieferung eines Aliuds ein Fall der Nichtlieferung ist. Bei konsequenter Rechtsanwendung hätte die teilweise Nichtlieferung zur Prüfung des Art. 51 II CISG führen müssen[914].

---

[907] *Botzenhardt*, S. 262 f.

[908] *Schlechtriem,Schwenzer/Müller-Chen*, Art 51, Rn. 10; .*Schlechtriem/Huber*, Art. 51, Rn. 14, mit dem Beispiel des Kaufs von Computerhardware i.V.m. entsprechender Software.

[909] *Botzenhardt*, S. 263.

[910] *Schlechtriem,Schwenzer/Müller-Chen*, Art. 51, Rn. 11 mit Fn. 32: OLG Koblenz, Urteil vom 18.5.1984, in: *Schlechtriem,Magnus*, Internationale Rechtsprechung, Art. 44, Nr. 6; vgl. auch LG Dortmund RIW 1981, S. 854 ff.

[911] Zum Verhältnis des Aufhebungsrechts zum Nachbesserungsrecht bei Qualitätsmängeln vgl. noch unten, S. 193 ff.

[912] LG Heidelberg, 3.7.1992 (Az.: O42/92), *UNILEX*, i.Ü. unveröffentlicht.

[913] *Staudinger/Magnus*, Art. 51, Rn. 18; ähnlich auch *Soergel/Schüßler-Langeheine*, Art. 51, Rn. 4.

[914] Vgl. oben S. 140, OLG Düsseldorf, RIW 1994, S. 1050 f. Kritisch hierzu *Magnus*, JuS 1995, S. 870 f.

Auch im Urteil des *Tribunale di Parma-Fidenza* wird der Art. 51 II CISG nicht erwähnt, obwohl auch hier lediglich ein Drittel der bestellten Waren geliefert wurde. Grund wird hier gewesen sein, dass schon aufgrund des erheblichen Verzugs der Verkäuferin eine wesentliche Vertragsverletzung bejaht werden konnte[915].

Im italienischen Schrifttum zitiert *Liguori* die Urteile des *LG Heidelberg* und des *Tribunale di Parma - Fidenza.* Zum Fall des *LG Heidelberg* merkt er zu Recht an, dass das Gericht zu einem anderen Ergebnis gekommen wäre, wenn eine Ersatzbeschaffung der Computerbauteile trotz angemessener Bemühungen der Käuferin nicht möglich gewesen wäre[916]. *Pietravalle* bleibt in ihren Ausführungen sehr vage, unter welchen Umständen ihrer Meinung nach eine wesentliche Vertragsverletzung des gesamten Vertrages vorliegen soll. In Anlehnung an Artt. 1464 und 1455 Cod. civ.[917] führt sie aus, dass eine Aufhebung dann in Betracht komme, wenn der Käufer kein nennenswertes Interesse an einer ungenauen Lieferung habe. So etwa, wenn die genaue Lieferung für die Weiterveräußerung der gekauften Sachen wesentlich ist. Dies sei nicht der Fall bei Sachen, die allgemein und leicht teilbar sind[918].

---

915 Urteil des Tribunale di Parma - Sezione distaccata di Fidenza vom 24.11.1989, (Az.: 77/89) *UNILEX*, i.Ü. unveröffentlicht.

916 *Liguori*, Foro it. 1996 IV, Spalte 145 ff. (171 f.).

917 Art. 1464 Cod. civ. sieht im Fall einer teilweisen nachträglichen Unmöglichkeit die Herabsetzung der Gegenleistung und ein Rücktrittsrecht vor, wenn die Partei infolge der teilweisen Unmöglichkeit kein nennenswertes Interesse an der teilweisen Erfüllung hat. Einer Meinung nach entspricht das Kriterium des „nennenswerten Interesses" dem der „geringen Bedeutung" in Art. 1455 Cod. civ. Die Voraussetzungen dieses Begriffs werden nicht einheitlich beurteilt. Einer Meinung nach ist er subjektiv wie objektiv geprägt, vgl. zu Art. 1455 Cod. civ., *Fox*, S. 216 f. m.w.N. Andere wollen die Wertung nach objektiven Kriterien vornehmen oder sie dem Betroffenen überlassen. Zum Streitstand, vgl. *Cian,Trabucchi*, Art. 1464, Anm. III m.w.N.

918 *Bianca/Pietravalle*, Art. 51, Anm. 3.

b. Lieferung vertragswidriger Ware

Liefert der Verkäufer Ware, die nicht vertragsgemäß i.S.d. Artt. 35[919] und 36 CISG ist, kann dies eine wesentliche Vertragsverletzung darstellen. Voraussetzung ist, dass der Käufer den Mangel zunächst rechtzeitig i.S.v. Art. 39 CISG gerügt hat[920]. Weiterhin ist gemäß Art. 82 I CISG– mit Ausnahme der Fälle des Art. 82 II CISG[921] – eine Vertragsaufhebung nur möglich, wenn der Käufer zur Rückgabe der Sache in im Wesentlichen unveränderten Zustand in der Lage ist. Der Mangel muss letztlich eine wesentliche Vertragsverletzung i.S.d. Art. 25 CISG darstellen. Wann dies der Fall ist, hängt maßgeblich vom Einzelfall ab[922].

Die bedeutenste Fallgruppe stellt wohl die hier näher zu erörternde Fallgruppe der Lieferung von Ware mit Qualitätsmängeln dar. Fraglich ist, wann Qualitätsmängel der Ware als „wesentlich" bezeichnet werden können.

(1) Wesentlichkeit der Qualitätsabweichung

Die deutschen Gerichte haben sich bereits im Rahmen mehrer Urteile mit dieser Fallgruppe beschäftigt[923]. Der *Bundesgerichtshof* hat ausführlich zum Begriff des relevanten Qualitätsmangels Stellung bezogen[924].

Zunächst stellte das Gericht fest, dass beachtenswerte ausdrückliche vertragliche Abreden nicht getroffen worden waren. Zur Frage, wann bei Lieferung mangelhafter Sachen das Erfüllungsinteresse des Käufers im Wesentlichen entfällt, betonte das Gericht, dass das CISG grundsätzlich von dem Vorrang anderer Rechtsbehelfe, wie Minderung und Schadensersatz gegenüber der Vertragsaufhebung ausgehe.

Bezüglich eines relevanten Qualitätsmangels gelte im Übrigen: Weder der Umstand, dass der Mangel nicht behebbar sei, noch die Lieferung falscher Dokumente lasse den zwingenden Schluss auf eine wesentliche Vertragsverletzung zu. Vielmehr sei die Frage der wesentlichen Vertragsverletzung am Einzelfall zu beantworten. Maßgebliches Kriterium sei hierbei, ob die Ware trotz Vertragswidrigkeit in zumutbarer Weise vom Käufer anderweitig verwendet werden kann[925]. Im Streitfall hatte die Käuferin lediglich behauptet, beim Absatz der vertragswidrigen Ware „ungeahnte Schwierigkeiten" gehabt

---

919 Vgl. zu Art. 35 CISG bereits oben S. 137 ff.

920 *Staudinger/Magnus*, Art. 49, Rn. 29; Tribunale di Busto Arsizio, RDIPP 2003, S. 151 ff. (154).

921 Zu Art. 82 II vgl. etwa das Urteil des BGH vom 25.6.1997 NJW 1997, S. 3311 ff. (3312), wonach das Aufhebungsrecht erhalten bleibt, wenn der Käufer die Ware weiterverarbeitet hat, dies jedoch für die Zwecke der Untersuchung erforderlich war.

922 Vgl. statt aller, *Schlechtriem,Schwenzer/Müller-Chen*, Art. 49, Rn. 7.

923 Einen Überblick hierzu bieten *de Lukowicz*, S. 110 ff.; *Lurger*, IHR 2001, S. 91 ff. (S. 96 ff.).

924 BGH, Urteil vom 3.4.1996, („Kobaltsulfat"), RIW 1996, S. 594 ff.

925 BGH, a.a.O., S. 596; vgl. auch das Urteil des schweizerischen Bundesgerichtshofes, vom 28.10.1998, TranspR - IHR 2000, S. 14.

zu haben. Dies reichte dem Gericht nicht aus, um einen Wegfall des Erfüllungsinteresses zu bejahen und verneinte das Recht der Käuferin auf Aufhebung des Vertrages. Sie blieb zur Zahlung des Kaufpreises verpflichtet und konnte gegenüber der Verkäuferin nur Schadensersatz und Minderung geltend machen[926].

Das *OLG Frankfurt a.M.* hat ähnlich ausgeführt, dass im Einzelfall genau zu den Mängeln und zur Unzumutbarkeit anderweitiger Verwertung vorgetragen werden muss, um das Kriterium der wesentlichen Vertragsverletzung prüfen zu können[927].

Auch das *OLG München* hat im Fall einer Kokslieferung, die nicht den vertraglichen Abreden entsprach, das Vorliegen einer wesentlichen Vertragsverletzung abgelehnt. Zur Begründung führte es an, dass die „Abweichung objektiv nicht von erheblicher Bedeutung" sei[928].

In einem Urteil des *LG Landshut* wurde eine wesentliche Vertragsverletzung bejaht[929]. Im Streitfall waren T-Shirts geliefert worden, die durch Waschen um 10 - 15 % einliefen. Der Käufer habe hier einen wesentlichen Nachteil erlitten, weil die Kleidungsstücke nach dem Waschen nicht mehr durch die Kunden getragen werden könnten. Dies hätte zur Folge, dass die Käufer der T-Shirts diese entweder reklamieren oder zukünftig von einem Kauf der Ware absehen werden.

Das deutsche Schrifttum stimmt den Ergebnissen der Rechtsprechung zu und betreibt eine weiterführende Ausarbeitung der Fallgruppen[930]. Der Mangel müsse so schwerwiegend sein, dass er eine Vertragsaufhebung rechtfertige. Bei objektiv nicht schwerwiegenden Mängeln bestehe nie ein Recht zur Aufhebung des Vertrages[931]. Des Weiteren sei ein Aufhebungsrecht auch dann nicht gegeben, wenn – in Anlehnung an die Rechtsprechung des *BGH* – eine anderweitige Verwertung im gewöhnlichen Geschäftsverkehr, wenn auch mit einem Preisabschlag, ohne unverhältnismäßigen Aufwand möglich und zumutbar sei. Ist der Mangel schwerwiegend und kann er auch nicht behoben werden, sei das Aufhebungsrecht stets gegeben[932]. Bei Handelsware könne eine wesentliche Vertragsverletzung schon bei vergleichsweise geringen Män-

---

[926] Ähnlich urteilte auch das schweizerische Bundesgericht in seinem Urteil vom 28.10.1998, TranspR - IHR 2000, S. 14. Dort war der Käuferin ein Absatz einer mangelhaften Fleischlieferung nur zu einem geringeren Preis möglich. Dennoch versagte das Bundesgericht der Käuferin ein Aufhebungsrecht und verwies auf den Ultima-ratio-Charakter des Aufhebungsrechts.

[927] OLG Franfurt a.M., Urteil vom 18.1.1994, RIW 1994, S. 240 f.; hierzu kritisch *Koch*, RIW 1995, S. 98 ff.

[928] OLG München, Urteil vom 2.3.1994, RIW 1994, S. 593 ff. (594).

[929] LG Landshut, Urteil vom 5.4.1995, *UNILEX*, i.Ü. unveröffentlicht.

[930] Vgl. *Schlechtriem,Schwenzer/Müller-Chen*, Art. 49, Rn. 7 ff.

[931] *Schlechtriem,Schwenzer/Müller-Chen*, Art. 49, Rn. 7.

[932] *Schlechtriem,Schwenzer/Müller-Chen*, Art. 49, Rn. 8, *Lurger*, IHR 2001, S. 91 ff. (98).

geln vorliegen, weil ihre Handelbarkeit und damit die Möglichkeit zur Weiterveräußerung unter Umständen ausgeschlossen ist[933]. Auch die Lieferung eines Aliuds wird unter Umständen als wesentliche Vertragsverletzung angesehen. Grundsätzlich wird die Lieferung eines Aliuds als Fall der Schlechtlieferung eingeordnet. Vom Einzelfall abhängig ist sodann die Beurteilung, ob die Lieferung einer anderen als der vertraglich bestimmten Sache als wesentliche Vertragsverletzung zu werten ist. Vertreten wird, dass dies im Regelfall bei der Lieferung eines krassen Aliuds der Fall sein wird[934]. Auch Rechtsmängel seien Sachmängeln gleichzustellen. Lasse sich der Mangel nicht beheben und sei der Käufer an der Verwendung der Ware gehindert, werde man eine wesentliche Vertragsverletzung annehmen können[935].
Behebbare objektiv schwerwiegende Mängel der gelieferten Ware, die i.d.R. nicht sofort ein Vertragsaufhebungsrecht begründen, sollen nach fruchtlosem Ablauf einer angemessenen Frist zur Nachbesserung zur wesentlichen Vertragsverletzung werden und erst dann ein Vertragsaufhebungsrecht begründen. Das Setzen einer Nachfrist ist dabei nicht erforderlich[936]. Dem entgegen hat jedoch das *OLG Düsseldorf* entschieden, dass im Falle einer Aliudlieferung eine Nachfrist zur Erfüllung zu setzen ist. Das Gericht ging hier allerdings für den Fall des Aliuds von einer Nichtlieferung aus[937].

Dies wurde auch von der italienischen Rechtsprechung in einem Urteil des *Tribunale di Busto Arsizio* so entschieden. Grundsätzlich sei die Aufhebung des Vertrages wegen wesentlicher Vertragsverletzung nur die zuletzt verbleibende Möglichkeit. Im Streitfall ging es um die Lieferung einer Maschine. Diese war zum einen absolut untauglich für den vertraglich vorausgesetzten Gebrauch. Zum anderen war die Verkäuferin nicht in der Lage, die Mängel zu beseitigen. Das Gericht entschied, dass allein wegen der Untauglichkeit zum Gebrauch, eine wesentliche Vertragsverletzung gegeben sei und hielt die Vertragsaufhebung für gerechtfertigt, ohne auf weitere Aspekte des Einzelfalles einzugehen[938].

---

[933] *Diedrich*, RIW 1995, S. 11 ff. (13); *Herber, Czerwenka*, Art. 25, Rn. 7.

[934] Vgl. bereits oben zum Aliud S. 138 ff.; *Staudinger/Magnus*, Art. 49, Rn. 15; *Benicke*, IPRax 1997, S. 326 ff. (328). Mit Zurückhaltung *Schlechtriem, Schwenzer/ Schlechtriem*, Art. 25, Rn. 21 a.

[935] *Staudinger/Magnus*, Art. 49, Rn. 16; *Schlechtriem, Schwenzer/Müller-Chen*, Art. 49, Rn. 10 m.w.N..

[936] *Schlechtriem, Schwenzer/Huber*, Art. 49, Rn. 8.

[937] Vgl. das Urteil des OLG Düsseldorf, NJW-RR 1994, S. 506 f.

[938] Tribunale di Busto Arsizio, Urteil vom 13.12.2001, RDIPP 2003, S. 151ff. (157): „*(...)Orbene per quanto detto risulta che il macchinario fornito fosse assolutamente inidoneo all'uso convenuto e promesso, e che la natura e la tipologia dell'inadempimento contrattuale da parte della convenuta, attesa la gravità, fosse di per sé idoneo a legittimare la richiesta di risoluzione del contratto ex art. 49 della convezione di Vienna* (...)".

Die vertragsgegenständliche Maschine sollte zum Recycling von Plastiktüten aus der Bananenproduktion der Käuferin eingesetzt werden. Den Vertragsverhandlungen waren intensive Gespräche vorausgegangen. Dabei wurden zwischen Käuferin und Verkäuferin ausführlich die technischen Probleme erörtert, die bereits bei Konkurrenten der Käuferin beim Plastikrecycling aufgetreten waren. Die Käuferin hatte der Verkäuferin Muster des zu recycelnden Plastiks zugeschickt. Die Verkäuferin hatte daraufhin ausdrücklich die Eignung ihres Produktes für diese Aufgabe und eine bestimmte Verarbeitungskapazität zugesichert. Die gelieferte Maschine funktionierte jedoch nicht entsprechend der vertraglichen Absprachen. Im Folgenden versuchte die Verkäuferin mehrfach erfolglos die Funktionsstörungen zu beheben.
Als nunmehr drei Jahre nach Lieferung der Maschine die Verkäuferin behauptete, die technischen Probleme seien auf eine falsche Bedienung durch die Käuferin zurückzuführen, sowie darauf, dass die Käuferin im Vorfeld des Vertrages als Muster anderes Plastik vorgelegt habe, als das nunmehr zu verarbeitende, erklärte die Käuferin die Aufhebung des Vertrages.
Im Ergebnis entspricht dieses Urteil der in Deutschland vertretenen Auffassung. Das Gericht sprach der Käuferin ein Recht auf Aufhebung des Vertrages zu, da die Maschine zum vertraglich vorausgesetzten Zweck nicht brauchbar war und der Fehler nicht behoben werden konnte. Eine anderweitige Verwendung wird bei solchem Spezialgerät auch nicht in Betracht kommen. Damit ist der Käuferin im Wesentlichen entgangen, was er sich vom Vertrag hätte erwarten können. Das Urteil kann allenfalls dafür kritisiert werden, dass nur knappe Erwägungen zum Problemkreis angestellt wurden.

Im italienischen Schrifttum gibt es vergleichsweise wenige Stellungnahmen zu den Fallgruppen von Vertragsverletzungen aufgrund von Qualitätsmängeln. *Liguori* zitiert lediglich die verschiedenen – zumeist deutschen – Entscheidungen zur wesentlichen Vertragsverletzung wegen Qualitätsmängeln an Kaufgegenständen. Übereinstimmend mit dem Meinungsstand in Deutschland führt *Liguori* aus, dass eine mangelhafte Lieferung dann wohl nicht „wesentlich“ mangelhaft ist, wenn trotz der Mängel ein angemessener Gebrauch der Kaufsache möglich ist oder die gelieferten Sachen trotzdem handelbar sind[939].

---

[939] Hier zitiert *Liguori*, Foro it. 1996 IV, Spalte 145 ff. (170), das Urteil des OLG Frankfurt a.M., RIW 1994, S 240 f., in dem auf die mangelnde Verwertbarkeit als Ausschlussgrund für eine wesentliche Vertragsverletzung hingewiesen wird. Des Weiteren nimmt Liguori zutreffend Bezug auf das Urteil des LG Landshut vom 5.4.1995 (54 O 644/94), *UNILEX* i.Ü. unveröffentlicht, sowie das Urteil des OLG München, RIW 1994, S. 593 ff. (vgl. bereits o., Fn. 928). Das Zitat des Urteils des Bundesgerichtshofes vom 8.3.1995 (RIW 1995, S. 595 ff.) scheint verfehlt. Der BGH hatte hier ein Recht auf Vertragsauflösung schon deshalb abgelehnt, weil er der Auffassung war, die Ware sei gar nicht vertragswidrig. Nähere Ausführungen zu einer wesentlichen Mangelhaftigkeit machte der BGH daher nicht, (BGH a.a.O., S. 595). *Liguori* nimmt auch Bezug auf die Ausführun-

(2) Verhältnis des Vertragsaufhebungsrechts des Käufers wegen wesentlicher Vertragsverletzung zum Nacherfüllungsrecht des Verkäufers bei behebbaren Mängeln

Von wesentlichem Einfluss auf den Meinungsstand in der deutschen Literatur – aber auch der Rechtsprechung – ist die Beantwortung einer anderen streitigen Frage, nämlich ob eine zumutbare Nachbesserungsmöglichkeit der mangelhaft gelieferten Ware durch den Verkäufer auf die „wesentliche Vertragsverletzung" i.S.v. Art. 49 I lit. a) CSIG unmittelbaren Einfluss hat.

Im Hinblick auf die Regelung des Art. 48 I CISG mit seinem Verweis auf Art. 49 CISG ist zu klären, inwieweit die Nacherfüllung durch den Verkäufer das Recht des Käufers, den Vertrag wegen einer wesentlichen Vertragsverletzung i.S.d. Art. 49 I lit. a) CISG aufzuheben, ausschließt[940]. Dies ist trotz der eindeutigen Formulierung in Art. 48 I CISG eine der im deutschen und ausländischen Schrifttum meistdiskutiertesten Fragen zum UN-Kaufrecht[941]. Nach Art. 48 I CISG hat der Verkäufer ein Recht auf Nacherfüllung, „vorbehaltlich des Art. 49", soweit „dies keine unzumutbaren Verzögerungen nach sich zieht und dem Käufer weder unzumutbare Unannehmlichkeiten noch Ungewissheit über die Erstattung seiner Auslagen durch den Verkäufer verursacht". Das Problem stellt sich dann, wenn der Verkäufer seine Leistung zum Lieferzeitpunkt zwar erbringt, jedoch mit objektiv schwerwiegenden Mängeln des Vertragsgegenstandes. Will der Käufer daraufhin den Vertrag wegen dieser „wesentlichen Vertragsverletzung" aufheben, ist fraglich, ob dem Verkäufer nicht zunächst die Möglichkeit geben werden muss, von seinem Nacherfüllungsrecht aus Art. 48 I CISG Gebrauch zu machen.

---

gen des ICC Court of Arbitration Nr. 6653/1993, *UNILEX*. Hier wurde darauf hingewiesen, dass schon leichte Mängel eine wesentliche Vertragsverletzung darstellen können, wenn die Ware hierdurch für den vom Verkäufer vorausgesetzten Gebrauch ungeeignet ist. Mit Hinweis auf das Urteil des OLG Düsseldorf vom 10.2.1994 (Az.: 6U 119/93), NJW-RR 1994, S. 506 f. (506), führt er aus, dass durch die bloße Behauptung des Käufers, zwei zusammen bestellte Stoffe seien nur miteinander verwertbar, eine wesentliche Vertragsverletzung nicht bereits dargetan ist, wenn ein Stoff in einem anderen Design geliefert werde. Das Gericht hatte hier zur Begründung ausgeführt, die Stoffe hätten auch mit anderen Stoffen anderer Hersteller kombiniert werden können und sollen.

[940] Nicht eingegangen wird hier auf Art. 49 I lit. b) CISG. Die Regelung des Art. 49 I lit. b) CISG erfasst nur Fälle der Nichtlieferung. Das im Folgenden erörterte Problem entsteht nur bei Schlechtlieferungen, nicht bei Nichtlieferungen.

[941] Vgl. für die deutschsprachige Literatur nur *Petrikic*, S. 80 ff.; für die englischsprachige *Honnold*, Rn. 184 und 296.

Der Vorbehalt im Art. 48 I CISG war schon auf der Wiener Konferenz umstritten[942]. Befürchtet wurde von einem Teil der Delegierten, dass das Nachbesserungsrecht des Verkäufers (Art. 48 CISG = Art. 44 des New Yorker Entwurfs) durch ein Aufhebungsrecht des Käufers (Art. 49 CISG = Art. 45 des New Yorker Entwurfs) zurückgedrängt werden würde. Dies sollte für die Fälle einer zumutbaren Nacherfüllung vermieden werden. Es wurde daher versucht die grundsätzliche Entscheidung der *UNCITRAL* - Arbeitsgruppe, die Vertragsaufhebung bei jeder wesentlichen Vertragsverletzung zuzulassen, durch Streichung des Vorbehalts in Art. 48 I CISG abzuändern[943].
Die Regelung sollte um einen geeigneten Zusatz erweitert werden, nach dem ein Nacherfüllungsrecht ausschied, wenn u.a. die damit verbundene Zeitverzögerung für sich genommen eine wesentliche Vertragsverletzung darstellte[944]. Der Antrag wurde (mit 14 : 18 Stimmen[945]) abgelehnt, weil die Mehrheit der Delegierten die Gewährleistung des Vertragsaufhebungsrechts zum Schutz des Käufers sichern wollte[946]. Die Bedenken bezüglich der vorherrschenden Stellung des Vertragsaufhebungsrechts seien unbegründet. Solange eine Nachbesserung möglich sei, liege in aller Regel keine wesentliche Vertragsverletzung vor. Dies gelte selbst dann, wenn der Mangel schwerwiegend ist[947]. Erst nach Einsatz einer Arbeitsgruppe und weiteren Abstimmungen[948] wurde Art. 48 I CSIG in seiner heutigen Form verabschiedet. Unter historischen Gesichtspunkten lässt das UN-Kaufrecht demnach keinen eindeutigen Schluss auf den Regelungsgehalt von Art. 48 I CISG und den Willen des Gesetzgebers zu[949].

Grundsätzlich besteht Einigkeit im deutschen Schrifttum darüber, dass das Vertragsaufhebungsrecht Vorrang vor dem Nacherfüllungsrecht des Verkäufers genießt[950]. Dadurch wird die Frage über das Verhältnis des Art. 48 I CISG zu Art. 49 I lit. a) CISG jedoch nicht beantwortet. Vielmehr stellt sich die grundsätzliche Frage, welchen Einfluss die Nacherfüllbarkeit auf den Begriff der „wesentlichen Vertragsverletzung" hat[951].

---

942 Vgl. etwa *Botzenhardt*, S. 214 ff.; *Schlechtriem/Huber*, Art. 48, Rn. 18 f.
943 *Official Records*, S. 114, Nr. 3.
944 *Official Records*, S. 114 f., Nr.6.
945 *Official Records*, S. 343, Nr. 66.
946 *Official Records*, S. 341 ff., Nr. 42, 43, 51, 55, 56.
947 *Official Records*, S. 341 ff., Nr. 39, 44, 48, 55.
948 *Official Records*, S. 115, Nr. 6; S. 352, Nr. 15, 18 ff. und 26.
949 So auch *Fountoulakis*, IHR 2003, S. 160 ff. (162); *Botzenhardt*, S. 216.
950 *Schlechtriem,Schwenzer/Müller-Chen*, Art. 48, Rn. 14; *Holthausen*, RIW 1990, S. 101 ff. (103); für das englischsprachige Schrifttum vgl. etwa *Bridge*, Rn. 3.36; a.A. wohl nur *Bianca,Bonell/Will*, Art. 48, Anm. 1.3, 2.1.1.1.1, 3.2.2.
951 Hierzu jüngst im deutschen Schrifttum *Fountoulakis*, IHR 2003, S. 160 ff.; *Magnus*, FS Schlechtriem, S. 599 ff. Ausführlich auch *Petrikic*, S. 75 ff.

(a) Vom Nacherfüllungsrecht unabhängige Prüfung der wesentlichen Vertragsverletzung

In Betracht kommt, dass Art. 48 I CISG immer einen Vorrang des Vertragsaufhebungsrecht des Käufers aus Art. 49 I lit. a) CISG vor dem Nachbesserungsrecht des Art. 48 CISG statuiert. Folge dieser Auslegung des Art. 48 I CISG wäre, dass die Aufhebung wegen wesentlicher Vertragsverletzung unabhängig von der Möglichkeit einer ohne weiteres zumutbaren Behebbarkeit des Mangels erfolgen kann.
Im Rahmen der Wesentlichkeit des Mangels i.S.d. Art. 49 I lit. a) CISG wäre dann die Aufhebbarkeit nur nach der Schwere des Mangels zu beurteilen. Das dem Verkäufer an sich zustehende Nacherfüllungsrecht wird diesem bei Vorliegen einer wesentlichen Vertragsverletzung abgeschnitten. Als Argument für diese Auffassung dient der Wortlaut des Art. 48 I CISG. Aufhebungsrecht und das Recht zur Nacherfüllung stehen selbständig nebeneinander: Das Nacherfüllungsrecht bestehe unter der Voraussetzung, dass keine Rechtsbehelfe gemäß Art. 49 I lit. a) CISG wegen „wesentlicher Vertragsverletzung" ausgeübt worden seien. Die Nacherfüllbarkeit könne also nicht wiederum negative Voraussetzung für die wesentliche Vertragsverletzung sein[952].
Weiter wird angeführt, dass sich der Käufer über sein Recht zur Vertragsaufhebung im Ungewissen befindet, wenn er zunächst ermitteln müsse, ob der Mangel nicht behoben werden könne[953]. Letztlich wird diese Auffassung auch mit einem Argument aus Art. 50 S. 2 CISG begründet. Das Recht der Minderung bleibt dem Käufer verwehrt, wenn der Verkäufer gemäß Artt. 37 und 48 CISG einen Erfüllungsmangel behebt. Aus dem ausdrücklichen Vorrang des Nacherfüllungsrechts vor der Minderung sei ersichtlich, dass das Nacherfüllungsrecht gegenüber der Vertragsaufhebung gerade – in Ermangelung einer entsprechenden Regelung – nicht gelte[954].

(b) „Dynamischer" Begriff der wesentlichen Vertragsverletzung

Die in Deutschland ganz herrschende Meinung geht jedoch in bestimmten Fällen von einem Vorrang des Nachbesserungsrechts des Verkäufers aus: Die dem Käufer zumutbare und objektiv mögliche Nachbesserung durch den Verkäufer müsse auf den Begriff der wesentlichen Vertragsverletzung Einfluss haben. Das Recht zur Vertragsauflösung und mithin der Tatbestand der wesentlichen Vertragsverletzung seien solange nicht gegeben, wie eine Nacherfüllung noch möglich und zumutbar sei. Der Begriff der wesentlichen Vertragsverletzung sei daher „dynamisch" zu verstehen. Liege ein objektiv schwerwiegender Mangel vor, komme es nicht allein auf dessen Gewicht an,

---

[952] *Holthausen*, RIW 1990, S. 101 ff. (103); *Doralt/Welser*, S. 105 ff. (125); *Neumayer*, RIW 1994, S. 99 ff. (106); *Piltz*, Internationales Kaufrecht, § 4, Rn. 66.
[953] *Soergel/Schüßler-Langeheine*, Art. 48, Rn. 4 und Art. 49, Rn. 10.
[954] *Fountoulakis*, a.a.O. S. 162 m.w.N.

sondern zusätzlich auf die Bereitschaft des Verkäufers, den Mangel in zumutbarer Zeit und ohne unzumutbare Belastungen des Käufers zu beheben[955]. Der Käufer habe sonst die Möglichkeit, dem Verkäufer das Recht auf Nachbesserung abzuschneiden, indem er im Falle eines schwerwiegenden Mangels immer die Vertragsaufhebung erklären könne[956].

Von diesem Grundsatz müssen – den Vertretern dieser Ansicht zufolge – eine Reihe von Ausnahmen gemacht werden: Ein Aufhebungsrecht ist trotz Nacherfüllungsmöglichkeit dann gegeben, wenn es sich um ein Fixgeschäft handelt. Die mit der Nachbesserung verbundene zeitliche Verzögerung stelle in diesem Fall schon selbst eine wesentliche Verletzung dar[957]. Dies gelte auch für die Fälle, in denen die Mängelbeseitigung für den Käufer nicht mehr zumutbar ist. Dabei sei eine einzelfallbezogene Zumutbarkeitsprüfung durchzuführen. Entscheidend sei dabei, ob der Käufer im Falle einer abgelehnten Nacherfüllung etwa dadurch besser stünde, dass durch eine Ersatzbeschaffung keine weitere zeitliche Verzögerung oder andere Unannehmlichkeiten gleichen Ausmaßes bevorstünden[958]. Auch sei eine wesentliche Vertragsverletzung trotz objektiver Nacherfüllungsmöglichkeit gegeben, wenn der Verkäufer die Nachbesserung ernsthaft und endgültig verweigert hat[959], oder das Vertrauensverhältnis der Vertragsparteien nachhaltig erschüttert ist[960].

Weiterhin wird vorgeschlagen, dass ein Aufhebungsrecht auch gegeben sei, wenn der Käufer ernsthafte Zweifel daran haben darf, dass der Verkäufer zur Mängelbeseitigung in der Lage ist[961].

(c) Suspendierung des Vertragsaufhebungsrechts

Andere lehnen den „dynamischen Wesentlichkeitsbegriff" aus dogmatischen Gründen ab, erzielen aber ähnliche Ergebnisse, indem sie mit Hilfe des Grundsatzes von Treu und Glauben das Recht des Käufers zur Vertragsaufhebung in den entsprechenden Fallkonstellationen suspendieren.

Das Konzept, die beiden Tatbestände – des Art. 48 I und des Art. 49 CISG – aneinander zu koppeln, sei mit Unschlüssigkeiten verbunden. Der unlogische Zusammenhang, dass zunächst eine wesentliche Vertragsverletzung gegeben sein soll, die sodann nicht mehr als solche betrachtet wird, sobald der Verkäufer sie behebt, könne vermieden werden. Das UN-Kaufrecht sei geprägt durch

---

[955] *Witz,Salger,Lorenz/Salger*, Art. 48, Rn. 2; *Schlechtriem,Schwenzer/Müller-Chen*, Art. 48, Rn. 15; *Lurger*, IHR 2001, S. 91 ff. (98), *Schlechtriem*, Internationales UN-Kaufrecht, Rn. 111, 115.

[956] *Schlechtriem*, Einheitliches Kaufrecht, S. 69; *Musger*, S. 42 f.; *Hoyer,Posch/Aicher*, S. 111 ff. (136f.).

[957] Statt aller *Petrikic*, S. 93, m.w.N.

[958] *Witz,Salger,Lorenz/Salger*, Art. 48, Rn. 3.

[959] *Achilles*, Art. 48, Rn. 5.

[960] *Karollus*, ZIP 1993, S. 490 ff. (497).

[961] *Schlechtriem,Schwenzer/Müller-Chen*, Art. 48, Rn. 15; *Karollus*, ZIP 1993, 490 ff. (497).

ein Kooperationsverhältnis und einen Gutglaubensschutz zwischen Käufer und Verkäufer. Aus dem hierzu geregelten Informationssystem zwischen den Vertragsparteien aus Artt. 39, 47, 48 II und III CISG lasse sich ableiten, dass dem Käufer die Berufung auf die Aufhebung des Vertrages in bestimmten Fällen verwehrt bleiben muss.
Dabei handele es sich um eben die Fälle, in denen trotz Vorliegens einer wesentlichen Vertragsverletzung dem Verkäufer die Nacherfüllung problemlos möglich sei und keine berechtigten Interessen des Käufers entgegenstehen[962].

(d) Die deutsche Rechtsprechung über das Verhältnis der Vertragsaufhebung zur Nachbesserung

Der dargestellte Streitstand hat auch in einigen Urteilen deutscher Gerichte Niederschlag gefunden. Das *OLG Koblenz* hat ausgeführt, dass bei der Lieferung mangelhafter Ware „nicht nur das Gewicht des Mangels, sondern auch die Bereitschaft des Verkäufers, den Mangel ohne unzumutbare Verzögerungen und Belastungen für den Käufer zu beseitigen, von Bedeutung ist". Es liege darüber hinaus begrifflich dann keine „wesentliche Vertragsverletzung" vor, „wenn der Verkäufer zur Nachlieferung ohne unzumutbare Belastung des Käufers bereit ist" [963].
Das *LG Regensburg*[964] vertritt die Auffassung, dass ein Käufer „nur dann die Aufhebung des Vertrages erklären kann", wenn er dem Verkäufer „zuvor die Möglichkeit zur Erfüllung des Vertrages eingeräumt hat". In einem Urteil des *OLG Köln* wurde im Rahmen der Einzelfallabwägung das Urteil des *OLG Koblenz* zustimmend zitiert und ausgeführt, dass zur Feststellung einer wesentlichen Vertragsverletzung nicht bloß das Gewicht des Mangels ausschlaggebend sei, sondern vielmehr auch die Bereitschaft des Verkäufers, den Mangel ohne unzumutbare Belastung des Käufers zu beheben[965]. Im Ergebnis lässt sich daher festhalten, dass sich die deutsche Rechtsprechung i.S.d. "dynamischen" Begriffs der wesentlichen Vertragsverletzung begrüßenswert an der in Deutschland herrschenden Lehre orientiert. Der Käufer hat ein Recht zur Vertragsaufhebung in der Regel nur dann, wenn der Mangel schwerwiegend ist und er dem Verkäufer angemessene Gelegenheit zur Nachbesserung gegeben hat, sofern dies für den Käufer zumutbar ist und sofern kein besonderes Interesse des Käufers an der sofortigen Aufhebung des Vertrages besteht.

---

[962] *Magnus*, FS Schlechtriem, S. 599 ff. (608 ff. und 611f.); ähnlich auch *Neumayer*, RIW 1994, S. 99 ff. (106); kritisch *Schlechtriem/Huber*, Art. 48, Rn. 22.

[963] OLG Koblenz, Urteil vom 31.1.1997, IHR 2003, S. 172 ff. (175); vgl. hierzu auch das Urteil des schweizerischen Handelsgerichts Kanton Aargau vom 5.11.2002, IHR 2003, S. 178 ff.

[964] LG Regensburg, Urteil vom 24.9.1998, TranspR-IHR 2000, S. 30f. (31).

[965] OLG Köln, Urteil vom 14.10.2002, IHR 2003, S. 15 ff. (16).

(e) Meinungsstand in der italienischen Rechtsprechung und Lehre

Im Vergleich zu Deutschland fällt die Diskussion über das Verhältnis des Nacherfüllungsrecht und des Vertragsaufhebungsrechts eher bescheiden aus. Die italienische Rechtsprechung hat sich nur ansatzweise mit dem Problem der mit Mängeln behafteten Lieferung im Zusammenhang mit dem Verhältnis von Aufhebungsrecht und Nachbesserungsmöglichkeit beschäftigt. Im Urteil des *Tribunale di Busto Arsizio*[966] wurde auf das Verhältnis des Nachbesserungsrechts zum Vertragsaufhebungsrecht nicht ausdrücklich eingegangen. Jedoch führte das Gericht aus, dass eine sofortige Aufhebung des Vertrages einen Verstoß gegen die im internationalen Handel geltenden Grundsätze von Treu und Glauben dargestellt hätte, da die Vertragsparteien grundsätzlich dazu verpflichtet seien, die erfolgreiche Abwicklung des Vertrages zu fördern[967]. Im Zusammenhang mit der Erklärungsfrist i.S.d. Art. 49 II lit. b) CISG wies das Gericht den Einwand der Verkäuferin zur Verspätung der Aufhebungserklärung der Käuferin unter Hinweis auf den *ultima ratio*-Charakter die Vertragsaufhebung zurück. Die Verkäuferin hatte sich vergeblich bemüht, den Mangel an einer gelieferten Maschine zu beheben. Die Käuferin erklärte erst drei Jahre nach Auslieferung die Aufhebung des Vertrages. Das Gericht führte dazu aus, dass das Aufhebungsrecht der Käuferin zwar nur als der letzte verbleibende Rechtsbehelf in Betracht kommt. Gleichwohl hätte das Aufhebungsrecht bereits durch das Nichtfunktionieren der verkauften Maschine bestanden. Die Käuferin hatte erst nach langwierigen erfolglosen Nachbesserungsversuchen der Verkäuferin die Vertragsaufhebung erklärt, so dass auch nach herrschendem deutschem Verständnis das weitere Festhalten am Vertrag wegen unzumutbarer Belastungen der Käuferin zu bejahen gewesen wäre. Das Gericht ging nicht ausdrücklich darauf ein, ob es der Käuferin nicht mehr zumutbar war, weitere Nachbesserungsversuche der Verkäuferin abzuwarten.

Das Urteil muss für seine recht knappe Erörterung des Aufhebungsrechts der Käuferin kritisiert werden. Der Fall gab reichlich Anhaltspunkte, um den Begriff der Unzumutbarkeit unter unterschiedlichen Gesichtspunkten zu begrün-

---

[966] Tribunale di Busto Arsizio, Urteil vom 13.12.2001, RDIPP 2003, S.151 ff. (157), für eine Zusammenfassung des Sachverhalts s. schon oben Seite 191; vgl. hierzu auch Sagliaschi, RDIP 2003, S. 135 ff. (138).

[967] Tribunale di Busto Arsizio, Urteil vom 13.12.2001, RDIPP 2003, S. 151ff. (157): „(...); *dire che siccome la macchina sin dall'inizio presentava problemi di funzionamento, in tale momento parte attrice avrebbe dovuto dichiarare la propria intenzione di risolvere il rapporto, equivale a negare la stessa della ratio della disposizione invocata da intendersi invero come strumento residuale rispetto a quelli possibili. Valgono anche per il diritto internazionale gli obblighi di buona fede incombenti su entrambe le parti nell'esecuzione del contratto con la conseguenza che una dichiarazione resa ex art. 49 all'atto del collaudo avrebbe dimostrato una espressa malafede della società attrice* (...)".

den. Hierzu hätte etwa gezählt, dass mit einer Behebung der Mängel durch die Verkäuferin nicht mehr ernsthaft gerechnet werden konnte. Auch die erhebliche zeitliche Verzögerung von drei Jahren fand in dieser Abwägung keine Erwähnung. Auch hätten die Rechtsfolgen einer Störung des Vertrauensverhältnisses erörtert werden können[968]. Das Urteil ist jedoch im Ergebnis zu begrüßen. Zwar nimmt das Gericht keinen Bezug auf Urteile anderer Gerichte oder auf Literatur zum UN-Kaufrecht. Es stimmt aber mit dem dargestellten Meinungsstand überein, nach dem am Einzelfall zu prüfen ist, ob ein Recht zur Vertragsaufhebung trotz Nachbesserungsmöglichkeit gegeben ist. Dabei hat das Gericht die Ausübung des Rechts der Vertragsaufhebung auf eine etwaige Treuwidrigkeit hin überprüft.

Sagliaschi äußert sich kritisch gegenüber dem Urteil des *Tribunale di Busto Arsizio*. Seiner Meinung nach hätte sich das Gericht näher mit Art. 7 CISG auseinandersetzen müssen. Die Erwähnung dieser Norm habe das Gericht vermieden. Aus dieser Norm ergebe sich aber, in welchen Fällen und unter welchen Umständen der Grundsatz von Treu und Glauben Einfluss auf die Regelungen des UN-Kaufrechts habe. Eine Übernahme des Begriffs von Treu und Glauben in den Text des CISG zur Auslegung von Parteiverhalten sei gerade nicht erfolgt. Das Gericht hätte daher vielmehr die Regelung des Art. 49 CISG prüfen und nicht das Parteiverhalten nur am Grundsatz von Treu und Glauben messen sollen, und zwar in dem Sinne, dass eine Vertragsauflösung nur als letztes Mittel in Betracht kommt. Stattdessen habe das Gericht den Grundsatz von Treu und Glauben als Generalklausel entsprechend Art. 1375 Cod. civ. angewandt, nach dem der Vertrag entsprechend Treu und Glauben durchzuführen ist[969].

In der italienischen Kommentarliteratur hat *de Nictolis* zum Verhältnis des Aufhebungsrechts zum Nacherfüllungsrecht ausgeführt, dass man das Vorliegen einer wesentlichen Vertragsverletzung in den Fällen ausschließen müsse, in denen der Verkäufer bereit und in der Lage sei, die Mängel zu beseitigen, ohne dass dem Käufer ein Nachteil daraus entsteht[970]. Auch *Galletta* weist auf

---

968 In dem Fall hatte die Verkäuferin behauptet, dass die Käuferin wegen Bedienungsfehlern für das Nichtfunktionieren verantwortlich war. Des Weiteren habe die Käuferin bei den Vertragsverhandlungen anderes Material als Muster vorgelegt, als das, was letztlich recycelt werden sollte. Das Gericht hielt diese Behauptung jedoch für falsch.

969 *Sagliaschi*, RDIPP 2003, S. 135 ff. (144 ff.). Zu Art. 1375 Cod. civ., vgl. *Cian,Trabucchi*, Art. 1375, Rn. 1 ff. Nach verbreiteter Ansicht ist die Ableitung von Verhaltensmaßstäben für die Parteien auch anhand von Art. 7 I CISG erfolgen kann, vgl. hierzu ausführlich, *Keinath*, Der Gute Glaube im UN-Kaufrecht, S. 199 ff. Die Auslegung von Parteiverhalten hat nach Art. 8 zu erfolgen, vgl. hierzu *Ferrari*, IHR 2003, S. 10 ff.

970 *Bianca/de Nictolis*, Art. 49, Anm.4 a): „(...) *tuttavia in taluni casi la circostanza che il venditore sia in grado e voglia rimediare all'inadempimento, senza che ciò comporti inconveniente per il compratore, può significare che non sussiste il presupposto del "fundamental breach"* (...)".

die Problematik des Verhältnisses zwischen Nacherfüllungsrecht des Verkäufers und Vertragsaufhebungsrecht des Käufers hin. Er schlägt vor, letztlich dem Käufer die Entscheidung zu überlassen, den Vertrag aufzuheben und somit dem Vertragsaufhebungsrecht des Käufers einen gewissen Vorrang einzuräumen. Problematisch sei der Vorrang des Vertragsaufhebungsrechts aber deshalb, weil er das Nacherfüllungsrecht des Verkäufers vom Willen des Käufers abhängig mache. Dies stünde mit der Regelung des Art. 77 CISG im Widerspruch. Nach dieser Regelung ist diejenige Vertragspartei, die sich auf das Vertragsaufhebungsrecht beruft, zur Schadensminderung verpflichtet. Hiergegen verstoße der Käufer, wenn er die Aufhebung des Vertrages erklärt, obwohl eine Nachbesserung unproblematisch möglich ist. Andererseits würde ein grundsätzlicher Vorrang des Nacherfüllungsrechts den Käufer zu schwer belasten. Sei nur mangelhafte Ware geliefert worden, habe der Käufer zusätzlich noch eine Beseitigung der Mängel abzuwarten. Daher sei ein Gleichgewicht zwischen den beiderseitigen Interessen herzustellen. Dies könne etwa dadurch erreicht werden, dass der Käufer unter Zugrundelegung einer angemessenen und vernünftigen Vorhersage zu beurteilen hat, ob die Erfüllung zu spät eintreten werde. Eine übereilte Lösung vom Vertrag solle ausgeschlossen sein, es sei denn, es lägen besondere Umstände wie etwa bei Lieferung verderblicher Ware vor. Zum einen bringe dies jedoch das Problem mit sich, dass der Käufer das Risiko eingehe, enttäuscht zu werden. Zum anderen sei für die Position des Verkäufers problematisch, dass die Entscheidung des Käufers von dessen eigenen Interessen geleitet werde[971].

Insgesamt hat sich die Lehre in Italien – im Gegensatz zu Deutschland – wenig mit diesem Problem beschäftigt. Der Vorschlag *Galettas*, dem Käufer die Entscheidung darüber zu überlassen, ob die Nacherfüllung des Verkäufers zuzulassen ist, entspricht nicht der herrschenden Meinung in Deutschland. Jedoch klingt auch hier der Zumutbarkeitsgedanke – wie etwa im Urteil des *Tribunale di Busto Arsizio* – an, nach dem die Nachbesserungsmöglichkeit des Verkäufers ausgeschlossen sein soll, wenn sie den Käufer über Gebühr belasten würde. Offen ist derzeit, wie die italienische Rechtsprechung in einem entsprechenden Fall entscheiden wird. Jedenfalls wird ein italienisches Gericht wenige Möglichkeiten haben, auf italienische Literatur zurückzugreifen, die die aktuellen Entwicklungen wiedergibt. Eine als herrschend zu bezeichnende Ansicht hat sich im italienischen Schrifttum noch nicht herausgebildet.

---

[971] *Bianca/Galletta*, Art. 48, Anm. 2.

(3) Fazit zur Lieferung vertragswidriger Waren

Der Meinungsstand in der deutschen Rechtsprechung und Literatur lässt sich wie folgt zusammenfassen: Beim Vorliegen eines Mangels soll das Recht des Käufers auf Vertragsaufhebung auf extreme Fälle beschränkt bleiben. Der Käufer soll sich vorrangig mit weniger einschneidenden Rechtsbehelfen begnügen, wie z.B. dem der Minderung und des Schadensersatzes. Nur in extremen Fällen ist die Mangelhaftigkeit der Verkäuferleistung sogleich als „wesentliche Vertragsverletzung" i.S.d. Art. 49 I lit. a) CISG zu qualifizieren; abzustellen ist dabei stets auf die Besonderheiten des Einzelfalles. Eine wesentliche Vertragsverletzung soll z.B. nicht vorliegen, wenn eine anderweitige Verwendbarkeit der mangelhaften Kaufsache möglich ist.

Ähnlich stellen sich auch die in Italien vertretenen Lösungen dar. Außer den wertenden Hinweisen von *Liguori* auf ausländische Rechtsprechung liegen aktuell Stellungnahmen des Schrifttums nicht vor. Aus jüngerer Zeit gibt es das Urteil des *Tribunale di Busto Arsizio*, das sich mit dem eindeutigen Fall einer schwerwiegend mangelhaften Sache beschäftigt hat. Im Einklang mit der in Deutschland vertretenen Meinung ließ das Gericht diese Tatsache schon für die Annahme eines Vertragsaufhebungsrechts ausreichen.

Des Weiteren soll in bestimmten Fällen der grundsätzliche Vorrang des Vertragsaufhebungsrechts durch das Nacherfüllungsrecht begrenzt werden. Dabei handelt es sich um Fälle, in denen eine Nacherfüllung durch den Verkäufer möglich und dem Käufer zumutbar ist. Die dogmatische Konstruktion ist innerhalb der herrschenden Ansicht in Deutschland streitig. Hierzu gibt es aus Italien zu wenige Stellungnahmen, um daraus bereits einen gefestigten Meinungsstand ableiten zu können.

Am Rande hat sich auch das Urteil des *Tribunale die Busto Arsizio* als einzige in Italien hierzu ergangene Entscheidung mit dieser Frage beschäftigt, indem es ausführte, dass eine sofortige Lösung vom Vertrag einen Verstoß gegen Treu und Glauben darstellt. Damit steht dieses Urteil im Ergebnis im Einklang mit der deutschen Rechtsprechung. Gleichwohl bleibt kritisch anzumerken, dass das Urteil einen Abgleich oder gar eine Auseinandersetzung mit Entscheidungen und Literaturmeinungen außerhalb Italiens vermissen lässt.

Der Meinungsstand in Italien muss insgesamt im Vergleich zu dem in Deutschland als weniger ausgeprägt bezeichnet werden. Im Interesse einer einheitlichen Anwendung des CISG in Italien und Deutschland bleibt zu hoffen, dass sich v.a. zum Verhältnis der Vertragsaufhebung zur Nacherfüllung die Gerichte und die herrschende Meinung in Italien dem Urteil des *Tribunale di Busto Arsizio* und der in Deutschland vorherrschenden Meinung anschließen werden.

c. Verletzung anderer Vertragspflichten

In Literatur und Rechtsprechung besteht Einigkeit, dass eine Aufhebung des Vertrages wegen wesentlicher Vertragsverletzung auch in allen anderen Fällen der Verletzung vertraglicher Pflichten in Betracht kommt.

Das UN-Kaufrecht differenziert nicht danach, welche Pflicht verletzt wurde, so dass zunächst jede Vertragspflicht unter den Tatbestand des Art. 49 I lit. a) CISG fallen kann. Maßgebend sind in erster Linie Abreden der Vertragsparteien. Jedenfalls muss der Vertragszweck aufgrund der Pflichtverletzung ernsthaft gefährdet sein. Gleichgültig ist also, ob es sich bei der verletzten Vertragspflicht um eine Haupt- oder Nebenpflicht, Absprachen zu Qualität, Menge, Lieferzeitpunkt oder um sonstige Erfüllungsmodalitäten handelt[972]. Im Vordergrund steht auch hier die Beurteilung des Einzelfalls.

In der deutschen Rechtsprechung hat man sich bereits früh mit der Frage der Verletzung einzelner vertraglicher Pflichten beschäftigt. In einem vom *LG Frankfurt a. M.* zu entscheidenden Fall war es zur Auslieferung von Schuhen desselben Models an zwei Konkurrenzunternehmen in Deutschland gekommen. Die auf Zahlung des Kaufpreises verklagte Käuferin hatte entdeckt, dass das Konkurrenzunternehmen die gleichen Schuhe zu einem 30 % niedrigeren Preis verkaufte. Auf dem verwandten Vertragsformular war handschriftlich „exclusiva su B“ vermerkt worden. Die Käuferin „annullierte“ daraufhin den Vertrag und schickte die noch nicht verkauften Schuhe an die Verkäuferin zurück. Sie machte wegen des Verstoßes gegen die Exklusivitätsabrede ein Aufhebungsrecht i.S.d. Art. 49 I lit. a) CISG geltend. Die Geschäfte der Verkäuferin wurden in Deutschland über einen Handelsvertreter abgeschlossen. Das Gericht entschied hier zugunsten der Verkäuferin, ließ aber offen, ob es sich bei dem Verstoß gegen die Abrede um eine wesentliche Vertragsverletzung gehandelt habe. Denn die Verkäuferin habe aufgrund ihres Sitzes in Italien keine Kenntnis von der Exklusivitätsabrede gehabt. Auch eine vernünftige Person der gleichen Art hätte unter den gleichen Umständen die Folgen nicht vorausgesehen. Ob die Kenntnis des Handelsvertreters der Verkäuferin zugerechnet werden musste, ließ das Gericht offen, weil hierzu im Prozess nichts vorgetragen worden war[973]. In einem anderen Fall bejahte das *OLG Frankfurt a. M.* eine wesentliche Vertragsverletzung, weil die Herstellerin und Verkäuferin von Schuhen Exemplare, die mit dem Markenzeichen der Käuferin versehen waren, auf einer Messe ausgestellt hatte, ohne diese als unverkäuflich zu kennzeichnen. Des Weiteren hatte sie sich geweigert, diese aus der Ausstellung zu entfernen. Das Gericht urteilte, dass hierdurch das Vertrauen der Käuferin in die Vertragstreue der Herstellerin nachhaltig gestört worden war. Zwischen den Parteien bestand eine Vereinbarung, die entsprechenden Schuhmo-

[972] So etwa BGH vom 3.4.1996 („Kobaltsulfat“), RIW 1996, S. 594 ff. (595).

[973] LG Frankfurt a.M. 1991, S. 952 ff. (953 f.).

delle nur mit Genehmigung der Käuferin an Dritte auszuliefern[974]. *Schlechtriem* hat dieses Urteil des *OLG Frankfurt* dafür kritisiert, dass es eine wesentliche Vertragsverletzung wegen des Verstoßes gegen ein Wettbewerbsverbot bejahte, ohne auf die Frage einzugehen, ob die vorliegende Exklusivitätsabrede eines Herstellers mangels kaufrechtlichen Bezugs überhaupt vom CISG erfasst ist[975]. Das *OLG Frankfurt a.M.* hat in einem anderen Fall ausgeführt, dass eine wesentliche Vertragsverletzung vorliegen kann, wenn die Ware nicht ordnungsgemäß verpackt ist[976]. Das Gericht hielt den käuferseitigen Vortrag zu den Verpackungsmängeln allerdings für nicht hinreichend substantiiert, so dass für das Gericht nicht nachvollziehbar war, welche Anforderungen an die Verpackung zu stellen gewesen wären[977]. Einem Urteil des *OLG München* lag folgender Sachverhalt zugrunde, aus welchem eine Käuferin eine wesentliche Vertragsverletzung ableitete: Die Käuferin hatte einen Verstoß der Verkäuferin gegen Vertragspflichten geltend gemacht, weil die Verkäuferin Waren direkt an den Abnehmer der Käuferin übereignet hatte[978]. Das Gericht verneinte hier eine wesentliche Vertragsverletzung, ohne sich mit der Frage der wesentlichen Vertragsverletzung weiter auseinander zu setzen. Es war der Ansicht, dass – unabhängig von der Eigentumslage – zwischen den Parteien lediglich vereinbart worden war, die Ware direkt an den Abnehmer zu liefern. Dieser Pflicht habe die Verkäuferin entsprochen[979]. Das *OLG Hamburg* war der Auffassung, dass sich die Verkäuferin eine wesentliche Vertragsverletzung hatte zu schulden kommen lassen, weil sie die Käuferin über die Erfüllung der Vertragspflichten in völliger Ungewissheit ließ. Die Verkäuferin hatte mitgeteilt, sie benötige Zeit, um Verhandlungen mit Lieferanten zu führen[980]. Das *OLG Celle* hat die Auffassung vertreten, dass die Anzeige des Verkäufers an den Käufer, die in Frage stehende Kaufsache an einen Dritten verkauft zu haben, das Recht zur Vertragsaufhebung auslöse. Eine solche Anzeige beinhalte die Aussage, überhaupt nicht mehr liefern zu können[981]. Der *Bundesgerichtshof* hat in einem Urteil festgehalten, dass eine wesentliche Vertragsverletzung auch in der Lieferung einer Kaufsache mit falschen Dokumenten liegen kann. Entscheidend sei auch hier, dass dem Käufer im Wesentlichen das entgeht, was er nach dem Vertrag hätte erwarten können[982]. Das könne etwa der Fall sein, wenn die Sache ohne die Dokumente nicht mehr gehandelt

---

[974] OLG Frankfurt a. M. vom 17.9.1991, NJW 1992, S. 633 ff. (634 f.).
[975] Vgl. zum Urteil des OLG Frankfurt a. M. vom 17.9.1991, NJW 1992, S. 633 ff.; *Schlechtriem/Schlechtriem*, Art. 25, Fn. 22. Vgl. unten Fußnote 1000.
[976] Vgl. zur Verpackungspflicht Art. 35 II lit. d) CISG.
[977] OLG Frankfurt a.M. vom 20.4.1994, RIW 1994, S. 593 ff. (595).
[978] Vgl. zur Eigentumsverschaffungs- und Lieferpflicht Artt. 30 und 31 CISG.
[979] OLG München vom 2.3.1994, RIW 1994, S. 595 ff. (596).
[980] OLG Hamburg vom 28.2.1997, Forum International 1997, S. 168 ff. (170).
[981] OLG Celle, Urteil vom 24.5.1995 (Az.: 20 U 76/94), *UNILEX*, i.Ü. unveröffentlicht.
[982] Zur Verpflichtung der Übergabe von Dokumenten, vgl. Art. 30 CISG.

werden kann. Sei eine nachträgliche Beschaffung der fehlenden Dokumente unschwer möglich, so scheide jedoch eine wesentliche Vertragsverletzung aus[983]. Offen ließ der *Bundesgerichtshof* die Beantwortung der Frage, ob ein arglistiges Unterschieben von vertragswidriger Ware für sich schon eine wesentliche Vertragsverletzung darstellt[984].

Die italienischen Gerichte haben sich noch nicht zu anderen Vertragsverletzungen als dem des Verzuges[985] und eines Qualitätsmangels[986] geäußert.

Die deutsche Kommentarliteratur hat sich zur Verletzung vertraglicher Pflichten bereits umfangreich geäußert, indem neben den bereits erörterten Fallgruppen – wie Schlechtlieferung, Verzug und Nichtleistung –verschiedenste Ausgestaltungen von relevanten Vertragsverletzungen dargestellt wurden. Dabei werden die ergangenen Urteile zustimmend wiedergegeben und ergänzt. Von untergeordneter Bedeutung sei, dass es sich bei der verletzten Pflicht um eine vertragliche Nebenpflicht handelt. Vielmehr sei auch hier am Einzelfall zu prüfen, ob die Bedeutung des korrespondierenden Gläubigerinteresses eine Vertragsaufhebung rechtfertigt[987]. Zum einen müsse die verletzte Verkäuferpflicht objektiv schwer wiegen. Zum anderen müsse i.d.R. hinzutreten, dass die rechtzeitige Erfüllung – wie beim Fixgeschäft – entweder selbst wesentlich oder innerhalb angemessener Frist eine Beseitigung des Mangels dem Verkäufer nicht möglich bzw. dem Käufer nicht zumutbar ist. Von Gewicht könne auch sein, ob die Beseitigung des Mangels durch den Käufer oder einen Dritten unproblematisch möglich und zumutbar ist[988]. Beispielsweise werden hier genannt: Die fehlende Übergabe oder die Übergabe fehlerhafter Dokumente[989], das Nichtstellen einer Bankgarantie[990], Verletzung einer Exklusivitätsabrede[991] oder die Nichterfüllung einer Montageverpflichtung[992]. Auch die Verletzung von Zusatzpflichten hinsichtlich der Beförderung der Ware i.S.d.

[983] BGH, a.a.O., S. 596 f.

[984] BGH, a.a.O., S. 597.

[985] Urteil des Tribunale di Parma - Sezione distaccata di Fidenza vom 24.11.1989, *UNILEX*, i.Ü. unveröffentlicht.

[986] Urteil des Tribunale di Busto Arsizio vom 13.12.2001, RDIPP 2003, S. 151 ff.

[987] *Schlechtriem,Schwenzer/Schlechtriem*, Art. 25, Rn. 24; ähnlich *Staudinger/Magnus*, Art. 25, Rn. 28 jeweils m.w.N.

[988] Statt aller *Schlechtriem,Schwenzer/Müller-Chen*, Art. 49, Rn. 12; zum Verhältnis des Vertragsaufhebungsrechts und Nacherfüllungsrechts bei Qualitätsmängeln, vgl. bereits oben S. 193 ff.

[989] Vgl. Art. 34 CISG.

[990] *Schlechtriem,Schwenzer/Müller-Chen*, Art. 49, Rn. 12.

[991] *Achilles*, Art. 25, Rn. 10; *Staudinger/Magnus*, Art. 49, Rn. 19; vgl. hierzu LG Frankfurt a.M. RIW 1991, S. 952 ff.; OLG Frankfurt a. M. vom 17.9.1991, NJW 1992, S. 633 ff.

[992] *Soergel/Lüderitz,Schüßler-Langeheine*, Art. 49, Rn. 3; *Schlechtriem,Schwenzer/Müller-Chen*, Art. 49, Rn. 12.

Art. 32 CISG kann eine wesentliche Vertragsverletzung darstellen[993]. Bei Dokumenten sei zu unterscheiden, welche Rolle diese für den Käufer haben. Eine Vertragsaufhebung kommt nur in Betracht, wenn die Dokumente objektiv wesentlich für den Käufer sind. Komme erst durch die Dokumente die gekaufte Ware zur Verfügung des Käufers[994] und ist die Verschaffung der Dokumente endgültig nicht möglich oder wird sie verweigert, sei eine wesentliche Vertragsverletzung gegeben[995]. Die bloße Fristüberschreitung genüge grundsätzlich noch nicht, es sei denn, es handele sich um ein Geschäft, bei dem die Rechtzeitigkeit der Lieferung eine besondere Rolle spielt. In allen übrigen Fällen sei eine wesentliche Vertragsverletzung erst gegeben, wenn der Verkäufer nicht binnen angemessener Frist von seiner Nacherfüllungsmöglichkeit gemäß Art. 48 I CISG Gebrauch macht[996]. Seien die Dokumente zumutbar vom Käufer selbst zu beschaffen[997], scheide die Möglichkeit einer wesentlichen Vertragsverletzung aus[998]. Liegt beim Käufer ein Vertrauensverlust wegen des Verkäuferverhaltens vor, so rechtfertigt dies eine Vertragsaufhebung nach der von *Achilles* vertretenen Ansicht nur dann, wenn sich deswegen für den Käufer unzumutbare Unsicherheiten in Bezug auf weitere unentdeckte oder bevorstehende Vertragswidrigkeiten ergeben. Dadurch sei die Ware entwertet[999].

Von Teilen des deutschen Schrifttums wird darauf hingewiesen, dass es sich bei den verletzten Pflichten eigener Art um solche handeln muss, die der Materie „Kaufrecht" zuzuordnen sind oder die von den Parteien den Regelungen des CISG unterstellt wurden. Das CISG regele grundsätzlich nur kaufrechtli-

---

993 *Staudinger/Magnus*, Art. 49, Rn. 19.

994 So etwa bei Konnessementen, Ladescheinen, Lagerscheinen und Freistellungsscheinen.

995 *Staudinger/Magnus*, Art. 49, Rn. 17.

996 Die Nachfristsetzung richtet sich i.d.R. nicht nach Art. 49 I lit. b) i.V.m. Art. 47 I CISG. Hiervon sind nur Fälle der Nichtlieferung erfasst. Werden Dokumente nicht geliefert, liegt keine Nicht- sondern nur eine Schlechtlieferung vor. Bei Schlechtlieferungen richtet sich die Nachfrist nach Art. 48 I CISG. Bessert der Verkäufer nicht ohne unzumutbare Verzögerung nach, ist der Käufer in der Lage bei objektiv schwerwiegendem Mangel den Vertrag aufzuheben, vgl. *Schlechtriem,Schwenzer/Müller-Chen*, Art. 49, Rn. 11.
Nur wenn die Nichtlieferung der Dokumente einer Nichtleistung i.S.d. Art. 49 I lit. b) CISG gleichsteht, ist die Nichtlieferung für sich ein hinreichender Grund für die Vertragsaufhebung. Dies ist etwa der Fall, wenn bei eingelagerter und auf dem Transport befindlicher Ware diese dadurch übergeben wird, dass Dokumente ausgehändigt werden, die zur Übernahme der Ware legitimieren, *Schlechtriem,Schwenzer/Müller-Chen*, a.a.O.

997 So etwa Analysezeugnisse und Herkunftszertifikate.

998 *Staudinger/Magnus*, Art. 49, Rn. 17; *Schlechtriem,Schwenzer/Müller-Chen*, Art. 49, Rn. 11; *Achilles*, Art. 25, Rn. 6; ähnlich auch *Witz,Salger,Lorenz/Salger*, Art. 25, Rn. 10; a.A. wohl *Herber,Czerwenka*, Art. 49, Rn. 9 und *Huber*, RabelsZ 1979, S. 413 ff. (509), die regelmäßig in der Nichtlieferung von Dokumenten eine wesentliche Vertragsverletzung sehen.

999 *Achilles*, Art. 25, Rn. 8; offen gelassen in BGH, Urteil vom 3.4.1996, („Kobaltsulfat"), RIW 1996, S. 594 ff.

che Sachverhalte, vgl. Art. 4 CISG[1000]. Auch außervertragliche Pflichten sollen nach Ansicht einiger Stimmen innerhalb des deutschen Schrifttums in den Anwendungsbereich des Art. 25 CISG fallen. Dazu gehörten beispielsweise außerhalb des CISG liegende Schutzgesetze – wie etwa Produkthaftungsregeln. Ein Verstoß dagegen könne jedoch dann nicht wesentlich sein, wenn sich aus den vertraglichen Vereinbarungen ergebe, dass die Ware nicht dem Schutzgesetz entsprechen musste. Sei die Ware aufgrund eines Schutzgesetzes als vertragswidrig anzusehen, begründe gleichwohl nicht jeder geringe Mangel ein Recht zur Vertragsaufhebung. Bei einer Gefährdung durch die Natur der Sache sei jedoch vertretbar, ein Recht auf Vertragsaufhebung zu bejahen[1001].

Im italienischen Schrifttum ist auf die Möglichkeit einer Vertragsaufhebung wegen Verletzung anderer Vertragspflichten wie z.B. vertraglicher Nebenpflichten hingewiesen worden. Insgesamt sind die Beschreibung der einzelnen Fallgruppen und Bewertungskriterien, nach denen Vertragsverletzungen zu beurteilen sind, weniger ausführlich. *Liguori* verweist in Bezug auf Nebenpflichtverletzungen auf die – zumeist deutsche - Rechtsprechung, die sich mit dem Verstoß gegen Abreden zum Wettbewerb beschäftigt hat[1002]. *Cubeddu* führt an, dass für eine wesentliche Vertragsverletzung alle vertraglichen Pflichten in Betracht kommen. Dazu gehöre neben der rechtzeitigen Leistung und der Leistung am rechten Ort auch die Leistung entsprechend den vertraglichen Absprachen. Die Pflichten könnten sich im Einzelnen aus der Konvention selbst, aus vertraglichen Abreden oder unter Einbeziehung des guten Glaubens ergeben. Auch – in Anlehnung an *Schlechtriem* – bei der Verletzung von außervertraglichen Pflichten ist die Frage nach einer Erheblichkeit im Rahmen wesentlicher Vertragsverletzung gestellt worden. Soweit man dies grundsätzlich bejahe, müsse sodann wertend die Frage beantwortet werden, ob sich daraus ein Recht zur Vertragsaufhebung ableiten lasse. Das Recht der verletzten Vertragspartei auf Vertragsauflösung müsse in den Fällen überwiegen, in welchen sich die Ware potentiell schädigend auf die Interessen der verletzten Vertragspartei auswirke[1003].
Die Generalnorm des Art. 25 CISG erfasst verschiedenste Vertragsverletzungen. Die dazu vorhandene Kasuistik der Rechtsprechung in Deutschland ist derzeit noch überschaubar. Die italienische Rechtsprechung hat sich, außer mit

---

[1000] *Schlechtriem,Schwenzer/Schlechtriem*, Art. 25, Rn. 7; *Botzenhardt*, S. 184 f.
[1001] *Botzenhardt*, S. 186; *Schlechtriem,Schwenzer/Schlechtriem*, Art. 25, Rn. 7 a.
[1002] *Liguori*, Foro it. IV 1996, Spalte 145 ff. (172f.). Wiedergegeben werden die Urteile des LG Frankfurt a.M., NJW 1992, S. 633 ff.; des LG Frankfurt a.M. RIW 1991, S. 952 ff. sowie das Urteil des Cour d´Appel de Grenoble, 22.2.1995, JDI 1995, S. 632 ff. (Verkauf von Waren entgegen entsprechender Absprache nach Spanien und nicht nach Südamerika ist wesentliche Vertragsverletzung).
[1003] *Cubeddu* (S. 200 f.) mit Verweis auf *Schlechtriem/Schlechtriem*, Art. 25, Rn. 7 mit dem Beispiel des Verstoßes gegen ein Produkthaftgesetz.

dem Verzug und dem Qualitätsmangel, noch nicht mit anderen Vertragsverletzungen beschäftigt. Das deutsche Schrifttum stimmt weitestgehend mit der vorhandenen Rechtsprechung überein. Darüber hinaus wird eine Generalisierung der Abwägungskriterien zur Systematisierung der Vertragsaufhebungsrechte angestrebt. Dabei ist es bisher nicht zu Divergenzen gekommen. Es besteht Einigkeit, dass nur bei erheblichen Verletzungen und unter Hinzutreten weiterer Umstände der *ultima ratio*-Rechtsbehelf der Vertragsaufhebung in Betracht kommt. Die Frage nach dem Erfordernis eines kaufvertraglichen Bezugs der verletzten Vertragspflicht als Voraussetzung für die Anwendbarkeit der CISG-Normen, ist noch nicht abschließend geklärt. Hierauf haben erst Teile des Schrifttums hingewiesen[1004]. Unklar ist, nach welchen Kriterien die Materie Kaufrecht von anderen abzugrenzen ist. Zudem wird die Abgrenzung Schwierigkeiten bereiten, ob und unter welchen Umständen die Vertragsparteien eine Vertragspflicht eigener Art dem CISG unterworfen haben. I.d.R. werden sich die Parteien diesbezüglich keine Gedanken machen, wenn sie den Vertrag um bestimmte Pflichten ergänzen.

[1004] *Schlechtriem,Schwenzer/Schlechtriem*, Art. 25, Rn. 7; *Botzenhardt*, S. 184 f.

II. Vertragsaufhebung durch den Käufer nach Ablauf einer „angemessenen Frist" i.S.v. Art. 47 I CISG und bei Erfüllungsverweigerung, Art. 49 I lit. b) CISG

Die Erklärung der Vertragsaufhebung ist dem Käufer nach Art. 49 lit. b) CISG des Weiteren möglich, wenn der Verkäufer die Ware nicht liefert und der Käufer ihm vergeblich eine angemessene Nachfrist i.S.d. Art. 47 I CISG gesetzt hat[1005]. Gleiches gilt, wenn der Verkäufer erklärt, er werde nicht innerhalb der so gesetzten Frist liefern. Unterschiedliche Auslegungen drohen hier bei der Bemessung der „angemessenen Nachfrist".

1. Voraussetzungen der Nachfrist

Das Setzen einer Nachfrist hat für den Käufer in der Praxis vor allem den Vorteil, dass er die wesentliche Vertragsverletzung nicht beweisen muss. Er begibt sich nicht in die Unsicherheit, dass später ein Gericht die Vertragsverletzung der Verspätung nicht für wesentlich hält und deshalb die Vertragsaufhebung unberechtigt erklärt[1006].

Von Art. 49 I lit. b) CISG werden nur Fälle der Nichtlieferung erfasst. Voraussetzung ist, dass der Verkäufer seiner durch Vertrag oder Art. 31 CISG näher ausgestalteten Lieferpflicht nicht im nach Art. 33 CISG bestimmten Zeitpunkt erfüllt hat. Die Vertragsaufhebung nach Art. 49 I lit. b) CISG kann sodann unabhängig vom Vorliegen einer „wesentlichen Vertragsverletzung" erfolgen[1007].

Die Nachfrist soll dem Verkäufer Klarheit verschaffen sowohl über das fortbestehende Interesse des Käufers an der Erfüllung als auch dessen Möglichkeit, den Vertrag aufzuheben[1008]. Die Mitteilung muss eine bestimmte Aufforderung zur Leistung beinhalten, wobei der Begriff Nachfrist nicht zwingend

---

[1005] Eine entsprechende Regelung sieht das CISG für den Fall vor, dass der Käufer seinen Verpflichtungen nicht nachkommt. Der Verkäufer kann gem. Artt. 64 I lit. b) i.V.m. 63 I CISG nach Ablauf einer angemessenen Nachfrist die Aufhebung des Vertrages erklären, ausführlich hierzu *Freiburg*, S. 157 ff.

[1006] Vgl. etwa *Freiburg*, S. 154; für Italien: *Bianca/Galletta*, Art. 47, Anm. 2.

[1007] Statt aller für Deutschland: *Schlechtriem,Schwenzer/Müller-Chen*, Art. 49, Rn. 15 und 20; für Italien: *Bianca/de Nictolis*, Art. 49, Anm. 4. b); in der deutschen Rechtsprechung hierzu OLG Frankfurt a.M., 18.1.1994, RIW 1994, S. 240 f. (240). Nicht ganz zutreffend, aber im Ergebnis richtig daher das Urteil des OLG München, 1.7.2002, IHR 2003, S. 176 ff. (177). Das Gericht geht davon aus, dass eine Vertragsaufhebung bei Verspätung nur nach Nachfristsetzung erfolgen kann, ohne auf die unabhängige Prüfung der wesentlichen Vertragsverletzung hinzuweisen. Kritisch daher *Herber* in seiner Anmerkung zum Urteil des OLG München IHR 2003, S.176 f. (177 f.), vgl. hierzu schon oben S. 184.

[1008] *Freiburg*, S. 160 m.w.N.

verwandt werden muss[1009]. Für das Ende der Frist muss der Käufer einen Termin festlegen. Der Zeitpunkt muss nach dem Kalender bestimmt oder bestimmbar sein[1010]. Eine Ablehnungsandrohung ist nicht erforderlich. Es genügt eine befristete Mahnung[1011].
Dem fruchtlosen Verstreichenlassen der Nachfrist steht die Erfüllungsverweigerung durch den säumigen Verkäufer gleich (Art. 49 I lit. b) letzter Halbsatz CISG)[1012].

2. Bestimmung der angemessenen Frist

Fraglich ist insbesondere, ob in der deutschen und italienischen Literatur und Rechtsprechung Aussagen darüber getroffen werden, nach welchen Kriterien sich die Fristbemessung zu richten hat und ob Aussagen über die regelmäßige Länge der Fristen getroffen werden können.
Nach der deutschen Kommentarliteratur herrscht dem Grunde nach Einigkeit über die Kriterien. Die Länge der angemessenen Frist hat sich nach den Umständen des Einzelfalles zu richten. Zugrundezulegen sind die Länge der vertraglich vereinbarten Lieferzeit, das dem Verkäufer bei Vertragsschluss erkennbare Interesse an rascher Lieferung, die Eigenart der Leistung des Verkäufers und die Natur des Lieferhindernisses. In Zweifelsfällen sei das bei Vertragsschluss erkennbare Interesse des Käufers entscheidend[1013].
Salger betont, dass nicht die besonderen Probleme des Verkäufers ausschlaggebend für die Bemessung der Frist sein könnten, es sei denn, sie seien schon bei Vertragsschluss offenkundig gewesen. Zu fragen sei daher grundsätzlich,

---

1009 *Schlechtriem,Schwenzer/Müller-Chen*, Art. 47, Rn. 4 f. Vgl. dazu auch OLG Düsseldorf, 24.4.1997, Forum International 1997, S. 161 ff. (162); LG Düsseldorf, 11.10.1995 (Az.: 2 O 506/94), *UNILEX*, i.Ü. unveröffentlicht.

1010 *Schlechtriem,Schwenzer/Müller-Chen*, Art. 47, Rn. 4. Vgl. dazu auch OLG Düsseldorf, a.a.O.

1011 *Schlechtriem,Schwenzer/Müller-Chen*, Art. 47, Rn. 5. Das BGB entspricht insoweit dem CISG. Im BGB ist seit Inkrafttreten des Schuldrechtsmodernisierungsgesetzes am 1.1.2002 (BGBl. 2001 I S. 3138) eine Ablehnungsandrohung - wie noch in § 326 BGB a.F. vorgesehen - nicht mehr erforderlich, vgl. *Palandt/Heinrichs*, § 323, Rn. 1. Der Rücktritt richtet sich nunmehr nach § 437 Nr. 2 i.V.m. §§ 440, 323, 326 V BGB n.F., vgl. hierzu *Schellhammer*, Rn. 60 ff.

1012 Ausführlich *Freiburg*, S. 163, m.w.N. Vgl. zur Erfüllungsverweigerung beim Vorkassegeschäft wegen ausstehender Zahlungen aus anderen Geschäften: Schiedsgericht Handelskammer Hamburg, 21.3.1996, RIW 1996, S. 766 ff. (768) und Schiedsgericht Hamburger Freundschaftliche Arbitrage, 29.12.1998, RIW 1999, S. 394 ff. (396). Für einen Fall, bei dem der Verkäufer durch die Anmerkung, er benötige Zeit um Verhandlungen zu führen, den Käufer in völliger Ungewissheit lässt, ob er überhaupt erfüllen wird, OLG Hamburg, 28.2.1997, Forum International 1997, S. 168 ff. (170).

1013 *Schlechtriem,Schwenzer/Müller-Chen*, Art. 47, Rn. 6; ähnlich *Staudinger/Magnus*, Art. 47, Rn. 19 und *Soergel/Lüderitz,Schüßler-Langeheine*, Art. 47, Rn. 3, *Achilles*, Art. 47, Rn. 4.

ob und wie schnell ein Dritter die Leistung erbringen könne[1014]. Bei der Bemessung könne man zugunsten des Käufers davon ausgehen, dass der Verkäufer bereits Vorbereitungshandlungen zur Erfüllung getroffen habe und nicht erst damit auf Mahnung hin aktiv wird[1015]. Auch sei die Postlaufzeit mit einzubeziehen. Für das Inland seien zwei Tage und international bis zu über einer Woche zu veranschlagen[1016].
Vorschläge zur konkreten Fristlänge sind sehr rar[1017]. *Magnus* ist der Ansicht, dass sieben Wochen in der Regel als angemessen anzusehen seien. Eine Frist von zwei Wochen sei daher regelmäßig zu knapp[1018]. Diesem Vorschlag liegt ein Urteil des *OLG Celle* zu Grunde. Das Gericht hat es in einem Urteil für möglich gehalten aber offen gelassen, ob eine Frist von 11 Tagen zur Verschiffung von Druckereimaschinen zu kurz ist. Jedenfalls habe auch eine zu knapp bemessene Frist als Voraussetzung für die wirksame Vertragsaufhebung gereicht, weil eine zu kurz bemessene Frist eine angemessene ins Laufen bringe. Da die Vertragsaufhebung erst nach über 7 Wochen seit Empfang des Fristsetzungsschreibens erfolgte, sei die Frist jedenfalls gewahrt[1019].
Die Ansicht, dass die Bestimmung einer zu kurzen Frist eine angemessene Frist in Gang setzt wird auch von der deutschen Literatur vertreten[1020]. Nachdem die angemessene Frist abgelaufen ist, ist der Käufer zur Vertragsaufhebung berechtigt.
Auch das *LG Ellwangen* ist in einem Urteil davon ausgegangen, dass eine zu kurz bemessene Frist eine angemessene ins Laufen bringt. Beim Kauf von Paprika hatte der Käufer eine Frist von knapp einer Woche gesetzt. Das Gericht ließ offen, ob die Frist zu kurz bemessen war, weil die Aufhebung des Vertrages erst nach drei Wochen erklärt worden ist[1021].
Das *OLG Naumburg* ließ offen, ob eine Frist von etwa einer Woche ausreicht. Jedenfalls sei die Aufhebung durch Absendung der Aufhebungserklärung in Form eines Schreibens etwa vier Wochen nach der ersten Mahnung binnen angemessener Frist erfolgt[1022].
Die italienische Rechtsprechung hat sich mit dem Problem noch nicht befasst. Auch in der Literatur gibt es keine Hinweise auf Kriterien und zur regelmäßigen Länge der Frist. Lediglich *Galletta* weist, ähnlich dem deutschen Schrift-

---

[1014] *Witz,Salger,Lorenz/ Salger*, Art. 47, Rn. 6.

[1015] *Witz,Salger,Lorenz/Salger*, Art. 47, Rn. 6; *Schlechtriem,Schwenzer/Huber*, Art. 47, Rn. 6.

[1016] *Witz,Salger,Lorenz/Salger*, Art. 47, Rn. 6; *Staudinger/Magnus*, Art. 47, Rn. 19.

[1017] Vgl. nur ohne Vorschlag bleiben *Heilmann*, S. 469 ff.; *Trommler*, S. 35 f. und 187 sowie *Freiburg*, S. 162 f.

[1018] So *Staudinger/Magnus*, Art. 47, Rn. 19; u.a. mit Hinweis auf das Urteil des OLG Celle, 24.5.1995 (Az.: 20 U 76/94), *UNILEX*, i.Ü. unveröffentlicht.

[1019] OLG Celle, 24.5.1995 (Az.: 20 U 76/94), *UNILEX*, i.Ü. unveröffentlicht.

[1020] Statt aller *Schlechtriem,Schwenzer/Müller-Chen*, Art. 47, Rn. 8.

[1021] LG Ellwangen, 21.8.1995 (Az.: 1 KfH O 32/95), *UNILEX*, i.Ü. unveröffentlicht.

[1022] OLG Naumburg, 27.4.1997 TranspR-IHR 2000, S. 22 f. (23).

tum, darauf hin, dass die Bemessung der Frist sich nach den Umständen des Einzelfalles zu richten habe. Maßgeblich sei etwa das Interesse des Käufers an einer schnellen Durchführung des Vertrages, die Schwere und die Folgen der Verspätung sowie die Natur der verkauften Güter[1023].

Zusammenfassend lässt sich festhalten, dass der Meinungsstand in Deutschland zur Ausfüllung der Frist des Art. 47 I CISG noch übersichtlich ist. In Deutschland haben sich bisher erst einige Gerichte damit auseinandersetzen müssen. Die Beiträge in der Kommentarliteratur ähneln sich in Bezug auf die Kriterien, nach denen sich eine Fristberechnung zu richten hat. Maßgeblich soll vor allem der Einzelfall sein, insbesondere die Umstände bei Vertragsschluss. Die Berechnung soll z.B. in Anlehnung an die ursprünglich vereinbarte Lieferfrist erfolgen. Allzu großzügig sollte dabei mit dem säumigen Verkäufer nicht umgegangen werden. Mit der Mahnung ist dem Verkäufer nicht noch einmal der gesamte, ursprünglich für die Leistung vorgesehene Zeitraum zur Verfügung zu stellen. Die Rechtsprechung hat bisher zu den Kriterien noch keine grundsätzlichen Ausführungen gemacht.
Eine Länge von etwa einer Woche zwischen Benachrichtigung und Fristende scheint regelmäßig zu knapp. Eine Zeitspanne von anderthalb Monaten hingegen dürfte regelmäßig ausreichend sein. Sogar eine Zeitspanne von drei bis vier Wochen wurde schon für ausreichend gehalten.
In Italien gab es noch keine nennenswerten Versuche, die Frist des Art. 47 I CISG etwa anhand ausländischer Rechtsprechung näher zu konkretisieren. Einzig *Galletta* führt im Kommentar von *Bianca* übereinstimmend mit der in Deutschland vertretenen Ansicht aus, dass vor allem die Umstände des Einzelfalles entscheidend seien. Die Ergebnisse der Rechtsprechung werden daher auch in Zukunft variieren. Zutreffend erscheint insbesondere, grundsätzlich auf die ursprünglich vereinbarte Lieferzeit abzustellen. Offen ist, ob sich Regelaussagen zur Fristlänge etablieren werden. Divergenzen sind bisher nicht ersichtlich.

[1023] *Bianca/Galletta*, Art. 47, Anm. 4.

III. Erklärung der Vertragsaufhebung i.S.v. Art. 49 I i.V.m. Art. 26 CISG

Ist ein Aufhebungsrecht gegeben und soll dieses ausgeübt werden, muss die Aufhebung des Vertrages durch einseitige Willenerklärung vollzogen werden (Art. 49 I i.V.m. Art. 26 CISG). Hier stellt sich die Frage, welche Anforderungen an die Aufhebungserklärung zu stellen sind[1024]. Insbesondere wird diskutiert, ob eine Vertragsaufhebung auch konkludent erklärt werden kann.

Von Teilen des deutschen Schrifttums wird vertreten, dass eine Aufhebung durch schlüssiges Verhalten möglich ist. *Leser* und *Hornung* verweisen auf den Charakter der Regelung: Hintergrund sei, dass das CISG im Gegensatz zum EKG die Norm des Art. 26 CISG enthalte. Im EKG war die Aufhebungserklärung noch als Wahlrecht zwischen weiterer Erfüllung und Abwicklung des Vertrages ausgestaltet[1025]. Daneben war im EKG eine Aufhebung kraft Gesetzes (*ipso facto*) vorgesehen[1026]. Die Aufnahme des Begriffs der Erklärung[1027] in das CISG durch Art. 26 sei dahingehend auszulegen, dass auch schlüssiges Verhalten davon erfasst sei. Wie die Formulierung des Art. 8 I CISG zeige, seien Erklärungen und schlüssiges Verhalten gleichgestellt. Die Anforderungen an eine konkludente Aufhebungserklärung seien jedoch bezüglich Klarheit, Deutlichkeit und Erkennbarkeit hoch anzusetzen. Ein Wille zur Vertragsaufhebung müsse aus ihr unzweideutig hervorgehen[1028].
Andere lehnen die Erklärung der Vertragsaufhebung durch schlüssiges Verhalten ab. Dies ergebe sich aus den Formulierungen der englischen und französischen Fassungen des Art. 26 CISG *„made by notice"* bzw. *„faite par notification"*. Anderes sei nur denkbar, wenn zwischen den Parteien andere

---

1024 Ausführlich hierzu *Freiburg*, S. 303 ff. m.w.N. Art. 26 CISG ist auf alle Fälle der Vertragsaufhebung anzuwenden. Mithin gilt die Regelung auch für die Vertragsaufhebung durch den Verkäufer im Falle des Art. 64 CISG. Im CISG ist die Vertragsaufhebung darüber hinaus im Fall der Teillieferung unter den Voraussetzungen des Art. 51 CISG, bei antizipierter Vertragsverletzung gemäß Art. 72 CISG und im Falle des Art. 73 CISG bei Sukzessivlieferungsverträgen vorgesehen, *Herber,Czerwenka*, Art. 26, Rn. 3.

1025 Vgl. Art. 26 I, 30 I, 43 I, 55 I, 62 I, 70 I EKG; *Schlechtriem/Leser,Hornung*, Art. 26, Rn. 1; *Bianca/Fusaro*, Art. 26/27, Anm. 1; *Alpa,Bessone*, La Vendita internazionale, S. 165 ff. (205 f.).

1026 Vgl. Artt. 25, 26, 30 I, 62 I EKG. Hierzu ausführlich *Hellner*, Ipso facto avoidance.

1027 Im Englischen *„declaration"*, im Französischen *„déclaration"*, im Italienischen *„dichiarazione"*.

1028 *Schlechtriem,Schwenzer/Hornung*, Art. 26, Rn. 10; *Soergel/Lüderitz,Budzikiewicz*, Art. 26, Rn. 3; *Enderlein*, IPRax 1991, S. 313 ff. (315); *Botzenhardt*, S. 59. Vgl. auch *Freiburg*, S. 308 f., die zu dem Ergebnis kommt, dass sich keine abschließenden Hinweise aus dem CISG für oder gegen diese Auffassung ergeben. Daraus müsse aber der Schluss gezogen werden, dass die Erklärung in allen Formen erfolgen könne, solange diese aus Gründen der Rechtssicherheit hinreichend eindeutig seien. Auch *Lurger*, IHR 2001, S. 91 ff. (93) geht von der Möglichkeit einer impliziten Erklärung aus.

Gepflogenheiten bestehen[1029]. Die Rechtssicherheit gebiete, eine Vertragsaufhebung durch schlüssiges Verhalten nicht zuzulassen[1030].
Diese Problematik ist in der italienischen Literatur noch nicht erörtert worden. In Deutschland hat sich eine Reihe von Urteilen mit der konkludenten Erklärung der Vertragsaufhebung beschäftigt. So hat das *LG Frankfurt* a.M. offen gelassen, ob eine konkludente Erklärung grundsätzlich möglich ist, weil diese im zu entscheidenden Fall jedenfalls hinreichend eindeutig erfolgt wäre[1031]. Das *OLG Frankfurt* ist von der Möglichkeit einer konkludenten Erklärung ausgegangen. Der Käufer hatte erklärt, die Zusammenarbeit ab sofort zu beenden und Waren bei einem anderen Hersteller fertigen zu lassen. Das Gericht wertete dies als eindeutige Erklärung der Aufhebung des konkreten Vertrages, dessen Hervorhebung es dabei nicht bedurft hätte[1032]. Das *OLG Koblenz* hat eine konkludente Erklärung für grundsätzlich relevant gehalten unter der Voraussetzung, dass sich der Wille zur Vertragsaufhebung zumindest aus dem Verhalten der erklärenden Vertragspartei eindeutig ergebe. Das Gericht verneinte dies im Streitfall gemessen an den Auslegungskriterien des Art. 8 CISG. Angesichts unterschiedlicher Erklärungen, die die Käuferin abgegeben hatte, fehle es an der hinreichend eindeutigen Erklärung der Vertragsaufhebung. Sie hatte nicht verdeutlicht, dass sie zur Vertragserfüllung keinesfalls mehr bereit gewesen wäre. Es sei von ihr auch nichts dafür dargetan, dass ihre Erklärung – gemessen an den Auslegungsgrundsätzen, wie sie nach Art. 8 II und III CISG auf Erklärungen und Verhalten der Vertragspartner Anwendung fänden – von einer „vernünftigen Person der gleichen Art wie die andere Partei“ im Sinne einer Aufhebungserklärung hätte verstanden werden müssen[1033]. Der österreichische *OGH* hat sich ausdrücklich der Meinung angeschlossen, dass eine Vertragsaufhebung auch konkludent möglich ist[1034].

Mit der Frage der Vertragsaufhebung durch konkludentes Verhalten hat sich bisher noch kein italienisches Gericht auseinandergesetzt. Das einzige italienische Urteil, das eine Aufhebungserklärung geprüft hat, ist das des *Corte*

[1029] *Achilles*, Art. 26, Rn. 2; *Staudinger/Magnus*, Art. 26, Rn. 6; *Enderlein,Maskow, Strohbach*, Art. 26, Anm. 1.2.

[1030] *Karollus*, S. 151.

[1031] LG Frankfurt, 16.9.1991, RIW 1991, S. 952 ff. (953). Ähnlich AG Zweibrücken, 14.10.1992 (Az.:1C 216/92), *UNILEX*, i.Ü. unveröffentlicht; vgl. für einen eindeutige Erklärung, OLG Köln, IHR 2003, S. 15 ff. (17). Hier hatte der Käufer erklärt, er stelle die Ware „sofort und total“ zur Verfügung und erwarte eine Rücküberweisung der Anzahlung.

[1032] OLG Frankfurt, 17.9.1991, RIW 1991, S. 950 ff. (951). Ähnlich auch Schiedsgericht „Hamburger Freundschaftliche Arbitrage“, 29.12.1998, RIW 1999, S. 394 ff. (396) und Schiedsgericht der Handelskammer Hamburg, 21.3.1996, RIW 1996, S. 766 ff. (768).

[1033] OLG Koblenz, 31.1.1997 (2U31/96), *UNILEX*, i.Ü. unveröffentlicht.

[1034] OGH, 29.6.1999, ZfRV 2000, S. 33 ff. (35); vgl. auch den Leitsatz des Urteils des OGH, 28.4.2000 (Az.: 1 Ob 292/99), ZfRV 2000, S. 188.

d'Appello di Milano. Hier hatte der Käufer im Rahmen eines Kaufes von Kleidungsstücken, die ihm für einen Schlussverkauf zur Verfügung stehen sollten, die Aufhebung ausdrücklich erklärt, nachdem die Lieferung zum vereinbarten Termin nicht erfolgt war. Eine nähere Auseinandersetzung mit der Aufhebungserklärung fand nicht statt[1035].

Zusammenfassend ist festzustellen, dass in Deutschland nach dem vorherrschenden Meinungsstand, die Vertragsaufhebung auch konkludent erklärt werden kann. Stellungnahmen aus Italien sind nicht ersichtlich.

[1035] Corte d'Appello di Milano, 20.3.1998, RDIPP 1998, S. 170 ff.

IV. Die Ausschlussfristen des Art. 49 II lit. a) und b) CISG

Nach Art. 49 II CISG hat der Käufer die Möglichkeit, sich vom Vertrag zu lösen, obwohl der Verkäufer die Ware geliefert hat. Fälle der Nichtlieferung werden mithin nicht von Art. 49 II CISG erfasst. Die Aufhebungserklärung muss jedoch binnen „angemessener Frist" erfolgen. Ansonsten verliert er das Recht zur Vertragsaufhebung. Grundsätzlich hat der Käufer ein unbefristetes Recht zur Erklärung der Vertragsaufhebung. Allerdings gilt dies nur, soweit der Liefertermin verstrichen und die Lieferung noch nicht erfolgt ist[1036]. War im Falle der verspäteten Lieferung die Nachfrist abgelaufen, oder stellt die Verspätung eine wesentliche Vertragsverletzung dar, kann der Käufer nach Art. 49 II lit. a) CISG sein Recht auf Vertragsaufhebung nur innerhalb einer „angemessenen Frist" ausüben, nachdem er erfahren hat, dass die Lieferung erfolgt ist[1037]. Art. 49 II lit. b) CISG sieht weitere Fallgruppen für den Ausschluss des Vertragsaufhebungsrechts des Käufers vor. Hiernach verliert der Käufer sein Vertragsaufhebungsrecht, wenn er bei einer anderen Vertragsverletzung als der verspäteten Lieferung nicht innerhalb „angemessener Frist" die Vertragsaufhebung erklärt, nachdem er (i) die Vertragsverletzung kannte oder kennen musste, (ii) eine von ihm nach Art. 47 I CISG gesetzte Nachfrist abgelaufen ist oder nachdem der Verkäufer erklärt, dass er seine Pflichten innerhalb der Nachfrist nicht erfüllen wird oder (iii) nachdem eine vom Verkäufer nach Art. 48 II CSIG gesetzte Frist abgelaufen ist oder nachdem der Verkäufer erklärt hat, dass er die Erfüllung nicht annehmen wird.

Fraglich ist, wie die Fristen in den einzelnen Fallgruppen des Art. 49 II CISG zu berechnen sind, um im Einzelnen angemessen zu sein und an welchen Kriterien sich die jeweilige Auslegung des Begriffs der Angemessenheit zu orientieren hat.

[1036] *Karollus*, S. 146; *Schlechtriem,Schwenzer/Müller-Chen*, Art. 49, Rn. 27; *Staudinger/Magnus*, Art. 49, Rn. 30; eingehend *Petrikic*, S. 120 ff.; für Italien vgl. *Bianca/de Nictolis*, Art. 49, Anm. 5. Falsch insoweit das Urteil des BGH vom 15.2.1995, RIW 1995, S. 505 f. Hierzu *Lurger*, IHR 2001, S. 91 ff. (93).

[1037] *Petrikic*, S. 122; *Schlechtriem,Schwenzer/Müller-Chen*, Art. 49, Rn. 28.

1. *Die angemessene Frist im Fall verspäteter Lieferung, Art. 49 II lit. a) CISG*

Die Länge der Frist des Art. 49 II lit. a) CISG hängt nach überwiegender Ansicht in der deutschen Literatur nicht nur von den Umständen des Einzelfalles[1038] ab, sondern auch vom Zweck der jeweiligen Vorschrift des CISG, die eine Frist für eine Handlung oder Erklärung vorsieht. Bei Art. 49 II lit. a) CISG sind insbesondere Verkäuferinteressen von Belang[1039]. Die Frist beginnt zu laufen, nachdem der Käufer von der Lieferung erfahren hat[1040].
Das Interesse des Verkäufers bestehe insbesondere darin, von der Zurückweisung der gelieferten Ware zu erfahren, um sich um eine anderweitige Verwertung bemühen zu können. Auch bestehe für ihn das Risiko erheblicher Lagerkosten und der Verschlechterung, nur weil der Käufer sich nicht für einen der ihm zustehenden Rechtsbehelfe entscheidet[1041]. Bei schwankendem Marktpreis bestehe überdies eine Spekulationsgefahr zu Lasten des Verkäufers. Der Käufer könne geneigt sein, die Ware bei sinkenden Preisen zurückzuweisen und bei steigenden Preisen die Ware zu behalten, um den Gewinn zu realisieren[1042]. Auf der anderen Seite habe der Käufer kein schützwürdiges Interesse an einer längeren Überlegungsfrist, wenn er die Ware erhalten hat. Er müsse in diesem Fall nicht erst Inhalt und Umfang der Vertragsverletzung ermitteln, so dass ihm ein schnelles Handeln abverlangt werden könne[1043]. Die Frist solle daher knapp bemessen werden[1044], d.h. er müsse ohne schuldhaftes Zögern handeln, nachdem er von der Lieferung erfahren hat[1045]. *Achilles* tritt dafür ein, dass zur Ausfüllung des Begriffs des schuldhaften Zögerns die Dauer einer vernünftigen, ohne Hast geführten Überlegung, Einholung von Rechtsrat und ggf. auch Einigungsversuche mit dem Verkäufer in die Fristbestimmung

---

[1038] Darunter fällt etwa die Art der Ware, vgl. *Heilmann*, S. 476; *Freiburg*, S. 312; *Petrikic*, S. 122; *Schlechtriem*, Internationales Kaufrecht, Rn. 200.

[1039] *Schlechtriem,Schwenzer/Müller-Chen*, Art. 49, Rn. 29; anders jedoch *Soergel/Lüderitz,Schüßler-Langeheine*, Art. 49, Rn. 14, der pauschal auf die Interessen des Käufers hinweist.

[1040] Statt aller *Schlechtriem,Schwenzer/Müller-Chen*, Art. 49, Rn. 28; für Italien *Bianca/de Nictolis*, Art. 49, Anm. 5; im englischsprachigen Schrifttum, vgl. *Honnold*, Rn. 307.

[1041] *Heilmann*, S. 475 m.w.N.; *Honnold*, Rn. 306.

[1042] Zur Verhinderung der Spekulationsgefahr, vgl. *Schlechtriem,Schwenzer/Müller-Chen*, Art. 49, Rn. 29; *Botzenhardt*, S. 60; *Schlechtriem/Leser*, Fachtagung, S. 225 ff. (234) m.w.N.

[1043] *Freiburg*, S. 312.

[1044] *Enderlein,Maskow,Strohbach*, Art. 49, Anm. 7; *Staudinger/Magnus*, Art. 49, Rn. 36; *Witz,Salger,Lorenz/Salger*, Art. 49, Rn. 6; a.A. *Kappus*, RIW, 1992, S. 528 ff. (532) (1 bis 2 Monate); *Honsell/Schnyder,Straub*, Art. 49, Rn. 43 (grundsätzlich 2 bis 3 Tage); *Huber*, RabelsZ 1979, S. 413 ff. (476). Hier ging *Huber* noch davon aus, dass kein großer Unterschied zwischen der Rechtslage nach Art. 26 II i.V.m. Art. 11 EKG mit „kurzer Frist“ und nach CISG mit „angemessener Frist“ bestünde. Im Englischen vgl. auch *Honnold*, Rn. 306.

[1045] *Schlechtriem,Schwenzer/Müller-Chen*, Art. 49, Rn. 29.

einbezogen werden müssten[1046]. *Kappus* vertritt mit seinem Vorschlag – je nach Lage des Einzelfalls – eine Frist von einem bis zwei Monaten anzusetzen, eine Mindermeinung, die auf den Meinungsstand in Deutschland wenig Einfluss haben dürfte[1047].

Die Stellungnahmen der deutschen Rechtsprechung hierzu sind äußerst übersichtlich. Die italienische Rechtsprechung hat sich – soweit ersichtlich – überhaupt noch nicht zu dieser Frage geäußert. Zutreffend hat das *AG Nordhorn* festgestellt, dass der Verlust des Aufhebungsrechts zunächst das Vorliegen desselben voraussetze. Fehlt es daran, erübrigt sich eine Stellungnahme zur Angemessenheit der Frist[1048].

Auch in der italienischen Literatur betont *de Nictolis* in Bezug auf Art. 49 II lit. a) und b) CISG, dass die Interessen des Verkäufers aber auch des internationalen Handels an einer schnellen Entscheidung des Käufers darüber, welchen Rechtsbehelf er ausüben will, bei der Ausschlussfrist berücksichtigt werden müssten. Eine übermäßige Verzögerung könne den Verkäufer schädigen und zu Lasten der zügigen Abwicklung und der Sicherheit des internationalen Handels gehen. Die Norm gebe selbst keinen präzisen Zeitraum für die Ausübung des Vertragsaufhebungsrechts vor. Die Ausfüllung dieses unbestimmten Rechtsbegriffs sei Frage des Einzelfalles. Dabei müssten die Gepflogenheiten des internationalen Handels und z.B. die Art der Ware und die Marktbedingungen Berücksichtigung finden[1049]. Vorschläge für einen Richtwert zur Fristlänge macht *de Nictolis* nicht.

Divergierende Ergebnisse der Rechtsprechung lassen sich derzeit nicht feststellen. Die Lehre in Deutschland geht ganz mehrheitlich von einer sehr kurzen Frist aus. Zum Teil wird dabei auf den deutschen Rechtsbegriff „unverzüglich“ verwiesen. In der italienischen Literatur klingt lediglich an, dass sich wegen der Interessen des Verkäufers und der Gepflogenheiten des internationalen Handels eine großzügige Bemessung der Frist verbietet.

[1046] *Achilles*, Art. 49, Rn. 8.

[1047] *Kappus*, RIW 1992, S. 528 ff. (532); kritisch hierzu vgl. jüngst *Freiburg*, S. 312 f.

[1048] Urteil des AG Nordhorn vom 14.6.1994 (Az.: 3 C 75/94), *UNILEX*, i.Ü. unveröffentlicht.

[1049] *Bianca/de Nictolis*, Art. 49, Anm. 5.

2. *Die angemessene Frist im Fall anderer Vertragsverletzungen i.S.d. Art. 49 II lit. b) CISG*

Stützt der Käufer die Vertragsaufhebung auf eine andere Vertragsverletzung als die verspätete Lieferung, ist Art. 49 II lit. b) CISG einschlägig. Diese Regelung sieht vor, dass die Erklärung der Vertragsaufhebung binnen angemessener Frist erfolgen muss. Die Frist beginnt zu unterschiedlichen Zeitpunkten zu laufen, vgl. Art. 49 II lit. b) (i) bis (iii) CISG. Im Rahmen des Art. 49 II lit. b) CISG ist die konkrete Dauer der „angemessenen Frist" eine Frage des Einzelfalles und hat sich zudem am Zweck der jeweils einschlägigen Variante der Vorschrift zu orientieren[1050]. Der wichtigste Anwendungsfall dieser Vorschrift ist die Lieferung nicht vertragsgemäßer Ware[1051]. Aber auch der Verstoß gegen eine Exklusivitätsabrede kann hierunter fallen[1052].

a. *Die Ausschlussfrist des Art. 49 II lit. b) (i) CISG, insbesondere die Fristlänge*

Hat der Verkäufer geliefert und liegt die Vertragsverletzung nicht in der Verspätung der Lieferung, ist Art. 49 II lit. b) CISG einschlägig. Liegt kein Fall des Art. 49 II lit. b) (ii) oder (iii) mit Fristsetzung, Erfüllungs- oder Annahmeverweigerung vor, beginnt die Frist zu laufen, sobald der Käufer die Vertragsverletzung kennt oder kennen muss (Art. 49 II lit. b) (i) CISG). Ob der Käufer den Mangel kennen musste richtet sich danach, ob er im Falle einer mangelhaften Lieferung bei der Untersuchung der Ware gemäß Art. 38 CISG den Mangel hätte entdecken müssen[1053]. Für den Fristbeginn sind bei der Kenntnis oder dem Kennenmüssen auch der Umfang und die Tragweite der Verletzung mit einzubeziehen[1054].

Im deutschen Schrifttum ist die Ansicht vorherrschend, dass die Länge der Frist des Art. 49 II lit. b) CISG im Regelfall großzügiger zu bemessen ist, als im Fall des Art. 49 II lit. a) CISG, weil weitere Umstände in die Fristberechnung mit einzubeziehen seien[1055]. Hierunter fallen etwa die Länge der Rügefrist, die Bestimmungen des Vertrages, die Art der Ware und des Mangels sowie das Verhalten des Verkäufers nach erfolgter Mängelanzeige[1056]. Die von Art. 49 II lit. b) CISG erfassten Fälle gingen von folgender Situation des Ver-

---

1050 *Schlechtriem,Schwenzer/Müller-Chen*, Art. 49, Rn. 31; *Piltz*, Internationales Kaufrecht, § 5, Rn. 282; .

1051 *Müller-Chen*, a.a.O., Rn. 30; *Piltz*, a.a.O., Rn. 280; *Staudinger/Magnus*, Art. 49, Rn. 37.

1052 Vgl. etwa *Freiburg*, S. 313; LG Regensburg, 24.9.1998, Forum International, 1998, S. 109 f.

1053 *Müller-Chen*, a.a.O., Rn. 34; *Bianca/de Nictolis*, Art. 49, Anm. 5.

1054 *Müller-Chen*, a.a.O., Rn. 34; *Petrikic*, S. 123 f.; *Freiburg*, S. 314.

1055 *Müller-Chen*, a.a.O., Rn. 31; *Witz,Salger,Lorenz/Salger*, Art. 49, Rn. 7; *Staudinger/Magnus*, Art. 49, Rn. 38..

1056 *Müller-Chen*, a.a.O., Rn. 31.

käufers aus: Bei mangelhafter Lieferung habe der Verkäufer schon durch die für das Aufhebungsrecht zwingend erforderliche Mängelrüge nach Art. 39 CISG vom Käufer erfahren, dass dieser die Ware nicht als vertragsgemäß gelten lassen will. Deshalb könne es nach Lage des Einzelfalles angemessen sein, dem Käufer eine gewisse Zeit für Überlegungen, Einholung von Rechtsauskünften und sonstigen Erkundigungen zuzubilligen[1057]. Wegen Art. 46 II CISG sei dem Käufer auch im Rahmen des Art. 49 II lit. b) CISG eine zusätzliche Frist einzuräumen. Diese Vorschrift gewähre dem Käufer eine weitere Frist nach erfolgter Rüge, um zu entscheiden, ob eine Ersatzlieferung verlangt werden soll. Gewähre man dem Käufer im Fall des Art. 49 II lit. b) CISG keine zusätzliche Frist, sei eine Vertragsaufhebung ausgeschlossen, obwohl eine Ersatzlieferung noch möglich sei. Die beiden Fristen seien daher dem Grunde nach gleich[1058]. Nur dürfe der Käufer die Entscheidung zur Vertragsauflösung nicht unangemessen hinauszögern. Bei verderblichen Waren oder bei starken Preisschwankungen sei die Frist auch hier knapper zu bemessen[1059].
Bisher sind Stellungnahmen im italienischen Schrifttum kaum erfolgt. In jüngster Zeit hat *Sagliaschi* darauf hingewiesen, dass die Ermittlung der Frist des Art. 49 CISG nach ähnlichen Kriterien zu erfolgen habe, wie bei der Fristbestimmung zur Rügefrist des Art. 39 CISG. Mithin sei die Frist je nach Einzelfall zu bestimmen unter Berücksichtigung der Natur der Mängel, der Art der Ware, der Marktbedingungen und Alternativen, die sich für Käufer und Verkäufer aus dem Markt ergeben[1060]. Ein Vergleich mit Art. 49 II lit. a) CISG wird nicht angestellt.

Zur Fristberechnung haben sich deutsche Gerichte bereits in einigen Urteilen geäußert. Das *OLG Oldenburg*, *OLG Koblenz* und das *OLG München* haben gleichlautend ausgeführt, dass die Fristenregelung im UN-Kaufrechtsregelung vom schutzwürdigen Interesse des Verkäufers ausgehe, möglichst bald zu erfahren, ob der Käufer die Konsequenz der Vertragsaufhebung ziehen will oder nicht. Ein langer Schwebezustand sei damit unvereinbar[1061]. Das *OLG Frankfurt a.M.* führte aus, dass das CISG zwar nicht mehr wie das EKG[1062] von einer kurzen Frist ausgehe, dennoch die Frist als angemessen kurz auszulegen sei[1063]. Auch der *Bundesgerichtshof* hat in einem Urteil festgehalten, dass im

---

[1057] *Petrikic*, S. 124; *Freiburg*, S. 313 f.
[1058] *Müller-Chen*, a.a.O., Rn. 32.
[1059] *Müller-Chen*, a.a.O.
[1060] *Sagliaschi*, RDIPP 2003, S. 135 ff. (143).
[1061] OLG Oldenburg, vom 1.2.1995 (Az.: 11 U 64/94), *UNILEX*, i.Ü. unveröffentlicht; OLG Koblenz, 31.1.1997 (Az.: 2 U 31/96), *UNILEX*, i.Ü. unveröffentlicht; OLG München, 2.3.1994, RIW 1994, S. 595 ff. (596).
[1062] Vgl. Art. 43 EKG; rechtsvergleichend zum CISG und EKG, Heilmann, S. 477 f.
[1063] OLG Frankfurt a.M., 20.4.1994, RIW 1994, S. 593 ff. (595).

Interesse der Klärung der Rechtbeziehungen der Vertragsparteien die Aufhebung nicht unangemessen verzögert erklärt werden darf[1064]. In verschiedenen Entscheidungen deutscher Gerichte wurden Fristen von 5 Monaten[1065], gut 4 Monaten[1066], fast 2 Monaten[1067] und 2 Monaten[1068] für zu lang erachtet. Das *OLG Oldenburg* hielt den Zeitraum von ca. 1 Monat für noch angemessen. In dem Fall ging es um den Kauf von Möbeln, die qualitative Mängel aufwiesen. Zwischen Kenntnis und Aufhebungserklärung lagen die Weihnachtsfeiertage und der Jahreswechsel. Des Weiteren bezog das Gericht in seine Erwägungen ein, dass zwischen der Käuferin und ihrem Kunden weitere Korrespondenz geführt wurde und sich die Verkäuferin mehrere Monate mit einem Nachbesserungsversuch Zeit gelassen hatte[1069]. Der *BGH* hat die Erklärung der Vertragsaufhebung nach 3 Wochen ab Lieferung einer mangelhaften Kaufsache nicht für verfristet gehalten[1070].
Dem italienischen *Tribunale di Busto Arsizio* lag ein Fall vor, in dem der Begriff der angemessenen Frist im Rahmen des Art. 49 II lit. b) (i) CISG hätte erörtert werden müssen. Das Tribunale stellte jedoch keine einzelfallgeleitete Abwägung zur Länge der Frist an. Es bejahte lediglich die Rechtzeitigkeit der Aufhebungserklärung, obwohl diese von der Käuferin erst fast 3 Jahre nach Lieferung der Maschine erklärt worden war. Die Käuferin hatte die Aufhebung jedoch erst so spät verlangt, weil sich die Verkäuferin zunächst lange vergebens bemüht hatte, die Mängel zu beseitigen. Erst als die Nachbesserungsversuche endgültig fehlgeschlagen waren, erklärte die Käuferin die Aufhebung des Vertrages[1071].
Die einheitliche Bestimmung einer konkreten Dauer der Frist des Art. 49 II lit. b) CISG scheint schwer möglich. In Deutschland herrscht die Meinung vor, die Frist länger als „unverzüglich" zu bemessen, um dem Käufer eine Überlegungsfrist zur Aufhebung des Vertrages zu geben. Dies widerspreche den Verkäuferinteressen wegen der Vorwarnfunktion des Art. 39 CISG nicht. Trotzdem soll der Verkäufer nicht unangemessen bzw. unzumutbar lang wegen der Ausübung des Aufhebungsrechts im Unklaren bleiben. In der Literatur wird in Deutschland wie Italien einheitlich darauf hingewiesen, dass die Abwägung am Einzelfall zu erfolgen hat und von Faktoren wie z. B. der Ver-

---

[1064] BGH, Urteil vom 15.2.1995, RIW 1995, S. 505 f. (506). Kritisch zu diesem Urteil *Enderlein*, IPRax 1996, S. 182 ff.
[1065] BGH, 15.2.1995, a.a.O.
[1066] OLG München, 2.3.1994, a.a.O.; LG München, 20.3.1995, IPRax 1996, S. 31 ff. (32). Vgl. hierzu *Kindler*, IPRax 1996, S. 16 ff. (18), der in Bezug auf den Fall (Lieferung von Lebensmitteln mit hohen Kühlhauskosten) schon anderthalb Monate für zu lang hält.
[1067] OLG Koblenz, 31.1.1997, a.a.O.
[1068] OLG Frankfurt a.M., 20.4.1994, a.a.O.
[1069] OLG Oldenburg, 1.2.1995, a.a.O.
[1070] BGH, Urteil vom 3.4.1996, („Kobaltsulfat"), RIW 1996, S. 594 ff.
[1071] Tribunale di Busto Arsizio, 13.12.2001, RDIPP 2003, S. 151 ff.

derblichkeit der Ware beeinflusst werden kann. Die deutsche Rechtsprechung hat bisher lediglich in zwei Fällen eine Vertragsaufhebung nicht für verfristet gehalten. Dabei handelte es sich um einen Zeitraum von etwa einem Monat. Dieser Regelwert erscheint als grober Richtwert angemessen, wenn auch eine strengere Bemessung im Einzelfall oft angezeigt sein wird.

b. *Das Verhältnis zwischen der Aufhebungsfrist aus Art. 49 II lit. b) (i) CISG und der Rügefrist aus Art. 39 I CISG*

In Fällen der Lieferung vertragswidriger Waren wird diskutiert, ob die Länge der Frist i.S.d. Art. 49 II lit. b) (i) CISG mit der Mängelrügefrist des Art. 39 I CISG übereinstimmt. Neben der Tatsache, dass i.d.R. die ordnungsgemäße Rüge des Mangels Voraussetzung für ein Aufhebungsrecht ist[1072], bietet sich auch an, Rückschlüsse auf die Länge der Frist des Art. 49 II lit. b) (i) CISG aus Art. 39 I CISG zu ziehen. Die Ausschlussfrist des Art. 49 II lit. b) (i) CISG beginnt zu laufen, wenn der Käufer von der wesentlichen Vertragsverletzung Kenntnis erlangt hat oder hätte erlangen müssen. Im Fall der Lieferung mangelhafter Ware ist das der Zeitpunkt, in dem der Käufer im Rahmen seiner Untersuchungspflicht aus Art. 38 CISG, die Vertragswidrigkeit entdeckt hat oder hätte entdecken müssen[1073].

Auch die Mängelrüge nach Art. 39 I CISG hat binnen angemessener Frist nach Entdeckung oder Entdeckenmüssen des Mangels zu erfolgen. Daher liegt es nahe anzunehmen, dass der Zeitraum, innerhalb dessen die Aufhebung erklärt werden muss, dem Zeitraum entspricht, in dem der Käufer den Mängel zu rügen hat. Folge wäre, dass der Käufer Rüge und Vertragsaufhebung gleichzeitig erklären muss, wenn er sein Aufhebungsrecht nicht wegen der Ausschlussfrist verlieren will[1074]. Diese Auffassung haben einige Gerichte im deutschsprachigen Raum vertreten[1075]. Andere deutsche Gerichte haben bei der Prüfung der Ausschlussfrist des Art. 49 II lit. b) CISG nicht auf die Rügefrist abgestellt, sondern eine eigenständige Prüfung der Frist vorgenommen[1076]. Letzteres entspricht der vorherrschenden Ansicht im deutschen Schrifttum. Die Fristen müssten nicht zwingend gleichbedeutend sein, weil dem Art. 39 I CISG und dem Art. 49 II lit. b) (i) CISG unterschiedliche Interessenlagen zugrunde lägen. Während Art. 39 I CISG im Wesentlichen dazu diene,

---

1072 Statt aller *Schlechtriem,Schwenzer/Müller-Chen*, Art. 49, Rn. 7.

1073 Statt aller *Müller-Chen*, a.a.O., Rn. 38.

1074 *Freiburg*, S. 314.

1075 Handelsgericht Zürich vom 26.4.1995, SZIER 1996, S. 51 ff. (52); OLG Köln, 22.2.1994, RIW 1994, S. 972 ff. (973); LG Oldenburg, 9.11.1994, RIW 1996, S. 65 f. (65).

1076 OLG München, 2.3.1994, RIW 1994, S. 595; OLG München, 2.3.1994, RIW 1994, S. 595 (596); LG München, 25.1.1996 (Az.: 12 HKO 26495), *UNILEX*, i.Ü. unveröffentlicht.

den Verkäufer darüber zu informieren, dass die Ware mangelhaft ist, liege Art. 49 II lit. b) (i) CISG eine weiterreichende Entscheidung zugrunde. Hier müsse sich der Käufer zusätzlich die Frage beantworten, ob er am Vertrag nicht mehr festhalten möchte. Daher werde dem Käufer hier regelmäßig eine über die Rügefrist hinausgehende Überlegungsfrist einzuräumen sein[1077].
Im italienischen Schrifttum hingegen ist man der Auffassung, dass Rüge und Aufhebungserklärung innerhalb desselben Zeitraumes erklärt werden müssten. Der Zeitpunkt der Rüge und der Zeitpunkt der Aufhebungserklärung müssten zwar nicht zusammenfallen. Beide hätten aber dieselbe Frist und liefen zum selben Zeitpunkt ab[1078]. Das *Tribunale di Busto Arsizio* vertritt die Ansicht, dass die Fristen der Artt. 39 und 49 CISG überhaupt nicht miteinander zusammenhängen müssten. Dies gelte sowohl bezüglich des Zeitpunktes, von dem an die Frist zu laufen beginnt, wie auch für die Länge der Frist. Dabei hat das Gericht ähnlich dem herrschenden Schrifttum Deutschlands ausgeführt, dass in der Entscheidung, einen Vertrag aufzuheben, und der bloßen Rüge von Mängeln zwei unterschiedliche Sachverhalte liegen. Das Gericht hat keinen Versuch unternommen, aus der Rügefrist Rückschlüsse auf die Aufhebungsfrist zu ziehen. Allerdings war im zu entscheidenden Fall erst im Rahmen von Nachbesserungsversuchen – also lange Zeit nach der Rüge des Mangels – deutlich geworden, dass die Verkäuferin nicht in der Lage war, die Funktion der verkauften Maschine auf das vertraglich zugesicherte Leistungsniveau zu bringen. Die wesentliche Mangelhaftigkeit der Kaufsache stellte sich folglich erst später ein, nämlich als sichtbar wurde, dass die Verkäuferin zur Beseitigung des Mangels nicht in der Lage war. Daraus folgerte das Gericht die grundsätzliche Unabhängigkeit beider Fristen voneinander[1079]. Wann aber im Fall von Nachbesserungsversuchen des Verkäufers die Frist des Art. 49 II lit. b) (i) CISG abläuft, wird auch in der deutschen Literatur nicht einheitlich beurteilt und soll sogleich näher dargestellt werden.
Zusammenfassend lässt sich zunächst festhalten, dass man sich in Deutschland und Italien über das Zusammenspiel zwischen der Mängelrüge und dem Aufhebungsrecht uneinig ist. Während einige der Auffassung sind, beide Fristen müssten bei der Lieferung mangelhafter Ware gleich lang bemessen werden,

---

1077 *Schlechtriem,Schwenzer/Müller-Chen*, Art. 49, Rn. 32; *Freiburg*, S. 314, die eine Regelfrist von 3 Monaten vorschlägt; *Staudinger/Magnus*, Art. 49, Rn. 38; *Achilles*, Art. 49, Rn. 11; *Petrikic*, S. 124; a.A. *Heilmann*, S. 477; *Bianca,Bonell/Will*, Art. 49, Anm. 2.2.1.2. *Kindler*, IPRax 1996, S. 16 ff. (18), schlägt entsprechend der herrschenden Meinung vor, die Frist für die Aufhebung i.d.R. doppelt so lang wie die Rügefrist zu bemessen, solange keine Besonderheiten am Einzelfall vorliegen.

1078 *Bianca/de Nictolis*, Art. 49, Anm. 5 und *Sagliaschi*, RDIPP 2003, S. 135 ff. (143): „(...)*la data della denuncia ex art. 39 e quella della dichiarazione di risoluzione ex art. 49 possono non coincidere, ma il termine per entrambe decorre dal medesimo momento, e ha la medesima scadenza* (...)".

1079 Tribunale di Busto Arsizio, 13.12.2001, RDIPP 2003, S. 151 ff. (157 f.).

wollen andere dem Käufer eine weitere Zeitspanne für die Entscheidung zur Aufhebung lassen, als bei der Rüge des Mangels. Die überzeugende letztere Ansicht kann als die – zumindest in Deutschland – vorherrschende bezeichnet werden.

c. *Das Verhältnis zwischen der Aufhebungsfrist nach Art. 49 II lit. b) (i) CISG und Nachbesserungsversuchen des Verkäufers*

Verlangt der Käufer im Falle mangelhafter Erfüllung Ersatzlieferung oder Nachbesserung, stellt sich die Frage nach dem Schicksal des Vertragsaufhebungsrechts, wenn die Erfüllung letztlich nicht eintritt. In einem solchen Fall können die Nachbesserungsversuche einen langen Zeitraum in Anspruch genommen haben, so dass man der Ansicht sein könnte, die angemessene Frist zur Vertragsaufhebung i.S.d. Art. 49 II lit. b) (i) sei zwischenzeitlich abgelaufen.

Hierzu wird zum einen – in Übereinstimmung mit der Auffassung des *Tribunale di Busto Arsizio*[1080] – die Meinung vertreten, dass der Käufer sein Aufhebungsrecht nicht verliere, solange sich der Verkäufer auf die rechtzeitige Mängelrüge des Käufers hin bemüht, durch Nachbesserung den Mangel an der gekauften Sache zu beheben, oder Zeit für eine Untersuchung der Kaufsache benötigt. Der Begriff der angemessenen Frist i.S.d. Art. 49 II lit. b) CISG sei flexibel genug, um solche Fallkonstellationen zu erfassen. Zudem sei in einem solchen Fall zunächst zu prüfen, ab welchem Zeitpunkt überhaupt eine wesentliche Vertragsverletzung erkennbar vorlag. Oftmals werde diese erst eintreten, wenn die Nachbesserung fehlgeschlagen ist. In einem solchen Fall beginne die Frist i.S.d. Art. 49 II lit. b) (i) CISG überhaupt erst zu diesem Zeitpunkt[1081]. Andere vertreten die Ansicht, dass es sich bei den Fristen des Art. 49 II CISG um Ausschlussfristen handele, die in ihrem Ablauf weder gehemmt noch unterbrochen werden können[1082]. Eine Suspendierung des Aufhebungsrechts bei Fristversäumung mit der Folge, dass durch ein Fehlschlagen der Nachbesserung das Aufhebungsrecht wieder auflebt, sei mit dem Text der Konvention[1083] nicht zu vereinbaren[1084]. Lösungsvorschläge bezüglich der problematischen Fallkonstellation bei langwierigen Nachbesserungsversuchen werden jedoch nicht gemacht. In der deutschen Rechtsprechung ist das *OLG*

[1080] Tribunale di Busto Arsizio, a.a.O.

[1081] *Schlechtriem,Schwenzer/Müller-Chen*, Art. 49, Rn. 35; *Piltz*, Internationales Kaufrecht, § 5, Rn. 280; *Karollus*, S. 149, *Achilles*, Art. 49, Rn. 13.

[1082] *Herber,Czerwenka*, Art. 49, Rn. 13; *Schlechtriem/Leser*, Fachtagung, S. 225 ff. (234); *Staudinger/Huber*, Art. 49, Rn. 42.

[1083] Im Englischen: „*loses the right*"; im Französischen: „*est déchu du droit*"; im Deutschen: „*verliert sein Recht*"; im Italienischen: „*perde il diritto*".

[1084] *Staudinger/Magnus*, Art. 49, Rn. 42; so wohl auch *Enderlein,Maskow,Strohbach*, Art. 49, Anm. 7; ähnlich auch *Witz,Salger,Lorenz/Salger*, Art. 49, Rn. 7 mit Hinweis auf drohende Wertungswidersprüche zum Nachbesserungsrecht aus Art. 46.

Oldenburg von einem weiten Fristbegriff ausgegangen und hielt eine Aufhebung trotz vorhergegangener Nachbesserungsversuche für noch rechtzeitig[1085]. Dem Fall lag ein Sachverhalt zugrunde, in dem der Verkäufer sich zunächst monatelang bemühte nachzubessern. Als dies fehlschlug erklärte der Käufer die Aufhebung des Vertrages.
Derzeit wird in Deutschland und Italien mehrheitlich die Aufhebung nach längerer Zeit für möglich gehalten, wenn der Verkäufer über einen gewissen Zeitraum erfolglos versucht einen Mangel zu beheben. Die rechtliche Konstruktion ist umstritten.

d. *Die Ausschlussfrist i.S.d. Art. 49 II lit. b) (ii) CISG, insbesondere Nacherfüllungsbegehren nach Ablauf der Aufhebungsfrist des Art. 49 II lit. b) (i) CISG*

Hat der Käufer dem Verkäufer eine Frist gemäß Art. 47 I CISG zur Nacherfüllung einer seiner Pflichten gesetzt, beginnt die Frist des Art. 49 II lit. b) CISG nach Ziffer (ii) erst zu laufen, wenn die Nachfrist erfolglos abgelaufen ist oder nachdem der Verkäufer erklärt hat, er werde seine Pflichten nicht innerhalb dieser Frist erfüllen.
Im Rahmen dieser Vorschrift wird in der deutschen Literatur diskutiert, ob der Käufer durch das Setzen einer Nachfrist die Aufhebungsfrist i.S.d. Art. 49 II lit. b) (i) CISG umgehen kann. Der Käufer muss wegen einer wesentlichen Vertragsverletzung gemäß Art. 49 II lit. b) (i) CISG innerhalb angemessener Frist nach Kenntnis oder Kennenmüssen die Aufhebung des Vertrages erklären und könnte nach Ablauf dieser Frist gemäß Art. 49 II lit. b) (ii) CISG eine weitere Nachfrist setzen. Da es dem Käufer freistehe, wann er eine Nachfrist setzt, wäre so das zuvor verloren gegangene Aufhebungsrecht wiedergewonnen[1086].
Einige Stimmen in der deutschen Literatur halten eine solche Zurückgewinnung mit dem Wortlaut des CISG für nicht vereinbar. Notwendige Voraussetzung für die Richtigkeit der Ansicht sei nämlich die Annahme, dass das Aufhebungsrecht des Käufers für die Dauer der Frist des Art. 49 II lit. b) (i) CISG lediglich als suspendiert anzusehen ist. Dieses Ergebnis widerspreche jedoch dem Konventionstext. Daher sei mit dem Verstreichenlassen der Frist des Art. 49 II lit. b) (i) CISG ein endgültiger Verlust des Aufhebungsrechts verbunden. Behandele man die Varianten des Art. 49 II lit. b) CISG zeitlich unabhängig voneinander, bestehe die Gefahr des Missbrauchs[1087]. Daher wurde von anderen vorgeschlagen, dem Käufer dann das Aufhebungsrecht aus

---

[1085] OLG Oldenburg, 1.2.1995 (Az.: 11 U 64/94), *UNILEX*, i.Ü. unveröffentlicht.
[1086] *Petrikic*, S. 125 f.; *Karollus*, S. 148 f.; *Ziegler*, S. 186.
[1087] *Honsell/Schnyder,Straub*, Art. 49, Rn. 85 f.; so auch *Staudinger/Magnus*, Art. 49, Rn. 42; vgl. hierzu das soeben erörterte Parallelproblem auf S. 223 f., 3.Kapitel:E.IV.2.c.

Art. 49 II lit. b) (ii) CISG zu versagen, wenn er die Nachfrist nur aus Gründen der Wiedererlangung des Aufhebungsrechts setzt[1088].
Gegen die Beschränkung des Rechts, eine Nachfrist zu setzen, wurde vorgebracht, dass hierdurch der Käufer dazu gezwungen werde, baldmöglichst den Vertrag aufzuheben, um nicht Gefahr zu laufen, das Aufhebungsrecht nach Art. 49 II lit. b) (i) CISG zu verlieren. Dies sei mit dem Charakter der Vertragsaufhebung als letztes Mittel nicht vereinbar. Könne der Käufer jedoch zunächst abwarten, bliebe dem Verkäufer die Möglichkeit, den Vertrag zu erfüllen. Es sei nicht nachvollziehbar, dem Käufer, der durch das Abwarten nachsichtig mit dem Verkäufer umgehe, einen Nachteil zuzumuten[1089]. Daher wird die zutreffende vermittelnde Ansicht vertreten, nach der dem Käufer über Art. 49 II lit. b) (ii) grundsätzlich eine zusätzliche Möglichkeit zur Vertragsaufhebung gewährt werde. Soweit der Käufer die Frist des Art. 49 II lit. b) (i) aus Unachtsamkeit oder Unkenntnis habe verstreichen lassen, sei ihm die Möglichkeit eröffnet, diesen Fehler zu korrigieren, soweit er dem Käufer zunächst die Möglichkeit eröffnet hat, die Mängel zu beseitigen. Soweit der Käufer passiv geblieben sei und weder Erfüllung noch Vertragsaufhebung gefordert habe, sei ihm jedoch der Weg versperrt, das verloren gegangene Aufhebungsrecht über Art. 49 II lit. b) (ii) CISG zurück zu gewinnen[1090]. Die Rechtsprechung hat sich weder in Deutschland noch Italien mit einer solchen Fallkonstellation beschäftigen müssen. Auch in der italienischen Literatur gibt es hierzu noch keine Stellungnahmen. Für die Gewinnung einzelfallabhängiger und gerechter Ergebnisse bleibt zu hoffen, dass die vermittelnde Ansicht auch in der Rechtsprechung Zustimmung finden wird.

e. Die Ausschlussfrist des Art. 49 II lit. b) (iii) CISG

Gemäß Art. 49 II lit. b) (iii) CISG muss der Käufer die Aufhebung des Vertrages innerhalb einer angemessenen Frist erklären, nachdem eine durch den Verkäufer nach Art. 48 II CISG gesetzte Frist abgelaufen ist oder der Käufer erklärt hat, er werde die Leistung nicht annehmen. Das Recht zur Vertragsaufhebung ist während der Frist zur Nachbesserung suspendiert (vgl. Art. 48 II Satz 2 CISG)[1091].
In diesem Zusammenhang wird vorgeschlagen, dass auch ein nach Art. 49 II lit. b) (i) CISG verfristetes Aufhebungsrecht dann wieder auflebt, wenn nach Fristablauf der Verkäufer den Käufer gemäß Art. 48 II CISG auffordert mitzuteilen, ob er die Leistung annehmen will[1092]. Einer vom Verkäufer selbst gesetzten Nachfrist könne keine schwächere Wirkung zukommen als

---

[1088] *Piltz*, Internationales Kaufrecht, § 5 Rn. 283.
[1089] *Ziegler*, S. 186; *Schlechtriem,Schwenzer/Müller-Chen*, Art. 49, Rn. 36.
[1090] *Müller-Chen*, a.a.O., Rn. 36 f.
[1091] *Müller-Chen*, a.a.O., Rn. 41.
[1092] *Freiburg*, S. 318; *Müller-Chen*, a.a.O., Rn. 41.

einer vom Käufer gesetzten Nachfrist[1093]. Des Weiteren wird vorgeschlagen, ein Aufleben des Aufhebungsrechts auch für den Fall zuzulassen, dass der Käufer dem Verkäufer nach Verstreichen der Frist i.S.d. Art. 49 II lit. b) (iii) CISG erneut eine Nachfrist i.S.d. Art. 49 II lit.b) (ii) CISG zur Erfüllung setzt, soweit dessen Voraussetzungen vorliegen. Dies gelte nicht, wenn der Käufer zuvor die Nacherfüllung des Verkäufers abgelehnt habe[1094]. In der Erklärung des Käufers, die Leistung nicht annehmen zu wollen, kann zugleich eine Vertragsaufhebungserklärung zu erblicken sein. Jedoch bleibt zu beachten, dass der Käufer möglicherweise nur eine Ersatzlieferung und nicht Aufhebung will[1095]. Bezüglich der Länge der Frist gilt das zu Art. 49 II lit. b) (i) CISG Gesagte. Stellungnahmen aus der Rechtsprechung Italiens und Deutschlands, sowie der italienischen Literatur sind bisher nicht ersichtlich.

1093 *Müller-Chen*, a.a.O., Rn. 41.
1094 *Müller-Chen*, a.a.O., Rn. 42.
1095 Vgl. *Freiburg*, S. 318 m.w.N.

F. Der Zinsanspruch im UN-Kaufrecht, Art. 78 CISG

Die Verpflichtung zur Zahlung von Zinsen ist im UN-Kaufrecht in Art. 78 geregelt. Danach hat derjenige Zinsen zu zahlen, der die Zahlung des Kaufpreises oder eines „anderen fälligen Betrages" versäumt. Mit dieser Gesetzesformulierung ist vor allem die Frage offen, in welcher Höhe Zinsen zu zahlen sind. Grund dafür, dass ein Zinssatz in den Konventionstext nicht aufgenommen wurde, war vor allem das Aufeinandertreffen verschiedenster Ansichten zur Zinshöhe bzw. der Bestimmungskriterien bei den Beratungen und bei der Verabschiedung der Konvention. Hier trafen unterschiedliche kulturell, politisch und religiös motivierte Standpunkte aufeinander. Ein Problem stellte z.B. das Zinsverbot des Korans dar, auf dem einige arabische Staaten beharrten[1096]. Eine weitere Frage ist, was genau unter dem Begriff des „anderen fälligen Betrages"[1097] zu fassen ist und welchen Voraussetzungen der Zinsanspruch aus Art. 78 CISG unterliegt. Anders als die Vorgängervorschrift des Art. 83 EKG, erfasst Art. 78 CISG jedenfalls nicht bloß Fälligkeitszinsen bzgl. des Kaufpreises[1098]. Der sehr praxisrelevante Art. 78 CISG stellt eine Kompromiss- bzw. Minimallösung dar, zu dessen Auslegung in Lehre und Rechtsprechung verschiedenste Standpunkte vertreten werden[1099].

I. Voraussetzungen der Verzinsungspflicht

1. Kaufpreis oder „anderer fälliger Betrag" i.S.d. Art. 78 CISG

Zunächst ist fraglich, welche Ansprüche genau unter Art. 78 CISG zu fassen sind. Speziell normiert ist die Zinspflicht nur für den Kaufpreisanspruch. Aber auch „andere fällige Beträge" sind nach Art. 78 CISG zu verzinsen.

Nach der im deutschen Schrifttum vorherrschenden Ansicht ist auch der Anspruch auf Rückzahlung des Kaufpreises hiervon erfasst. Dazu enthält allerdings Art. 84 I CISG eine gegenüber Art. 78 CISG speziellere Regelung[1100]. In der deutschen Lehre ist anerkannt, aber nicht unumstritten, dass auch Scha-

[1096] Zusammenfassend *Schlechtriem*, Einheitliches UN-Kaufrecht, S. 93 f.; *Official Records*, S. 416 (Nr. 10) und 418 (Nr. 20). Zur Entwicklung des Zinssatzes vom EKG zum CISG, vgl. *Kindler*, Gesetzliche Zinsansprüche, S. 96 ff.

[1097] Im Englischen „*sum that is in arrears*", im Französischen „*toute autre somme due*", im Italienischen „*qualsiasi altra somma*"

[1098] Statt vieler *Ferrari*, IHR 2003, S. 153 ff. (153); *Official Records*, S. 137 f.

[1099] Statt vieler *Ferrari*, a.a.O. S. 153 f. m.w.N., der darauf hinweist, dass sich etwa ein viertel der bekannt gewordenen Entscheidungen mit Zinsfragen beschäftigen.

[1100] *Witz,Salger,Lorenz/Witz*, Art. 78, Rn. 3; *Achilles*, Art. 78, Rn. 2; *Staudinger/Magnus*, Art. 78, Rn. 7; *Königer*, S. 101; a.A. nur *Karollus*, S. 226 f., der beide Vorschriften nebeneinander anwenden will. Vgl. hierzu ausführlich *Schlechtriem,Schwenzer/Bacher*, Art. 78, Rn. 43.

densersatzansprüche der Verzinsungspflicht unterfallen[1101]. Andere gehen davon aus, dass die Verzinsungspflicht aus Art. 78 CISG bei Schadensersatzansprüchen einen bereits fälligen Betrag voraussetzt. Eine Verzinsungspflicht bei Schadensersatzansprüchen könne daher nur bestehen, wenn ein Betrag nicht ernstlich streitig sei oder bereits summenmäßig feststehe und nicht erst noch – etwa durch Urteil – festgesetzt werden müsse[1102]. Dieser Ansicht wird jedoch entgegengehalten, dass es für diese Auslegung des Art. 78 CISG im CISG keinen entsprechenden Anhaltspunkt gebe[1103]. Auch das Kriterium des unstreitigen Schadensersatzanspruches sei nicht tauglich. Der Schuldner könne sonst schon durch bloßes Bestreiten der Forderung einer Zinspflicht entgehen[1104].
Die Verzinsungspflicht erfasst des Weiteren alle übrigen aus dem Vertrag oder dem UN-Kaufrecht folgenden Zahlungspflichten[1105]. Hierzu werden im deutschen Schrifttum vor allem folgende Ansprüche gezählt: Ansprüche des Käufers aufgrund von Auslagen, die er im Fall der Nachbesserung durch den Verkäufer selber gemacht hat (Art. 48 I CISG)[1106]; angemessene Aufwendungen, die der Verkäufer zur Erhaltung der Kaufsache gemacht hat (Artt. 85 S. 2 und 86 I CISG)[1107]; Auslagen, die für die Einlagerung der Ware bei einem Dritten gemacht wurden (Art. 87 CISG)[1108]; der bei einem Selbsthilfe - oder Notverkauf entstandene Überschuss (Art. 88 III CISG)[1109] und der nach einer Minderung gemäß Art. 50 CISG an den Käufer zurückzuzahlende Betrag[1110].
Zinseszinsen sind im UN-Kaufrecht nicht erwähnt. Die herrschende Meinung in der deutschen Literatur schließt daraus, dass ein solcher Anspruch nicht besteht. Ein Rückgriff auf nationale Vorschriften wird für nicht zulässig erachtet, weil dies dem Ziel der Schaffung eines einheitlichen Zinstatbestandes des

---

1101 *Schlechtriem,Schwenzer/Bacher*, Art. 78, Rn. 6 und 14ff.; *Witz,Salger,Lorenz/Witz*, Art. 78, Rn. 3; *Herber,Czerwenka*, Art. 78, Rn. 2; *Ryffel*, S. 209; vgl. auch AG Viechtach, Urteil vom 11.4.2002 (Az.: 1 C 419/01), *CISG-online* (Rechtsanwaltskosten); LG Landshut, Urteil vom 5.4. 1995 (Az.: 54 O 644/94), *UNILEX*, i.Ü. unveröffentlicht, sowie die schweizerischen Urteile des KG Kanton Zug, Urteil vom 21.10.1999 (Az.: A 3 1997/61), *UNILEX* und des HG Zürich, Urteil vom 5.2.1997 (Az.: HG 950 347), *UNILEX*, i.Ü. unveröffentlicht.

1102 *Achilles*, Art. 78, Rn. 2 f.; *Staudinger/Magnus*, Art. 78, Rn. 8 mit Hinweis auf *Honnold*, Rn. 422.

1103 *Ferrari*, IHR 2003, S. 153 ff. (154); *Königer*, S. 87.

1104 *Bonsau,Feuerriegel*, IPRax 2003, S. 421 ff. (423).

1105 *Staudinger/Magnus*, Art. 78, Rn. 7; *Schlechtriem,Schwenzer/Bacher*, Art. 78, Rn. 5.

1106 *Magnus*, a.a.O. Zum Anspruch auf Erstattung vgl. etwa *Schlechtriem,Schwenzer/Müller-Chen*, Art. 48, Rn. 8.

1107 *Soergel/Lüderitz,Dettmeier*, Art. 78, Rn. 3; *Witz,Salger,Lorenz/Witz*, Art, 78, Rn. 3; *Magnus*, a.a.O.; *Bonsau,Feuerriegel*, IPRax 2003, S. 421 ff. (423).

1108 *Magnus*, a.a.O.; *Achilles*, Art. 78, Rn. 2; *Ferrari* IHR 2003, S. 153 ff. (154).

1109 *Magnus*, a.a.O.; *Achilles*, a.a.O.; *Ferrari* IHR 2003, S. 153 ff. (154).

1110 *Schlechtriem,Schwenzer/Müller-Chen*, Art. 50, Rn. 16; *Witz,Salger,Lorenz/Witz*, Art. 78, Rn. 3; *Hirner*, S. 413; *Piltz*, Internationales Kaufrecht, § 5, Rn. 313; a.A. *Honsell/Schnyder,Straub*, Art. 50, Rn. 52.

Art. 78 CISG zuwiderlaufe[1111]. In Betracht kommen des Weiteren Ansprüche aus nationalen Vorschriften auf Zahlung von Prozesszinsen neben Art. 78 CISG. Dies wird im deutschen Schrifttum für möglich gehalten. Zum Teil wird darauf abgestellt, ob die Vorschriften materiellrechtlichen Charakter haben. Sind sie rein prozessual, sollen sie als Teil der *lex fori* neben dem UN-Kaufrecht Anwendung finden[1112]. Andere unterscheiden danach, ob der Zinsanspruch dieselben Funktionen wie Art. 78 CISG erfüllt[1113].

2. *Fälligkeit*

Der zu verzinsende Anspruch muss fällig sein. Dies gilt – obwohl vom Gesetz nur ausdrücklich für die anderen Ansprüche vorgeschrieben – auch für den Anspruch auf Zahlung des Kaufpreises[1114].
Der Zeitpunkt der Fälligkeit variiert und ist von verschiedenen Faktoren abhängig. Zunächst können die Parteien einen Fälligkeitszeitpunkt vereinbaren. Art. 78 CISG ist dispositiv. Abweichende Vereinbarungen sind daher gemäß Art. 6 CISG möglich[1115]. Für die Pflicht zur Kaufpreiszahlung ergibt sich ein Vorrang der Parteivereinbarungen bereits aus den Artt. 58 und 59 CISG[1116]. Haben sich die Parteien nicht über einen Fälligkeitszeitpunkt geeinigt, wird der Kaufpreis gemäß Art. 58 I CISG fällig, sobald der Verkäufer die Ware oder Dokumente ordnungsgemäß zur Verfügung gestellt und der Käufer die Möglichkeit zur Durchführung einer Untersuchung gehabt hat (vgl. Art. 58 III CISG)[1117]. Einer Aufforderung oder Mahnung durch den Verkäufer bedarf es nicht[1118]. Für einen Anspruch auf Rückzahlung des Kaufpreises sieht der Art. 84 I CISG vor, dass dieser rückwirkend bezogen auf den Zeitpunkt der Zahlung des Kaufpreises fällig wird[1119]. Dies gilt nach der in Deutschland

---

[1111] *Schlechtriem,Schwenzer/Bacher*, Art. 78, Rn. 40, *Achilles*, Art. 78, Rn. 4; *Staudinger/Magnus*, Art. 78, Rn. 5; a.A. *Soergel/Lüderitz,Dettmeier*, Art. 78, Rn. 3, der zumindest über Art. 74 CISG einen Anspruch auf Zahlung von Zinseszinsen zulassen will.

[1112] *Bacher*, a.a.O., Rn. 45 f., der daraus folgert, dass die überwiegend als materiell qualifizierten Prozesszinsen nach § 291 BGB von Art. 78 CISG verdrängt sind.

[1113] *Ferrari*, IHR 2003, S. 153 ff. (155), der daraus eine Anwendung des § 291 BGB neben Art. 78 CISG folgert.

[1114] *Bonsau,Feuerriegel*, IPRax 2003, S. 421 ff. (422); *Staudinger/Magnus*, Art. 78, Rn. 9; *Schlechtriem,Schwenzer/Bacher*, Art. 78, Rn. 7; *Herber,Czerwenka*, Art. 78, Rn. 3.

[1115] *Ferrari*, IHR 2003, S. 153 ff. (155); *Magnus*, a.a.O.; *Bacher*, a.a.O., Rn. 8.

[1116] *Bonsau,Feuerriegel*, a.a.O.; *Bacher*, a.a.O.

[1117] *Bonsau,Feuerriegel*, a.a.O.; *Staudinger/Magnus*, Art. 58, Rn. 7; a.A. *Piltz*, Internationales Kaufrecht, § 4, Rn. 153, der sich für die Vorleistungspflicht des Verkäufers ausspricht.

[1118] *Bonsau,Feuerriegel*, a.a.O.; *Achilles*, Art. 78, Rn. 3; KG Berlin, RIW 1994, S. 683; LG Hamburg, RIW 1990, S. 1015 ff. (1018); OLG Rostock, IPRax 2000, 230 f. (231).

[1119] *Staudinger/Magnus*, Art. 78, Rn. 10; *Schlechtriem,Schwenzer/Hornung*, Art. 84, Rn. 10.

vorherrschenden Ansicht auch bei nur teilweiser Rückzahlungspflicht. Im Fall der Minderung ist der zurückzuzahlende Betrag ebenfalls rückwirkend fällig[1120].

Für alle anderen im CISG nicht ausdrücklich geregelten Ansprüche gilt nach der herrschenden Meinung im deutschen Schrifttum, dass diese im Zeitpunkt der Entstehung fällig werden[1121]. *Enderlein, Maskow* und *Strohbach* sprechen sich hingegen für eine Fälligkeit ab dem Zeitpunkt, in dem die Ansprüche gegenüber dem Partner quantifiziert erhoben worden sind, aus[1122].

3. *Keine weiteren Voraussetzungen*

Die Fälligkeit des Anspruchs ist die einzige Voraussetzung des Anspruchs auf Zinsen aus Art. 78 CISG. Dies folgt aus der Stellung des Art. 78 CISG im selbständigen Abschnitt III gegenüber dem Abschnitt II für Schadensersatz und Abschnitt IV für die Befreiungsgründe[1123]. Der Entlastungstatbestand des Art. 79 CISG findet auf den Zinsanspruch keine Anwendung. Der Zinsanspruch besteht somit auch, wenn der Schuldner seine Säumnis gemäß Art. 79 CISG nicht zu vertreten hat. Auch weitere Verzugserfordernisse – wie etwa eine Mahnung – sind nicht erforderlich. Es genügt vielmehr die bloße „objektive" Tatsache, dass der Fälligkeitszeitpunkt verstreicht, ohne dass gezahlt worden ist[1124].

Auch ist der Anspruch nicht vom Bestehen eines Zinsschadens abhängig. Übersteigt jedoch der tatsächliche Schaden den Zinsanspruch kann dieser unter den Voraussetzungen der Artt. 74 und 79 CISG geltend gemacht werden[1125].

1120 *Königer*, S. 89; *Ferrari*, IHR 2003, S. 153 (156); *Schlechtriem,Schwenzer/Bacher*, Art. 78, Rn. 13; *Enderlein,Maskow,Strohbach*, Art. 78, Anm. 4.3; a.A. *Soergel/Lüderitz,Dettmeier*, Art. 78, Rn. 4, mit Hinweis auf den Gedanken der Vorteilsausgleichung, wird eine Verzinsung ab Empfang des Kaufpreises vorgeschlagen.

1121 *Bacher*, a.a.O., Rn. 9; *Bonsau,Feuerriegel*, a.a.O. S.423.

1122 *Enderlein,Maskow,Strohbach*, Art. 78, Anm. 4.2.

1123 *Königer*, S. 90; *Staudinger/Magnus*, Art. 78, Rn. 11; *Achilles*, Art. 78, Rn. 3.

1124 *Schlechtriem,Schwenzer/Bacher*, Art. 78, Rn. 17.

1125 Zum ganzen *Kindler*, Gesetzliche Zinsansprüche, S. 99 f.; *Ferrari*, IHR 2003, S. 153 ff. (156) jeweils m.w.N.

4. Meinungsstand in der italienischen Rechtsprechung und Lehre

Die italienische Rechtsprechung und Lehre haben sich bisher noch nicht zu den Voraussetzungen des Zinsanspruchs aus Art. 78 CISG geäußert[1126].

[1126] *Bianca/Ponzanelli*, Art. 78, Anm. 1: "(…) *Sul contenuto dell' art. 78 non c'è molto da dire* (…)".

II. Höhe des Zinssatzes

Art. 78 CISG legt weder einen festen noch einen variablen Zinssatz fest. Liegen keine vorrangige Absprachen und Gebräuche vor, muss daher ein Zinssatz bestimmt werden[1127]. Fraglich und umstritten ist daher, ob es sich bei der Höhe des Zinssatzes um eine vom UN-Kaufrecht geregelte Frage und damit um eine „interne Lücke“ handelt, die nach den allgemeinen Grundsätzen des UN-Kaufrechts zu schließen ist: Art. 7 II 1. Halbsatz CISG (sog. Einheitslösung[1128]). Trifft dies nicht zu, so handelt es sich um eine „externe Lücke“, die nicht zum Gegenstand des UN-Kaufrechts zu zählen und deshalb nach dem Internationalen Privatrecht des Forumstaates zu entscheiden ist: Art. 7 II 2. Halbsatz CISG (sog. IPR-rechtliche Lösung)[1129]. Die in der deutschen Lehre vertretenen Ansichten trennen sich dementsprechend grundsätzlich in zwei Lager. Die Rechtsprechung hat die unterschiedlichen Lösungsversuche z.T. übernommen[1130].

1. Einheitslösung

Nach der teilweise im deutschen Schrifttum vertretenen sog. Einheitslösung ist der Zinssatz i.S.d. Art. 78 CISG nach den dem Einheitsrecht zugrunde liegenden allgemeinen Prinzipien zu bestimmen. Einer einheitlichen Lösung des Problems stünde nicht zwingend entgegen, dass bei der Diskussion zu Art. 78 CISG eine Lösung der Zinsproblematik nicht gefunden wurde[1131]. Der Meinungsstand ist unübersichtlich. Es wird eine ganze Reihe verschiedener Lösungsvorschläge gemacht, von denen die wesentlichsten im Folgenden dargestellt werden sollen. Grundsätzlich wird diesen verschiedenen Ansätzen entgegengehalten, dass das CISG keinen allgemeinen Grundsatz enthalte, der sich für eine Lückenfüllung fruchtbar machen ließe[1132]. Auf der anderen Seite wird angeführt, dass die Anwendung einer einheitlichen Lösung der Zinssatzfrage die Anwendung des Einheitsrechts erleichtern würde[1133].

[1127] Hierzu etwa *Piltz* NJW 1994, S. 1101 ff. (1105).

[1128] Dem Begriffspaar „Einheitslösung“ und „IPR-rechtliche Lösung“ bedient sich etwa *Roßmeier*, RIW 2000, S. 407 ff. (413).

[1129] Allgemein zur internen und externen Lückenfüllung, vgl. statt aller *Schlechtriem, Schwenzer/Ferrari*, Art. 7, Rn. 41 ff.

[1130] Einen kurzen Überblick über den Meinungsstand bietet etwa *Schlechtriem*, Internationales Kaufrecht, Rn. 318.

[1131] So noch *von Caemmerer,Schlechtriem/Eberstein,Bacher*, Art. 78, Rn. 22.

[1132] Statt vieler *Bonsau,Feuerriegel*, IPRax 2003, S. 421 ff. (424).

[1133] *Corterier*, ZfRV 2003, S. 43 ff. (46).

a. *Ort der Niederlassung des Schuldners – Zinsen als Vorteilsausgleichung und Bereicherungsabschöpfung*

Einer Auffassung zufolge soll für Art. 78 CISG grundsätzlich der Ort der Niederlassung des Schuldners für den Zinssatz maßgeblich sein. Zur Begründung wird auf den in Art. 84 CISG enthaltenen Gedanken der Vorteilsausgleichung verwiesen, nach dem die Partei den Gewinn herauszugeben hat, der ihr durch die Auflösung des Vertrages zugeflossen ist[1134]. Dieser Ansicht wurde im deutschen Schrifttum entgegengehalten, dass eine Anwendung des Rechtsgedankens des Art. 84 I CISG nicht möglich sei. Art. 84 CISG betreffe im Gegensatz zu Art. 78 CISG die Rückabwicklung des Vertrages, bei dem beide Seiten alles herauszugeben hätten was sie erlangt haben. Bezüglich des Art. 78 CISG sei jedoch aus der Entstehungsgeschichte erkennbar, dass gerade offen gelassen wurde, ob der Zinssatz dem Grundsatz der Vorteilsausgleichung entsprechen solle[1135].

b. *Ort der Niederlassung des Gläubigers – Zinsen als Ausgleich für entgangene Kapitalnutzung*

Neumayer hat vorgeschlagen, dass der am Ort des Gläubigersitzes geltende Zinssatz maßgeblich sein soll, soweit der Gläubiger – wie in den meisten Fällen – schadensersatzberechtigt sei[1136]. Ähnlich hat sich *Corterier* dafür ausgesprochen, den Zinsanspruch im Wege einer Analogie zu Art. 76 CISG entsprechend dem Marktwert am Zahlungsort zum Fälligkeitszeitpunkt der Zahlungsverpflichtung zu bestimmen. Zu kompensieren sei der Wert, den das geschuldete Geld für den Gläubiger gehabt hätte[1137]. *Diedrich* hat vorgeschlagen, dass die Zinsen den jeweils aktuellen Kosten für kaufmännische Kredite am Geschäftssitz der verletzten Vertragspartei entsprechen müssten[1138]. Der Ansicht, nach der der Ort der Niederlassung des Gläubigers maßgeblich ist, wird mit dem Argument entgegengetreten, dass dadurch die Grenzen zwischen Schadenersatz und Zinsen verschwimmen würden[1139].

1134 *Neumayer*, RIW 1994, S. 99 ff. (106); *Schlechtriem,Schwenzer/Hornung*, Art. 84, Rn. 13. Ausdrücklich gegen diese Auffassung OLG Frankfurt a.M., RIW 1994, S. 240 f.; LG Hamburg IPRax 1991, S. 400 ff. (403); offen gelassen bei OLG Frankfurt a.M. RIW 1991, S. 591f.

1135 *Roßmeier*, RIW 2003, S. 407 ff. (414); *Corterier*, ZfRV 2003, S. 43 ff. (45); a.A. *Kindler*, Gesetzliche Zinsansprüche, S. 109 f.

1136 *Neumayer*, a.a.O.

1137 *Corterier*, ZfRV 2003, S. 43 ff. (48).

1138 *Diedrich*, RIW 1995, S. 11 ff. (15) mit Verweis auf *Honnold*, Rn. 421. In diesem Sinn hat das österreichische Schiedsgericht der Bundeskammer der gewerblichen Wirtschaft in Wien entschieden (Nr. 4366), RIW 1995, S. 590 f. (591), ablehnend dazu die Anmerkung von *Schlechtriem*, RIW 1995, S. 590 ff. (593 f.). Ausdrücklich gegen diesen Vorschlag *Königer*, S. 94 f. und *Kindler*, Gesetzliche Zinsansprüche, S. 111 f.

1139 *Ferrari*, IHR 2003, S. 153 ff. (157); *Corterier*, ZfRV 2003, S. 43 ff. (45); *Roßmeier*, RIW 2003, S. 407 ff. (413).

c. *Anwendung eines international einheitlichen Zinssatzes*

Auch die Anwendung eines international einheitlichen Zinssatzes ist vorgeschlagen worden. Da im Einheitsrecht selbst keine allgemeinen Grundsätze vorhanden seien, die sich für die Festlegung eines einheitlichen Zinssatzes eignen, stehe die Bestimmung eines solchen Zinssatzes im Widerspruch zur Nichtregelung dieser Frage[1140].

2. *IPR-rechtliche Lösung*

Nach der in Deutschland herrschenden Auffassung liegen dem UN-Kaufrecht keine allgemeinen Grundsätze i.S.d. Art. 7 II 1. Halbsatz CISG zugrunde. Vielmehr ist über Art. 7 II 2. Halbsatz CISG an das IPR des Forumstaates anzuknüpfen.

a. *Anknüpfung an das IPR*

Die in Deutschland herrschende Auffassung in Rechtsprechung und Literatur geht davon aus, dass die Zinsfrage im CISG bewusst nicht geregelt wurde. Die Bestimmung des jeweiligen Zinssatzes erfolge über das gemäß IPR[1141] des Fo-

---

[1140] Vorgeschlagen wird etwa die Zugrundelegung des Referenzzinssatzes LIBOR (London Interbank Offered Rate), der für Geschäfte zwischen Großbanken im Rahmen von Geldgeschäften gilt; *Witz,Salger,Lorenz/Witz*, Art. 78, Rn. 9; *Schlechtriem,Schwenzer/Bacher*, Art. 78, Rn. 29.

[1141] Nach deutschem IPR ist zunächst gem. Art. 27 I EGBGB das von den Parteien gewählte Recht maßgebend. Mangels einer Vereinbarung findet regelmäßig das Recht des Staates Anwendung, in welchem der Verkäufer seine Niederlassung hat, weil dieser die charakteristische Hauptleistung erbringt, Art. 28 I und II EGBGB. Vgl. hierzu statt aller *Staudinger/Magnus*, Art. 27 EGBGB, Rn. 1 ff. und *ders.*, a.a.O., Art. 28 EGBGB, Rn. 1ff., 33 ff., 63 ff.

Ist danach deutsches materielles Recht anwendbar, richtet sich der Zinssatz für Verzugszinsen nach § 288 BGB. Der früher für beiderseitige Handelsgeschäfte die Frage der Verzugszinsen regelnde § 352 HGB wurde durch das Gesetz zur Beschleunigung fälliger Zahlungen vom 30.3.2000 (BGBl. I S. 330 ff.) geändert und die Regelung des Verzugszinssatzes in den § 288 BGB verlagert. § 352 HGB war in den meisten Anwendungsfällen einschlägig, weil es sich im Regelfall bei dem UN-Kaufrecht unterfallenden Verträgen um beiderseitige Handelsgeschäfte handelt.

Durch das Schuldrechtsmodernisierungsgesetz vom 26.11.2001 (BGBl. I S. 3138 ff.) wurde unter anderem zur Umsetzung der Richtlinie 2000/35/EG vom 29.06.2000 zur Bekämpfung von Zahlungsverzug im Geschäftsverkehr (Abl. EG Nr. L 200 S. 35 - 38) der § 288 II BGB eingefügt. Im Regelfall bedeutet dies für dem CISG unterfallende Kaufverträge, dass die Verzugszinsen 8 % über dem Basiszinssatz (vgl. § 247 BGB) betragen. Vgl. zum ganzen *Ferrari*, IHR 2003, S. 153 ff. (158 f.), *Palandt/Heinrichs*, § 288, Rn. 1 ff.

Fehlt im anwendbaren Recht eine Verzinsungspflicht – so etwa in Staaten islamischer Rechtsordnung – wird in der deutschen und italienischen Literatur vorgeschlagen, funktionale Ersatzgrößen heranzuziehen, die es auch in diesen Rechtsordnungen gibt, *Staudinger/Magnus*, Art. 78, Rn. 17, *Ferrari*, Applicabilità ed applicazioni, S. 252 f. (str.) jeweils m.w.N.

rumstaates anzuwendenden nationalen Rechts[1142]. Ob es dabei zur Anwendung des Vertragsstatuts, Währungsstatuts oder eines anderen Rechts komme, sei eine Frage des Einzelfalls. In Ländern, in denen das IPR auf das EVÜ zurückzuführen ist, führe dies dazu, dass wohl immer das Vertragsstatut maßgeblich sei[1143].

b. Sonderanknüpfungen

Des Weiteren wurden verschiedene Vorschläge gemacht, nach denen im Rahmen des UN-Kaufrechts bzgl. der Zinsfrage eine Sonderanknüpfung vorzunehmen ist.

Vorgeschlagen wurde, bei der Berechnung der Zinsen nicht an den Niederlassungsort anzuknüpfen, sondern an die Währung, in welcher die Hauptforderung beziffert ist. Als Argument hierfür wird auf die von der jeweiligen Währung abhängige Inflationsrate verwiesen. Soweit in einer Währung zu zahlen ist, die einer hohen Inflationsrate unterliege, sei ein Zinssatz zu zahlen, der an die vergleichsweise hohe Inflationsrate angepasst ist. Andersherum sei es gerechtfertigt, einen vergleichsweise niedrigen Zinssatz dann zu gewähren, wenn in einer stabilen Währung gezahlt werden müsse, weil der Gläubiger durch die verspätete Zahlung nur entsprechend dem geringeren Geldwertverlust geschädigt sei[1144]. *Stoll* hat sich für die Gewährung von Zinsen nach den nationalen Regeln des Gläubigerlandes ausgesprochen. Anzuknüpfen sei an das einschlä-

---

[1142] Aus der Literatur: *Herber,Czerwenka*, Art. 78, Rn. 6; *Honsell/Magnus*, Art. 78, Rn. 12; *Enderlein,Maskow,Strohbach*, Art. 78, Anm. 2.2.; *Schlechtriem*, S. 94; *Staudinger/Magnus*, Art. 78, Rn. 12; *Königer*, S. 96; *Reinhart*, IPRax 1991, S 376 ff. (377f.); *Kindler*, IPRax 1996, S. 16 ff. (21); *Kindler*, Gesetzliche Zinsansprüche, S. 112 f.; *Asam,Kindler*, RIW 1989, S. 841 ff. (841 f. und 846); *Asam*, RIW 1989, S. 942 ff. (945). Aus der Rechtsprechung: LG Saarbrücken, IHR 2003, S. 70 f.; LG Stendal, IHR 2001, S. 30 ff.; LG Darmstadt, IHR 2001, S. 27 ff.; LG Heidelberg, Urteil vom 3.7.1992 (Az.: O 42/92), *UNILEX*, i.Ü. unveröffentlicht; OLG Hamm, Urteil vom 22.9.1992 (Az.: 19 U 97/91), *UNILEX*, i.Ü. unveröffentlicht; AG Zweibrücken, Urteil vom 14.10.1992 (Az.: 1 C 216/92), *UNILEX*, i.Ü. unveröffentlicht, LG Verden, Urteil vom 8.2.1993 (Az.: 9 O 85/92), *UNILEX*, i.Ü. unveröffentlicht; OLG Düsseldorf, RIW 1995, S. 53 ff. (55); OLG München, RIW 1994, S. 595 f. (596); LG Düsseldorf, Urteil vom 25.8.1994 (Az.: 31 O 27/92), *UNILEX*, i.Ü. unveröffentlicht; OLG Rostock, Urteil vom 27.7.1995 (Az.: 1 U 247/94), *UNILEX*, i.Ü. unveröffentlicht; LG Hamburg, IPRax 1991, S. 400 ff. (403).

[1143] *Ferrari*, IHR 2003, S. 153 ff. (158).

[1144] Vgl. die Anmerkung von *Schlechtriem* zu zwei Schiedssprüchen des Internationalen Schiedsgerichts der Bundeskammer der gewerblichen Wirtschaft in Österreich, RIW 1995, S. 592 ff. (593 f.); *ders.*, Internationales UN-Kaufrecht, Rn. 318; *Schlechtriem,Schwenzer/Bacher*, Art. 78, Rn. 30 und 33; *Schlechtriem/Basedow*, Fachtagung, S. 288 f. Im Rahmen des deutschen IPR ist umstritten, ob sich der Zinsanspruch nach dem Vertrags- oder Währungsstatut richtet, für letztere Ansicht *Grunsky*, FS Merz S. 147 ff. (152); *Palandt/Heldrich*, Art. 32 EGBGB, Rn. 5. Anders die h.M., vgl. *Staudinger/Magnus*, Art. 32 EGBGB, Rn. 57 m.w.N.

gige Landesrecht, das dem spezifischen Regelungszweck der Verzinsungspflicht – dem Ausgleich von entbehrten Nutzungen des Kapitals – Rechnung trage[1145]. Andererseits hat *Stoll* auch vertreten, dass sich die Zinsenhöhe nach dem Recht des Schuldnerlandes zu richten habe. Als Argument führt er einen anderen Zweck der Vorschrift an: Es sei zu verhindern, dass es für den Schuldner vorteilhafter sei, seiner Zahlungspflicht nicht nachzukommen, denn zu bezahlen. Die Höhe des Zinses habe sich daher nach dem Recht des Staates zu richten, in dem der Schuldner sein Geld anlegt. Dies sei in der Regel derjenige, in dem der Schuldner seine Niederlassung habe[1146].

3. Meinungsstand der italienischen Literatur und Rechtsprechung

Die Problematik der Zinsbemessung im UN-Kaufrecht wird auch in der italienischen Literatur diskutiert, wobei auch hier unterschiedliche Standpunkte vertreten wurden.

Ponzanelli hat im Sinne der Einheitslösung vertreten, dass der dem Gläubiger tatsächlich entstandene Schaden wieder gutzumachen sei. Daher seien die im Gläubigerland nach internen Recht üblichen kommerziellen Zinsen zugrunde zu legen[1147].

Jedoch ist die in Deutschland vorwiegend vertretene IPR-rechtliche Lösung auch in der italienischen Rechtsprechung und Lehre herrschend[1148]. So haben

---

[1145] *Schlechtriem/Stoll*, Fachtagung, S. 257 ff. (279 f.). So wohl auch *Magnus*, RabelsZ 1989, S. 116 ff. (140 f.). Zumindest im Ergebnis auch das LG Stuttgart, RIW 1989, S. 984 f. Gegen diesen Ansatz *Kindler*, Gesetzliche Zinsansprüche, S. 109.

[1146] *Stoll*, FS Ferid, S. 495 ff. (509f.); zu den unterschiedlichen Ansichten Stolls vgl. *Königer*, S. 107 f.

[1147] *Bianca/Ponzanelli*, Art. 78, Anm. 3.

[1148] Im italienischen IPR ist die Frage nach dem anwendbaren Recht aus dem Haager Übereinkommen vom 15.6.1955 betreffend das auf internationale Kaufverträge über bewegliche Sachen anwendbare Recht zu beantworten. Zu beachten ist v.a., dass dieses Übereinkommen gegenüber dem Römischen EWG-Übereinkommen vom 19.6.1980 (EVÜ) über das auf vertragliche Schuldverhältnisse anzuwendende Recht nachrangig ist, vgl. o. Fußnote 328. Hierzu *Jayme*, Rapporti tra Italia e Germania, S. 17 ff.
Nach Art. 3 I des Haager Übereinkommen ist regelmäßig das innerstaatliche Recht des Verkäuferlandes maßgeblich, vgl. hierzu *Ferrari*, Applicabilità ed applicazioni, S. 251 f.; *ders*. Riv. dir. civ. 1995 II, S. 278 ff. (289 f.).
Soweit italienisches Zivilrecht maßgeblich ist, bestimmt sich der Zinssatz nach Art. 5 I Decreto legislativo Nr. 231- Attuazione della direttiva 2000/35/CE relativa alla lotta contro i ritardi di pagamento nelle transazioni commerciali vom 9.10.2002 (Gazz. Uff. Nr. 249 vom 23.10.2002, abgedruckt bei LEX 2002 I, S. 3554 ff.). Hieraus ergibt sich ein Zinssatz von 7 % über dem HRG-Satz. Die Regelung findet nicht auf Verträge Anwendung, die vor dem 8.8.2002 geschlossen worden sind, vgl. Art. 11 I der Verordnung, vgl. hierzu ausführlich *Kindler*, RIW 2003, S. 241 ff. m.w.N. Für vor diesem Zeitpunkt geschlossene Verträge galt gem. Art. 1284 I Cod. civ. seit dem 16.12.1990 ein Zinssatz von 10 % (zuvor 5 %), Kindler, RIW 1991, S. 304 f. m.w.N.

sich *Alpa* und *Bessone* i.S.d. herrschenden IPR-rechtlichen Lösung dafür ausgesprochen, dass sich der Zinssatz nach dem über das IPR berufene nationale Recht zu richten hat[1149]. *Ferrari* hat im italienischen Schrifttum den internationalen Meinungsstand ausführlich dargestellt[1150] und sich ebenfalls der herrschenden Ansicht angeschlossen, dass das nach dem IPR des Forumstaates anwendbare Recht für die Frage der Höhe der Zinsen heranzuziehen ist[1151]. Er bemängelt allerdings, dass in der deutschen Rechtsprechung nach seiner Wertung die Frage nach dem anwendbaren Zinssatz als eine unstreitige Frage behandelt wird[1152].

Entsprechend der herrschenden Meinung hat auch das *Tribunale di Pavia* in einem Urteil zur Bestimmung des Zinssatzes auf das über den kollisionsrechtlichen Weg zu ermittelnde anwendbare nationale Recht zurückgegriffen[1153]. Das Gericht führte aus, dass es sich um eine von den Konventionsgebern absichtlich offen gelassene Frage handele, für deren Lückenfüllung auch keine allgemeinen Prinzipien des CISG zur Verfügung stünden. Einschlägig sei demnach das nach dem IPR des Forums jeweils anzuwendende nationale Recht. Auch der *Corte d'Appello di Milano* ist in einem Urteil zur Anwendung des Zinssatzes nach italienischem Recht – dem Recht des Verkäufers – ge-

---

Für die Zeit ab dem 1.1.1997 galt in Italien nach Änderung des Art. 1284 I Cod. civ. wiederum ein Zinssatz von 5 % (vgl. Art. 2 Abs. 185 des Gesetzes vom 23.12.1996, Nr. 662, LEX 1997 I, S. 307). Durch die Fassung des Art. 1284 I Cod. civ. kann die Höhe des Zinssatzes jährlich durch Ministerialdekret festgelegt werden, ausführlich hierzu *Kindler*, Neureglung des gesetzlichen Zinssatzes in Italien.

Durch Decreto ministeriale vom 10.12.1998 (Gazz. Uff. Nr. 289 vom 11.12.1998, abgedruckt bei LEX 1998 I, S. 4578) galt ab dem 1.1.1999 ein Prozentsatz von 2,5 %, vgl. auch *Kindler*, Neuregelung des gesetzlichen Zinssatzes in Italien zum 1.1.1999.

Dieser wurde ab dem 1.1.2001 auf 3,5 % angehoben (Decreto ministeriale vom 11.12.2000, Gazz. Uff. Nr. 292 vom 15.12.2000, abgedruckt bei LEX 2000 I, S. 4423).

Durch Decreto ministeriale vom 11.12.2001 (Gazz. Uff. Nr. 290 vom 14.12.2001, LEX 2001 I, S. 5633) galt ab dem 1.1.2002 ein Zinssatz von 3 %. Seit dem 1.1.2004 gilt ein Prozentsatz von 2,5 % (Gazz. Uff. Nr. 286 vom 10.12.2003, abgedruckt bei LEX 2001 I, S. 5633).

1149 *Alpa,Bessone*, La Vendita internazionale, S. 165 ff. (207).

1150 *Ferrari*, Applicabilità ed applicazioni, S. 242 ff.; *ders.*, Fondamenti, S. 121 ff.; *ders.* Riv. dir. civ. 1995 II, S. 277 ff. (285 ff.). Für einen Überblick über den Meinungsstand vgl. auch *Veneziano*, Riv. arb. 1995, S. 547 ff. (552 ff.).

1151 *Ferrari*, Applicabilità ed applicazioni , S. 250 ff. und Riv. dir. civ. 1995 II, S. 277 ff. (288 ff.).

1152 *Ferrari*, Corr. giur. 2000, S. 933 ff. (937) u.a. mit Verweis auf die Urteile des OLG Hamm vom 5.11.1997 (Az.: 11 U 47/97), *UNILEX*, i.Ü. unveröffentlicht und vom 8.2.1995, IPRax 1996, S. 197 ff.(198).

1153 Tribunale di Pavia vom 29.12.1999, Corr. giur. 2000, S. 932 f. (933) mit Hinweis auf das Urteil der schweizerischen Pretura di Locarno Campagna vom 16.12.1991 (Az.:15/91), *UNILEX*, i.Ü. unveröffentlicht. Vgl. hierzu auch *Ferrari*, Corr. giur. 2000, S. 932 ff. (937) und *Graffi*, ELF 2000/01, S. 240 ff. (243).

langt. Allerdings machte das Gericht bis auf die Bezugnahme auf Art. 78 CISG keine näheren Ausführungen, wie es zu diesem Ergebnis gekommen ist[1154]. Dem hingegen hat jüngst ein Urteil des *Tribunale di Padova* ausführlich den Streitstand dargestellt und unter Einbeziehung einer Vielzahl von Urteilen verschiedenster Gerichte sich der Auffassung angeschlossen, dass der Zinssatz über das nach dem IPR des Forumstaates anzuwendende Recht zu bestimmen ist[1155].

Liguori gewährt einen Überblick über die bereits ergangene – zumeist deutsche – Rechtsprechung und stellt fest, dass die Anknüpfung an das nationale IPR der herrschenden Meinung entspreche. Jedoch äußert er dahingehend Kritik, dass viele Urteile nicht erkennen ließen, ob die Anwendung des IPR über Art. 7 II CISG erfolge, weil es sich bei der Frage der Zinshöhe um eine vom UN-Kaufrecht erfasste Frage handele, der Konvention aber keine allgemeinen Grundsätze bzgl. der Zinshöhe zu entnehmen seien[1156]. Des Weiteren weist er darauf hin, dass angesehene Stimmen die Einheitslösung vertreten, was zur Förderung einer einheitlichen Anwendung des UN-Kaufrechts zu bevorzugen sei[1157].

III. Fazit

In Literatur und Rechtsprechung in Deutschland und Italien wird das Problem der Zinshöhe i.S.d. Art. 78 CISG gleichermaßen diskutiert. In beiden Ländern entspricht es der herrschenden Meinung, dass die Lücke mangelnder Festlegung der Zinshöhe im Gesetzestext durch das ergänzend anwendbare nationale Recht zu schließen ist. Für die diesem Lösungsansatz gegenüberstehende Einheitslösung wird vor allem angeführt, dass eine einheitliche Regel zur Ermittlung des Zinssatzes am ehesten geeignet ist, die einheitliche Anwendung des CISG zu fördern.

Die große Mehrheit der Stimmen aus Literatur und Rechtsprechung bestimmen jedoch den Zinssatz über das durch das einschlägige IPR anzuwendende nationale Recht. Ein allgemeines Prinzip zur Lückenfüllung sei im UN-Kaufrecht nicht vorhanden. Daher sei an das IPR des Forums anzuknüpfen. Daneben wurden vor allem in der deutschen Literatur eine Reihe von Sonderanknüpfungen entwickelt, von denen sich bisher keine durchsetzen konnte. Zu Recht stellt die Bestimmung der Zinshöhe über das IPR mittlerweile den anerkannteren Weg dar. Im Interesse einer einheitlichen Anwendung des UN-

---

1154 Corte d'Appello di Milano, Urteil vom 11.12.1998, Giur. it. 1999 I, S. 112 ff.

1155 Tribunale di Padova - Sez. Este, Urteil vom 31.3.2004, *UNILEX*, i.Ü. unveröffentlicht.

1156 *Liguori*, Foro it. 1996 IV, Spalte 145 ff. (174 ff.). U.a. mit Verweis (vgl. dort Fußnote 137) auf das insoweit vorbildliche Urteil des LG Aachen vom 20.7.1995 (Az.: 41 O 111/95), *UNILEX* i.Ü. unveröffentlicht.

1157 *Liguori*, a.a.O., Spalte 177 mit Verweis auf *Honnold*, Rn. 421.

Kaufrechts, erscheint die Herausbildung einer Lösung dieses Problems auf der Basis des Einheitsrechts nur schwer möglich.

4.Kapitel: Vergleich der Entwicklungen des UN-Kaufrechts in Italien und Deutschland – Schlussbetrachtung

Die durchgeführte Untersuchung zur Anwendung des UN-Kaufrechts hat gezeigt, dass in Deutschland und Italien das CISG zum Teil unterschiedlich Anklang gefunden hat. Im Folgenden soll versucht werden Gemeinsamkeiten und Unterschiede zusammenzufassen.

A. Vergleich des Meinungsstandes in Literatur und Rechtsprechung:

Der Meinungsstand in Deutschland ist entsprechend dem Umfang der deutschen Rechtsprechung und Literatur im Vergleich zu Italien grundsätzlich stärker ausgeprägt.

Das UN-Kaufrecht ist bisher in Deutschland erheblich umfassender besprochen worden als in Italien. Der Unterschied wird schon durch einen Vergleich der vorhandenen Kommentarliteratur deutlich. Während allein in Deutschland eine ganze Reihe von Kommentaren – mit umfassenden Verweisen auf ausländische Rechtsprechung und Literatur – auf aktuellem Stand gehalten werden[1158], wird in der italienischen Literatur zumeist der Kommentar von *Bianca* aus dem Jahr 1992 zitiert[1159]. Daneben ist im Jahr 1994 ein Kommentar von *Ferrari* erschienen, in dem lediglich die ersten 13 von insgesamt 101 Artikeln des UN-Kaufrechts besprochen werden[1160]. Der jüngste italienische Kommentar stammt von *Alpa* und *Zatti* aus dem Jahr 2003, ist jedoch nicht sehr umfangreich. Viele Auslegungsprobleme werden gar nicht besprochen[1161]. Auch aus der Rechtsprechung sind erheblich mehr Urteile aus Deutschland bekannt geworden[1162].

Dennoch hat die vorliegende Untersuchung gezeigt, dass die herrschende Meinung in Deutschland und Italien bei der Auslegung vieler unbestimmter Rechtsbegriffe zu gleichen Auslegungsergebnissen kommt. Der Meinungs-

---

[1158] So etwa die Kommentare von *Schlechtriem,Schwenzer* (4. Auflage 2004); *Staudinger* (1999); *Soergel* (2000); *Achilles* (2000); *Witz,Salger,Lorenz* (2000), *Bamberger,Roth* (2003). Für einen Überblick zur Literatur vgl. *Piltz*, NJW 2000, S. 553 ff. (554).

[1159] *Bianca*, Convenzione di Vienna sui contratti di vendita internazionale di beni mobili, Mailand 1992, auch abgedruckt bei: Le nuove leggi civili commentate, 1989, S. 1 ff.

[1160] *Ferrari*, Vendita internazionale di beni mobili, Commentario del Codice civile *Scialoja-Branca*, Libro Quarto, Titolo III, Capo I, Della vendita, Supplemento Legge 11 dicembre 1985 N. 765, Vendita internazionale di beni mobili, Bologna, Rom 1994.

[1161] *Alpa, Zatti*, Commentario breve al Codice civile, Leggi complementari, 4. Auflage, 1. Band, Mailand 2003, Breviaria Iuris fondati da *Giorgio Cian* e *Alberto Trabucchi*.

[1162] Beispielsweise sind bisher auf der *UNILEX*-Datenbank nur 24 italienische, im Gegensatz zu 183 deutschen Urteilen veröffentlicht (Stand: November 2004).

stand ist generell nicht von Divergenzen geprägt. Einzelne Fragen werden – zumindest von der herrschenden Ansicht – in Italien und Deutschland übereinstimmend beantwortet. Hierzu zu zählen, ist beispielsweise die einheitliche, aus dem CISG entwickelte Definition des Kaufvertrages. Wie etwa das Urteil des *Tribunale di Padova*[1163] jüngst gezeigt hat, wird in Italien und Deutschland einheitlich als Kaufvertrag i.S.d. CISG ein Vertrag bezeichnet, durch den die eine Partei zur Lieferung der Ware und eventueller Dokumente sowie zur Übertragung des Eigentums daran, die andere Partei zur Annahme der Ware sowie zur Zahlung des Kaufpreises verpflichtet wird. Diese Definition findet sich nunmehr einheitlich in Rechtsprechung und Literatur der hier untersuchten Länder wieder[1164]. Auch etwa die Frage, ob Aliudlieferungen im Rahmen des Art. 35 I CISG als Schlechtlieferungen einzuordnen sind, wird von der absolut herrschenden italienischen und deutschen Lehre gleichermaßen bejaht[1165]. Ebenso stellt das krasse Aliud nach ganz herrschender Lehre beider Länder eine Schlechtlieferung dar. Eine entsprechende Entscheidung der Gerichte Deutschlands oder Italiens liegt hierzu jedoch noch nicht vor. Übereinstimmungen der herrschenden Meinung haben sich ferner bei der Beantwortung der Frage ergeben, ob im Rahmen des Art. 35 II CISG bei der Beurteilung der Vertragsgemäßheit der gelieferten Ware die öffentlich-rechtlichen Vorschriften im Käufer- oder Verwenderland zur Beurteilung heranzuziehen sind[1166]. Bestehen im Käuferland bestimmte Beschränkungen durch öffentlich-rechtliche Vorschriften, entspricht es einheitlich der herrschenden Meinung im deutschen und italienischen Schrifttum, aber auch der deutschen Rechtsprechung, dass es grundsätzlich dem Verkäufer nicht zuzumuten ist, diese Vorschriften zu kennen. Vielmehr muss im Allgemeinen ein entsprechender Hinweis durch den Käufer erfolgen. Zum Problem, nach welchen Vorschriften sich die Wirksamkeit einer Abwahl des UN-Kaufrechts i.S.d. Art. 6 CISG bestimmt, wird von der herrschenden Lehre in Deutschland wie Italien gleichermaßen vertreten, dass sich die Wirksamkeit dieser Rechtswahl immer an den Artt. 14 ff. CISG zu orientieren hat. Auch die Rechtsprechung sollte sich im Interesse einer einheitlichen Anwendung des CISG dieser Meinung anschließen[1167]. Ein weiteres Beispiel für einen einheitlichen Meinungsstand im Zusammenhang mit der Abwahl des CISG, findet sich bei der Beantwortung der Frage, ob in der Bezugnahme der Vertragsparteien auf unvereinheitlichtes Recht ein Ausschluss des Einheitsrechts zu sehen ist[1168]. Es entspricht der herrschenden Meinung in Deutschland und Italien, in der Bezugnahme auf das Recht eines Nichtvertragsstaates einen Ausschluss des CISG zu sehen.

[1163] Tribunale di Padova - Sez. Este, Urteil vom 25.2.2004, *UNILEX*, i.Ü. unveröffentlicht.
[1164] 3.Kapitel:A.IV.1, S. 83 ff.
[1165] 3.Kapitel:C.I, S. 138 ff.
[1166] 3.Kapitel:C.II.3, S. 145 ff.
[1167] 3.Kapitel:A.III.1, S. 77 f.
[1168] 3.Kapitel:A.III.3, S. 80 ff.

Schwieriger ist die Beurteilung der Frage, ob auch in der Bezugnahme auf das unvereinheitlichte Recht eines Vertragsstaates des UN-Kaufrechts eine Abwahl desselben gesehen werden kann. Jedoch auch hier herrscht im Schrifttum Deutschlands und Italiens gleichermaßen die Ansicht vor, dass dies nicht der Fall ist. Auch die jüngere Rechtsprechung in beiden hier untersuchten Ländern hat im Sinne dieser Ansicht entschieden[1169].
Zum Teil werden auch bei der Auslegung unbestimmter, stark einzelfallabhängiger Rechtsbegriffe wie dem der „angemessenen Frist“, dieselben Kriterien zur Ausfüllung angeführt[1170]. Die hierzu entwickelte Kasuistik ist in Deutschland jedoch wesentlich ausführlicher und wird in der italienischen Literatur meist zustimmend zur Kenntnis genommen. Teilweise sind Ausführungen zu Auslegungsproblemen im italienischen Schrifttum an deutsche Literaturmeinungen angelehnt[1171]. Umgekehrt findet die italienische Rechtsprechung und Literatur in der deutschen Literatur erheblich weniger Niederschlag[1172]. Dieses Ergebnis ist schon auf die Anzahl der veröffentlichten Urteile deutscher Gerichte zum CISG zurückzuführen.
Als Beispiel für die Zugrundelegung grundsätzlich gleicher Kriterien kann im Schrifttum Deutschlands und Italiens die Bemessung der Länge der Untersuchungsfrist i.S.d. Art. 38 I CISG angeführt werden[1173]. Zunächst besteht auch hier im Rahmen der herrschenden Ansicht der Konsens, dass es sich dabei um einen den Umständen angepassten Zeitraum handelt, innerhalb dessen die Untersuchung der Ware von einem sorgfältigen Käufer erwartet werden darf. Dabei handelt es sich um eine flexible Frist, bei der der Grundsatz gilt, dass dem Käufer zügiges Handeln obliegt. In jüngeren Ausführungen im italienischen Schrifttum wurde entsprechend dem deutschen Schrifttum angeführt, dass Kriterien zur Bemessung der Untersuchungsfrist insbesondere Umstände, wie etwa die Verderblichkeit der Ware und der Aufwand der Untersuchungshandlung, sind. Auch im Rahmen der nach Artt. 38 und 39 CISG zu bildenden Gesamtfrist geht man in Deutschland und Italien einheitlich davon aus, dass die Fristlänge maßgeblich davon beeinflusst ist, um welche Art Ware es sich handelt und welcher Rechtsbehelf ausgeübt werden soll[1174].
Diese Übereinstimmung des Meinungsstandes gilt jedoch nur grundsätzlich.

[1169] OLG Rostock IHR 2003, S. 17 ff.; Tribunale di Vigevano, Giur. it. 2001, S. 280 ff., deutsche Übersetzung bei IHR 2001, S. 72 ff.

[1170] So etwa bzgl. der Länge der Untersuchungsfrist i.S.d. Art. 38 I CISG, vgl. 3.Kapitel:D.II, S. 154 ff.

[1171] So etwa zur Frage der Anwendung des CISG auf Softwareüberlassungsverträge, vgl. oben 3.Kapitel:A.IV.4, S. 89 ff.

[1172] V.a. das Urteil des Tribunale di Vigevano wurde in Deutschland besprochen. Eine deutsche Übersetzung des Urteils findet sich in der IHR 2001, S. 72 ff. mit Anm. *Rosati*. In der deutschen Literatur behandelt von *Ferrari* (IHR 2001, S. 56 ff. und 179 ff.) und *Graffi* (ELF 2000, S. 240 ff.).

[1173] 3.Kapitel:D.II, S. 154 ff.

[1174] 3.Kapitel:D.III, S. 159 ff.

Teilweise wird auch die Anwendung der strengen Maßstäbe des EKG vorgeschlagen. Diese Ansicht und ihr entsprechende Urteile aus der deutschen Rechtsprechung sind jedoch auf Kritik gestoßen.
Bezüglich der Auslegung von unbestimmten Rechtsbegriffen, wie etwa der „angemessenen Frist", ist eine Einheitlichkeit jedoch nur schwer zu erreichen. Schon die Beurteilung, ob ein Auslegungsergebnis noch der herrschenden Ansicht entspricht, ist in Grenzfällen kaum möglich. Begrüßenswert erscheint daher neben dem Bemühen um Herausbildung einheitlicher Kriterien, zusätzlich Regelaussagen zu entwickeln. Teilweise werden im italienischen und deutschen Schrifttum sowie der Rechtsprechung einander angepasste Ausführungen gemacht. Im Rahmen der Untersuchungs- und Rügefrist i.S.d. Artt. 38 und 39 CISG wird z.B. von der herrschenden Meinung in der deutschen Literatur eine Regelfrist von einem Monat, zum Teil auch kürzer von 2 Wochen bis einem Monat, vorgeschlagen. Der Begriff des „*noble month*" wurde bereits mehrmals im italienischen Schrifttum als Regelwert angegeben. Vor allem die deutsche Rechtsprechung ist noch durch eine kürzere Bemessung der Fristen in Anlehnung an § 377 HGB gekennzeichnet. Mittlerweile scheint sich der Wert von einem Monat aber auch in der Rechtsprechung in Deutschland durchzusetzen[1175].
Ähnlich dem soeben dargestellten Beispiel besteht auch bei der Bestimmung des „wesentlichen Teils" i.S.d. Art. 3 I CISG überwiegend Einigkeit[1176]. Bei der Bestimmung, was in quantitativer Hinsicht ein „wesentlicher Teil" ist, wird verbreitet in Deutschland und Italien auf denselben Regelwert abgestellt. Demnach wird dieser bereits deutlich unterhalb von 50 % des Gesamtwertes des Vertrages angesetzt. Ein Anteil von 15 % jedenfalls sei zu gering. Darüber hinaus wird in Deutschland wie Italien vertreten, dass ein qualitatives Element in die Bewertung mit einzubeziehen sei. Eine einheitliche Definition des Begriffs ist bisher nicht geklärt.
Eine herrschende Meinung zur Regellänge einer Frist z.B. im Rahmen der Nachfrist i.S.v. Art. 49 I lit. b) i.V.m. Art. 47 I CISG hat sich noch nicht herausgebildet[1177]. Zwar gibt es zum Teil ähnliche Vorschläge im deutschen und italienischen Schrifttum, welche Kriterien bei der Bemessung der Fristlänge heranzuziehen sind. Hingegen wird nur im deutschen Schrifttum zum Teil versucht, Regelaussagen zur Fristlänge zu entwickeln. Allerdings ist man bisher lediglich zu dem Ergebnis gekommen, dass eine Wochenfrist regelmäßig zu kurz sei.
Im Gegensatz zu den vorstehend dargestellten auslegungsbedürftigen unbestimmten Rechtsbegriffen, gibt es einen andersgearteten Problembereich: Das CISG enthält an einigen Stellen unklare oder widersprüchliche Bestimmun-

---

[1175] So auch *Schlechtriem,Schwenzer/Schwenzer*, Art. 39, Rn. 17.
[1176] 3.Kapitel:A.IV.5, S. 92 ff.
[1177] 3.Kapitel:E.II, S. 208 ff.

gen. Dies beruht jedenfalls nicht auf der Absicht des Gesetzgebers, durch auslegungsfähige Rechtsbegriffe eine einzelfallorientierte Anwendung des Gesetzes zu ermöglichen. Vielmehr liegen die Ursachen darin, dass ein Problem entweder nicht erkannt wurde oder nicht geregelt werden konnte. Eine einheitliche Anwendung wird kaum erreichbar sein, solange die daraus resultierenden Kontroversen bestehen. Mit einem Anwendungseinklang wäre in Zukunft nur zu rechnen, wenn sich international eine herrschende Ansicht etablieren wird. So ist z.B. auf das problematische Verhältnis von Art. 14 zu Art. 55 CISG[1178] und die Bemessung des Zinssatzes i.S.v. Art. 78 CISG[1179] hinzuweisen. Beide Streitstände sind besonders ausgeprägt und werden im Schrifttum Italiens und Deutschlands gleichermaßen diskutiert. Hier zeichnet sich ab, dass in den untersuchten Ländern herrschend dieselben Ansichten vertreten werden.

Beim Verhältnis zwischen Artt. 14 und 55 CISG ist insbesondere fraglich, ob ein Vertragsschluss auch ohne Bestimmung eines Kaufpreises möglich ist. Aus den Reihen des italienischen und deutschen Schrifttums gibt es eine ganze Reihe unterschiedlicher Lösungsansätze. Im Schrifttum Italiens und Deutschlands besteht im Kern darüber Einigkeit, dass zugunsten des internationalen Handels eine möglichst flexible Vertragsgestaltung und damit ein Vertragsschluss ohne Preisbestimmung zuzulassen ist. Diese ist jedenfalls bei Vorliegen einer Abbedingung des Art. 14 CISG durch die Vertragsparteien möglich. Ungeklärt ist, welche Voraussetzungen an eine solche Abbedingung zu stellen sind. Die Rechtsprechung hat hierzu weder in Italien noch in Deutschland deutlich Stellung genommen.

Bei der Beantwortung der Frage, wie der Zinssatz i.S.d. Art. 78 CISG zu bestimmen ist, wird ebenso von der herrschenden Meinung derselbe Lösungsansatz vertreten. Zur Höhe des Zinssatzes sagt der Text des CISG nichts aus. Zur Bestimmung des Zinssatzes werden daher verschiedenste Lösungswege vorgeschlagen. Dabei können grundsätzlich zwei unterschiedliche Positionen zu dieser Frage unterschieden werden, die beide gleichermaßen in Deutschland und Italien vertreten werden. Zum einen wird vertreten, dass es sich bei der Frage um eine „interne Lücke" handelt, Art. 7 II 1. Halbsatz CISG. Lösungsansätze werden daher von den Vertretern dieser Ansicht aus dem UN-Kaufrecht selbst entwickelt[1180]. Andere sind der Auffassung, das es sich um eine „externe Lücke" i.S.d. Art. 7 II 2. Halbsatz CISG handelt, die nach den Regeln des IPR zu füllen ist[1181]. Als herrschend kann hier in Deutschland und Italien die Auffassung angesehen werden, dass die Zinsfrage nach dem Recht des Forumsstaates zu beantworten ist.

[1178] 3.Kapitel:B.I.1, S.103 ff.
[1179] 3.Kapitel:F.II, S. 232 ff.
[1180] 3.Kapitel:F.II.1, S. 232 ff.
[1181] 3.Kapitel:F.II.2, S. 234 ff.

Zwei italienische Urteile sind dieser herrschenden Meinung gefolgt. Die deutsche Rechtsprechung ist noch uneinheitlich.

Anders als bei den Problemen, zu deren Lösung bereits ein ausgeprägter Meinungsstand in beiden untersuchten Ländern zu finden ist, hat die Untersuchung auch gezeigt, dass es Auslegungsfragen gibt, zu denen der Meinungsstand unterschiedlich ausgeprägt ist. Insoweit hat das UN-Kaufrecht noch unterschiedlich Anklang gefunden. Es besteht in der Regel in Deutschland bereits ein stärker ausgeprägter Meinungsstand, während sich mehrfach gezeigt hat, dass ein Problem in der italienischen Literatur teilweise kaum oder gar nicht besprochen wurde.
So ist z.B. im Rahmen des Art. 19 III CISG ungeklärt, ob bzgl. der in der Norm angeführten Fälle der Änderung des Preises, der Bezahlung, Qualität, der Menge der Ware sowie Ort und Zeit der Lieferung eine unwiderlegliche Vermutung für die Wesentlichkeit besteht[1182]. Während die herrschende Meinung im deutschen Schrifttum dies verneint, sind Stellungnahmen aus dem italienischen Schrifttum bisher nicht ersichtlich.
Ein weiteres Beispiel für einen derzeit ausgeprägteren Meinungsstand in der Literatur Deutschlands ist das erörterte Problem der Bemessung der angemessenen Nachfrist im Fall des Art. 49 I lit. b) i.V.m. Art. 47 I CISG. Fraglich ist hier, nach welchen Kriterien sich die Fristlänge zu richten hat[1183]. In der deutschen Literatur ist diese Frage recht umfangreich besprochen worden. Danach hat sich die Länge der angemessenen Frist nach den Umständen des Einzelfalles zu richten[1184]. Zugrundezulegen sind die Länge der vertraglich vereinbarten Lieferzeit, das dem Verkäufer bei Vertragsschluss erkennbare Interesse an rascher Lieferung, die Eigenart der Leistung des Verkäufers und die Natur des Lieferhindernisses. In Zweifelsfällen ist auch das bei Vertragsschluss erkennbare Interesse des Käufers entscheidend. Auch die Postlaufzeit ist mit einzubeziehen. Dem entgegen hat sich die deutsche Rechtsprechung über die Kriterien nur wenig geäußert. In Italien hat nur *Galletta* zu diesem Problem Ausführungen gemacht[1185]. Inhaltlich führt auch er die Einzelfallabhängigkeit, sowie die Kriterien des Käuferinteresses an schneller Vertragsdurchführung, die Folgen einer Verspätung und die Natur der Ware als Kriterien an.
Auch der folgende Streitstand kann als weiteres Beispiel dienen: Voraussetzung für eine „wesentliche Vertragsverletzung" i.S.d. Art. 25 CISG ist, dass die vertragsbrüchige Partei die Bedeutung des verletzten Gläubigerinteresses kannte oder kennen musste[1186]. Streitig ist dabei, bis zu welchem Zeitpunkt die

[1182] 3.Kapitel:B.III.1, S. 131 ff.
[1183] 3.Kapitel:E.II, S. 208 ff.
[1184] 3.Kapitel:E.II.2, S. 209 ff.
[1185] *Bianca/Galletta*, Art. 47, Anm. 4.
[1186] 3.Kapitel:E.I, S. 176 ff.

relevanten Umstände zu berücksichtigen sind[1187]. Die herrschende Meinung im deutschen Schrifttum spricht sich dafür aus, dass Umstände, die erst nach Vertragsschluss erkennbar geworden sind, nicht mehr entscheidungserheblich sind. Diese Meinung wurde auch bereits in einem deutschen Urteil vertreten. Andere gehen davon aus, dass auch später hinzutretende Umstände Berücksichtigung finden müssten. Da bereits im Tatbestandsmerkmal der wesentlichen Vertragsverletzung die Vorstellungen der Vertragsparteien bei Vertragsabschluss berücksichtigt seien, könne das Tatbestandsmerkmal der Vorhersehbarkeit nur als Erweiterung auf später hinzutretende Umstände verstanden werden. Der Streitstand ist in der italienischen Literatur kaum besprochen worden[1188]. Einzig *Cubeddu* hat sich für die Minderansicht ausgesprochen.
Im Rahmen des Art. 35 II lit. a) CISG wird im deutschen Schrifttum unter anderem vertreten, dass der Verkäufer Ware durchschnittlicher Qualität liefern muss, um dem Kriterium des gewöhnlichen Gebrauchszwecks zu entsprechen[1189]. Andere betonen, dass auch unterdurchschnittliche Ware gebrauchstauglich sein kann. Auch zu dieser Frage gibt es derzeit noch keine Stellungnahmen aus der italienischen Lehre.

B. Die Auslegungspraxis deutscher und italienischer Gerichte zum UN-Kaufrecht

Die vorliegende Untersuchung hat ferner ergeben, dass die von einigen Gerichten in Deutschland und Italien zu Auslegungsfragen des UN-Kaufrechts vertretenen Ansichten teilweise voneinander abweichen und nicht immer mit der herrschenden Meinung übereinstimmen. Diese Ergebnisse werden ausnahmslos darauf zurückzuführen sein, dass die entscheidenden Gerichte zwar nicht bewusst entgegen der herrschenden Meinung und Rechtsprechung entschieden haben. Jedenfalls wurde ein entsprechender Hinweis in keinem der untersuchten Urteile gegeben. Vielmehr waren sie wohl durch die Unkenntnis der Gerichte über den bereits vorhandenen Meinungsstand bedingt. Als typische Beispiele können die folgenden Urteile angeführt werden: Das *Tribunale di Monza*[1190] hat entgegen der herrschenden Meinung vertreten, dass Art. 1 I lit. b) CISG nur zum Zuge kommen kann, wenn keine vorrangig zu beachtende Rechtswahl der Vertragsparteien vorliegt. Ebenso hat sich der *Corte di Cassazione*[1191] entgegen der herrschenden Ansicht für eine Anwendung des UN-Kaufrechts auf Vertriebsverträge ausgesprochen. Das

1187 3.Kapitel:E.I.1, S. 178 ff.
1188 3.Kapitel:E.I.1.c, S. 179.
1189 3.Kapitel:C.II.1, S. 142.
1190 Vgl. Fn. 323.
1191 Vgl. Fn. 407.

LG Landshut[1192] hat in einem Urteil ausgeführt, dass ein stillschweigender Ausschluss des CISG nicht möglich sei. Auch das *OLG Düsseldorf*[1193] ist in einem Urteil dadurch aufgefallen, dass es entgegen ganz herrschender Meinung in Anlehnung an die damals ständige Rechtsprechung zum BGB vertreten hat, dass eine Aliudlieferung im UN-Kaufrecht als Nichtlieferung zu behandeln sei.

Es ist auch in Zukunft zu erwarten, dass Gerichte das CISG entgegen herrschender Ansichten auslegen werden, selbst wenn bereits eine gefestigte Rechtsprechung oder eine herrschende Ansicht im Schrifttum vorhanden ist. Hier schließt sich die Frage an, inwieweit in der Praxis der italienischen und deutschen Gerichte die Einheitlichkeit der Anwendung des UN-Kaufrechts bisher gefördert wurde. Im Hinblick auf die – für die Einheitlichkeit der Auslegung des UN-Kaufrechts erforderliche – Bezugnahme der Gerichte auf aus- und inländische Urteile und Literatur lässt sich eine unterschiedliche Handhabung feststellen[1194]:
In deutschen Urteilen wird in aller Regel auf die Kommentare von *Schlechtriem* oder *Staudinger* verwiesen. Ausländische Literatur findet keine Berücksichtigung. Die zitierte Rechtsprechung stammt in aller Regel von deutschen Gerichten. Urteile ausländischer Gerichte werden kaum zitiert. *Urteile* italienischer Gerichte sind zumeist ohne Hinweis auf Urteile anderer Gerichte und ohne Bezugnahme auf Literaturmeinungen geblieben. Für den mangelnden Bezug auf die ausländische Rechtsprechung wurden die italienischen Gerichte kritisiert[1195].
Diese unterschiedliche Handhabung kann jedoch aus mehreren Gründen nicht verwundern: Während der deutsche Richter i.d.R. auf die umfangreiche deutschsprachige Literatur und auch z.T. auf Rechtsprechung zurückgreifen kann, muss sich der italienische Richter meist mit Urteilen beschäftigen, die nicht in seiner Muttersprache verfasst sind.
Es kommt hinzu, dass Art. 118 III Disposizioni per l´attuazione del Codice di procedura civile dem italienischen Richter die Bezugnahme auf die Meinungen juristischer Autoren in seinem Urteil verbietet und deshalb eine namentliche Erwähnung herangezogener Literatur nicht erfolgt[1196].

1192 Vgl. Fn. 347.

1193 Vgl. Fn. 660.

1194 Vgl. oben 2.Kapitel:A.II, S. 43 ff.

1195 Dazu *Graffi*, ELF 2000, S. 240 ff.

1196 Art.118 III Disposizioni per l´attuazione del Codice di procedura civile vom 18.12.1941 Nr. 1368, Gazz. Uff. 302 vom 24.12.1941,lautet: „*In ogni caso deve essere omessa ogni citazione di autori giuridici*".
In der italienischen Gerichtspraxis wird daher auf die in der Literatur vorgeschlagenen Lösungen verwiesen, ohne bestimmte Autoren namentlich zu erwähnen. Vgl. hierzu *Kötz* RabelsZ 1988, S. 644 ff. (646 f.); *G. Schmid*, S. 189. Die Vorschrift ist abgedruckt

Jedoch gibt es aus jüngster Zeit Urteile italienischer Gerichte – so etwa zwei Urteile des *Tribunale di Padova* mit 47 und 27, eines des *Tribunale di Rimini* mit 28 und eines des *Tribunale di Vigevano* mit 44 zitierten Urteilen von Gerichten verschiedener Länder –, die in mustergültiger Art und Weise Bezug auf ausländische Rechtsprechung genommen haben[1197]. Im Rahmen dieser Urteile war vor allem die deutsche und deutschsprachige Rechtsprechung von maßgeblichem Einfluss, da sie mehr als die Hälfte der zitierten Rechtsprechung stellt[1198]. Auch das vergleichsweise strenge Urteil des *Tribunale di Cuneo*[1199] wird im Ergebnis als an der deutschen Rechtsprechung orientiert bezeichnet[1200].
Die Praxis der Gerichte in Deutschland ist davon geprägt, dass die für die Einheitlichkeit der Auslegung des UN-Kaufrechts erforderliche Berücksichtigung ausländischer Urteile bisher (fast) nicht erfolgt ist[1201]. Wenn überhaupt, kann lediglich eine mittelbare Berücksichtigung stattgefunden haben, da die deutsche Literatur zum Teil und in zunehmenden Maß die internationale Rechtsprechung berücksichtigt.
In Anbetracht der notwendigen Orientierung der Gerichte bei der Anwendung des CISG an der internationalen Rechtsprechungspraxis, muss daher festgestellt werden, dass sich die deutschen Gerichte bisher nicht hinreichend an der nach Art. 7 CISG erforderlichen Auslegungsmethodik orientiert haben.

in der Gesetzessammlung *Abate* zum Codice di procedura civile. Eine aktuelle Kommentierung findet sich etwa bei *Novelli,Petitti*, S. 2182 ff.

1197 Tribunale di Padova- Sez. Este, Urteile vom 25.2.2004 und 31.3.2004, *UNILEX*, i.Ü. unveröffentlicht; Tribunale di Vigevano vom 12.7.2000, Dir. comm. int. 2001, S. 497 ff., Tribunale di Rimini, RDIPP 2003, S. 190 ff.

1198 Im ersten Urteil des *Tribunale di Padova* stammen von den insgesamt 47 zitierten Urteilen 5 von italienischen, 22 von deutschen, 7 von deutschsprachigen und 13 von anderssprachigen Gerichten. Ähnlich verhält es sich beim anderen Urteil mit 3 italienischen, 11 deutschen, 6 deutschsprachigen und 7 anderen Urteilen. Im Urteil des *Tribunale di Rimini* sind von den insgesamt 28 zitierten Urteilen 4 von italienischen, 12 von deutschen, 4 von deutschsprachigen, schweizerischen und österreichischen Gerichten und nur 8 von anderssprachigen Gerichten. Beim Urteil des *Tribunale di Vigevano* stammten von insgesamt 44 zitierten Entscheidungen 3 von italienischen, 24 von deutschen, 6 von deutschsprachigen Gerichten und 11 von anderssprachigen Gerichten.

1199 3.Kapitel:D.III.1, S. 164.

1200 So *Liguori*, Riv. dir. civ. 1999 I, S. 143 ff. (170).

1201 So auch *G. Schmid*, S. 182, die darauf hinweist, dass nur ein Urteil des BGH zum CISG ein ausländisches Urteil zitiert und nur zwei weitere Bezugnahmen zum ausländischen Schrifttum aufweisen.

Insgesamt lässt die steigende Anzahl an italienischen Urteilen, die umfangreich andere Urteile zitieren, hoffen, dass dem Gebot der Kenntnisnahme der Rechtsprechung in Italien immer mehr entsprochen wird. Für Deutschland lässt sich eine solche Entwicklung noch nicht feststellen[1202].

C. Nationale Tendenzen und nationale Auslegungsprobleme in Rechtsprechung und Lehre Deutschlands und Italiens

Die Untersuchung hat verschiedentlich ergeben, dass in den untersuchten Ländern das UN-Kaufrecht teilweise in Anlehnung an das nationale, unvereinheitlichte Recht ausgelegt und angewandt wird. Im Rahmen der vorstehend zusammengefassten Urteile deutscher und italienischer Gerichte bei der Anwendung des CISG wurde soeben eine mangelnde Orientierung am Meinungsstand und der Rechtsprechung anderer Gerichte festgestellt[1203]. Zudem hat die Untersuchung gezeigt, dass deutsche Gerichte Vorstellungen aus dem unvereinheitlichten Recht bei der Anwendung des UN-Kaufrechts zugrunde gelegt haben. Z.B. die Urteile des *AG Oldenburg*[1204], des *OLG München*[1205], des *OLG Köln*[1206] und des *LG Düsseldorf*[1207] sind dadurch aufgefallen, dass in Anlehnung an das BGB eine Nachfristsetzung als Voraussetzung für eine Vertragsaufhebung wegen wesentlicher Vertragsverletzung für erforderlich gehalten wurde, obwohl im Rahmen des CISG auch ohne Nachfristsetzung eine wesentliche Vertragsverletzung und damit ein Vertragsaufhebungsrecht bestehen kann.

Des Weiteren haben sich bei der Auslegung unbestimmter Rechtsbegriffe nationalrechtlich orientierte Auslegungstendenzen gezeigt. In diesem Zusammenhang ist beispielsweise aufgefallen, dass die deutsche Literatur und Rechtsprechung grundsätzlich die Tendenz hat, im UN-Kaufrecht Fristen knapp zu bemessen. Der Grund für diese strenge Haltung liegt in der vergleichsweise strengen Fristberechnung im deutschen unvereinheitlichten Recht[1208]. Im Rahmen der Auslegung der Untersuchungsfrist i.S.d. Art. 38 I CISG wird die knappe Bemessung etwa mit Art. 11 EKG begründet, der noch eine „kurze Frist" vorsah[1209]. Im Rahmen des Art. 39 I CISG wird dies z.T. mit Bezug auf den Maßstab „unverzüglich" i.S.d. § 121 BGB, bzw. § 377 HGB begrün-

---

[1202] Vgl. *G. Schmid*, S. 181 f.
[1203] Vgl. oben 4.Kapitel:B, S. 247 ff.
[1204] Vgl. Fn. 888 und Fn. 894.
[1205] Vgl. Fn. 896.
[1206] Vgl. Fn. 893.
[1207] Vgl. Fn. 895.
[1208] *Schlechtriem,Schwenzer/Schwenzer*, Art. 39, Rn. 17.
[1209] 3.Kapitel:D.II.1, S. 154 ff.

det[1210]. Dieser in Deutschland vertretenen, strengen Auslegung steht jedoch mittlerweile die herrschende Meinung gegenüber, nach der die Frist großzügiger zu bemessen ist. Konsensfähig wäre eine solche knappe Fristbemessung wohl nur in Ländern, deren unvereinheitlichtes Recht ähnlich kurze Rügefristen wie das deutsche vorsieht[1211]. Insoweit ist in diesem Bereich eine begrüßenswerte Korrektur der herrschenden Meinung erfolgt. Aber auch im Rahmen des Art. 49 II lit. a) CISG wird von der herrschenden Meinung in Deutschland angeführt, dass die Aufhebung des Vertrages durch den Käufer im Fall verspäteter Lieferung innerhalb eines sehr knapp zu bemessenden Zeitraumes zu erklären sei[1212]. Fraglich ist, ob die deutsche Literatur hier nicht erneut der Tendenz zu einer vergleichsweise engen Auffassung erlegen ist und eine Korrektur des Meinungsstandes erforderlich werden wird. Im Vergleich zu Stellungnahmen aus Italien ließen sich Hinweise auf die Notwendigkeit einer entsprechenden Korrektur derzeit nicht finden.
Beim stillschweigenden Verzicht und der Verwirkung des Einwands der verspäteten Mängelrüge wird von der herrschenden Meinung in Literatur und Rechtsprechung auf die aus § 377 HGB bzw. § 242 BGB entwickelten Grundsätze zurückgegriffen[1213]. Auch diese Auffassungen wurden in den wenigen Stellungnahmen aus dem italienischen Schrifttum zustimmend zur Kenntnis genommen. Damit ist jedoch nicht schon die Frage beantwortet, ob eine allzu selbstverständliche Bezugnahme auf Institute des unvereinheitlichten Rechts international zu einer einheitlichen Anwendung des CISG führen kann.

Eine Neigung auf nationale Konzepte bei der Rechtsfindung im CISG zurückzugreifen ist z.B. auch beim besprochenen Urteil des *Tribunale di Busto Arsizio* zu finden. Dies ist wohl auf die mangelnde Kenntnis des Meinungsstandes zum Verhältnis des Nacherfüllungsrechts zur Vertragsaufhebung zurückzuführen. Anstatt Art. 49 CISG zu prüfen, beurteilte das Gericht das Parteiverhalten am Grundsatz von Treu und Glauben in Anlehnung an Art. 1375 Cod. civ.[1214]. Im deutschen Schrifttum wurde erwogen, die Grundsätze des kaufmännischen Bestätigungsschreibens entsprechend dem deutschen unvereinheitlichten Recht auch im Rahmen des CISG anzuwenden[1215]. Da sich aus der Entstehungsgeschichte des UN-Kaufrechts ergibt, dass dies gerade nicht der Fall ist, hat sich die absolut herrschende Meinung zu Recht dagegen ausgesprochen. Somit kann vor allem dem Schweigen auf ein kaufmännisches Bestätigungsschreiben nur unter ganz engen Voraussetzungen eine vertragsbegründende

---

1210 3.Kapitel:D.III.1, S. 159 ff.
1211 So auch *Schwenzer*, a.a.O.; *Su*, S. 56; *Gerny*, S. 205; *Janssen*, S. 165.
1212 3.Kapitel:E.IV.1, S. 216 ff. *Schlechtriem/Huber*, Art. 49, Rn. 38 sprach sich noch dafür aus, dass eine Vertragsaufhebung „unverzüglich“ zu erfolgen habe.
1213 3.Kapitel:D.V, S. 171 ff.
1214 3.Kapitel:E.I.2.b(2)(e), S. 198 ff.
1215 3.Kapitel:B.II.2.a(1), S. 121 f.

Wirkung zukommen[1216]. Gleichwohl hat das *OLG Saarbrücken* in zwei Urteilen, ohne nähere Ausführungen zu machen, unter denen es die Voraussetzungen für ein vertragsbegründendes Schweigen auf ein Bestätigungsschreiben gegeben sah, diese Grundsätze im Rahmen des UN-Kaufrechts angewandt[1217].

Im Ergebnis bleibt festzuhalten, dass teilweise eine Neigung dazu besteht, Anwendungsprobleme des UN-Kaufrechts im Zweifel mit Hilfe nationaler Konzepte und Vorstellungen zu beantworten. Jedoch hat sich diese Tendenz bisher nicht durchgesetzt. Vielmehr findet derzeit eine Kontrolle und Korrektur der zum CISG vertretenen Ansichten statt, um diesen nationalen Neigungen entgegenzuwirken, so dass es daher in den hier untersuchten Ländern nicht zu starken Divergenzen gekommen ist. Allgemein sollten Orientierung und Bezugnahme auf Vorschriften des unvereinheitlichten Rechts in Zukunft mit besonderer Zurückhaltung gehandhabt werden. Das schließt nicht aus, dass das Ergebnis bei Anwendung der Vorschriften des UN-Kaufrechts im Einzelfall auch den Vorschriften des nationalen Rechts entsprechen könnte. Diese Erkenntnis darf jedoch nicht dazu verleiten, die Grundsätze der autonomen Auslegung zu vernachlässigen. Andernfalls bestünde hier stets die Gefahr nationalrechtlich orientierte Ansichten zugrunde zu legen, die nur aus der Sicht weniger Länder eine konsensfähige Lösung darstellen. Dem Bedürfnis nach autonomer Auslegung ist daher stets so weit wie möglich Rechnung zu tragen.

Des Weiteren hat sich gezeigt, dass sich bei der Anwendung des UN-Kaufrechts besondere Auslegungsprobleme aus Sicht des nationalen unvereinheitlichten Rechts ergeben können.
Im Rahmen des italienischen Schrifttums wird darüber gestritten, ob der Vertragstyp der „*somministrazione*" vom Anwendungsbereich des CISG erfasst ist[1218]. Im Rahmen des Codice civile gibt es Abgrenzungsschwierigkeiten zum Vertragstypen der „*vendita a consegne ripartite*". Beide Vertragstypen können am ehesten mit dem Begriff Sukzessivlieferungsvertrag übersetzt werden. Bei der „*somministrazione*" verpflichtet sich die eine Vertragspartei im Rahmen eines obligatorisch wirkenden Vertrages zur regelmäßig wiederkehrenden oder dauernden Leistung von Sachen gegen Entgelt. Die dingliche Wirkung tritt im Gegensatz zur „*vendita a consegne ripartite*" erst bei jeder einzelnen Teillieferung ein.
In Art. 73 CISG ist geregelt, dass Sukzessivlieferungsverträge vom Anwendungsbereich des UN-Kaufrechts erfasst sind. Die italienische Übersetzung des Art. 73 CISG lautet jedoch „*vendita a consegne ripartite*". Daher gibt es

---

[1216] 3.Kapitel:B.II.2.a(3) und (4), S. 123 ff.
[1217] 3.Kapitel:B.II.2.b, S. 127 f.
[1218] 3.Kapitel:A.IV.2, S. 85 ff.

im italienischen Schrifttum Vertreter, die den Vertragstypen der *„somministrazione“* nicht als vom CISG erfasst sehen wollen. Da jedoch keine Sachargumente für diese Ansicht sprechen, geht die heute herrschende Meinung in Italien zu Recht davon aus, dass auch der Vertragstyp der *„somministrazione“* in den Anwendungsbereich des UN-Kaufrechts fällt.
Aber auch der italienische Vertragstyp des *„appalto“* als Herstellervertrag ist grundsätzlich über Art. 3 I CISG vom Anwendungsbereich des UN-Kaufrechts erfasst[1219]. Das hat auch der italienische *Kassationsgerichtshof* festgestellt. Allerdings folgte das Gericht nicht einer eigenständigen Prüfung des CISG, sondern grenzte nach den Kriterien des Codice civile ab.

Bei manchen Fragen wurde eine nationale Orientierung des Rechtsanwenders befürchtet. Diese Gefahr wurde beispielsweise im Rahmen der Frage, unter welchen Voraussetzungen eine Bestimmbarkeit des Kaufpreises i.S.d. Art. 14 I 2 CISG noch als gegeben angenommen werden kann, gesehen. Je nach nationalem unvereinheitlichtem Recht könnte die Rechtsprechung ein wirksames Angebot entweder bejahen oder verneinen[1220].
Eine nationale Orientierung ist jedoch in den untersuchten Ländern nicht spürbar geworden. Bisher gibt es noch keine Stellungnahmen aus der deutschen und italienischen Rechtsprechung. Die Literatur beider Länder hat zudem auf die Gefahr der nationalen Orientierung hingewiesen. Eine Divergenz zwischen Deutschland und Italien steht auch nicht zu erwarten: Die deutsche wie die italienische unvereinheitlichte Rechtsordnung sehen gleichermaßen eine Preisbestimmbarkeit als Wirksamkeitserfordernis für einen Vertragsabschluß nicht vor.

D. Fazit

Wissenschaft und Praxis sind in Deutschland und Italien darum bemüht, das UN-Kaufrecht laufend fortzuentwickeln. Vor allem die Literatur in Deutschland befasst sich nicht mehr nur damit, die Vorschriften des UN-Kaufrechts durch Rechtsvergleiche mit HGB und BGB zu erläutern, um so den Zugang zum CISG zu erleichtern. Die Vorschläge der Literatur zu vielen problematischen Fragen sind mittlerweile umfangreich. Des Weiteren findet eine Festigung der Meinungsstände zu Auslegungsproblemen sowie zu Fragen statt, die zum Gegenstand der Rechtsanwendung geworden sind[1221].

1219 3.Kapitel:A.IV.7, S. 98 ff.

1220 3.Kapitel:B.I.2.b und c, S. 114 ff.

1221 Zu diesen drei Entwicklungsphasen vgl. *Schlechtriem*, Vorwort zur 3. Auflage, S. V.

Dabei wird versucht, die sich in Bezug auf bestimmte Bereiche bildenden „Entscheidungsinseln“[1222] der internationalen Rechtsprechung mit dem Meinungsstand in der Literatur zu einem sinnvollen Ganzen zu verbinden.
In Italien ist einerseits die Literatur weniger umfangreich und aktuell, so dass sich in vielen Bereichen noch kein der deutschen Literatur entsprechender Meinungsstand entwickelt hat. Andererseits besteht in der italienischen Literatur im Vergleich zur deutschen grundsätzlich ein erfreulicher Einklang. Bezüglich vieler streitiger Fragen, die auch im italienischen Schrifttum diskutiert worden sind, vertreten die nunmehr in Deutschland und Italien herrschenden Meinungen dieselben Ansichten[1223]. Das ist vor allem auf die Auseinandersetzung italienischer Autoren mit dem deutschen Schrifttum und der Rechtsprechung zurückzuführen. Hier sind vor allem die Beiträge *Ferraris* in der italienischen Literatur zu nennen, in deren Rahmen umfangreich auf ausländische – und insbesondere auf deutsche[1224] – Literatur und Rechtsprechung verwiesen wird. Umgekehrt hat *Ferrari* im Rahmen seiner Arbeit an dem deutschen Kommentar von *Schlechtriem* und *Schwenzer* ausgiebig auf Literatur und Rechtsprechung verschiedener Länder – darunter auch Italien – Bezug genommen[1225]. Durch diese grenz- und sprachübergreifende Arbeit erhält der internationale Meinungsstand begrüßenswerten Einzug in die Literatur beider Länder.

Auch die Anzahl der aus der deutschen Rechtsprechung bekannt gewordenen Urteile ist erheblich angewachsen[1226]. National geleitete Auffassungen, die z.B. bei der Fristberechnung vertreten wurden, sind von der Literatur kritisiert und mittlerweile zum Teil von der Rechtsprechung korrigiert worden. Allerdings nimmt die deutsche Rechtsprechung keinen Bezug zu ausländischer Rechtsprechung, sondern i.d.R. auf die deutschsprachige Kommentarliteratur[1227]. Dem entgegen sind in jüngerer Zeit italienische Gerichte durch die umfangreiche Einbeziehung ausländischer Rechtsprechung i.S.e. einheitlichen Anwendung des CISG positiv in Erscheinung getreten[1228]. Wegen der überschaubaren Anzahl der italienischen Urteile, kann aber noch nicht von einer gefestigten Rechtsprechung gesprochen werden.

1222 *Achilles*, S. VII.
1223 Vgl. 4.Kapitel:A, S. 241ff.
1224 Vgl. die Literaturnachweise bei *Ferrari*, Commentario. Für ein anderes Beispiel einer solchen Bezugnahme vgl. etwa *Rizzi*, Riv. dir. priv. 1997, S. 237 ff.
1225 Vgl. z.B. die Literaturnachweise bei *Schlechtriem,Schwenzer/Ferrari*, Art. 7.
1226 Vgl. Fn. 1162.
1227 Vgl. o. 4.Kapitel:B, S. 247 ff.
1228 Die Urteile des Tribunale di Padova - Sez. Este, Urteile vom 25.2.2004 und 31.3.2004, *UNILEX*, i.Ü. unveröffentlicht; Tribunale di Vigevano vom 12.7.2000, Giur. it. 2001, S. 280 ff.; Tribunale di Rimini vom 8.1.2003, RDIPP 2003, S. 190 ff.

Im Ergebnis kann festgestellt werden, dass die Auslegung des UN-Kaufrechts in Deutschland und Italien keinesfalls als von Divergenzen geprägt zu bezeichnen ist. Vielmehr besteht in Rechtsprechung und Literatur in Anbetracht der Schwierigkeiten, die das UN-Kaufrecht bei seiner Anwendung und Auslegung mit sich bringt, eine weit reichende Übereinstimmung. Von der „Lebenslüge" der Rechtsvereinheitlichung kann daher nicht gesprochen werden[1229].

E. Ausblick

Fraglich ist, ob und inwieweit in Zukunft die Einheitlichkeit der Anwendung des UN-Kaufrechts weiter gefördert werden kann. Zur Sicherstellung der Einheitlichkeit der Auslegung sind bereits unterschiedliche Vorschläge unterbreitet worden[1230]. Allen voran *de lege ferenda* der Ruf nach einem international zuständigen Gerichtshof[1231]. Da diese Lösung derzeit nicht ersichtlich ist[1232], schließt sich die Frage an, ob es derzeit einen pragmatischen Weg gibt, der beschritten werden könnte. Fraglos können *de lege lata* nur Kompromisse zur Förderung der einheitlichen Anwendung des CISG vorgeschlagen werden. Neben der Verbreitung der zum UN-Kaufrecht ergangenen Urteile, der Erleichterung des Zuganges zur Rechtsprechung sowie ihrer Aufbereitung in der Literatur stehen derzeit keine weiteren Mittel zur Verfügung, derer man sich bedienen könnte[1233]. Allen Wegen gemein ist, dass die Wissenschaft dazu berufen ist, die vorhandenen Möglichkeiten zu nutzen und zu fördern, um eine gemeinsame „Denktradition" zu schaffen[1234]. Die Ergebnisse dieser Bemühungen werden dabei für den Rechtsanwender nur unverbindliche Empfehlungen bleiben können.

Das UN-Kaufrecht ist von einer Vielzahl offener und streitiger Fragen geprägt und eine einheitliche Anwendung nur schwer zu erreichen. Daher ist im Rahmen der Vereinheitlichungsbemühungen zumindest nach der Herausbildung einer herrschenden Meinung mit entsprechender Überzeugungskraft zu streben. Das Ziel der einheitlichen Anwendung des UN-Kaufrechts kann dabei

---

1229 *Mansel*, JZ 1991, S. 529 ff. (532) m.w.N.

1230 *De Ly*, S. 342 ff.; *G. Schmid* (S. 191 f.) schlägt etwa den Entwurf einer genauen und verbindlichen Anleitung vor, wie das Einheitsrecht auszulegen und anzuwenden ist.

1231 *De Lukowicz*, S. 138 ff.; *G. Schmid*, S. 193; *Diedrich*, S. 44 ff. Vgl. schon *Bayer*, RabelsZ 1955, S. 603 ff. (641 f.); kritisch *Riese*, RabelsZ 1961, S. 604 ff. (614 ff.).

1232 *De Lukowicz*, S. 142 f.; *Schlechtriem*, Kongress, S. 145.

1233 Z.B. im Wege von Internetdatenbanken wie der hier i.d.R. zitierten Datenbank *UNILEX* (www.unilex.info), dem jüngst erschienenen Draft UNCITRAL Digest von *Ferrari, Flechtner, Brand*; oder Aufsätzen von *Magnus*, ZEuP 2002, S. 523 ff.

1234 *Schulze*, ZfRV 1997, S. 183 ff. (196); vgl. *Kötz* (JZ 2002, S. 257 ff. (259)) zu den Perspektiven eines gemeineuropäischen Zivilrechts.

zum einen auf der vorhandenen Rechtsprechung und zum anderen auf den in der Literatur vertretenen Ansichten aufbauen. Zuvörderst bedarf es des Strebens nach Einheitlichkeit in der Rechtsprechung, da diese unmittelbar Ausdruck der einheitlichen Anwendung des CISG ist. Um dem Einheitlichkeitspostulat des Art. 7 I CISG gerecht zu werden, müssen die Urteile anderer Gerichte Berücksichtigung finden. Es kann deshalb nicht oft genug darauf hingewiesen werden, dass die Bezugnahme auf die international ergangene Rechtsprechung von großer Bedeutung für die Förderung der Einheitlichkeit der Anwendung des UN-Kaufrechts ist. Auf dem Gebiet der Zurverfügungstellung der Rechtsprechung sind bereits vor allem durch das Internet große Fortschritte erzielt worden. Es zeichnet sich ab, dass sich neben der Zurverfügungstellung der Urteile auf Internet-Datenbanken in der jeweiligen Originalsprache, eine beigefügte Zusammenfassung der Urteile in englischer Sprache durchsetzt, sog. „*abstracs*"[1235].

Darüber hinaus bedarf es des internationalen Austausches und der Verbreitung der in Lehre vertretenen Ansichten, da diese vor allem abseits der „Rechtsprechungsinseln" Grundlage für die Arbeit des Rechtsanwenders sind. Bezüglich vieler Anwendungsprobleme, die noch nicht von der Rechtsprechung entschieden worden sind, hat sich in der Literatur bereits ein Meinungsstand entwickelt. Hier ist zu erwarten, dass die Gerichte zukünftig auf Ansichten zurückgreifen werden, die bereits in der Literatur entwickelt wurden[1236]. Soweit ein Auslegungsproblem in der Literatur einzelner Vertragsstaaten unterschiedlich beantwortet wird, ist mit dem Auseinanderdriften von Entscheidungen zu rechnen. Gleiches gilt, wenn nur in der Literatur einzelner Vertragsstaaten bestimmte Fragen problematisiert werden. Derzeit steht den Gerichten der verschiedenen Länder zum Vergleich unterschiedliches Interpretationsmaterial zur Verfügung. Der Vergleich und die Verbreitung des international vorhandenen Meinungsstandes kann demgemäß die Förderung zur Herausbildung einer international herrschenden Meinung dienen und so mittelbar zu einer Einheitlichkeit der Rechtsanwendung beitragen. Auch klärt der Blick in den internationalen Meinungsstand, welche Auslegungen des Einheitsrechts international konsensfähig sind. Daher sollte zum einen ein internationaler Dialog der Lehre über die Auslegung des UN-Kaufrechts und ein Abgleich der vertretenen Meinungen vorangetrieben werden. Die Arbeit des *CISG Advisory Council* ist unter diesem Gesichtspunkt als besonders wertvoll zu begrüßen. Dieser private Zusammenschluss von Wissenschaftlern vieler Staaten, beschäftigt sich mit der Entwicklung von Antworten auf ungelöste und streitige Fragen des UN-Kaufrechts[1237].

[1235] Vgl. oben 2.Kapitel:A.II.1, S. 44.
[1236] Vgl. hierzu 2.Kapitel:A.II.2, S. 46 ff.
[1237] Zum *CISG Advisory Council* vgl. die Nachweise in Fn. 144.

Zum anderen bleibt fraglich, wie die Ergebnisse der von der Wissenschaft entwickelten Vorschläge dem Rechtsanwender in aller Welt zur Verfügung gestellt werden können. Idealerweise könnten die Ergebnisse in einem Kommentar, der dem Praktiker die aktuellen Entwicklungen in der jeweiligen Landessprache aufzeigt, zur Verfügung gestellt werden. Hier ist der Kommentar von *Schlechtriem* mit seiner englischsprachigen Ausgabe mit gutem Beispiel vorangegangen[1238]. In Anbetracht der Vielzahl der Sprachen und dem Arbeitsaufwand, der mit einer solchen Aufgabe verbunden ist, muss ein solcher Vorschlag aber wohl als nicht wirklichkeitsnah bezeichnet werden. Das Problem der Sprachbarriere wird ein wesentliches Problem für die einheitliche Anwendung des UN-Kaufrechts bleiben. Als Kompromiss bietet sich hier eine den Internet-Datenbanken wie etwa der von UNILEX angelehnte Möglichkeit an. Durch Erstellung von „*abstracts*" in englischer Sprache mit Kurzbeschreibung des Streitstandes, der wesentlichen hierzu vertretenen Ansichten mit wertendem Hinweis auf eine etwaig vorhandene herrschende Meinung und Nachweisen zur Literatur der verschiedenen Länder, könnte dem Rechtsanwender zu den einzelnen Problemen in kurzer Zeit die nötige Information zur Verfügung gestellt werden.

Daher sollte eine einheitliche Anwendung des CISG, neben der Eröffnung des Zugangs zur internationalen Rechtsprechung, zusätzlich durch den Zugang zu den in der Literatur entwickelten Lösungen gefördert werden.
Durch eine Datenbank wäre dem Rechtsanwender in aller Welt einheitlich die Möglichkeit eröffnet, auf die von der Literatur entwickelten Lösungsmöglichkeiten zuzugreifen.

[1238] *Schlechtriem*, Commentary ist eine Übersetzung des Kommentars *von Caemmerer, Schlechtriem*.

Literaturverzeichnis

Abate, Mario; Abate, Maria Luisa: Codice di procedura civile e leggi complementari, Mailand 2003

Achilles, Wilhelm-Albrecht: Kommentar zum UN-Kaufrechtsübereinkommen (CISG), 1. Auflage, Neuwied, Kriftel, Berlin, 2000

Aicher, Josef: Leistungsstörungen aus der Verkäufersphäre, in: *Hoyer, Hans; Posch, Willibald* (Hrsg.), Das Einheitliche Wiener Kaufrecht, Neues Recht für den internationalen Warenkauf, Wien 1992, S. 111 – 142, (zitiert: *Hoyer,Posch/Aicher*)

Alpa, Guido: I principi generali, Mailand 1993

Alpa, Guido; Bessone, Mario: Inadempimento, rimedi, effetti della risoluzione nella vendita internazionale di cose mobili, in: La Vendita internazionale – La Convenzione di Vienna dell'11 aprile 1980, Mailand 1981, S. 165 - 209, (zitiert: *Alpa,Bessone,* La Vendita internazionale)

Alpa, Guido; Zatti, Paolo: Commentario breve al Codice civile, Leggi complementari, Tomo I, diritto internazionale privato - Persone e famiglia - Proprietà - Obbligazioni - Contratti - Responsabilità civile - Lavoro e professioni, 4. Auflage, Mailand 2003, Brevaria Iuris fondati da Giorgio Cian e Alberto Trabucchi.(zitiert: *Alpa,Zatti*)

Asam, Herbert: Aktuelle Fragen zur Anwendung des Kaufrechtsübereinkommens der Vereinten Nationen vom 11.4.1980 im deutsch-italienischem Rechtsverkehr seit 1.1.1988, Jahrbuch für Italienisches Recht, Band 3, S. 3 - 47, Heidelberg 1990, (zitiert: *Asam*)

Asam, Herbert: UN-Kaufrechtsübereinkommen im deutsch-italienischen Rechtsverkehr, RIW 1989, S. 942 - 946

Asam, Herbert; Kindler, Peter: Ersatz des Zins- und Geldentwertungsschadens nach dem Wiener Kaufrechtsübereinkommen vom 11.4.1980 bei deutsch-italienischen Kaufverträgen, RIW 1989, S. 841 - 849

Aue, Joachim: Mängelgewährleistung im UN Kaufrecht unter besonderer Berücksichtigung stillschweigender Zusicherungen, Frankfurt am Main 1989

Bamberger, Heinz Georg; Roth, Herbert: Kommentar zum Bürgerlichen Gesetzbuch, Band 3, §§ 1297 - 2385, EGBGB, CISG; München 2003

Bacher, Klaus: Landesspezifische Auslegung von Einheitsrecht?, in: *Schwenzer, Ingeborg, Hager, Günter* (Hrsg.), Festschrift für Peter Schlechtriem, S. 155 - 163, Tübingen 2003, (zitiert: *Bacher*, FS Schlechtriem)

Bariatti, Stefania: L'interpretazione delle convenzioni internazionali di diritto uniforme, Padova 1986

Bauer, Max; Eccher, Bernhard; König, Bernhard; Kreuzer, Josef; Zanon, Heinz: Italienisches Gesetzbuch – Codice civile, Zweisprachige Ausgabe, 3. Auflage, Bozen 2001

Bayer, Wilhelm: Auslegung und Ergänzung international vereinheitlichter Normen durch staatliche Gerichte, RabelsZ 1955, S. 603 - 642

Beckmann, Klaus F.; Sandrock, Otto: Das Zustandekommen des Vertrages sowie das Sprachenstatut, Vorvertragliche Beziehungen, Schweigen beim Vertragsschluss, Einbeziehung von Allgemeinen Geschäftsbedingungen und Sprachenstatut, in: *Otto Sandrock* (Hrsg.),Handbuch der Internationalen Vertragsgestaltung, Ein Leitfaden für den Abschluss von Verträgen im internationalen Wirtschaftsverkehr, Band 1, Heidelberg 1980, S. 259 - 369

Benicke, Christoph: Zur Vertragsaufhebung nach UN-Kaufrecht bei Lieferung mangelhafter Ware, IPRax 1997, S. 326 - 331

Bernardini, Piero: La compravendita internazionale, in: *Mirabelli, Giuseppe*, Rapporti contrattuali nel diritto internazionale, Mailand 1991, S. 77 – 94 (zitiert: *Bernardini*)

Bianca, Cesare Massimo; Bonell, Michael Joachim: Commentary on the International Sales Law, the 1980 Vienna Sales Convention, Mailand 1987; (zitiert: *Bianca,Bonell/Bearbeiter*)

Bianca, Cesare Massimo: Convenzione di Vienna sui contratti di vendita internazionale di beni mobili, Padova 1992, (zitiert: *Bianca/Bearbeiter*)

Bin, Marino: La non conformità dei beni nella Convenzione di Vienna sulla vendita internazionale, Riv. trim. dir. proc. civ. 1990, S.755 - 768

Blumenwitz, Dieter: Einführung in das anglo-amerikanische Recht, 5. Auflage, München 1994

Bonell, Michael Joachim: Die allgemeinen Geschäftsbedingungen nach italienischem Recht, ZVglRWiss 1979, S. 1 - 19

Bonell, Michael Joachim : La formazione del contratto di compravendita, in: La Vendita internazionale – La Convenzione di Vienna dell'11 aprile 1980, Mailand 1981, S. 113 - 136, (zitiert: *Bonell*/ La Vendita internazionale)

Bonell, Michael Joachim: La prima decisione italiana in tema di Convenzione di Vienna sulla vendita internazionale, Giur. it. 1994, I, Spalte 145 - 150

Bonell, Michael Joachim: L'entrata in vigore della Convenzione di Vienna sulla vendita e le sue conseguenze nella prassi delle contrattazioni internazionali, Dir. comm. int. 1987, S. 415 - 427

Bonell, Michael Joachim: L'interpretazione del diritto uniforme alla luce dell'art. 7 della Convenzione di Vienna sulla vendita internazionale, Riv. dir. civ., 1986, Parte II, S 221 - 241

Bonell, Michael Joachim: Rassegna giurisprudenziale in tema di vendita internazionale, Dir. comm. int., 1992, S. 631 - 637; 1993, S. 651- 659; 1994, S. 843 - 860; 1995, S. 227-236 und S. 441 - 466; 1996, S. 619 - 652

Bonell, Michael Joachim: Vertragsverhandlungen und culpa in contrahendo nach dem Wiener Kaufrechtsübereinkommen, RIW 1990, S. 693 - 702

Bonell, Michael Joachim;Donini, V. M.: Rassegna giurisprudenziale in tema di vendita internazionale, Dir. comm. int. 2002, S. 411 - 442

Bonell, Michael Joachim; Mari, Alessandra: Rassegna giurisprudenziale in tema di vendita internazionale, Dir. comm. int., 1997, S. 719 - 760; 1998, S. 1077 - 1110

Bonell, Michael Joachim; Liguori, Fabio: The U.N. Convention on the International Sale of Goods: A Critical Analysis of Current International Case Law, The Uniform Law Review 1996, Teil 1, S. 147 - 163.; Teil 2, S. 359 - 375

Bonsau, Michael; Feuerriegel, Stefan: Die Probleme der Bestimmung von Fälligkeitszinsen im UN-Kaufrecht, IPRax 2003, S. 421 - 425

Botzenhardt, Betrand: Die Auslegung des Begriffs der wesentlichen Vertragsverletzung im UN-Kaufrecht, Frankfurt am Main, Berlin, Bern, New York, Paris, Wien 1998

Brandi-Dohrn, Matthias: Das UN-Kaufrecht, Entstehungsgeschichte und Grundstruktur, CR 1991, S. 705 - 708

Bridge, Michael: The International Sale of Goods, Law and Practice, Oxford 1999

Bucher, Eugen: Preisvereinbarung als Voraussetzung der Vertragsgültigkeit beim Kauf. Zum angeblichen Widerspruch zwischen Art. 14 und 55 des „Wiener Kaufrechts", in: *Bucher, Eugen* (Hrsg.) Wiener Kaufrecht, Berner Tage für die juristische Praxis, Bern 1990, S. 53 - 82

Bydlinski, Franz: Das allgemeine Vertragsrecht, in: *Doralt, Peter* (Hrsg.), Das *UNCITRAL*-Kaufrecht im Vergleich zum österreichischen Recht, Referate und Diskussionen des Symposiums in Baden bei Wien, 17. - 19 April 1983, Wien 1985, S. 57 - 90, (zitiert: *Doralt/Bydlinski*)

Caemmerer, Ernst von: Die Haager Konferenz über die internationale Vereinheitlichung des Kaufrechts vom 2. bis 25. April 1964 – Die Ergebnisse der Konferenz hinsichtlich der Vereinheitlichung des Rechts des Abschlusses von Kaufverträgen, RabelsZ 1965, S. 101 - 145

Caemmerer, Ernst von: Rechtsvereinheitlichung und internationales Privatrecht, in: Gesammelte Werke, Band 1, Tübingen 1968, (zitiert: *von Caemmerer*, Gesammelte Schriften), aus: *von Caemmerer, Schlochauer, Steindorff*, Probleme des europäischen Rechts. Festschrift für Walter Hallstein, Frankfurt am Main 1966

Caemmerer, Ernst von; Schlechtriem, Peter: Kommentar zum Einheitlichen UN-Kaufrecht, Das Übereinkommen der Vereinten Nationen über Verträge über den internationalen Warenkauf – CISG – Kommentar, 2. Auflage München 1990, (zitiert: *von Caemmerer, Schlechtriem/ Bearbeiter*)

Callegari, Mia: La denuncia dei vizi nella Convenzione di Vienna: un difficile incontro con il criterio del reasonable man, Giur. it. 1998, S. 982 - 984

Cappuccio, Jacopo: La deroga implicita nella Convenzione di Vienna del 1980, Dir. comm. int. 1994, S. 867 - 873

Carbone, Sergio: L'ambito di applicazione ed i criteri interpretativi della Convenzione di Vienna sulla vendita internazionale, in: La Vendita internazionale – La Convenzione di Vienna dell''11 aprile 1980, Mailand 1981 S. 61 - 88, (zitiert: *Carbone*, La Vendita internazionale)

Carbone, Sergio; Luzzatto, Riccardo: Il contratto internazionale, Turin 1994

Castellani, Luca: Il Contributo dei paesi in via di sviluppo al diritto uniforme: Une quantità négligeable?, Dir. comm. int. 2001, S. 103 - 121

Cian, Giorgio; Trabucchi, Alberto: Commentario breve al Codice civile, Padova 2002, (zitiert: *Cian,Trabucchi*)

CISG Advisory Council: CISG-AC Opinion no 1, Electronic Communications under CISG, 15. August 2003, IHR 2003, S. 244 - 252

CISG Advisory Council: CISG-AC Opinion no 2, Examination of the Goods and Notice of Non- Conformity – Articels 38 and 39, 7. June 2004, IHR 2004, S. 163 - 175

Conetti, Giorgio: Internationalprivatrechtliche Probleme, die sich aus dem Beitritt Italiens zur Wiener Konvention über Verträge über den Internationalen Kauf ergeben, ZfRV 1987, S. 83 - 86

Conetti, Giorgio: Problemi di diritto internazionale privato derivanti dalla partecipazione dell'Italia alla Convenzione di Vienna del 1980, RDIPP, 1987, S. 41 - 46

Conte, Giuseppe; Boss, Hans: Wörterbuch der Rechts- und Wirtschaftssprache, Teil 1: italienisch - deutsch, 5. Auflage, München, Basel, Mailand, 2001

Convegno di S. Margherita Ligure: La vendita internazionale, la Convenzione di Vienna dell'11 aprile 1980, atti del Convegno di Studi di S. Margherita Ligure, Mailand 1981, Quaderni di giurisprudenza commerciale, *Bonelli, Franco; Buonocore, Vincenzo; Castellano, Gaetano; Costi, Renzo; D'Alessandro, Floriano; Ferro-Luzzi, Paolo; Gambino, Agostino; Jarger Pier Giusto* (Hrsg.), (zitiert: *Referent*, La Vendita internazionale)

Cottino, Gastone: La posizione del compratore, in: La Vendita internazionale – La Convenzione di Vienna dell'11 aprile 1980, S. 147 - 164., Mailand 1981, (zitiert: *Cottino*, La Vendita internazionale)

Corapi, Diego: La direttiva 99/44/CE e la Convenzione di Vienna sulla vendita internazionale: Verso un nuovo diritto comune della vendita?, Europa e diritto privato 2002, S. 655 - 669

Corterier, André: Zinsen in einheitlicher Rechtsanwendung: Eine Lösung für das Problem der Zinshöhe nach Art. 78 und Art. 84 I UN-Kaufrecht (CISG), ZfRV 2003, S. 43 - 51

Cubeddu, Maria Giovanna: L´importanza dell´inadempimento, Turin 1995

Czerwenka, Beate: Rechtsanwendungsprobleme im internationalen Kaufrecht: Das Kollisionsrecht bei grenzüberschreitenden Kaufverträgen und der Anwendungsbereich der internationalen Kaufrechtsübereinkommen, Berlin 1988

Date-Bah: The Convention on the International Sale of Goods from the Perspective of the Developing Countries, in: La vendita internazionale – La Convenzione di Vienna dell'11 aprile 1980, S. 23 - 38, Mailand 1981, (zitiert: *Date-Bah*, La Vendita internazionale)

Dawwas, Amin: Die Gültigkeit des Vertrages und das UN-Kaufrecht, Aachen 1998

De Lukowicz, Daniela: Divergenzen in der Rechtsprechung zum CISG, Auf dem Weg zu einer einheitlichen Auslegung und Anwendung? Frankfurt am Main 2001

De Ly, Filip: Uniform Interpretation: What is being done? Official Efforts; in: *Ferrari, Franco* (Hrsg.) The Uniform Sales Law – Old Issues Revisited in the Light of Recent Experiences – Verona Conference 2003, Mailand 2003, S. 335 – 360

De Nova, Giorgio: L´ambito di applicazione "ratione materiae" della Convenzione di Vienna, Riv. trim. dir. proc. civ. 1990, S. 749 - 753

Detzer, Klaus; Thamm, Manfred: Überblick über das neue UN-Kaufrecht, BB 1992, S. 2369 - 2381

Diedrich, Frank: Anwendbarkeit des Wiener Kaufrechts auf Softwareüberlassungsverträge, RIW 1993, S. 441 - 452

Diedrich, Frank: Autonome Auslegung von Internationalem Einheitsrecht, Baden-Baden, 1994

Diedrich, Frank: Lückenfüllung im Internationalen Einheitsrecht, Möglichkeiten und Grenzen richterlicher Rechtsfortbildung im Wiener Kaufrecht, RIW 1995, S. 353 - 364

Diedrich, Frank: Voraussetzungen einer Vertragsaufhebung wegen Sachmängeln nach dem Wiener Kaufrecht, RIW 1995, S. 11 - 16

Dölle, Hans: Kommentar zum einheitlichen Kaufrecht, München 1976, (zitiert: *Dölle/ Bearbeiter*)

Doralt, Peter: Das *UNCITRAL*-Kaufrecht im Vergleich zum österreichischen Recht, Referate und Diskussionen des Symposiums in Baden bei Wien 17. – 19. April 1983, Wien 1985,(zitiert: *Doralt/ Referent*)

Draetta, Ugo: La "battle of forms" nella prassi del commercio internazionale, RDIPP 1986, S. 319 - 326

Duursma-Kepplinger, Henriette-Christine; Duursma, Dieter; Chalupsky, Ernst: Europäische Insolvenzverordnung, Kommentar, Wien, New York, 2002

Ebenroth, Carsten Thomas: Das kaufmännische Bestätigungsschreiben im internationalen Handelsverkehr, ZVglRWiss 1978, S. 161 - 206

Eccher, Bernhard; Schurr, Francesco: Die Umsetzung der Richtlinie 99/ 44/ EG über den Verbrauchsgüterkauf in Italien, ZEuP 2003, S. 65 - 84

Eccher, Bernhard; Schurr, Francesco: Die Richtlinie 99/44/EG und das Neue Kaufrecht in Italien, Jahrbuch für Italienisches Recht, Band 15/16, S. 3 – 33, Heidelberg 2003 (zitiert: *Eccher, Schurr*, Die Richtlinie 99/44/EG in Italien)

Enderlein, Fritz: Die Verpflichtung des Verkäufers zur Einhaltung des Lieferzeitraums und die Rechts des Käufers bei dessen Nichteinhaltung nach dem UN-Übereinkommen über Verträge über den internationalen Warenkauf, IPRax 1991, S. 313 - 316

Enderlein, Fritz: Vertragsaufhebung und Pflicht zur Kaufpreiszahlung nach UN-Kaufrecht, IPRax 1996, S. 182 - 184.

Enderlein, Fritz; Maskow, Diedrich; Stargardt, Monika: Kaufrechtskonvention der UNO(mit Verjährungskonvention) – Kommentar, Berlin 1985, (zitiert: *Enderlein, Maskow, Stargardt*)

Enderlein, Fritz; Maskow, Dietrich; Strohbach; Heinz: Internationales Kaufrecht. Kaufrechtskonvention. Verjährungskonvention. Vertretungskonvention. Rechtsanwendungskonvention, Berlin 1991, (zitiert: *Enderlein, Maskow, Strohbach*)

Endler, Maximilian; Daub, Jan: Internationale Softwareüberlassung und UN-Kaufrecht, Computer und Recht 1993, S. 601 - 606

Escher, Alfred: Un-Kaufrecht: Stillschweigender Verzicht auf Einwand einer verspäteten Mängelrüge? RIW 1999, S. 495 - 502

Esser, Josef: Grundsatz und Norm in der richterlichen Fortbildung des Privatrechts, Tübingen 1956, (zitiert: *Esser*, Grundsatz und Norm)

Esser, Michael J.: Die letzte Glocke zum Geleit? Kaufmännische Bestätigungsschreiben im Internationalen Handel: Deutsches, Französisches, Österreichisches und Schweizerisches Recht und Einheitliches Recht unter der Kaufrechtskonvention von 1980, ZfRV 1988, S. 167 - 193

Farnsworth, E. Allan: Duties of Good Faith and Fair Dealing under the UNIDROIT Principles, relevant International Conventions and National Laws, Tulane Journal of International and Comparative Law 1995, S. 47 - 63.

Ferrari, Franco: Anmerkungen anlässlich eines italienischen Urteils, IHR 2001, S. 56 - 60

Ferrari, Franco: Auslegung von Parteierklärungen und -verhalten nach UN-Kaufrecht, IHR 2003, S. 10 – 15

Ferrari, Franco: Brevi considerazioni critiche in materia di interpretazione autonoma ed applicazione uniforme della Convenzione di Vienna, Riv. dir. civ. 1998 II , S. 81 - 98

Ferrari, Franco: Das Verhältnis zwischen den Unidroit -Grundsätzen und den allgemeinen Grundsätzen internationaler Einheitsprivatrechtskonventionen –zugleich ein Beitrag zur Lückenfüllung durch staatliche Gerichte, JZ 1998, S. 9 - 17

Ferrari, Franco: Der Begriff des "internationalen Privatrechts" nach Art. 1 Abs. 1 lit. b) des UN-Kaufrechts, ZEuP 1998, S. 162 - 172

Ferrari, Franco: Der Vertriebsvertrag als vom UN-Kaufrechtsübereinkommen (nicht) erfasster Vertragstyp, ELF 2000, S. 7 - 11

Ferrari, Franco: Diritto uniforme della vendita internazionale: Questioni di applicabilità e diritto internazionale privato, Riv. dir. civ., 1995, II, S. 669 – 685

Ferrari, Franco: Estudios comparativos en materia de conclusion del contrato en los paises de America del Sur con referencias a la Convencion de Viena sobre la venta internacional, ev. der. com. oblig. 1992, S. 51 - 84

Ferrari, Franco: Fondamenti della vendita internazionale, Mailand 1998, (zitiert: Ferrari, Fondamenti)

Ferrari, Franco: Interprétation uniforme de la Convention de Vienne de 1980 sur la vente internationale, Rev. int. dr. comp. 1996, S. 813 - 852

Ferrari, Franco: International Sale of Goods – Applicability and Applications of the United States Convention on Contracts for the International Sale of Goods, Basel, Genf, München, Brüssel 1999, (zitiert: *Ferrari*, International Sale of Goods)

Ferrari, Franco: Italienische CISG-Rechtsprechung – Eine Übersicht, IHR 2001, S. 179 - 186

Ferrari, Franco: L´ambito di applicazione della Convenzione di Vienna sulla vendita internazionale, Riv. trim. dir. proc. civ. 1994, S. 893 - 934

Ferrari, Franco: La rilevanza degli usi nella Convenzione di Vienna sulla vendita internazionale di beni mobili, Contr. e impr., 1994, S. 239 – 258.

Ferrari, Franco: Problematiche tipiche della Convenzione di Vienna sui contratti di vendita internazionale di beni mobili risolte in una prospettiva uniforme, Giur. it. 2001, I, S. 281 - 285

Ferrari, Franco: Rapporto tra diritto materiale uniforme di origine convenzionale e diritto internazionale privato, Corr. giur., 2000, S. 933 – 939

Ferrari, Franco: Tasso degli interessi ed applicazione uniforme della Convenzione di Vienna sui contratti di vendita internazionale, Riv. dir. civ. II 1995, S. 277 -291

Ferrari, Franco: The Sphere of Application of the Vienna Sales Convention, Boston, Haag, London, 1995, (zitiert: Ferrari, Sphere of Application)

Ferrari, Franco: Vendita internazionale di beni mobili, Commentario del Codice civile Scialoja-Branca, Libro Quarto, Titolo III, Capo I, della Vendita, Supplemento legge 11 dicembre 1985 N. 765, Vendita internazionale di beni mobili, Bologna, Rom 1994, (zitiert: *Ferrari*, Commentario)

Ferrari, Franco: Verzugszinsen nach Art. 78 CISG, IHR 2003, S. 153 - 160

Ferrari, Franco: Vom Abstraktionsprinzip und Konsensualprinzip zum Traditionsprinzip – zu den Möglichkeiten der Rechtsangleichung im Mobiliarsachenrecht, ZEuP 1993, S. 52 - 78

Ferrari, Franco: Zum Vertraglichen Ausschluss des UN-Kaufrechts, ZEuP 2002, S. 737 - 746

Ferrari, Franco; Flechtner, Harry; Brand, Ronald A.: The Draft *UNCITRAL*-Digest and Beyond, Cases, Analysis and Unresolved Issues in the U.N. Sales Convention, München 2004

Flessner, A.;Kadner, T.: CISG? Zur Suche nach einer Abkürzung für das Wiener Übereinkommen über Verträge über den internationalen Warenkauf vom 11. April 1980, ZEuP 1995, S. 347 - 350.

Fogt, Morten M.: Die Vereinbarung und Auslegung von FRANCO-Lieferklauseln beim CISG-Kauf. Zugleich Vorüberlegungen zur Reform des Teils II des CISG und zur begrenzten Rücknahme nordischer Vorbehalte zum CISG, The European Legal Forum 2003, S. 61 - 70

Fogt, Morten M.: Gerichtsstand des Erfüllungsortes bei streitiger Existenz des Vertrages, Anwendbarkeit des CISG und alternative Vertragsschlussformen, IPPax 2001, S. 358 - 364

Fountoulakis, Christiana: Das Verhältnis von Nacherfüllungsrecht des Verkäufers und Vertragsaufhebungsrecht des Käufers im UN-Kaufrecht. Unter besonderer Berücksichtigung der Rechtsprechung der Schweizer Gerichte, IHR 2003, S. 160 - 168

Fox, Thomas: Das Wiener Kaufrechtsübereinkommen – ein Vergleich zum italienischen und deutschen Recht, München 1994

Freiburg, Nina: Das Recht auf Vertragsaufhebung im UN-Kaufrecht unter besonderer Berücksichtigung der Ausschlussgründe, Berlin 2001

Frigge, Bettina: Externe Lücken und internationales Privatrecht im UN-Kaufrecht (Art. 7 Abs. 2), Frankfurt am Main, Bern, New York, Paris, Wien 1994

Frignani, Aldo: Il contratto internazionale, Trattato di diritto commerciale e di diritto pubblico dell'economia, diretto da Galgano, XII, Milano, 1990

Galgano, Francesco: Diritto Privato, 11. Auflage, Padova 2001

Galgano, Francesco: Il trasferimento della proprietà mobiliare per atto fra vivi, Atlante di diritto privato comparato, 2. Auflage, Bologna 1993, S. 103 - 108, (zitiert: *Galgano*, Trasferimento della proprietà)

Garro, Alejandro: Reconciliation of Legal Traditions in the U.N. Convention on Contracts for the International Sale of Goods, The International Lawyer, 1989, S. 443 - 483.

Geri, Lina Bigliazzi: Buona fede nel diritto civile, Digesto delle discipline privatistiche, Sezione civile, S. 154 -189

Gerny, Michael Georg: Untersuchungs- und Rügepflichten beim Kauf nach schweizerischem, französischem und US-amerikanischem Recht sowie nach CISG, Basel, Genf, München, 1999

Giancotti, Gianandrea: La determinazione del foro competente, in tema di compravendita internazionale di beni mobili, in caso di cumulo di domande relative ad obbligazioni da eseguirsi in Stati diversi, Giur. it. 2001, S. 233 - 236

Giardina, Andrea: La determinazione del prezzo nei contratti internazionali, RDIPP 1993, S. 283 - 294

Giger, Hans: Berner Kommentar zum Schweizerischen Zivilgesetzbuch, Das Obligationenrecht, 2. Abteilung: Die einzelnen Vertragsverhältnisse, 1. Teilband: Kauf und Tausch – Die Schenkung, 1. Abschnitt: Allgemeine Bestimmungen – der Fahrniskauf, Art. 184 – 201 OR, 2. Auflage, Bern 1980

Giuliani, Alessandro: Le disposizioni sulla legge in generale; gli articoli da 1 a 15, in: *Rescigno, Pietro*, Trattato di diritto privato, 2. Auflage Turin 1999, S. 377 - 502.

Graffi, Leonardo: Die Anwendung des CISG in einigen neueren italienischen Urteilen, The European Legal Forum 2000, S. 240 - 246

Grieser, Simon Gottlieb: Die Behandlung von atypischen Kaufverträgen im UN-Kaufrecht. Eine Untersuchung der Anwendbarkeit des UN-Kaufrechts auf den Leasing-, Mietkauf-, Vertriebsvertrag und andere Vertragstypen, Frankfurt am Main 2004

Grundmann, Stefan; Bianca, Cesare Massimo: EU-Kaufrechts-Richtlinie: Kommentar, Köln 2002; (zitiert: Grundmann,Bianca/Bearbeiter)

Grundmann, Stefan; Medicus, Dieter; Rolland, Walter: Europäisches Kaufgewährleistungsrecht. Reform und Internationalisierung des deutschen Schuldrechts. Köln, Berlin, Bonn, München 2000, (zitiert: *Grundmann,Medicus,Rolland/Bearbeiter*)

Grunsky, Wolfgang: Anwendbares Recht und gesetzlicher Zinssatz, in: Festschrift für Franz Merz zum 65. Geburtstag am 3. Februar 1992, *Gerhardt, Walter; Henckel, Wolfram; Kilger, Joachim; Kreft, Gerhart* (Hrsg.), Köln 1992, S. 147 – 157, (zitiert: *Grunsky*, FS Merz)

Gutknecht, Uta: Das Nacherfüllungsrecht des Verkäufers bei Kauf- und Werklieferungsverträgen, Rechtsvergleichende Untersuchung zum CISG, zum deutschen Recht und zu dem Vorschlag der Kommission zur Überarbeitung des deutschen Schuldrechts, Frankfurt am Main, Berlin, Bern, New York, Paris, Wien 1997

Happ, Richard: Anwendbarkeit völkerrechtlicher Auslegungsmethoden auf das UN-Kaufrecht, RIW 1997, S. 376 - 380

Heilmann, Jan: Mängelgewährleistung im UN-Kaufrecht, Berlin 1994

Hellner, Jan: Ipso Facto avoidance, in: Privatautonomie, Eigentum und Verantwortung, Festgabe für Hermann Weitnauer zum 70. Geburtstag, *Horst Ehmann, Wolfgang Hefermehl, Adolf Laufs* (Hrsg.), Berlin 1980, S. 85 - 99, (zitiert: *Hellner*, Ipso facto avoidance)

Herber, Rolf: CLOUT, UNILEX und andere Veröffentlichungen zum internationalen Kaufrecht, RIW 1995, S. 502 - 504

Herber, Rolf: Das VN-Übereinkommen über internationale Kaufverträge, RIW 1980, S. 601 - 608

Herber, Rolf Die Arbeiten des Ausschusses der Vereinten Nationen für internationales Handelsrecht (*UNCITRAL*), RIW, 1976, S. 125 - 133

Herber, Rolf: Eine neue Institution: Der CISG Advisory Council, IHR 2003, S. 201 - 202

Herber, Rolf; Czerwenka, Beate: Internationales Kaufrecht, Kommentar zu dem Übereinkommen der Vereinten Nationen vom 11. April 1980 über den Internationalen Warenkauf, München 1991, (zitiert: *Herber, Czerwenka*)

Heuzé, Vincent : La vente internationale de marchandises - Droit uniforme, Paris 1992

Hirner, Matthias: Der Rechtsbehelf der Minderung nach dem UN-Kaufrecht (CISG), Frankfurt am Main, Berlin, Bern, Brüssel, New York, Oxford, Wien 2000

Höß, Stefan: Der gegenständliche Anwendungsbereich des UN-Kaufrechts „Contracts to which the CISG is applicable", Kempten/Allgäu 1995

Holthausen, Rüdiger: Die wesentliche Vertragsverletzung nach Art. 25 UN-Kaufrecht, RIW 1990, S. 101 – 107

Hoffmann, Bernd von: Gewährleistungsansprüche im UN-Kaufrecht – verglichen mit dem EKG und BGB, in: *Schlechtriem, Peter* (Hrsg.), Einheitliches Kaufrecht und nationales Obligationenrecht. Referate und Diskussionen der Fachtagung Einheitliches Kaufrecht am 16./ 17.2.1987, Baden-Baden 1987, S. 293 - 303, (zitiert: *Schlechtriem/von Hoffmann*, Fachtagung)

Honnold, John O.: Documentary History of the Uniform for International Sales. The studies, deliberations and decisions that led to the 1980 United Nations Convention with introductions and explanations, Deventer 1989, (zitiert: *Honnold*, Documentary History)

Honnold, John O.: Uniform Law for International Sales under the 1980 United Nations Convention, 2. Auflage, Den Haag 1999, (zitiert: *Honnold*)

Honnold, John O.: Uniform Words and Uniform Application. The 1980 Sales Convention and International Juridical Practice, in: *Schlechtriem, Peter* (Hrsg.), Einheitliches Kaufrecht und nationales Obligationenrecht. Referate und Diskussionen der Fachtagung Einheitliches Kaufrecht am 16./17.2.1987, Baden-Baden 1987, S. 115 - 146, (zitiert: *Schlechtriem/Honnold*, Fachtagung)

Honsell, Heinrich: Kommentar zum UN-Kaufrecht. Übereinkommen der Vereinten Nationen über Verträge über den Internationalen Warenkauf (CISG), Berlin, u.a. 1997, (zitiert: *Honsell/Bearbeiter*)

Honsell, Heinrich; Vogt, Nedim Peter; Wiegand, Wolfgang: Kommentar zum Schweizerischen Privatrecht, Obligationenrecht I, Art. 1 - 529, 3. Auflage Basel 2003, (zitiert: *Honsell, Vogt, Wiegand/Bearbeiter*)

Hoyer, Hans; Posch, Willibald: Das Einheitliche Wiener Kaufrecht, Neues Recht für den internationalen Warenkauf, Wien 1992, (zitiert: *Hoyer, Posch/ Bearbeiter*)

Huber, Ulrich: Der *UNCITRAL*-Entwurf eines Übereinkommens über internationale Warenkaufverträge, RabelsZ 1979, S. 413 - 526

Huber, Peter: Irrtumsanfechtung und Sachmängelhaftung. Eine Studie zur Konkurrenzfrage vor dem Hintergrund der internationalen Vereinheitlichung des Vertragsrechts, Tübingen 2001, (zitiert: *Huber*, Irrtumsanfechtung)

Huber, Peter, Kröll, Stefan: Deutsche Rechtsprechung zum UN-Kaufrecht in den Jahren 2001/2002, IPRax 2003, S. 309 - 317

Jagert, Uwe; Derichsweiler, Stefan: Internationales Einheitskaufrecht, JuS 1989, S. 972 - 977

Jametti, Greiner, Monique: Der Vertragsabschluss, in: *Hoyer, Hans; Posch, Willibald* (Hrsg.), Das Einheitliche Wiener Kaufrecht, Neues Recht für den internationalen Warenkauf, Wien 1992, S. 43 - 57, (zitiert: *Hoyer, Posch/ Jametti Greiner*)

Janssen, André: Die Untersuchungs- und Rügepflichten im deutschen, niederländischen und internationalen Kaufrecht, Baden-Baden 2001

Jayme, Erik: Konsensualprinzip und obligatorischer Kaufvertrag im italienischen Zivilrecht, in: Festschrift für Otto Mühl zum 70. Geburtstag 10. Oktober 1981, *Damrau, Jürgen; Kraft, Alfons; Fürst, Walther* (Hrsg.) Berlin, Köln, Mainz 1981, S. 339 - 347, (zitiert: *Jayme*, FS Mühl)

Jayme, Erik: La compravendita internazionale di beni mobili nei rapporti tra Italia e Germania, Padova 1990, (zitiert: *Jayme*, Rapporti tra Italia e Germania)

Jayme, Erik; Hausmann, Rainer: Internationales Privat- und Verfahrensrecht, 11. Auflage München 2002

Kappus, Andreas: Rechtsvergleichende Aspekte zur Vertragsaufhebung wegen Sachmangels nach UN-Kaufrecht, RIW 1992, S. 528 - 533

Karollus, Martin: Der Anwendungsbereich des UN-Kaufrechts im Überblick, JuS 1993, S. 378 - 382

Karollus, Martin: Rechtsprechung zum UN-Kaufrecht (II), RdW 1992, S. 168 - 169

Karollus, Martin: UN-Kaufrecht. Eine systematische Darstellung für Studium und Praxis, Wien, New York, 1991, (zitiert: *Karollus*)

Karollus, Martin: Vertragsaufhebung und Nacherfüllungsrecht bei Lieferung mangelhafter Ware, ZIP 1993, S. 490 - 497

Keinath, Steffen: Der gute Glaube im UN-Kaufrecht, Konstanz 1997

Kindler, Peter: Die Anwendungsvoraussetzungen des Wiener Kaufrechtsübereinkommens der vereinten Nationen im deutsch italienischen Rechtsverkehr, RIW 1988, S. 776 - 782

Kindler, Peter: Einführung in das italienische Recht, München 1993, (zitiert: *Kindler*, Italienisches Recht)

Kindler, Peter: Einige Hauptfragen des CISG im Spiegel der neueren deutschen Kommentarliteratur, Jahrbuch für Italienisches Recht, Band 5, Heidelberg 1992, S. 201 - 224, (zitiert: *Kindler*, Hauptfragen des CISG)

Kindler, Peter: Gesetzliche Zinsansprüche im Zivil- und Handelsrecht: Plädoyer für einen kreditmarktorientierten Fälligkeitszins, Tübingen 1996, (zitiert: *Kindler*, Gesetzliche Zinsansprüche)

Kindler, Peter: Italienisches Handels- und Wirtschaftsrecht, Heidelberg 2002 (zitiert: *Kindler*, Handelsrecht)

Kindler, Peter: Neuregelung des gesetzlichen Zinssatzes in Italien, Jahrbuch für Italienisches Recht, Band 10, S. 149 - 152, Heidelberg 1997, (zitiert: *Kindler*, Neuregelung des gesetzlichen Zinssatzes)

Kindler, Peter: Neuregelung des gesetzlichen Zinssatzes in Italien mit Wirkung zum 1.1.1999, Jahrbuch für Italienisches Recht, Band 12, S. 190, Heidelberg 1999, (zitiert: *Kindler*, Neuregelung des gesetzlichen Zinssatzes in Italien zum 1.1.1999)

Kindler, Peter: Sachmängelhaftung, Aufrechnung und Zinssatzbemessung: Typische Fragen des UN-Kaufrechts in der gerichtlichen Praxis, IPRax 1996, S. 16 - 22

Kindler, Peter: Umsetzung der EG-Zahlungsrichtlinie in Italien, RIW 2003, S. 241 - 245

Kindler, Peter: Zur Anhebung des gesetzlichen Zinssatzes in Italien, RIW 1991, S. 304 - 305

Koch, Robert: Zur Bestimmung des Begriffs der wesentlichen Vertragsverletzung im UN-Kaufrecht im Falle der Lieferung nicht vertragsgemäßer Ware, RIW 1995, S. 98 - 100

Kock, Annette: Nebenpflichten im UN-Kaufrecht, Regensburg 1995.

Königer, Ursula: Die Bestimmung der gesetzlichen Zinshöhe nach dem deutschen Internationalen Privatrecht. Eine Untersuchung unter besonderer Berücksichtigung der Artt. 78 und 84 I UN-Kaufrecht, Berlin 1997

Kötz, Hein: Die Zitierpraxis der Gerichte. Eine vergleichende Skizze, RabelsZ 1988, S. 644 - 662

Kötz, Hein: Alte und neue Aufgaben der Rechtsvergleichung, JZ 2002, S. 257 - 264

Kranz, Norbert: Die Schadensersatzpflicht nach den Haager Einheitlichen Kaufgesetzen und dem Wiener UN-Kaufrecht, Frankfurt am Main, 1989

Kröll, Stefan; Hennecke, Rudolf: Kaufmännische Bestätigungsschreiben beim internationalen Warenkauf, RabelsZ 2003, S. 448 f- 493

Kropholler, Jan: Der „Ausschluss" des internationalen Privatrechts im einheitlichen Kaufgesetz, RabelsZ 1974, S. 372 - 386,

Kropholler, Jan: Internationales Einheitsrecht. Allgemeine Lehren, Tübingen 1975, (zitiert: *Kropholler*)

Kropholler, Jan: Internationales Privatrecht, 5. Auflage, Tübingen 2004, (zitiert: *Kropholler*, IPR)

Kropholler, Jan: Europäisches Zivilprozessrecht, Kommentar zu EuGVO und Lugano - Übereinkommen, 7. Auflage Heidelberg 2002, (zitiert: *Kropholler*, Europäisches Zivilprozessrecht)

Lanciotti, Alessandra: Norme uniformi di conflitto e materiali nella disciplina convenzionale della compravendita, Napoli 1992

Larenz, Karl: Methodenlehre der Rechtswissenschaft, 6. Auflage, Berlin, Heidelberg, New York, London, Paris, Tokyo, Hong Kong, Barcelona, Budapest 1991

Lehmkuhl, Heiko: Das Nacherfüllungsrecht des Verkäufers im UN-Kaufrecht, Frankfurt am Main, Berlin, Bern, Brüssel, New York, Oxford, Wien 2002

Leser, Hans G.: Vertragsaufhebung und Rückabwicklung unter dem UN-Kaufrecht, in: *Schlechtriem, Peter* (Hrsg.), Einheitliches Kaufrecht und nationales Obligationenrecht. Referate und Diskussionen der Fachtagung Einheitliches Kaufrecht am 16./17.2.1987, Baden-Baden 1987, S. 225 - 256, (zitiert: *Schlechtriem/Leser*, Fachtagung)

Liguori, Fabio: Il diritto uniforme della vendita internazionale: prassi e tendenze applicative della Convenzione di Vienna del 1980, Riv. dir. civ. (I)1999, S. 143 - 177

Liguori, Fabio: La Convenzione di Vienna sulla vendita internazionale di beni mobili nella pratica: un´analisi critica delle prime cento decisioni, Foro it. 1996, IV, Spalte 145 - 184

Liguori, Fabio: „UNILEX": A Means to Promote Uniformity in the Application of CISG", ZeuP 1996, S. 600 - 609

Lionnet, Klaus: Handbuch der internationalen und nationalen Schiedsgerichtsbarkeit, Systematische Darstellung der privaten Handelsschiedsgerichtsbarkeit für die Praxis der Parteien, 2. Auflage, Stuttgart, München, Hannover, Berlin, Weimar, Dresden 2001

Loewe, Roland: Internationales Kaufrecht, Wien 1989

Lookofsky, Joseph: Understanding the CISG in Scandinavia - A compact Guide to the 1980 United Nations Convention on Contracts for the International Sale of Goods, Kopenhagen 1996

Lopez de Gonzalo, Marco: Qualche passo nel labirinto della vendita internazionale, Dir. comm. int. 1999, S. 459 - 463

Lopez De Gonzalo, Marco: Vendita internazionale, Contr. e impr., 1988, S. 255 - 275

Ludwig, Katharina S.: Der Vertragsschluss nach UN-Kaufrecht im Spannungsverhältnis von Common Law und Civil Law. Dargestellt auf der Grundlage der Rechtsordnungen Englands und Deutschlands, Frankfurt a.M. 1994.

Lüderitz, Alexander: Pflichten der Parteien nach UN-Kaufrecht im Vergleich zu EKG und BGB, in: *Schlechtriem, Peter* (Hrsg.), Einheitliches Kaufrecht und nationales Obligationenrecht. Referate und Diskussionen der Fachtagung Einheitliches Kaufrecht am 16./17.2.1987, Baden-Baden 1987, S. 179 - 195, (zitiert: *Schlechtriem/Lüderitz*, Fachtagung)

Luig, Eva: Der internationale Vertragsschluss, Frankfurt a.M. 2003

Lurger, Brigitta: Die Anwendung des Wiener *UNCITRAL*-Kaufrechtsübereinkommens 1980 auf den internationalen Tauschvertrag und sonstige Gegengeschäfte, ZfRV 1991, S. 415 - 431

Lurger, Brigitta: Die wesentliche Vertragsverletzung nach Art. 25 CISG, IHR 2001, S. 91 - 102

Luther, Gerhard: Einführung in das italienische Recht, Darmstadt 1968

Luther, Gerhard: Einführung in die italienische Zivilgesetzgebung, S. VI - XIV, in: Italienisches Zivilgesetzbuch (1942) nebst Einführungs-, Durchführungs-, und Übergangsvorschriften, 2. Auflage, Berlin Tübingen 1968,(zitiert: *Luther*, Einführung in die italienische Zivilgesetzgebung)

Luzzatto, Riccardo: Vendita: diritto internazionale privato, in Enciclopedia del diritto, XLVI, Milano 1993, 502 - 515, (zitiert: *Luzzatto*, Diritto internazionale privato)

Mänhardt, Franz; Posch, Willibald: Internationales Privatrecht, Privatrechtsvergleichung, Einheitsprivatrecht. Eine Einführung in die internationalen Dimensionen des Privatrechts, Wien, New York 1994

Maglio, Valentina: I criteri di applicazione della Convenzione di Vienna sulla vendita internazionale: una sentenza italiana non persuasiva e l'insegnamento della giurisprudenza tedesca, Contr. e impr./Europa 1996, S. 29 - 34

Magnus, Ulrich: Aktuelle Fragen des UN-Kaufrechts, ZEuP 1993, S. 79 - 99

Magnus, Ulrich: Aufhebungsrecht des Käufers und Nacherfüllungsrecht des Verkäufers im UN-Kaufrecht, in: Festschrift für Peter Schlechtriem zum 70. Geburtstag, S. 599 - 612, *Schwenzer, Ingeborg; Hager, Günther* (Hrsg.) Tübingen 2003, (zitiert: *Magnus*, FS Schlechtriem)

Magnus, Ulrich: Das UN-Kaufrecht – aktuelle Entwicklungen und Rechtssprechungspraxis, ZEuP 2002, 523 - 541

Magnus, Ulrich: Der Stand der internationalen Überlegungen: Die Verbrauchsgüterkauf - Richtlinie und das UN-Kaufrecht, in: *Grundmann, Stefan; Medicus, Dieter; Rolland, Walter* (Hrsg.), Europäisches Kaufgewährleistungsrecht. Reform und Internationalisierung des deutschen Schuldrechts, Köln, Berlin, Bonn, München 2000, S. 79 - 91, (zitiert: *Grundmann,Medicus,Rolland/Magnus*)

Magnus, Ulrich: Die allgemeinen Grundsätze im UN-Kaufrecht, RabelsZ 1995, S. 469 - 494

Magnus, Ulrich: Die Rügeobliegenheit des Käufers im UN-Kaufrecht, TranspR -IHR 1999, S. 29 - 34

Magnus, Ulrich: Probleme der Vertragsaufhebung nach dem UN-Kaufrecht (CISG) JuS 1995, S. 870 - 872

Magnus, Ulrich: Reform des Haager Einheitskaufrechts, ZRP 1978, S. 129 - 133

Magnus, Ulrich: Unbestimmter Preis und UN-Kaufrecht, IPRax 1996, S. 145 - 148

Magnus, Ulrich: Währungsfragen im einheitlichen Kaufrecht – zugleich ein Beitrag zu seiner Lückenfüllung und Auslegung, RabelsZ, 1989, S. 116 - 143

Magnus, Ulrich: Zum räumlich-internationalen Anwendungsbereich des UN-Kaufrechts und zur Mängelrüge, IPRax 1993, S. 390 - 392

Mankowski, Peter: Internet und besondere Aspekte des Internationalen Vertragsrechts (II), CR 1999, S. 581 - 589

Mansel, Heinz-Peter: Rechtsvergleichung und europäische Rechtseinheit, JZ 1991, S. 529 - 534

Mari, Luigi: Problemi di giurisdizione in tema di vendita internazionale (o appalto) e di illecito extracontrattuale: falsi itinerari interpretativi della Cassazione Italiana, Foro pad. 1997, Spalte 9 - 25

Matscher, Franz; Siehr, Kurt; Delbrück, Jost: Multilaterale Staatsverträge erga omnes und deren Inkorporation in nationale IPR-Kodifikationen – Vor- und Nachteile einer solchen Rezeption, Heidelberg 1986, (zitiert: *Matscher,Siehr,Delbrück/ Bearbeiter*)

Memmo, Daniela: Il contratto di vendita internazionale nel diritto uniforme, Riv. trim. dir. proc. civ. 1983, S. 180 - 214

Mistelis, Loukas: CISG-AC publishers first opinion, IHR 2003, S. 243 - 244

Münch, Ingo von; (Hrsg. Kunig, Philip): Grundgesetz Kommentar, Band 2, 3. Auflage, München 1995, (zitiert: *von Münch/Bearbeiter*)

Münchener Kommentar zum Bürgerlichen Gesetzbuch: Rebmann, Kurt; Säcker, Franz Jürgen; Rixecker, Roland (Hrsg.),

Band 1, Allgemeiner Teil, §§ 1 - 240, AGB Gesetz, 4. Auflage, München 2001 (Redakteur Franz Jürgen Säcker),

Band 2, Schuldrecht allgemeiner Teil, §§ 241 - 432, FernAbsG, 4. Auflage, München 2001 (Redakteur Wolfgang Krüger), (zitiert: Münch Kom/Bearbeiter)

Musger, Gottfried: Die wesentliche Vertragsverletzung – Probleme des Art. 25 WRK und Parallelen im österreichischen Recht, *Ress, Georg; Will, Michael* (Hrsg.), Vorträge, Reden und Berichte aus dem Europa-Institut/ Nr. 168, Saarbrücken 1989

Neumayer, Karl H.: Der Vertragsschluss nach dem Recht des internationalen Warenkaufs (Wiener Übereinkommen von 1981) – Anwendungsprobleme, in: Festschrift für Werner Lorenz zum siebzigsten Geburtstag, *Pfister, Bernhard; Will, Michael R.* (Hrsg.), Tübingen 1991, S. 747 - 762, (zitiert: *Neumayer*, FS Lorenz)

Neumayer, Karl H.: Offene Fragen zur Anwendung des Abkommens der Vereinten Nationen über den internationalen Warenkauf, RIW 1994, S. 99 - 109

Niggemann, Friedrich: Die Pflichten des Verkäufers und die Rechtsbehelfe des Käufers, in: *Hoyer, Hans; Posch, Willibald* (Hrsg.) Das Einheitliche Wiener Kaufrecht, Neues Recht für den internationalen Warenkauf, Wien 1992, S. 77 - 110, (zitiert: *Hoyer,Posch/Niggemann*)

Noll, Peter: Gesetzgebungslehre, Hamburg 1973

Novelli, Giovanni; Petitti, Stefano: Codice di procedura civile. Annotato con la giurisprudenza, Mailand 2003

Official Records: United Nations Conference on Contracts for International Sale of Goods, official records, documents of the conference and summary records of the plenary meetings and of the meetings of the main committees, New York, 1981, (zitiert: *Official Records*)

Otto, Dirk: Produkthaftung nach dem UN-Kaufrecht, MDR 1992, S. 533 - 538

Padovini, Fabio: Der internationale Kauf: Von den Haager Konventionen zur Wiener Konvention – Erfahrungen und Aussichten, ZfRV. 1987, S. 87 - 96

Padovini, Fabio: La vendita internazionale dalle Convenzione dell'Aja alla Convenzione di Vienna, RDIPP 1987, S. 47 - 58

Palandt, Otto: Bürgerliches Gesetzbuch, 63. Auflage, München 2004; (zitiert: *Palandt/Bearbeiter*)

Patti, Salvatore: Silenzio, inerzia e comportamento concludente nella Convenzione di Vienna sui contratti di vendita internazionale di beni mobili, Riv. dir. comm., 1991, I, S.135 - 147.

Patti, Salvatore: Verwirkung, Digesto delle discipline privatistiche , Sezione civile, S. 722 - 730

Patti, Salvatore; Cubeddu, Maria Giovanna: Kaufvertragsrecht in Italien, in: *Westphalen, Friedrich Graf von* (Hrsg.), Handbuch des Kaufvertragsrechts in den EG-Staaten einschl. Österreich, Schweiz und UN-Kaufrecht, S. 583 - 643, Köln 1992, (zitiert: *Patti,Cubeddu*)

Petrikic, Radivoje: Das Nacherfüllungsrecht im UN-Kaufrecht, Grundprobleme der Leistungsstörungen, Wien 1999

Pietrobon, Alessandra: La compravendita internazionale, Turin 2003

Piltz, Burkhard: Internationales Kaufrecht. Das UN-Kaufrecht (Wiener Übereinkommen von 1980) in praxisorientierter Darstellung, München 1993, (zitiert: *Piltz*, Internationales Kaufrecht)

Piltz, Burkhard: Internationales Kaufrecht, NJW 1989, S. 615 - 621

Piltz, Burkhard: Neue Entwicklungen im UN-Kaufrecht, NJW 1994, S. 1101 - 1106

Piltz, Burkhard: Neue Entwicklungen im UN-Kaufrecht, NJW 2000, S.553 - 560

Piltz, Burkhard: UN-Kaufrecht, Bonn 1991, (zitiert: *Piltz*, UN-Kaufrecht)

Pisu, Luciana Cabella: La "mancanza di conformità: il modello della Convenzione e la tradizione giuridica italiana, in: La Vendita internazionale– La Convenzione di Vienna dell'11 aprile 1980, S. 359 - 363, Mailand 1981(zitiert: *Pisu*, La Vendita internazionale)

Posch, Willibald: Die Pflichten des Käufers und die Rechtsbehelfe des Verkäufers, in: *Hoyer, Hans; Posch, Willibald* (Hrsg.), Das Einheitliche Wiener Kaufrecht, Neues Recht für den internationalen Warenkauf, Wien 1992, S. 143- 163, (zitiert: *Hoyer,Posch/Posch*)

Posch, Willibald; Kandut, Gabriele: Die allgemeinen Bestimmungen über den Warenkauf: Art 25 - 29, in: *Hoyer, Hans; Posch, Willibald* (Hrsg.), Das Einheitliche Wiener Kaufrecht, Neues Recht für den internationalen Warenkauf, Wien 1992, S. 59 - 76, (zitiert: *Hoyer,Posch/ Posch,Kandut*)

Pünder, Hermann: Das UN-Kaufrechtsübereinkommen – Chancen für ein einheitliches Weltkaufrecht, JA 1991, S. 270 - 273

Preetz, Christian: Ausgewählte Fragen zur einheitlichen Anwendung des UN-Kaufrechts, Kempten im Allgäu 2002

Rabel, Ernst: Der Entwurf eines einheitlichen Kaufgesetzes, RabelsZ, 1935, S. 1 – 79 und S. 339 - 363

Rabel, Ernst: Recht des Warenkaufs, Band 1, Berlin 1936 (unveränderter Neudruck 1957), Band 2, Berlin 1958

Ranieri, Filippo: Rinuncia tacita e Verwirkung, Padova 1971

Rehbinder, Eckard: Vertragsschluss nach UN-Kaufrecht im Vergleich zu EAG und BGB, in: *Schlechtriem, Peter* (Hrsg.), Einheitliches Kaufrecht und nationales Obligationenrecht. Referate und Diskussionen der Fachtagung Einheitliches Kaufrecht am 16./17.2.1987, Baden-Baden 1987, S. 149 - 170, (zitiert: *Schlechtriem/Rehbinder*, Fachtagung)

Reimers-Zocher, Birgit: Beweislastfragen im Haager und Wiener Kaufrecht, Frankfurt am Main 1995

Reinhart, Gert: Dieci anni di giurisprudenza tedesca sulla legge uniforme della vendita internazionale di beni mobili, Giur. Comm., 1986, S. 404 - 418

Reinhart, Gert: Fälligkeitszinsen und UN-Kaufrecht, IPRax 1991, S. 376 - 379

Reinhart, Gert: UN-Kaufrecht, Kommentar zum Übereinkommen der Vereinten Nationen vom 11. April 1980 über Verträge über den internationalen Warenkauf, Heidelberg 1991, (zitiert: *Reinhart*)

Reinicke, Dietrich; Tiedtke, Klaus: Kaufrecht einschließlich Abzahlungsgeschäfte, AGB-Gesetz, Eigentumsvorbehalt, Factoring, finanzierte Kaufverträge, Haustürgeschäfte, Leasing, Pool-Vereinbarungen, Produzentenhaftung, Time-Sharing, UN-Kaufrecht und Verbraucherkreditgesetz, 6. Auflage, Neuwied, Kiftel, Berlin 1997

Riese, Otto: Der Entwurf zur internationalen Vereinheitlichung des Kaufrechts, RabelsZ, 1957, S. 16 - 116

Riese, Otto: Die Haager Konferenz über die internationale Vereinheitlichung des Kaufrechts vom 2. bis 25. April 1964 – Verlauf der Konferenz und Ergebnisse hinsichtlich der materiellen Vereinheitlichung des Kaufrechts, RabelsZ 1965, S. 1 - 100

Riese, Otto: Einheitliche Gerichtsbarkeit für vereinheitlichtes Recht, RabelsZ 1961, S. 604 - 628

Rizzi, Antonio: Interpretazione ed integrazione della legge uniforme sulla vendita internazionale di cose mobili, Riv. dir. priv. 1997, S. 237 -285

Roßmeier, Daniela: Schadensersatz und Zinsen nach UN-Kaufrecht – Art. 74 bis 78 CISG, RIW 2000, S. 407 - 415

Roth, Wulf-Henning; Kunz, Christian: Zur Bestimmung des Preises im UN-Kaufrecht, RIW 1997, S. 17 - 21

Rovelli Luigi: Conflitti tra norme della Convenzione e norme di diritto internazionale privato, in: La Vendita internazionale – La Convenzione di Vienna dell'11 aprile 1980, S. 89 - 112, Mailand 1981, (zitiert: *Rovelli*, La Vendita internazionale)

Ryffel, Gritli: Die Schadensersatzhaftung des Verkäufers nach dem Wiener Übereinkommen über internationale Warenkaufverträge vom 11. April 1980, Bern, Frankfurt a.M., New York, Paris, Wien, 1992

Sacerdoti, Giorgio: I criteri di applicazione della Convenzione di Vienna sulla vendita internazionale: diritto uniforme, diritto internazionale privato e autonomia dei contraenti, Riv. trim. dir. proc. civ. 1990, S. 733 - 748

Sagliaschi, Guido: La ragionevolezza nel sistema rimediale della Convenzione di Vienna sulla vendita internazionale, RDIPP 2003, S. 135 - 146

Sarcevic, Petar; Volken, Paul: International Sale of Goods, Dubrovnik Lectures, New York, London, Rom 1986, (zitiert: *Sarcevic,Volken/ Bearbeiter*)

Schäfer, Friederike: Zur Anwendbarkeit des UN-Kaufrechts auf Werklieferungsverträge, IHR 2003, S. 118 - 121

Schellhammer, Kurt: Schuldrecht nach Anspruchsgrundlagen samt BGB Allgemeiner Teil, 4. Auflage, Heidelberg 2002

Schilder, Axel: Schadensersatz bei Durchbrechung der Bindung an obligatorische Vertragsofferten, Frankfurt a.M. 2003

Schlechtriem, Peter: 10 Jahre CISG – Der Einfluss des UN-Kaufrechts auf die Entwicklung des deutschen und des internationalen Schuldrechts, TranspR-IHR 2001, S. 12 - 18

Schlechtriem, Peter: Bemerkungen zur Geschichte des Einheitskaufrechts, in: *Schlechtriem, Peter* (Hrsg.), Einheitliches Kaufrecht und nationales Obligationenrecht. Referate und Diskussionen der Fachtagung Einheitliches Kaufrecht am 16./17.2.1987, Baden-Baden 1987, S. 27 - 36, (zitiert: *Schlechtriem/Schlechtriem*, Fachtagung)

Schlechtriem, Peter: Commentary on the UN Convention on the International Sale of Goods (CISG), Oxford, 1998 (zitiert: *Schlechtriem*, Commentary)

Schlechtriem, Peter: Einheitliches UN-Kaufrecht. Das Übereinkommen der Vereinten Nationen über internationale Warenkaufverträge, Tübingen 1981, (zitiert: *Schlechtriem*, Einheitliches UN-Kaufrecht)

Schlechtriem, Peter: Einheitliches Kaufrecht und nationales Obligationenrecht, Referate und Diskussionen der Fachtagung Einheitliches Kaufrecht am 16./17.2.1987, Baden-Baden 1987, (zitiert: *Schlechtriem/Referent*, Fachtagung)

Schlechtriem, Peter: Internationales UN-Kaufrecht. Ein Studien- und Erläuterungsbuch zum Übereinkommen der vereinten Nationen über Verträge über den internationalen Warenkauf (CISG), 2. Auflage Tübingen 2003, (zitiert: *Schlechtriem*, Internationales UN-Kaufrecht)

Schlechtriem, Peter: Kommentar zum Einheitlichen UN-Kaufrecht. Das Übereinkommen der Vereinten Nationen über Verträge über den internationalen Warenkauf - CISG -, 3. Auflage, München 2000, (zitiert: *Schlechtriem/Bearbeiter*)

Schlechtriem, Peter: Noch einmal: Vertragsgemäße Beschaffenheit der Ware bei divergierenden öffentlich-rechtlichen Qualitätsvorgaben, IPRax 2001, S. 161-163

Schlechtriem, Peter: Unification of the Law for the International Sale of Goods, in: XII. Internationaler Kongress für Rechtsvergleichung 1986 Sydney und Melbourne/Australien, Deutsche Länderberichte, Baden-Baden 1987, S. 121 – 149, (zitiert: *Schlechtriem*, Kongress)

Schlechtriem, Peter: Vertragsmäßigkeit der Ware als Frage der Beschaffenheitsvereinbarung, IPRax 1996, S. 12 - 16

Schlechtriem, Peter: Vertragsmäßigkeit der Ware und öffentlich-rechtliche Vorgaben, IPRax 1999, S. 388 - 390

Schlechtriem, Peter: Wesentlicher Vertragsbruch durch Lieferung gezuckerten Weins, IPRax 1997, S. 132

Schlechtriem, Peter; Magnus, Ulrich: Internationale Rechtsprechung zu EKG und EAG. Eine Sammlung belgischer, deutscher, italienischer, israelischer und niederländischer Entscheidungen zu den Haager Einheitlichen Kaufgesetzen, Baden - Baden 1987, (zitiert: *Schlechtriem, Magnus*, Internationale Rechtsprechung)

Schlechtriem, Peter; Schwenzer, Ingeborg: Kommentar zum einheitlichen UN – Kaufrecht. Das Übereinkommen der Vereinten Nationen über Verträge über den internationalen Warenkauf - CISG -, 4. Auflage, München 2004, (zitiert: *Schlechtriem,Schwenzer/Bearbeiter*)

Schluchter, Anne Kathrin: Die Gültigkeit von Kaufverträgen unter dem UN-Kaufrecht. Wie gestaltet sich die Ergänzung des Einheitsrechts mit deutschen und französischen Nichtigkeitsnormen? Baden-Baden 1996

Schmid, Christoph: Das Zusammenspiel von Einheitlichem UN-Kaufrecht und nationalem Recht: Lückenfüllung und Normenkonkurrenz, München 1996

Schmid, Gudrun: Einheitliche Anwendung von internationalem Einheitsrecht. Die Berücksichtigung der Rechtsprechung und Literatur anderer Vertragsstaaten am Beispiel des CISG, Baden-Baden 2004, (zitiert: *G. Schmid*)

Schmidt, Karsten: Handelsrecht, 5. Auflage, Köln Berlin Bonn München 1999

Schmidt, Lutz: Die Vertragsaufhebung durch den Warenverkäufer, Eine rechtsvergleichende Untersuchung mit Interessenanalyse und Ausblicken auf ein mögliches europäisches Schuldvertragsrecht, Baden-Baden 2003, (zitiert: *L. Schmidt*)

Schmitt, Hansjörg Friedrich: Intangible Goods als Leistungsgegenstand internationaler Online-Kaufverträge, Frankfurt am Main, Berlin, Bern, Brüssel, New York, Oxford, Wien 2003

Schmitt, Hansjörg Friedrich: „Intangible Goods" in Online-Kaufverträgen und der Anwendungsbereich des CISG, CR 2001, S. 145 - 155

Schmitz, Dirk: UN-Kaufrecht (CISG) und Datentransfer via Internet, MMR 2000, S. 256 – 260

Schmoeckel, Mathias; Rückert, Joachim; Zimmermann, Reinhard: Historisch-kritischer Kommentar zum BGB, Band I Allgemeiner Teil, §§ 1- 240, Tübingen 2003, (zitiert: *Schmoeckel,Rückert,Zimmermann/ Bearbeiter)*

Schulz, Florian: Der Ersatzlieferungs- und Nachbesserungsanspruch des Käufers im internen deutschen Recht, im UCC und im CISG. Eine rechtsvergleichende Untersuchung unter Berücksichtigung der Schuldrechtskommission, der EG-Richtlinie 1999/44/EG und des Diskussionsentwurfs eines Schuldrechtsmodernisierungsgesetzes, Frankfurt am Main 2002

Schulze, Reiner: Vergleichende Gesetzesauslegung und Rechtsangleichung, ZfRV 1997, S. 183 - 197

Schweizerischer Bundesrat: Botschaft betreffend das Wiener Übereinkommen über Verträge über den internationalen Warenkauf, Bundesblatt 1989, S. 745 – 840, (zitiert: *Botschaft des Schweizerischen Bundesrats*)

Sieber, Ulrich: Haftung für Online-Datenbanken, CR 1992, S. 518 - 526

Siehr, Kurt: Der internationale Anwendungsbereich des UN-Kaufrechts, RabelsZ 1988, S. 587 - 616

Siniscalchi, Anna Maria: Formazione del contratto e determinazione del prezzo nel diritto uniforme della vendita internazionale, Neapel 2001

Soergel, Hans Theodor (Begr.); Siebert, W. (Hrsg.): Bürgerliches Gesetzbuch mit Einführungsgesetz und Nebengesetzen, Band 13, Schuldrechtliche Nebengesetze 2, Übereinkommen der Vereinten Nationen über den internationalen Warenkauf (CISG), 13. Auflage, Stuttgart, Berlin, Köln 2000, Band 2, Allgemeiner Teil 2, §§ 104 – 240, Stuttgart, Berlin, Köln 1999, (zitiert: *Soergel/Bearbeiter*)

Sono, Kazuaki: UNCITRAL and the Vienna Sales Convention, International Lawyer, 1984, S. 7 - 15

Stadie, Volker; Nietzer, Wolf: CISG - Das UN-Kaufrecht in der Anwaltspraxis, MDR 2002, S. 428 - 433

Staub, Hermann: Handelsgesetzbuch, Großkommentar; Canaris, Claus-Wilhelm; Schilling, Wolfgang; Ulmer, Peter (Hrsg.), 4. Lieferung: §§ 377 - 382, Bearbeiter: *Brüggemann, Dieter*, 4. Auflage, Berlin, New York, 1983, (zitiert: *Staub/Brüggemann*)

Staudinger, Julius von: Kommentar zum Bürgerlichen Gesetzbuch mit Einführungsgesetzen und Nebengesetzen, Einführungsgesetz zum Bürgerlichen Gesetzbuch/IPR, Einleitung zu Art. 27 ff. EGBGB; Art. 27 – 33 EGBGB: Internationales Factoring; Art. 34 EGBGB: Internationales Währungs- und Devisenrecht; Art. 35 – 37 EGBGB; Anhang I zu Art. 37 EGBGB: IPR und Versicherungsverträge; Anhang II zu Art. 27 – 37 EGBGB: Internationale Zuständigkeit; Gerichtsstands - und Schiedsvereinbarungen, 13. Bearbeitung, Berlin 2002, (zitiert: *Staudinger/Bearbeiter*)

Staudinger, Julius von: Kommentar zum Bürgerlichen Gesetzbuch mit Einführungsgesetzen und Nebengesetzen, Wiener UN-Kaufrecht, Berlin 1999, (zitiert: *Staudinger/Bearbeiter*)

Staudinger, Julius von: Kommentar zum Bürgerlichen Gesetzbuch mit Einführungsgesetzen und Nebengesetzen, Zweites Buch, Recht der Schuldverhältnisse Einleitung zu §§ 241 ff.; §§ 241 – 243, Berlin 1995, (zitiert: *Staudinger/Bearbeiter*)

Stoll, Hans: Inhalt und Grenzen der Schadensersatzpflicht sowie Befreiung von der Haftung im UN-Kaufrecht, im Vergleich zu EKG und BGB, in: *Schlechtriem, Peter* (Hrsg.), Einheitliches Kaufrecht und nationales Obligationenrecht. Referate und Diskussionen der Fachtagung Einheitliches Kaufrecht am 16./17.2.1987, Baden-Baden 1987, S. 257 - 281, (zitiert: *Schlechtriem/Stoll*, Fachtagung)

Stoll, Hans: Internationalprivatrechtliche Fragen bei der landesrechtlichen Ergänzung des Einheitlichen Kaufrechts, in: *Heldrich, Andreas, Sonnenberger, Hans Jürgen* (Hrsg.), Festschrift für Murad Ferid zum 80. Geburtstag, Frankfurt a.M. 1988, S. 495 - 518, (zitiert: *Stoll*, FS Ferid)

Stolleis, Michael: Triumph des Rechtsglaubens. Das Gesetzbuch der Egalité und Liberté: Zum zweihundertsten Jahrestag des Code civil, F.A.Z. vom 20.3.2004, S. 37

Straube, Manfred: Kommentar zum Handelsgesetzbuch mit einschlägigen Rechtsvorschriften in zwei Bänden, 1. Band, §§ 1 - 188, §§ 343-453, 2. Auflage, Wien 1995, (zitiert: *Straube/Bearbeiter*)

Su, Yingxia: Die vertragsgemäße Beschaffenheit der Ware im *UNCITRAL*-Kaufrecht im Vergleich zum deutschen und chinesischen Recht, Münster 1996

Tannò, Patrick: Die Berechnung der Rügefrist im schweizerischen, deutschen und UN-Kaufrecht, St. Gallen 1993

Taschner, Martin: Datenbanken zum internationalen Handelsrecht, IHR 2001, S. 133 - 134

Tedeschi, Vittorio: Conformità delle merci al contratto e diritti o pretese di terzi sulle merci, nell'ULIS e nell'*UNCITRAL*: brevi appunti, in: La Vendita internazionale – La Convenzione di Vienna dell'11 aprile 1980, S.401 - 413, Mailand 1981, (zitiert: *Tedeschi,* La Vendita internazionale)

Trommler, Andreas: Die Auslegung des Begriffs wesentliche Vertragsverletzung in Art. 25 CISG, Frankfurt am Main, Berlin, Bern, Brüssel, New York, Oxford, Wien 2002

UNCITRAL (United Nations Commission on International Trade Law): Yearbook, Volume I (1968-1970), Volume II (1971), Volume III (1972), Volume IV (1973), Volume VII (1976); Volume VIII (1977); Volume IX (1978), New York, (zitiert: *UNCITRAL* Yearbook)

Vékás, Lajos: Zum persönlichen und räumlichen Anwendungsbereich des UN-Einheitskaufrechts, IPRax 1987, S. 342 - 346

Veneziano, Anna: Mancanza di conformità delle merci ed onere della prova nella vendita internazionale: un esempio di interpretazione autonoma del diritto uniforme alla luce dei precedenti stranieri, Dir. comm. int. 2001, S. 509 - 518

Veneziano, Anna: La convenzione sulla vendita internazionale e i principi UNIDROIT dei contratti commerciali internazionali, in due recenti lodi della Corte Arbitrale della Camera di Commercio di Vienna, Riv. Arb. 1995, S. 547 – 560

Verdross, Alfred; Simma, Bruno: Universelles Völkerrecht, Theorie und Praxis, 3. Auflage, Berlin 1984

Vida, Alexander: Unwirksamkeit der Offerte wegen Unbestimmtheit nach UN-Kaufrecht, IPRax 1995, S. 261 – 264.

Vida, Alexander: Zur Anwendung des UN-Kaufübereinkommens in Ungarn, IPRax 1993, S. 261 - 262

Volken, Paul: Das Wiener Übereinkommen über den internationalen Warenkauf; Anwendungsvoraussetzungen und Anwendungsbereich, in: *Schlechtriem, Peter* (Hrsg.), Einheitliches Kaufrecht und nationales Obligationenrecht. Referate und Diskussionen der Fachtagung Einheitliches Kaufrecht am 16./17.2.1987, Baden-Baden 1987, S. 81 - 96, (zitiert: *Schlechtriem/Volken*, Fachtagung)

Wacke, Andreas: Eigentumserwerb des Käufers durch schlichten Konsens oder erst mit Übergabe? Unterschiede im Rezeptionsprozess und ihre mögliche Überwindung, ZEuP 2000, S. 254 - 262

Welser, Rudolf: Die Vertragsverletzung und ihre Sanktion, in: *Doralt, Peter* (Hrsg.), Das UNCITRAL-Kaufrecht im Vergleich zum österreichischen Recht, Referate und Diskussionen des Symposiums in Baden bei Wien, 17. – 19 April 1983, Wien 1985, S. 105 - 132, (zitiert: *Doralt/Welser*)

Winship, Peter: Formation of International Sales Contracts under the 1980 Vienna Convention, The International Lawyer 1983, S. 1 - 15

Witz, Wolfgang: Der unbestimmte Kaufpreis. Ein rechtsvergleichender Beitrag zur Bedeutung des pretium certum, Neuwied/Frankfurt a.M. 1989

Witz, Wolfgang; Salger, Hanns-Christian; Lorenz, Manuel: International Einheitliches Kaufrecht, Heidelberg 2000, (zitiert: *Witz,Salger,Lorenz/* Bearbeiter)

Witz, Claude; Wolter, Gerhard: Die ersten Entscheidungen französischer Gerichte zum einheitlichen UN-Kaufrecht, RIW 1995, S. 810 - 813

Witz, Claude; Wolter, Gerhard: Die neuere Rechtsprechung französischer Gerichte zum Einheitlichen UN-Kaufrecht, RIW 1998, S. 278 - 285

Wolff, Katharina: Rechtsmängelhaftung nach dem Uniform Commercial Code und dem UN-Kaufrecht, Bonn 1990

Ziegler, Ulrich: Leistungsstörungsrecht nach dem UN-Kaufrecht, Baden-Baden 1995

Zweigert, Konrad; Kötz, Hein: Einführung in die Rechtsvergleichung, 3. Auflage

Beiträge zum UN-Kaufrecht

Herausgegeben von Ulrich Magnus

Band 1 Alexander Mittmann: Einheitliches UN-Kaufrecht und europäische Verbrauchsgüterkauf-Richtlinie. Konkurrenz- und Auslegungsprobleme. 2004.

Band 2 Nicolas Hagge: Das einheitliche Kaufrecht der OHADA (Organisation pour l'Harmonisation en Afrique du Droit des Affaires). 2004.

Band 3 Urs Verweyen: Die Käuferrechtsbehelfe des UN-Kaufrechts im Vergleich zu denen des neuen internen deutschen Handelskaufrechts aus Sicht eines deutschen Warenexporteurs. 2005.

Band 4 Christopher Niemann: Einheitliche Anwendung des UN-Kaufrechts in italienischer und deutscher Rechtsprechung und Lehre. Eine Untersuchung zur einheitlichen Auslegung unbestimmter Rechtsbegriffe und interner Lückenfüllung im CISG. 2006.

www.peterlang.de

Alexander Mittmann

Einheitliches UN-Kaufrecht und europäische Verbrauchsgüterkauf-Richtlinie

Konkurrenz- und Auslegungsprobleme

Frankfurt am Main, Berlin, Bern, Bruxelles, New York, Oxford, Wien, 2004.
XVI, 195 S.
Beiträge zum UN-Kaufrecht. Herausgegeben von Ulrich Magnus. Bd. 1
ISBN 3-631-52855-8 · br. € 39.–*

Der Verfasser untersucht das Verhältnis des UN-Kaufrechts zur europäischen Verbrauchsgüterkauf-Richtlinie 1999/44/EG vom 25. Mai 1999. Auf Grund der zum Teil bestehenden Überschneidungen zwischen beiden Regelungen stellt sich die Frage nach dem Rangverhältnis, die zugunsten des UN-Kaufrechts beantwortet wird. Um dem Regelungsgehalt der Verbrauchsgüterkauf-Richtlinie trotz ihres Zurücktretens Rechnung zu tragen, wird die Möglichkeit einer „harmonisierenden Auslegung" des UN-Kaufrechts im Licht der Richtlinie geprüft und grundsätzlich bejaht. Im Rahmen einer Vergleichung der beiden Regelungen werden sodann im Überschneidungsbereich die Unterschiede ermittelt und bei festgestellten Abweichungen eine Auslegung des UN-Kaufrechts unter Berücksichtigung des Regelungsgehalts der Richtlinie vorgenommen, soweit sich diese als geboten erweist.

Aus dem Inhalt: UN-Kaufrecht · Europäische Verbrauchsgüterkauf-Richtlinie · Grundsätzliches Verhältnis beider Regelungen zueinander · Rangverhältnis · „Harmonisierende Auslegung" des vorrangigen UN-Kaufrechts im Lichte der Richtlinie · Vergleichung der beiden Regelungen · Ermittlung der Überschneidungen · Ermittlung der Unterschiede zwischen den Regelungen, soweit Überschneidungen bestehen · Bei festgestellten Unterschieden Prüfung der Möglichkeit, einzelne Bestimmungen des UN-Kaufrechts im Licht der Bestimmungen der Richtlinie auszulegen

Kolibri 360 GmbH
Ferdinand-Jühlke-Straße 7
99095 Erfurt, Deutschland
produktsicherheit@kolibri360.de

Druck:
CPI Druckdienstleistungen GmbH
im Auftrag der
Kolibri 360 GmbH
Ferdinand-Jühlke-Str. 7
99095 Erfurt